예루살렘에서 히브리적 관점으로 읽는 신명기

예루살렘에서 히브리적 관점으로 읽는 신명기

초판 2021년 07월 08일
증보개정판 2024년 08월 07일

글쓴이 육에녹, 백에스더
펴낸이 육에녹
펴낸곳 도서출판 진리의집

출판등록 제2023-000005호(2020.09.02)
주소 (31411)충청남도 아산시 둔포면 관대길 59-6번지
영업, 관리 백진영(010-5164-2593)
전자우편 houseoftruth832@naver.com
유튜브 진리의집
네이버카페 http://cafe.naver.com/houseoftruth
온라인몰 http://smartstore.naver.com/houseoftruth

교정 박아인, 김소정
편집,디자인 백진영

ISBN 979-11-987933-1-7
정가 25,000원

토라포션 시리즈 다섯번째
Torah portion
דברים

증보가정판

예루살렘에서 히브리적 관점으로 읽는
The Book of Deuteronomy
신명기

진리의집

프롤로그

다시 에덴-동산(케뎀)을 향하여

하늘에 있는 모든 것과 땅에 있는 모든 것을 하나되게 하여 우주적인 하나님의 나라를 이루고자 예정하신 하나님의 계획은(엡 1:10) 하늘과 땅이 하나되었던 첫 장소 에덴-동산에 사람을 두심으로 시작되었습니다(창 2:8). 인류 역사의 시작이자 하늘과 땅이 어우러져 하나된 상태로 시작한 에덴-동산의 확장은 곧 하나님 나라의 확장입니다. 이것을 이루기 위해 하나님은 아담을 왕과 제사장으로 세우시고 에덴-동산에 두시며 온 땅을 다스리는 신적 권위를 허락하십니다. 하나님은 하나님의 형상과 모양으로 지어진 인간이 하나님 보다 조금 못한 엘로힘(메앝 메엘로힘מְעַט מֵאֱלֹהִים)과 같이 되고 작은 여호와(아도나이 카탄יְהוָה קָטָן)가 되어 가장 높은 하늘에서 모든 천사들 위에 군주와 주권자로 세움을 받게 하시려는 계획을 가지고 있었습니다(시 8:5). 그러나 사탄은 인간을 향한 하나님의 계획이 실현되기에는 인간이 합당하지 않은 존재라는 것을 증명해 보일 뿐 아니라 인간에게 주어진 하나님의 대리자로서의 신적 권위를 빼앗기 위해 에덴-동산에 들어가 하와를 유혹하였습니다. 뱀은 자신이 제시한 방법으로 하나님과 같이 되라고 교묘한 거짓말로 하와를 속여 선악을 알게하는 지식의 나무의 열매를 선택하게 했습니다.

인간은 선악을 알게 하는 나무의 열매를 취한 후 나름대로 선과 악을 알게 되었고 좋고 나쁨에 대한 스스로의 기준이 생기게 되었습니다. 그러나 온전하게 모든 것을 알지는 못하기에 기준이 될 수 없음에도 불구하고 스스로가 선악을 결정하는 기준이 되면서 만물의 절대 기준이신 아버지로부터 분리되어 버렸습니다. 그렇게 분리되고 불완전한 상태인 인간이 다시 손을 뻗어 생명 나무에 속한 것을 취하게 되면 선악을 알게 하는 나무의 열매를 먹은 상태로 죽지 않고 영원히 살게 되기 때문에 그것을 내버려 둘 수 없었던 하나님은 아담과 하와를 하늘과 땅이 하나되어 있던 에덴-동산으로부터 내보내게 됩니다. 그러나 하나님의 사랑과 자비는 에덴-동산으로부터 쫓겨나는 죄인의 문제를 해결할 방안을 마련해 두셨고 인간을 속량하시고 그들에게 에덴을 다시 허락하셔서 결국 그들을 에덴-동산으로 돌아오게 하실 뿐 아니라 인간을 통해서 에덴-동산의 상태가 우주적으로 확장되게 하실 계획을 멈추지 않고 실행하십니다.

에덴-동산으로 자기 백성을 다시 돌아오게 하기 위해 하나님은 아브라함을 선택하셔서 에덴-동산의 땅으로 부르셨고 그의 손자 야곱을 통해 태어난 열두 아들은 이스라엘 민족을 이루면서 그들은 하나님 나라의 통치를 약속의 땅에 실현할 선택된 민족이 됩니다. 야곱의 자손들은 이집트 땅에서 한 큰 민족이 되었고 하나님은 섭리 안에서 그들이 일정 기간 이집트의 노예의 삶을 살도록 허락하십니다. 그리고 하나님이 정하신 때가 차게 되었을 때 그들을 강한 손으로 친히 이끌고 나오셔서 이집트에서 하나님 나라의 통치 안으로 유월(逾越)하게 하심으로 구원하십니다. 열가지 재앙과 유월절과 홍해를 건넌 사건은 마지막 날에 세상의 압제 아래 살아가는 하나님의 백성들을 하나님께서 어떻게 구원하실 것인지를 미리 보여주는 예표가 됩니다.

하나님은 이집트에서 하나님 나라로 유월(逾越)한 이스라엘 백성이 노예가 아닌 하나님의 백성이자 신부로서의 정체성을 갖게 하시려고 아무것도 의지할 것이 없고 오직 하나님만 바라보아야 하는 광야에서 그들을 먹이고 입히시며 가르치시고 훈련하십니다. 그리고 태초부터 선택하신 그 땅, 에덴-동산의 중앙으로 재입성할 준비를 마치십니다. 신명기는 약속하신 그 땅의 맞은편에 있는 모압 평지에서 약속의 땅을 바라보면서 에덴-동산으로의 재입성을 목전에 두고 모세가 이스라엘 백성들의 가슴에 하나님의 마음을 호소하는 말씀들(드바림דברים)입니다.

신명기의 히브리어 책명은 드바림דְּבָרִים입니다. 드바림דְּבָרִים은 '말씀들'이라는 뜻으로 이것은 명령과 훈계, 선포와 권고의 말씀들을 의미합니다. 모세는 지난 약 39년의[1] 광야 생활을 회고하면서 그들의 반복적인 거역과 불순종을 하나님이 어떻게 참으시며 사랑으로 인도하셨는지 그들에게 상기시키면서 그들과 맺으신 하나님의 언약을 잊지 말 것을 명령하고 그들이 하나님의 언약을 잘 기억하고 지킬 때 어떤 축복이 있을 것인지를 선포합니다. 하지만 동시에 그들이 하나님의 언약을 기억하지 못하고 불순종할 때 어떤 형벌이 따를 것인지도 강하게 훈계하고 권고합니다.

그러므로 신명기 전체에 흐르고 있는 메시지는 '언약'입니다. 신명기의 말씀들은 그들이 하나님의 백성으로서 지켜야 할 법과 조항들을 포함하고 그것을 반드시 지킬 책임을 전하고 있기에 신명기를 '율법서'라고 부르기도 합니다. 신명기는 율법을 지키고 행하도록 가르치는 책이지만 사실은 온 우주의 왕이신 하나님과 이스라엘 백성이 언약을 맺었음을 증거하며, 약속의 땅으로 들어가게 될 광야에서 태어난 새로운 세대와 다시 언약을 맺기 위해 적힌 언약의 책입니다. 그리고 마지막 때에 천년 왕국과 에덴 동산으로의 입성을 눈 앞에 두고 있는 모든 성도들을 위한 책입니다.

아브라함과 맺으신 하나님의 언약은 하나님이 하나님의 입장에서 책임지시고 반드시 이루겠다고 하신 단독 행위 언약이며 '무조건 언약'이었습니다(창 15:18). 하나님은 하나님을 온전히 믿고 신실하게 따르는 아브라함을 선택하셨고 그에게 복을 주시고 땅의 모든 가족들이 아브라함을 통해 복을 얻게 될 것과 그 아브라함의 자손이 하늘의 별과 같이 셀 수 없이 많을 것이라 약속하셨습니다. 아브라함은 이것을 믿었고 그의 믿음을 하나님은 의롭게 여기시고 그에게 언약을 아무 조건 없이 은혜의 선물로 허락하셨습니다. 그래서 하나님 스스로 단독으로 맺으신 아브라함의 언약은 파기될 수 없고 영원합니다.

그리고 횃불 언약으로부터 약400년 후 큰 민족이 된 아브라함의 자손들과 하나님은 또 다른 언약을 맺으십니다. 이 언약은 이전의 언약을 파기하고 새롭게 시작하는 언약이 아니라 이미 아브라함과 맺은 언약을 그들이 더 잘 누리기 위해 어떻게 살아야 하는가에

---

1. 신명기 1장은 출이집트 후 두 번째 해 첫째 달에 성막이 완공되고 그 이후 호렙 산(시나이 산)에서 행진이 시작된 시점부터 이야기를 시작하고 있다. 출이집트 한 뒤 광야에서 지낸 시간은 모두 40년이지만 언약을 맺고 성막을 완공한 시간인 일 년의 시간과 가데스 바네아에서 정탐을 한 시간은 훈련과 연단을 위한 본격적인 광야 생활에 포함되지 않기에 불순종으로 인해 다시 광야로 들어가 생활했던 시간은 약 38년하고도 몇 개월의 시간이었을 것으로 추정된다. 모세는 정탐 이후 광야에서 훈련과 연단을 받아야 했던 시간을 회상하면서 신명기의 말씀들을 전하고 있는 것이기에 모세가 회상한 광야 생활의 시간은 대략 39년(38년 몇 개월)으로 볼 수 있다.

관한 것으로 그들의 순종을 요구하고 있습니다. 우리는 이것을 '시나이 산 언약'이라고 부르며 '조건 언약'이라고 합니다. 그러므로 시나이 산 언약(조건 언약)은 아브라함과 맺으신 무조건적 언약을 통해 하나님이 주고자 하신 축복을 더 잘 누릴 수 있도록 자신의 백성들에게 그들의 존재가 얼마나 존귀하고 아름답고 보배로운지를 가르쳐 주시면서 하나님의 백성으로서의 존엄을 지키기 위해 그들이 무엇을 행하고 따르며 살아야 할지를 세부적이고 구체적으로 말씀하신 항목들이 있는 언약입니다.

그래서 시나이 산 언약은 그 언약을 지키고 따르는 하나님의 백성들의 순종과 신실함, 그리고 가르침 받은 대로 행하여 사는 삶을 요구합니다. 아브라함의 언약은 믿음으로 받은 것이기에 은혜의 선물로 받기만 하면 되지만 모세를 통해 맺은 시나이 산 언약은 하나님의 백성들이 순종함으로 반응해야 하는 것입니다. 이것은 마치 구원이라는 놀라운 계획을 하나님으로부터 은혜의 선물로 받은 뒤에 하나님의 말씀을 신실하게 행하고 순종함으로써 하나님이 약속하신 축복을 누리고 열매를 맺게 되는 삶과 같습니다. 그러므로 두 가지 언약(무조건 언약과 조건 언약)은 함께 나아가고 역사합니다.

구원의 선물을 받은 후에는 구원받은 자로서 하나님이 주신 복을 누리며 열매 맺는 합당한 삶을 살아야 합니다. 아브라함의 언약이 이삭과 야곱에게 그리고 그리스도를 믿어 아브라함의 자손이 된 우리에게 이어졌습니다. 믿는 우리는 아브라함과 함께 복을 받으며 믿음으로 약속된 성령을 받습니다(갈 3:7-9, 29). 그리고 그에 합당한 성령의 열매를 맺도록 우리는 말씀을 신실하게 따르고 지키며 살아야 합니다.

말씀을 신실하게 따르고 지키며 사는 것과 율법적인 삶은 같은 것이 아닙니다. 모세 오경(토라)에 대한 생각의 일반적인 큰 오류 중에 하나는 토라는 '율법을 잘 지켜서 구원받고 영생을 얻는다'라고만 가르치고 있다는 것입니다. 그러나 이것은 토라에서 하나님이 말씀하시는 것을 크게 오해한 것입니다. 신약 시대이든 구약 시대이든 구원과 영생은 믿음으로 우리에게 주어진 하나님의 은혜의 선물입니다. 이러한 원리는 대표적으로 아브라함에게 먼저 적용됨으로써 시작되었습니다. 아브라함처럼 하나님을 믿는 믿음이 우리를 의롭다고 하고, 의롭다 칭함을 받은 우리는 하나님의 말씀에 순종함으로 열매 맺는 삶을 살면서 영생을 미리 맛보고 누리게 됩니다. 그러므로 말씀을 따르고 지키는 삶이란 율법을 지켜서 자기를 의롭게 보이려고 하는 삶이 아니라 말씀을 통해 영생을 미리 맛보며 누리는 삶을 의미합니다.

사람이 에덴-동산에서 떠났던 순간부터 하나님은 사람을 다시 에덴-동산으로 돌아가게 하기 위해 죄인된 모든 사람에게 은혜로 구원을 얻을 수 있도록 길을 열어 놓으셨습니다. 예슈아가 오시기 전까지 구원의 길은 하나님의 샤밭과 절기(모아딤מועדים)의 시간 속에, 하나님의 성소(미쉬칸משכן)라는 공간 안에, 하나님께 가까이 나아갈 수 있는 예배와 제사(코르반קרבן)를 통해 예표되어 나타났습니다. 그리고 하나님이 미리 예표하신 것들은 예슈아의 초림으로 성취되었고 또한 예슈아의 재림으로 완성될 것입니다. 누구든지 예슈아를 믿고 신실하게 따르면 구원과 영생을 은혜의 선물로 받게 됩니다. 아브라함의 무조건 언약과 시나이 산의 조건 언약은 마치 구원과 영생을 믿음으로 얻는 것과 하나님의 복을 누리는 삶을 위해 우리가 순종해야 할 토라의 말씀과 같습니다. 에덴-동산으로의 재입성을 목전에 두고 모세는 이스라엘 백성들에게 하나님의 언약을 상기시키면서 하나님이 먼저 이뤄주신 은혜에 대한 응답으로 하나님의 말씀들과(드바림) 율법(토라)에 대해 그들이 자발적으로 순종하여 주기를 이스라엘 백성의 가슴을 향해 호소합니다.[2]

신명기 1-3장에서 모세는 약속의 땅의 경계선인 모압 평지에 이르기까지 하나님이 인도하신 여정에 대해 회고합니다. 그들의 불신앙으로 인해 약속의 땅을 바로 차지하게 하고 홍해 길을 따라 광야로 들어가게 된 이야기(신 1:40), 그러나 광야의 삶 가운데서도 복을 주시고 부족함이 없게 하신 하나님(신 2:7), 그리고 요단 동편을 차지하게 하심으로 모든 나라로 이스라엘을 두려워하고 그들의 명성을 높이실 뿐 아니라(신 2:25) 그들을 위해 친히 싸우신 하나님의 위대하심에 대해 모세는 설교합니다(신 3:22).

그리고 모세는 신명기 4-26장에서 하나님과 언약을 맺은 이스라엘 백성들이 지켜야 할 법들과 세부 조항들을 다룹니다. 그리고 이것은 그들이 처음으로 선택된 하나님의 백성으로서 가져야 할 책임에 대한 명령이기도 합니다. 열방의 제사장 왕국으로써 그들에게 주어진 특권은 순종과 책임을 수반하였고 신명기의 말씀들은 '이렇게 살아야만 한다'가 아니라 제사장 왕국으로 하나님의 백성이라면 '이와 같은 수준의 삶을 살아야 한다'를 보여주는 것이었습니다. 하나님과 맺은 언약이 성취되고 언약의 축복을 누리기 위해 '이와 같이 살아야만 한다'라고 언약의 법들을 이해하면 이것은 우리를 숨막히게 할 것입니다. 그 누구도 모든 법들을 완벽하게 지킬 수 없기 때문입니다. 하지만 '이와 같은 수준의 삶을 살아야

---

2. 그래서 신명기를 '심장에 호소하는 설교된 가르침(heart-engraved instruction)'이라고 부르기도 한다. 또한 칼빈은 신명기를 '십계명(쉐마)에 대한 길고 자세한 해설'이라고 표현하기도 하였다. – 김회권. 하나님 나라의 관점에서 읽는 모세오경2. 대한기독교서회, 2007. 219p.

한다'라는 의미는 원래 우리의 모습이 어떠했으며 원래의 모습을 가진 삶의 모양은 또한 어떠한 것인지를 가르쳐 주면서 그와 같은 모습으로 회복할 수 있도록 돕는 것입니다. 즉, 신명기 4-26장에 걸쳐 하나님이 주신 언약의 법들은 하나님의 백성으로서 우리의 모습과 삶의 모양이 어떠해야 한다는 것을 가르쳐 주고 있는 것입니다.

신명기 4장은 이스라엘 백성과 언약을 맺으신 하나님이 어떤 하나님이신가를 보여줍니다. 그리고 시나이 산에서 맺은 언약인 십계명의 조항들이 신명기 5장에서 다시 선포되고 신명기 6장에서 하나님은 모든 율법의 핵심인 "쉐마"를 명령하십니다. 그리고 신명기 7-8장에 걸쳐 하나님은 선민(선택된 민족)이자 성민(거룩한 민족)으로서의 이스라엘 백성이 자신의 정체성을 기억하고 아름다운 땅을 차지하기 위해 하나님을 잊지 말 것을 당부하십니다. 그럼에도 불구하고 신명기 9-10장에서 그들이 시나이 산의 언약이 맺어지는 동안 어떻게 불순종하였는지를 언급하심으로 그들이 패역을 행할 때마다 모세의 중보가 어떻게 하나님의 마음을 돌이켰는지 말씀하십니다. 그리고 그들을 향해 마음에 할례를 행하고 다시는 목을 곧게 하지 말 것을 권고하십니다(신 10:16). 그리고 신명기 11장에서 하나님은 하나님이 약속하신 땅이 어떤 땅인지 설명하시며 이스라엘 백성 앞에 놓으신 축복과 저주 사이에서 선택과 결단을 촉구하십니다.

신명기 12-14장의 율법들은 십계명의 1-3계명에 대한 세부 조항들을 말하고 있습니다. 유일하신 하나님만을 섬기고 예배할 것과 하나님이 택하시고 정하신 곳에 대한 것, 그리고 다른 신을 절대 섬기지 말 것을 말씀하십니다. 신명기 15-16장은 4계명 안식일(샤밭)과 하나님의 시간을 지키는 것에 대한 세부 조항들을 말하고 있으며 신명기 16-22장은 십계명의 5-6계명에 대한 조항들로 왕과 제사장, 레위인들과 같은 리더들(영적 부모)에 대한 이야기와 살인과 전쟁에 대한 세칙들을 포함하고 있습니다. 신명기 22-26장은 7-10계명에 대한 조항들로 순결과 이웃과의 관계, 토지와 재산 관계, 십일조 등의 세칙들을 포함하고 있습니다.

그리고 신명기 27-28장은 신명기 4-26장에 걸쳐 가르쳐 주신 언약의 법들을 순종하였을 때 누리게 되는 축복과 불순종하였을 때 찾아오는 저주에 대해 말씀하고 있습니다. 축복은 하나님의 백성에게 주어지는 것으로 하나님과 언약을 맺은 백성임을 나타내는 것이라면 저주는 하나님의 백성임에도 불구하고 그 자리를 지키지 못했을 때 하나님이 허락하시는 징벌입니다.[3] 하나님은 이스라엘 백성 앞에 언제나 축복과 저주가 놓여있음에 대해 말씀하시면서 신명기 29-31장에 걸쳐 시나이 산 언약을 모압 언약으로 갱신하십니다. 갱신이란 이전의 조약을 파하고 다시 세운다는 의미가 아닙니다. 갱신은 이전의 조약을 그대로 다시 한번 지속하면서 새롭게 한다는 의미입니다. 하나님은 시나이 산에서 세우신 언약을 모압 땅에서 갱신하시면서(신 29:1) 하나님과 이스라엘 백성이 어떤 관계인지를 명확하게 하십니다.

그리고 하나님은 이 언약을 매 칠 년 끝 초막절에 갱신하여 온 이스라엘이 들을 수 있도록 낭독하라고 명령하십니다(신 31:10-11).[4] 시나이 산 언약이 모압 평지에서 갱신되면서 모세는 자신의 지도력을 다음 세대 지도자인 여호수아에게로 이양하고(신 31:7) 하늘과 땅을 증인 삼아 하나님이 행하신 위대한 일과 그에 대해 패역함으로 반응할 것으로 예고되는 이스라엘 백성에 대한 이야기를 노래로 남깁니다(신 32장). 모세는 열두 지파에 대한 예언적 축복과 함께 유언을 하고(신 33장) 느보 산 꼭대기에서 단부터 네게브까지 약속의 땅을 영의 눈으로 바라보기만 하고 위대한 토라를 남긴 채 죽음을 맞이합니다(신 34장). 그 후 모세와 같은 선지자는 일어나지 않았고 모세는 여호와께서 대면하여 아시던 자이며 이집트의 파라오와 신하들 앞에서 모든 이적과 기사와 큰 권능과 위엄을 행하게 하던 자라는 기록으로 신명기는 마무리됩니다(신 34:10-12).

신명기는 토라 다섯 권의 책 가운데서 율법의 핵심을 기록한 것으로 모든 말씀의 핵심이라고도 할 수 있습니다. 신약에서는 80번 이상이나 신명기가 인용되었습니다. 이것은 신약을 쓴 저자들에게 있어서 하나님 말씀의 핵심과 밑그림이 신명기에 있었다는 것을 반증해 주는 것입니다. 밑그림 없이 색깔을 입히는 것은 어려운 일입니다. 마찬가지로 신명기를 통하여서 역사를 바라보는 관점(신명기적 역사관)없이 구약의 역사를 바로 이해할 수 없으며 신약을 온전히 이해할 수 없고, 또한 토라를 빼고 성경 전체를 온전하게 이해할 수 없습니다.

말씀은 영적 전쟁에 있어서 가장 강력한 공격 무기인데 말씀과 율법의 핵심이라고 불리는 신명기는 영적 전쟁의 실체가 되기도 합니다. 예슈아께서는 사탄의 유혹을 3번 물리치실 때 모두 신명기의 말씀을 인용하셨습니다(신 6:13, 16; 8:3). 토라가 하나님의 킹덤에

---

3. 축복과 저주에 대한 히브리적 설명은 토라 포션 50주간 '키 타보' 참고
4. 신명기 31장의 언약 갱신은 예레미야 31장의 새 언약의 갱신과 연결된다.

대한 청사진이라면 그 가운데서도 신명기는 토라의 자세한 밑그림을 제공해 줍니다. 또한 신명기는 하나님의 백성들이 하나님과 언약을 맺은 존재라는 것과 언약의 결과로 하나님의 복을 받는 존재라는 것, 그런 존재들이 살아야 할 삶의 모양이 어떠해야 한다는 것을 자세하게 말해주고 있습니다. 그러므로 신명기를 이해하고 아는 것은 토라의 핵심을 이해하고 아는 것을 의미하며 우리 존재가 원래 어떤 모습이었는가를 찾을 수 있게 해준다는 것을 뜻합니다.

지켜야 할 목록이 적혀 있는 율법서로서가 아닌 우리 존재의 원래 모습을 찾고 영생의 삶을 누리고 복을 누리고 열매 맺는 삶을 살게 해 주는 생명의 책으로서의 신명기를 새롭게 발견하여 우리가 돌아가야 할 약속의 땅 곧 에덴-동산으로의 재입성을 준비할 수 있는 둘째 아담과 하와가 되길 소망합니다.

2024년 7월 예루살렘에서 진리의 집

차
례

차
례

Torah Portion

토라 포션표

신명기 주간 토라 포션 Weekly Torah Portion

	주제	의미	파라샤	하프타라	브리트 하다샤	
					킹덤과 종말론적 관점	복음서 관점
44	드바림 דברים	말씀들	신 1:1 - 3:22	사 1:1 - 27	행 7:51-8:4	마 24:1-22
45	봐에트하난 ואתחנן	그리고 내가 간구했다	신 3:23 - 7:11	사 40:1 - 26	마 23:31-39	눅 3:2-15
46	에케브 עקב	결과적으로	신 7:12 - 11:25	사 49:14-51:3	히 11:8-13	마 13:16-35
47	르에 ראה	보라	신 11:26 - 16:17	사 54:11-55:5	요 7:37-52	마 9:4-50
48	쇼프팀 שפטים	재판장들	신 16:18 - 21:9	사 51:12-52:12	마 3:1-17	요 14:9-20
49	키 테쩨 כי תצא	네가 나갈 때	신 21:10 - 25:19	사 54:1-10	고전 5:1-5	마 24:29-42
50	키 타보 כי תבוא	네가 들어올 때	신 26:1 - 29:9	사 60:1-22	눅 24:44-53	마 4:13-24
51	니짜빔 נצבים	너희가 서 있다	신 29:10 - 30:20	사 61:10-63:9	요 15:1-11	요 12:41-50
52	봐엘레크 וילך	그리고 그가 갔다	신 31:1 - 30	호 14:2-10 욜 2:15-27 미 7:18-20	롬 10:1-17	마 18:21-35
53	하아지누 האזינו	귀를 기울이라	신 32:1 - 52	삼하 22:1-51	롬 10:17-11:12 12:9, 15:9-10	요 6:26-35
54	붸조트 하브라카 וזאת הברכה	그리고 그 축복 은 이러하다	신 33:1 - 34:12	수 1:1-18	계 21:9-22:5	행 1:1-14

* 윤년이 아닌 해에는 니짜빔נצבים과 봐엘레크וילך를 더블 포션으로 읽습니다.

** 붸조트 하브라카וזאת הברכה는 초막절 7일이 끝나고 8일째 한 해의 토라 포션을 마치고 다시 시작하는 심핫 토라 기간 동안 읽습니다.

신명기 일일 토라 포션 Daily Torah Portion

주간	주제	일 Day 1	월 Day 2	화 Day 3	수 Day 4	목 Day 5	금 Day 6	토 Day 7
44	드바림 דְּבָרִים	1:1 - 8	1:9 - 18	1:19 - 38	1:39 - 46	2:1 - 30	2:31 - 3:11	3:12 - 22
45	봐에트하난 וָאֶתְחַנַּן	3:23 - 4:4	4:5 - 40	4:41 - 49	5:1 - 21	5:22 - 6:3	6:4 - 25	7:1 - 11
46	에케브 עֵקֶב	7:12 - 8:10	8:11 - 9:3	9:4 - 29	10:1 - 11	10:12 - 11:7	11:8 - 21	11:22 - 25
47	르에 רְאֵה	11:26 - 12:7	12:8 - 28	12:29 - 13:18	14:1 - 21	14:22 - 29	15:1 - 18	15:19 - 16:17
48	쇼프팀 שֹׁפְטִים	16:8 - 17:13	17:14 - 20	18:1 - 8	18:9 - 14	18:15 - 22	19:1 - 20:9	20:10 - 21:9
49	키 테쩨 כִּי תֵצֵא	21:10 - 21	21:22 - 22:7	22:8 -23:8	23:9 - 25	24:1 - 4	24:5 - 25:16	25:17 - 19
50	키 타보 כִּי תָבוֹא	26:1 - 11	26:12 - 15	26:16 - 19	27:1 - 10	27:11 - 28:6	28:7 - 68	29:1 - 9
51	니짜빔 נִצָּבִים	29:10 - 13	29:14 - 21	29:22 - 29	30:1 - 6	30:7 - 10	30:11 - 14	30:15 - 20
52	봐옐레크 וַיֵּלֶךְ	31:1 - 3	31:4 - 6	31:7 - 8	31:9 - 13	31:14 - 19	31:20 - 23	31:24 - 30
53	하아지누 הַאֲזִינוּ	32:1 - 6	32:7 - 12	32:13 - 18	32:19 - 28	32:29 - 39	32:40 - 43	32:44 - 52
54	베조트 하브라카 וְזֹאת הַבְּרָכָה	33:1 - 6	33:7 - 11	33:12 - 17	33:18 - 21	33:22 - 25	33:26 - 29	34:1 - 12

* 히브리적 관점에서 한 주간의 첫 날은 주일(Sunday)부터 시작입니다. 그래서 토라 포션을 읽고 묵상하실 때 주일(Sunday)을 주간의 첫 날로 시작하시면 됩니다. 하지만 이번 주간의 토라 포션을 표시하는 날짜는 그 주간의 시작이 아닌 그 주간의 끝인 샤밧의 날짜로 표시됩니다. 예를 들어 "드바림 8월10일"은 6일 전인 8월4일 부터 8월10일까지 7일 동안 드바림 본문으로 주간 읽기를 한다는 의미입니다.

절기 토라 포션표

절기 토라 포션들은 중요한 절기들에 읽혀지는데 유월절과 장막절을 제외한 나머지 날들은 그 주간의 토라 포션과 함께 읽게 됩니다. 유월절과 장막절에는 절기 포션만 읽도록 되어 있습니다. 그 외의 특별한 주간들에 정해진 토라 포션 외에 더 읽도록 되어 있는 포션들도 있지만, 여기서는 절기 포션들만 소개하도록 하겠습니다.

	절기	파라샤	하프타라	브리트 하다샤
1	하누카 (봉헌)	민 7:1-11	슥 2:14-4:7 왕상 7:40-50	요 9:1-7 요 10:22-39
2	부림 (제비뽑기)	출 17:8-16	에스더 전체 시 3:3	히 11장 전체
3	페싹 (유월절)	출 12:21-51 민 28:16-25	수 3:5-7, 5:2-15 수 6:1, 27	요 1:29-31 요 10:14-18
4	샤부옽 (오순절)	출 19:1-20:23 민 28:26-31	겔 1:1-28 겔 3:12	요 1:32-34 마 3:11-17
5	로쉬 하샤나 (나팔절)	창 21:1-34 민 29:1-6	삼상 1:1-2:10	살전 4:13-18
6	욤 키푸르 (대속죄일)	레 16:1-34 민 29:7-11	사 57:14-58:14	고후 5:10-21
7	수콧 (장막절)	레 22:26-23:44 민 29:12-16	슥 14:1-24	계 7:1-10
8	심핫 토라	신 33-34 창 1:1-2:3 민 29:35-30:1	수 1:1-18	마 5:17-48
9	로쉬 호데쉬 (월삭, 초하루)	민 28:9-15	사 66:1-24	벧전 2:4-10

* 로쉬 호데쉬(달의 첫 날)는 월삭이라는 뜻으로 그 달의 첫 날에 읽는 본문입니다.
* 오축(하메쉬 메길롵חמש מגילות): 유월절(아가서), 오순절(룻기), 티샤 베아브(예레미야 애가), 장막절(전도서)
부림절(에스더)

토라 기도문

בָּרוּךְ אַתָּה אֲדוֹנָי אֱלֹהֵינוּ מֶלֶךְ הָעוֹלָם

바룩 아타 아도나이 엘로헤이누 멜렉 하올람

여호와 우리 하나님 온 우주의 왕이신 당신을 송축합니다

אֲשֶׁר קִדְּשָׁנוּ בְּמִצְוֹתָיו וְצִוָּנוּ לַעֲסוֹק בְּדִבְרֵי תוֹרָה

아쉐르 키드샤누 베미쯔보타브 붸찌바누 라아쏘크 베디브레이 토라

우리를 그 계명들로 거룩하게 구별하시고

토라의 말씀들에 빠져들라 명하신 당신은 복되십니다

שְׁמַע יִשְׂרָאֵל יְהוָה אֱלֹהֵינוּ יְהוָה אֶחָד

쉐마 이스라엘 아도나이 엘로헤이누 아도나이 에하드

이스라엘아 들으라 우리의 엘로힘은 여호와시며
여호와는 하나(됨)이시다(신 6:4)

신명기

דְּבָרִים

DEVARIM

드바림

44주간

דְּבָרִים

DEVARIM

드바림
말씀들

파라샤 **신 1:1-3:22**
하프타라 **사 1:1-27**
브리트 하다샤 **행 7:51-8:4 / 마 24:1-22**

DAY 1 신 1:1-8

광야와 약속의 땅의 경계에 서서

이집트에서 나온 지 40번 째 해, 열한째 달 첫째 날(쉐밭 월 1일)에 약속의 땅이 보이는 요단 동편 모압 평지에서 모세는 이스라엘 백성 앞에 섭니다(신 1:3). 모압 평지는 광야와 약속의 땅의 경계입니다. 이 경계는 약속을 향하여 가는 과정과 약속이 완전히 이뤄지는 사이의 경계이며, 오랜 시간 헤매었던 방랑을 끝내고 안정된 정착의 삶으로 들어가는 경계이고, 한 시대가 가고 새로운 시대가 도래하고 있음을 알려주는 경계이자 과거와 미래 사이의 경계입니다. 하나님이 약속하신 것을 기다림 속에서 바라보기만 했던 자들에게 약속이 실체가 되어 눈 앞에 나타나 있는 곳, 그 곳이 모압 평지였고 모세와 이스라엘 백성은 모두 하나님의 약속의 성취를 바라보며 그 곳에 서서 요단 서편의 약속의 땅을 바라보았습니다. 그 땅을 바라보면서 모세는 마지막으로 이스라엘 백성을 위하여 한 번 더 율법(토라)을 선포하고 말하기 시작합니다(신 1:1, 5).

모세는 이스라엘 백성들이 광야에서 기다림의 시간 동안 겪어 왔던 과거의 수많은 사건들과 이제 앞으로 미래에 일어날 일들의 경계에서 약속의 성취는 하나님의 말씀으로 이뤄진다는 것을 명백히 합니다. 하나님의 말씀은 세상을 창조하시는 능력이며 세상을 다스리시는 법과 통치 그 자체입니다. 세상에서 방황하며 세상의 영향력과 통치, 세상의 법에 좌우되었던 사람들에게 하나님의 말씀을 선포하고 가르친다는 것은 그들이 더 이상 세상에 속한 자들이 아닌 하나님의 백성으로서 하나님의 통치와 법에 의해 다스림을 받는다는 것을 의미합니다. 모세는 이집트(세상)의 강력한 영향력 아래 있음으로 이집트적인(세상적인) 생각과 감정, 판단과 결정으로 자신들의 정체성을 이뤄왔던 이스라엘 백성이 이제 완전히 하나님의 말씀을 근본으로 한 생각과 감정, 판단과 결정을 내려야 하는 자들이라는 것을 율법(토라)의 말씀을 선포함으로 그들의 존재가 어떤 존재인지를 가르칩니다.

하나님의 백성들에게 있어서 삶의 기준과 방향성은 말씀에 있습니다. 말씀을 잃어버리면 각자의 기준과 방향성을 가지기 때문에 혼란과 무질서가 따르고 혼란과 무질서는 곧 파괴와 파멸을 불러옵니다. 그렇기 때문에 이집트의 때를 벗지 못해 광야에서 지난한 훈련과 연단의 시간을 보냈던 이스라엘 백성에게 모세가 광야와 약속의 땅의 경계에 서서 강조하고 당부한 것은 오직 하나님의 말씀(드바림דְּבָרִים)과 율법(토라)이었습니다. 이스라엘 백성이 들어가서 차지하게 될 땅은 하나님이 택하신 땅이었고 하나님은 자신의 백성과 함께 친히 그 땅을 다스릴 것을 계획하셨습니다. 그 땅은 하나님의 법과 통치 아래 다스려져야 했기에 그 땅에 들어가 살도록 택함 받은 이스라엘 백성은 하나님의 통치의 근본인 말씀과 율법을 어느 민족보다도 잘 알고 지켜야 할 사명이 있었습니다. 그래서 모세는 이스라엘 백성에게 통치의 근본인 말씀과 율법을 따르는 삶에 대해 강조하고 또 강조합니다.

지금 우리는 하나님이 정하신 인류 역사의 끝자락에 와 있습니다. 종말론적인 시각에서 이 시즌은 세상 통치가 마무리되고 하나님의 킹덤이 시작될 것이라는 것을 알려주고 있습니다. 새로운 시대가 도래하기 직전에 세상과 하나님의 킹덤의 경계에 서 있는 우리가 결정해야 할 것은 광야와 약속의 땅의 경계에 서서 하나님의 말씀을 지키고 붙들며 하나님을 섬기며 살 수 있도록 이스라엘 백성에게 말씀과 율법(토라)을 선포했던 모세처럼 하나님의 말씀과 진리가 무엇인지를 선포하고 그것을 따라 살 것을 결정하도록 교회와 성도를 향해 선포해야 합니다.

우리가 살아가고 있는 시대는 기준이 너무 제각각이면서 명확하지 않은 시대입니다. 하나님의 말씀을 세상 학문의 권위 아래에 두고 경시하며 세상 학문의 기준으로 말씀을 해석하고 그것을 선포합니다. 그래서 말씀은 상황과 사람에 따라 너무 다르게 해석되고 가르쳐지고 있습니다. 이것이 세상에 혼란과 무질서를 가져오고 있습니다. 만물은 하나님의 말씀으로 창조되었고 하나님의 말씀 아래 운행되고 있습니다. 그래서 세상을 잘 다스릴 수 있는 기준은 말씀 밖에 없습니다. 하나님의 말씀은 만물을 붙드는 힘입니다. 지금 이 시간 말씀을 붙들고 말씀대로 살아가는 자들이 오는 세상에서도 하나님의 말씀과 법대로 온 땅을 다스리는 자들이 될 것입니다.

【주제 #1】 창세기 2:15과 신명기

가나안 땅 정복을 위해 앞장서서 나아가는 여호수아의 인도를 통해서 이제 곧 약속의 땅으로 들어가 살게 될 이스라엘 백성에게 그 땅에 들어가거든 그 땅에서 우상숭배의 모든 요소들을 철저히 제거하고 하나님만 섬기며 그 땅을 거룩하게 하고 그 땅에서 말씀에 순종하며 계명들을 잘 지키라고 당부하고 있는 신명기의 전체 메시지는 창세기 2:15에서 하나님께서 아담을 에덴-동산에 두시며 명령하시는 장면을 생각나게 한다. 하나님은 그 동산을 하늘의 생명이 풍성히 흐르는 아름다운 에덴-동산으로 만들어 놓으시고 아담을 그 동산에 두신 뒤 그것을 경작하고 지키게 하셨다.

> 여호와 하나님께서 그 사람을 이끌어 에덴-동산에 두시고,
> 그것을 경작하고 지키게 하셨다(창 2:15)

여기서 '경작하고 지키게 하셨다'의 '경작하고'로 번역된 '레아브다(לְעָבְדָהּ)'는 '예배 드리며 그 곳에서 섬기도록' 그리고 '레샤므라(וּלְשָׁמְרָהּ)'는 '계명을 지키며 그곳을 지키도록 하셨다'는 의미이다. 에덴-동산은 하나님이 거하시는 성전과 같은 곳이었기 때문이다. 성전으로서의 에덴-동산에 아담을 두고 레아브다(לְעָבְדָהּ), 예배를 드리며 섬기도록 하시고 레샤므라(וּלְשָׁמְרָהּ), 계명을 따르며 그 곳을 지키도록 하심으로 하나님은 아담에게 그 곳에서 제사장적 직무를 행하도록 명하셨다. 하나님은 하늘의 에덴과 땅의 동산이 만나서 함께 어우러진 에덴-동산을 성전의 원형으로서 만들어 놓으시고 그 성전에서 섬기며 그 성전을 관리하고 지키는 대제사장으로서 아담을 그 땅에 두신 것이다.

창세기 2:15과 마찬가지로 하나님은 이스라엘 백성을 이끌어 약속의 땅에 두시면서 에덴-동산에서 하나님께 예배드리며 성전에서 섬기는 일과 그 동산에서 하나님의 계명을 지키고 성소를 관리하고 지키는 일을 잘 하라고 모세를 통해서 신명기의 전반적인 내용 안에서 이스라엘에게 그 땅에서의 제사장적인 직무를 당부하고 계신다.

【주제 #2】 모세의 토라와 예수님의 토라, 메시아닉 킹덤의 토라

말씀들(드바림)로 이루어진 신명기는 토라(하나님의 가르침)에 대한 모세의 요약설명과 반복으로 구성되어 있다. 신명기의 히브리어 이름인 드바림은 영어로 Deuteronomy라고 번역하였는데 이는 율법(토라)의 반복이라는 헬라어 단어에서 온 것이다. 모세가 토라(모세 오경)를 통해 하나님의 말씀들과 가르침을 반복하여 설명한 것은 토라가 반복적으로 학습되어야 함을 의미한다. 토라는 끊임없는 반복을 통해 배우고 또 배우며, 가르쳐지고 또 가르쳐져야 한다. 이것은 단순 암기와 주입식 학습을 의미하는 것이 아니다. 토라는 살아있는 하나님의 말씀이기 때문에 반복하면 할수록 그 의미가 더 깊고 새로워진다. 그래서 랍비들은 토라를 과거에 몇 번 공부하였는지는 중요하지 않고 그 말씀들을 반복할수록 새롭고 흥미로워진다고 말하였으며, 토라를 매일 공부하면 매일 새로운 눈이 열린다고 말하였다. 토라 안에 하나님의 계획과 마음에 대한 모든 것이 있기 때문에 토라를 깊이 들여다보고 반복할수록 새로운 것들이 발견된다. 이것은 우리의 영을 신선하고 새롭게 한다. 모세가 토라를 반복하여 설명하고 가르치고 선포한 이유가 바로 우리가 그 안에서 날마다 새롭게 발견되고 새롭게 되기 위해서이다.

모세가 토라를 반복하여 설명하여도 이러할진대 토라 그 자체이신 예수님은 모세의 토라를 자신이 직접 이 땅에 내려와 삶으로 살아내심으로써 완성하셨다. 모세의 토라를 엄한 규율과 원칙으로 사람들을 옭아매는 것으로 오해하여 사용하였던 유대 종교인들과 달리 예수님은 토라가 얼마나 생명으로 충만하고 우리를 자유하게 하는 것인지 그 의미를 설명하셨고, 또 자신의 행동으로 나타내고 보여주셨다. 예수님의 제자들은 이미 모세의 토라를 알고 있었고, 배우고 있었지만 그들은 예수님이 가르쳐 주셨던 토라, 예수님이 토라를 통해 보셨던 것과 같은 것은 배우지도 못했고, 깨닫지도 못했다. 예수님은 토라를 도덕적 규율과 정치적, 종교적으로 이용하였던 유대 종교인들의 가르침을 날카롭게 비판하시면서 토라의 참 의미를 제자들에게 삶으로 보여주심으로써 토라를 완성하셨다. 예수님으로 인해 모세의 토라는 다시 한번 새롭게 되었다. 모세의 토라를 삶으로 완성하신 예수님의 토라는 그분이 다시 오셔서 다스리실 왕국, 메시아닉 킹덤에서 또 새롭게 될 것이다. 메시아닉 킹덤에서 새로운 토라는 열방을 향해 선포될 것이며, 열방은 메시아이신 예수님께 나아와 토라를 새롭게 배우고, 토라대로 열방을 다스릴 것이다.

> 내 백성이여 내게 주의하라 내 나라여 내게 귀를 기울이라 이는 율법(토라)이
> 내게서부터 나갈 것임이라 내가 내 공의를 만민의 빛으로 세우리라(사 51:4)

메시아닉 킹덤에서 선포되는 메시아의 토라는 모세의 토라와 전혀 다른 것이 아니며, 모세의 토라를 바꾸거나 변형하는 것도 아니다. 모세의 토라가 이 땅에서의 삶을 나타내는 육체적인 영역이라면 메시아닉 킹덤에서의 토라는 모세의 토라 안에 감추어져 있었던 영적인 비밀들과 하나님의 지혜들이 드러나면서 영, 혼, 육을 함께 세우는 토라가 될 것이다. 그리고 이 일은 이미 시작되었다. 천년왕국이 얼마 남지 않은 지금 하나님은 토라안에 감추어져 있던 영적인 비밀들과 하나님의 지혜들을 모세의 토라 이전에 존재하던 아브라함의 토라(창 26:5), 모세가 시나이 산에서 토라를 받기 전 이미 노아 홍수 이전부터 전달되어 내려왔던 에녹의 토라를 드러내시면서 새롭게 열어 보여주고 계신다. 하나님은 오래 감추어졌던 것을 드러내시면서 우주의 왕이신 메시아, 예슈아와 함께 그 나라를 다스릴 왕 같은 제사장들을 가르치고 훈련하고 계신다. 우리는 예슈아가 제자들에게 열어 보여주신 토라 위에 그분이 다시 오셔서 가르치실 토라를 미리 맛볼 수 있는 시대에 들어와 있다. 토라는 계속 새롭게 계시되어지고 있고, 천년왕국에서 더 새롭게 나타날 것이다.

요단 동편 모압 평지

모세는 요단 동편, 여리고 맞은편 모압 평지에서 약속의 땅으로 들어가기 전에 토라의 말씀들을 다시 한번 선포하면서 하나님과 이스라엘 백성과의 언약을 갱신했습니다. 모세는 이스라엘 백성이 토라를 통해 하나님과 언약을 맺었음을 잊지 말도록 당부하면서 동시에 약속의 땅에서 토라에 순복하는 삶을 살도록 강조하였습니다.

모세가 이스라엘 백성에게 하나님의 킹덤의 백성답게 살도록 가르치고 당부한 요단 동편, 여리고 맞은편에서 세례 요한도 하나님의 킹덤을 선포하면서 회개를 외쳤고, 회개를 통해 마음을 돌이켜 하나님의 말씀에 순종함으로 영, 혼, 육을 새롭게 할 것을 촉구했습니다. 그리고 그는 죄 사함을 받게 하는 회개의 침례를 베풀었습니다. 세례 요한이 회개를 선포하고 침례를 베풀었던 요단 건너편 베다니는 바로 여리고 맞은편 요단 동편이었고, 이곳이 세례 요한의 사역의 중심이었습니다. 모세가 토라를 선포하면서 언약을 갱신하여 이스라엘이 하나님의 백성으로서 정체성을 갖고 약속의 땅으로 들어갈 준비를 하게 했던 것처럼, 세례 요한도 회개를 통해 사람들이 마음을 새롭게 함으로 변화를 받아 하나님의 백성으로서의 정체성을 갖고 하나님의 킹덤에 들어갈 수 있도록 도왔을 뿐 아니라 예수님이 오실 길을 예비하였습니다. 모세와 세례 요한이 하나님의 킹덤을 선포하고 사람들의 마음을 준비시켰던 요단 동편에서 엘리야는 하늘로 승천하였고, 예수님도 침례를 받으심으로 하늘 문을 여시고 성령의 충만함으로 하나님 나라의 사역을 본격적으로 시작하였습니다.

유대 땅에서 세례 요한에 대한 소문을 듣고 찾아온 이들은 요단 동편에서 침례를 받고 하나님의 백성으로서의 정체성을 새롭게 찾은 후 다시 요단을 건너 약속의 땅으로 돌아갔습니다. 이것은 우연이 아니라 요단 동편에서 약속의 땅과 하나님의 킹덤을 바라보면서 에덴에서 쫓겨났던 인류가 다시 에덴으로 입성하는 것을 계획하신 하나님의 섭리 안에서 하나님의 종으로 부름받은 모세와 엘리야, 세례 요한을 통해 하나님이 자신의 백성들을 이끄시는 방향성이 에덴을 향한 것임을 예표하신 것입니다. 요단 동편은 에덴을 향해 들어가는 문입니다. 마지막 날에 예슈아도 수만의 성도들과 함께 세일 산에서부터 요단 동편에서부터 강을 건너 에덴을 향하여 오실 것입니다.

에덴-동산을 향하여

하나님은 이스라엘 백성에게 아라바와 산지와 평지와 네게브와 해변과 가나안 족속의 땅과 레바논과 큰 강 유브라데까지 아브라함과 이삭과 야곱에게 주리라 약속한 땅으로 들어가서 차지하라고 명령하십니다(신 1:7-8). 하나님이 그 땅으로 들어가 차지하라고 명령하신 이유는 그 땅을 아브라함과 이삭과 야곱에게 약속하셨기 때문이며 또한 그 땅이 에덴-동산의 영역이자 그 동산의 중앙이기 때문입니다. 하나님은 아브라함에게 네가 밟는 모든 곳을 주겠다고 약속하시며 그 경계를 큰 강 유브라데부터 나일강 하수까지라고 말씀하셨습니다.[5] 아브라함은 큰 강 유브라데가 흐르던 지역인 메소포타미아의 갈대아 우르와 하란에서부터 가나안 땅으로 들어왔습니다. 그리고 하나님의 섭리 안에 기근을 피해 이집트까지 내려갔었습니다. 이스라엘 백성은 이집트 땅에서 파라오 밑에서 종살이를 하였고 메소포타미아의 바벨론 땅에서 유배생활을 하였으며, 이로써 긍정적 의미이든 부정적 의미이

---

5. 약속의 땅의 큰 경계가 큰 강 유브라데에서부터 나일강 하수까지라면 약속의 땅의 작은 경계는 단에서부터 브엘세바까지이다. 그리고 중앙산지가 그 중심에 남북으로 놓여 있으며 중앙산지의 해발 약800미터에서 1,000미터 높이에 있는 그리심 산과 에발 산이 있는 세겜, 실로, 벧엘, 예루살렘, 베들레헴, 헤브론은 족장들의 삶과 이스라엘 왕국 역사의 주무대가 된다.

든 이스라엘 백성은 하나님이 아브라함에게 약속하신 땅의 경계이자 에덴-동산의 전 영역에 걸쳐 살았습니다.

아브라함부터 열두 지파의 이스라엘 백성들, 그리고 남유다에 이르기까지 그들이 활동하던 땅의 범위는 하늘과 땅이 하나되어 연결되어 있던 에덴-동산의 큰 영역이며 영원 세상이 시작되는 새 하늘과 새 땅에서 하늘로부터 내려올 새 예루살렘이 자리하게 될 터가 될 영역이었습니다. 하나님은 에덴-동산이자 새 예루살렘의 터가 될 영역을 아브라함으로 부터 시작한 열두 족장들에게, 그리고 모세를 통하여 이스라엘 백성에게 주겠다고 약속하셨고 그들에게 그것을 차지하라고 말씀하셨습니다. 이 모든 계획은 하나님이 태초부터 정해놓으신 계획이었고 하나님은 그것을 차근차근 치밀하게 실행하셨습니다. 모세는 믿음이 없어 거역하는 백성인 이스라엘을 향해 하나님이 그들의 조상인 아브라함과 이삭, 야곱에게 약속하신 땅인 에덴-동산의 중앙으로 그들을 인도하고 계심을 말했습니다.

> 그는 너희보다 먼저 그 길을 가시며 장막 칠 곳을 찾으시고 밤에는 불로,
> 낮에는 구름으로 너희가 갈 길을 지시하신 자이시니라(신 1:33)

하나님은 하늘과 땅이 하나되었던 에덴-동산으로부터 쫓겨났던 인류를 다시 에덴-동산으로 불러오셔서 하늘의 통치가 그 에덴-동산을 중심으로 우주적으로 확장되게 하기 위해 친히 이 모든 일을 계획하셨고, 이스라엘을 부르셔서 에덴-동산의 중앙으로 들어가기 직전 이스라엘 백성을 모압 평지에 머물게 하셨습니다. 이스라엘 백성이 머무르면서 약속의 땅을 바라보았던 모압 평지는 공간적으로는 에덴-동산의 중앙으로 들어가는 입구이자 경계이며, 시간적으로는 세상에서 하나님 나라로 들어가는 순간이었습니다.

지금 우리는 악한 정부와 권세자들이 다스리는 세상에서 천년 왕국으로 넘어가는 경계에 가까이 서 있으며 이 경계에서 하나님의 시간과 메시아닉 킹덤의 영역으로 들어가지 못하게 하려는 사탄의 발악은 점점 거세지고 있습니다. 그러나 먼저 그 길을 가시며 갈 길을 지시하시는 우리 대장 되신 그리스도께서 자신의 백성들을 이끌고 앞장서서 에덴-동산으로 들어가실 것입니다

DAY 2 신 1:9-18

수령들

모세는 하나님이 약속하신 땅을 들어가서 차지하라는 명령에 순종하여 이스라엘 백성을 이끌었으나 그는 그들이 괴로워하는 일, 힘겨워하는 일, 무엇보다 그들이 서로 다투는 일을 판결해 주면서 그 많은 백성을 혼자 인도할 수 없었기에 백성들 가운데서 리더들을 세웠습니다(신 1:13). 한글 성경에는 지혜와 지식이 있는 인정받는 자들을 택하라고 번역되어 있는데 이는 지혜와 분별력이 있으며 경험이 있는 자들을 의미합니다. 모세는 이러한 자들을 백성들의 머리로 지정할 것이라고 했습니다. 머리는 몸의 가장 높은 곳에 위치해 있는 신체 부위로 처음 혹은 시작이라는 의미와 함께 권위를 상징합니다. 모세는 이스라엘 각 지파들의 머리들(리더들)을 세워 그들의 권위 아래에서 지파들이 움직일 수 있도록 하였지만, 동시에 모세 스스로는 모든 지파들의 우두머리들의 머리였습니다. 그리고 모세의 머리는 하나님이었습니다. 하나님의 권위 아래서 모세가 지파들의 머리들을 다스렸고, 지파들의 머리들 아래서 백성들이 다스려졌습니다.

사도 바울은 메시아이신 예슈아를 묘사할 때 머리라고 말합니다. 사도 바울은 머리이신 예슈아께 우리가 붙어있어 서로 연결될 때 예슈아로 인해 우리가 공급함을 받고 연합하여 함께 자랄 수 있다고 격려합니다(골 2:19).

> 그는 몸인 교회의 머리시라 그가 근본이시요(골 1:18)

> 온 몸이 머리로 말미암아 마디와 힘줄로 공급함을 받고 연합하여
> 하나님이 자라게 하시므로 자라느니라(골 2:19)

> 그리스도께서 교회의 머리 됨과 같음이니 그가 바로 몸의 구주시니라(엡 5:23)

모세는 자신의 권위 아래 각 지파의 머리들을 세웠습니다. 그리고 그들에게 다른 무엇보다도 백성들 사이의 문제를 공정하게 판결하라고 당부했습니다(신 1:16). 재판(미쉬파트)

은 하나님께 속한 것이기 때문에 사람을 외모로 보지 말고 귀천을 차별 없이 듣고 사람의 낯을 두려워하지 말라고 명령합니다(신 1:17). 사람의 낯을 두려워한다는 것은 사람이 가진 지위나 위치, 능력에 따라 우리의 결정이나 판단이 치우쳐지거나 불공정하게 이뤄질 수 있음을 의미합니다. 공정한 판단과 결정(미쉬파트)은 하나님 나라의 통치의 기초입니다. 그래서 지도자가 가장 갖춰야 할 자질은 바른 미쉬파트이며, 바른 미쉬파트는 사람을 두려워하지 않을 때 다시 말해, 하나님을 두려워할 때 행해질 수 있습니다. 모세는 바른 미쉬파트를 행할 수 있도록 지혜있는 자를 지도자로 뽑도록 했고, 지혜있는 지도자란 사람을 차별없이 대하는 것입니다.

사도 야고보는 위로부터 난 지혜(하나님으로부터 온 지혜)는 편견과 거짓이 없다고 말하면서(약 3:17) 만약 우리가 사람을 차별하여 대하면 죄를 짓는 것이고 토라가 우리를 범법자로 정죄할 것이라고도 말했습니다(약 2:9). 하나님의 형상과 모습으로 지음받은 사람을 차별하는 것은 하나님을 멸시하는 것이고, 하나님을 멸시하는 것은 하나님을 대적하는 것과 같은 것으로 그것이 곧 죄입니다. 예슈아는 자신의 백성을 결코 차별함이 없이 대하셨습니다. 예슈아는 창녀와 세리와 같은 자들과 함께 하셨고, 높은 종교 지도자들이라고 해서 그들에게 더 특별히 대하지 않으셨습니다. 예슈아는 모든 사람을 동등하게 보셨고, 사람을 두려워하지 않았습니다.

모세는 지도자들이 하나님의 백성들을 존중하고 그들을 바른 미쉬파트로 다스리는 자들이 되길 바랐고, 바른 미쉬파트를 위해서는 사람을 두려워하지 않고 차별없이 대해야 하는 것을 중요하게 다루었습니다. 모세 자신은 지도자들의 지도자, 머리들의 머리로서 하나님의 미쉬파트가 무엇인지 토라를 통해 지도자들과 백성들을 가르치고 다스렸습니다. 모세가 이스라엘 백성의 머리로서 그들을 다스렸던 것처럼, 메시아이신 예슈아는 교회(모든 회중)의 머리로서 다스립니다. 그리고 예슈아는 그분의 나라에서 온 우주의 왕으로서 토라를 통해 다스리실 것입니다.

DAY 3 신 1:19-38

하나님의 드바림, 사람의 드바림

에덴-동산의 중앙에 생명나무와 선악을 알게 하는 지식의 나무가 있었고 사람은 항상 두 나무를 볼 수 있었습니다. 사람은 두 나무를 바라보면서 선택적 상황에 놓여 있었습니다. 생명나무는 생명의 근원이신 하나님을 절대적으로 신뢰하고 의지하는 신본주의 삶의 스타일을, 선악을 알게 하는 지식의 나무는 사탄의 그럴싸한 제안 즉, 인본주의 삶의 스타일을 의미합니다. 인류가 시작될 때부터 있었던 이 두 가지 사이의 선택은 첫 창조에 속한 처음 하늘과 처음 땅이 사라지기 전까지, 그리고 하나님이 예정해 놓으신 새 하늘과 새 땅이 시작되기 전까지는 계속될 것입니다. 우리는 매순간 하나님의 말씀을 최우선 순위에 두고 선택할 것이냐, 인간의 합리적인 판단을 우선순위에 두고 선택하고 따라갈 것이냐의 선택에 놓여 있습니다. 다시 말하면 에덴-동산에서 두 나무(두 킹덤) 사이에서 어떤 나무(킹덤)를 선택할 것인가는 하와와 아담에게만 주어졌던 문제가 아니라 인류 역사 내내 모든 인간의 매일의 삶 앞에 놓여왔던 문제입니다.[6] 인류가 가장 치열하게 이러한 선택의 기로에 서게 될 시대는 천년왕국이 시작되기 직전과[7] 새 하늘과 새 땅의 시작과 함께 영원 세계가 시작되기 직전에[8] 있게 될 것입니다.

모세는 이스라엘 백성에게 하나님의 말씀(드바림דְּבָרִים)을 선포하고 가르쳐 주었지만 그들이 하나님의 말씀을 거역하고 인본주의적인 말소리(드바림דְּבָרִים)를 내고 따르기 시작했을 때 어떤 실패와 어려움을 겪게 되었는지를 상기시켜 줍니다(신 1:34). 이스라엘 백성은 호렙 산(시나이 산)에서 언약을 받고 떠나 크고 두려운 광야를 지나 가데스 바네아에 이릅니다(신 1:19). 그곳에서 하나님은 이스라엘 백성에게 주저하지 말고 약속한 땅을 차지하라고

---

6. 말씀에서 나무는 나라, 혹은 킹덤을 상징한다. 에덴-동산의 중앙에 놓여 있던 두 나무는 결국 하나님의 킹덤과 세상 나라를 의미한 것과 같다.

7. "인류가 가장 치열하게 이러한 선택의 기로에 서게 될 시대는 천년왕국이 시작되기 직전" : 이 부분은 요한계시록 1장부터 20:6까지의 내용이며

8. "새 하늘과 새 땅의 시작과 함께 영원 세계가 시작되기 직전" : 이 부분은 요한계시록 20:7부터 20:15까지의 내용에 포함된다.

명령하십니다. 그러나 그들은 모세에게 먼저 사람을 보내어 정탐할 것을 제안하고 모세는 이 제안을 받아들여 열두 명의 정탐꾼을 보냅니다. 그들은 그 땅의 열매를 가지고 돌아와서 '여호와께서 우리에게 주시는 땅이 좋더라(신 1:25)'고 말합니다. 그러나 하나님이 선택하신 땅의 아름다움을 보고도 오히려 하나님의 뜻과는 정반대로 '여호와께서 우리를 미워하시므로 아모리 족속의 손에 넘겨 멸하시려고 우리를 애굽 땅에서 인도하여 내셨도다(신 1:27)'라고 말하며 그 땅에 올라가지 않겠다는 선택을 함으로 하나님의 말씀을 거역합니다. 이스라엘 백성은 하나님의 말씀(드바림)과 사람들의 말소리(드바림) 사이에서 사람들의 말소리를 따라 갑니다. 그 결과 하나님은 사람의 말소리를 따른 그들을 악한 세대라고 규정하십니다(신 1:35). 그들 중 갈렙과 여호수아를 제외한, 그리고 그들이 선악을 분별하지 못한다고 무시했던 그들의 자녀 세대를 제외한 모든 자들은 약속의 땅에 들어가지 못할 것이라는 벌을 받게 됩니다. 하나님의 말씀(드바림)을 선택하지 않고 사람의 말소리(드바림)를 선택한 자들의 결과는 생명과 풍성함이 아닌 사망과 단절입니다.

모세가 선포한 하나님의 말씀과 이스라엘 백성이 낸 말소리는 모두 히브리어로 드바림이라는 단어로 쓰였습니다. 드바림דְּבָרִים은 '말하다'라는 뜻을 가진 히브리어 동사 다바르דָּבַר에서 파생된 복수 명사로 '말들'이라는 뜻입니다. 말은 곧 영입니다(요 6:63). 우리가 말을 할 때는 영이 전달되고 그 영이 어떤 영인가에 따라 생명이 흘러가게 할 수도 있고 사망이 흘러가게 할 수도 있습니다. 하나님의 말(드바림)은 좌우에 날선 어떤 검보다도 예리하여 악한 것을 잘라내는 생명을 살리는 영이지만 인본주의적인 사람의 말(드바림)은 그럴듯하게 들릴 뿐 사실은 어지럽게 하고 생명과 평안을 빼앗아 가는 사망의 영(말)입니다. 하나님의 말은 바른 판단과 결정(미쉬파트מִשְׁפָּט)을 하게 하지만 사람의 말은 사람들을 두렵게 하고 낙심케 합니다.

모세가 정탐을 보낸 12명의 지도자들은 모두 지혜와 분별력이 있고 경험이 있는 우두머리들이었습니다(신 1:13). 그러나 그들은 결정적인 순간에 하나님의 드바림이 아닌 자신들의 지식과 경험에서 나온 생각을 따라갔고 이 생각은[9] 사람의 드바림을 내뱉게 하였으며 사람의 드바림은 전염병처럼 두려움과 낙심을 퍼뜨려 하나님을 거역하게 하였습니다. 그러나

---

9. 10명의 정탐꾼들이 가진 지식은 가나안 땅의 사람들은 크고 강한 민족이고 자신들은 작고 연약한 민족이라는 것이었다. 이 지식은 이스라엘 백성이 크고 강한 민족을 이길 수 없을 것이라는 생각의 결과를 가져왔고 이 생각은 불신의 말이 되었다. 생각은 말로 나타나고 말의 선포는 어떤 결과를 초래한다.

두려워하는 이스라엘 백성을 향해 모세는 강하고 확신있게 하나님이 어떤 하나님이신지를 가르치며 안심시키고 설득하였습니다.

> 너희보다 먼저 가시는 너희의 하나님 여호와께서 애굽에서 너희를 위하여
> 너희 목전에서 모든 일을 행하신 것 같이 이제도 너희를 위하여 싸우실 것이며
> 광야에서도 너희가 당하였거니와 사람이 자기의 아들을 안는 것 같이 너희의
> 하나님 여호와께서 너희가 걸어온 길에서 너희를 안으사 이 곳까지 이르게
> 하셨느니라(신 1:30-31)

모세는 미숙하고 어려서 쉽게 놀라고 두려워하는 어린 아들을 아버지가 품에 안고 가는 것처럼 하나님이 그렇게 이스라엘 백성을 안고 가시는 아버지라고 말합니다. 이 표현은 하나님이 모든 것을 의지하고 따를 수 있는 강한 아버지이자 아들을 위해 강한 사랑과 보호로 품고 있는 따뜻한 아버지이심을 나타내 줍니다. 그러나 이스라엘 백성은 아버지 되시는 하나님에 대한 모세의 이야기를 듣고도 하나님의 말씀과 약속을 믿지 못합니다.

이들이 이렇게 자신들의 지식과 생각의 한계를 뛰어넘지 못하고 사람의 말소리를 내게 된 이유는 그 안에 하나님의 말씀이 채워져 있지 않았기 때문입니다. 지도자로서 아무리 뛰어난 역량을 가지고 있어도 하나님의 말씀이 채워져 있지 않으면 바른 판단과 결정(미쉬파트מִשְׁפָּט)을 내릴 수 없습니다. 선과 악을 분별하여 바르게 미쉬파트 할 수 있는 것은 우주 만물의 기준과 근원이 되는 하나님의 입에서 나온 말씀을 기준으로 삼고 하늘 아버지의 입장에 서는 것입니다. 모세는 이스라엘 백성이 광야에서의 방랑의 생활을 할 수밖에 없었던 이유로 그들이 사람의 말소리를 따랐던 것을 지적하였고 철저하게 하나님의 말씀을 선택하게 하기 위해 약속의 땅을 바라보며 하나님의 말씀과 율법(토라)으로 그들을 가르치며 준비시켜 주었습니다.

예슈아의 다시 오심과 천년 왕국을 눈 앞에서 가까이 바라보고 있는 지금 우리에게도 하나님은 우리를 말씀으로 채우고 진리를 붙들라고 격려하고 계십니다. 역사 가운데 왜곡되고 가려졌던 진리의 말씀을 다시 묻고 들여다보고 깨달으라고 권고하십니다. 하나님의 말씀을 해석한다고 하는 학문들 사이에 섞여 있는 사람의 말소리들, 철학과 인본주의적 세계관과, 잘못된 신학들을 걸러내라고 명령하십니다. 하나님의 말씀을 듣고 있고 읽고 있다고 말하지만 종교적이고 형식적으로 할 뿐 말씀을 사랑함으로 묵상하고 상고하고 연구하지 않으면 우리는 말씀을 온전하게 알 수 없습니다. 말씀을 아는 것은 곧 하나님을 아는 것

이고 말씀을 사랑하는 것은 곧 하나님을 사랑하는 것입니다. 세상과 하나님의 킹덤 사이의 경계에 서서 우리가 붙들고 우리 자신을 채워야 할 것은 진리의 엑기스와 본질인 토라, 하나님의 말씀입니다.[10]

> 복 있는 사람은...오직 여호와의 율법(토라)을 즐거워하여
> 그의 율법을 주야로 묵상하는도다(시 1:1-2)

> 내 눈을 열어서 주의 율법(토라)에서 놀라운 것을 보게 하소서(시 119:18)

너희가 올라가기를 원하지 아니하고

　12지파의 머리들인 지도자들이 하나님이 약속하신 땅에 대해 악평을 하자 그것을 듣고 하나님과 모세를 대적했던 이스라엘 백성을 향해 모세는 그들이 하나님의 땅으로 올라가길 원하지 않았다고 책망했습니다(신 1:26). 성경에서 이스라엘 땅은 언제나 올라간다고 표현합니다. 사실상 요르단 산지가 이스라엘 유다 산지보다 더 높은데도 불구하고 하나님은 이스라엘 백성을 향해 그 땅으로 올라가라로 명령하셨고, 모세는 이스라엘 백성이 올라가기를 원하지 않았다고 말했습니다. 물리적인 고도와 관계없이 이스라엘 땅으로 갈 때 올라간다고 표현한 이유는 이스라엘 땅은 단순히 땅에만 속해 있는 영역이 아닌 하늘에 속한 영역으로써 그 땅이 영적으로 어떤 땅보다도 가장 높은 곳에 있는 곳이기 때문입니다. 또한 이스라엘 땅 중에서도 성전이 있는 예루살렘은 가장 높은 곳입니다. 이스라엘 백성이 성전을 향해 올라가는 노래를 부른 것은 물리적으로 그 산으로 올라가는 것을 의미하는 것일 뿐 아니라 동시에 하늘 성전을 향해 올라가는 것을 상징합니다.

　하늘 성전을 향한 길은 영적인 고양을 요구합니다. 우리가 전능하신 하나님께 더 가까이 가기 위해, 신성한 성품에 참여하는 자로서 더 하나님을 닮고자 할 때, 우리의 영은 더 높이, 더 높이 올라가서 하나님의 보좌에까지 이르게 됩니다. 그러나 이러한 영적인 고양은 쉬운 일이 아닙니다. 언덕이나 산을 오르는 것이 쉽지 않듯이 영적인 고양도 쉽지 않

---

10. 예루살렘에서 히브리적 관점으로 읽는 창세기 토라 포션의 1부 '토라란 무엇인가'를 참고

습니다. 그러나 주님은 우리에게 넓고 쉬운 길로 가지 말고 좁고 협착한 길로 가라고 말씀하셨습니다(마 7:13). 좁고 협착한 길이 생명의 길이기 때문이며, 생명의 길은 곧 우리의 영이 하늘을 향해 가는 것입니다.

이스라엘 백성이 올라가길 원하지 않았다는 것은 하늘의 영역, 하나님이 계신 곳으로 가길 원하지 않았다는 것을 의미합니다. 그들은 하나님의 성전을 거부했고, 영광의 영역을 거부했으며, 이것은 곧 하나님의 나라를 거부한 것과 같습니다. 예수님은 우리에게 먼저 그의 나라와 의를 구하라고 했습니다. 하나님의 나라가 가장 먼저입니다. 이스라엘 백성은 하나님의 나라를 먼저 구하는 생명의 길, 영적으로 하늘로 더 높이 올라가는 축복을 포기했습니다. 좁고 협착한 생명의 길은 찾는 이들이 적습니다(마 7:14). 그러나 이 길을 찾는 이들은 여호수아와 갈렙처럼 반드시 하나님의 나라를 차지하게 될 것입니다. 이 길은 하늘을 더 사모하고, 하늘의 영역을 구하며 올라가길 사모하는 자들에게 열릴 것입니다.

DAY 4 신 1:39-46

선악을 분별하지 못하던 너희의 자녀들

생명나무와 선악을 알게 하는 지식의 나무 사이에서 지식의 나무를 선택했던 인간에게 교만이 뿌리를 내려 세대에서 세대로 계속 이어졌습니다. 선악을 알게 하는 지식의 나무는 기준을 하나님이 아닌 사람 자신에게 둠으로써 하나님을 거역하게 합니다. 하나님이 옳다고 말씀하시는 것이 아닌 스스로 옳다고 여기는 것을 따라가게 하기 때문입니다. 이스라엘 백성이 하나님이 약속하신 땅을 향해 보여준 반응도 마찬가지였습니다. 10명의 정탐꾼의 말(사람의 드바림)을 듣고 하나님이 차지하라고 말씀하신 땅을 거부한 그들에게 하나님은 선악을 분별하지 못하던 그들의 자녀들에게 하나님의 땅을 차지하게 할 것이라는 벌을 내리셨습니다.

그들은 스스로의 관점과 기준으로 선악을 분별하는 지혜롭고 합리적인 자들인 것처럼 생각했겠지만, 그들의 선악을 분별하는 지혜란 하나님의 관점과 기준을 버린 오만하고 교만한 선택이었을 뿐입니다. 하나님은 오히려 선악을 분별하지 못하던 그들의 자녀 즉, 사람의 관점과 기준을 갖지 않은 그들의 자녀에게 하나님의 땅을 유업으로 차지하게 하셨습니다. 이스라엘은 하나님의 징계 앞에서 자신들이 범죄하였다고 말하면서도 하나님이 올라가서 싸우지 말라고 말씀하시는 경고를 또 무시하고 멋대로 올라가 싸우다가 아모리 족속에게 대패하고 맙니다. 입으로는 범죄하였다고 말했지만 마음으로는 옳고 그름, 좋고 나쁨에 대한 기준을 가지고 자신들의 뜻을 따라 움직이는 이스라엘은 온전히 하나님의 뜻을 따르지 않았습니다. 전쟁에서 대패한 뒤 이스라엘은 여호와 앞에서 통곡했지만 하나님은 그들의 소리를 듣지 않으셨고(신 1:45) 그들을 가데스에서 방랑하게 하셨습니다(신 1:46).

자기에게 기준이 있는 사람은 스스로의 생각과 감정, 경험을 믿기 때문에 다른 사람을 쉽게 판단하고 정죄하며 권위자에 대해서도 늘 거역합니다. 하나님은 권위에 순복하지 못하는 것을 아주 크게 경계하시고 싫어하십니다. 모든 권위는 하나님이 정하신 질서로써 권위에 순복하지 못하는 것은 곧 하나님을 대적하는 것이기 때문입니다. 입으로는 하나님을 가까이하고 공경한다고 하지만 마음은 하나님에게서 떠나 있고, 스스로를 지혜있고 총명하다고 말하는 자들의 지혜와 총명을 하나님은 폐하십니다(사 29:13-14). 선악을 분별할 줄 안다고 믿었던 출이집트 1세대보다 선악을 분별하지 못하던 어린 자녀들이 하나님의 땅을 차지했습니다. 하나님의 지혜는 세상이 자기 스스로 지혜롭다 여기면서 하나님을 알지 못하는 것을 전도의 미련한 것으로 믿는 자들을 구원하시는 것입니다(고전 1:21). 십자가의 도가 멸망당하는 자들에게는 미련한 것이지만 구원을 받는 우리에게는 하나님의 능력입니다(고전 1:18). 하나님의 어리석음이 사람보다 지혜롭고 하나님의 약하심이 사람보다 강합니다(고전 1:25). 어떤 육체도 하나님 앞에서 자랑할 수 없습니다(고전 1:29).

지혜로운 자는 그의 지혜를 자랑하지 말라 용사는 그의 용맹을 자랑하지 말라
부자는 그의 부함을 자랑하지 말라 자랑하는 자는 이것으로 자랑할지니
곧 명철하여 나를 아는 것과 나 여호와는 사랑과 정의와 공의를 땅에 행하는 자인
줄 깨닫는 것이니라 나는 이 일을 기뻐하노라(렘 9:23-24)

자랑하는 자는 주 안에서 자랑하라(고전 1:31)

DAY 5 신 2:1-30 / DAY 6 신 2:31-3:11

견고한 진과 교만한 목

　　모세가 모압 평지에서 율법을 설명하기 시작한 때는 거역과 불순종의 악한 세대였던 출이집트 세대가 모두 죽고 요단 저편 헤스본에 거주하는 아모리 왕 시혼과 에드레이에서 아스다롯에 거주하는 바산 왕 옥을 쳐 죽인 이후입니다(신 1:4). 하나님은 이스라엘 백성이 요단 동편에 거할 때 에서의 자손인 에돔과 롯의 자손인 모압과 암몬에게 준 땅의 기업은 건들지 말라고 하십니다. 약속의 땅을 이스라엘에게 주기로 결정하신 것처럼 그 땅들은 그들에게 허락한 땅이라고 말씀하십니다(신 2:5, 9, 19). 그들이 오랜 시간 동안 이스라엘과 적대적인 관계에서 이스라엘을 향해 가시 같은 존재가 되긴 했지만 그럼에도 불구하고 하나님은 이스라엘과 형제된 자손들에 대해 형제 우애적인 태도를 보이도록 명령하십니다.

　　반면 이스라엘이 정중하게 값을 지불하고 지나갈 것을 요구했지만 이를 가차없이 거절하고 도리어 이스라엘을 선제 공격한 아모리 왕인 시혼과 바산 왕 옥에 대해서는 철저한 정복 전쟁으로 응징하도록 명령하십니다. 이스라엘을 대적하는 것은 곧 하나님을 대적하는 것이었기에 하나님은 자신의 백성인 이스라엘을 통해 그들을 정복하여 강퍅하고 완고한 마음을 완전히 낮추심으로 하나님이 참 하나님 되심을 나타내셨습니다.

　　헤스본חשבון은 '견고한 진'이라는 뜻으로 그 어근은 하샤브חשב, '생각하다'는 뜻에서 파생되었습니다. 아모리אמרי는 아마르אמר, '말하다'는 동사에서 파생된 명사로 '말하는 자'라는 뜻이고 시혼סיחון은 '전사'라는 뜻으로 쑤아흐סוח, '휩쓸어 버리다'라는 동사에서 파생되었습니다. 사도 바울은 하나님보다 높아진 이론과 하나님 아는 것을 대적하여 높아진 모든 생각을 견고한 진에 비유하였습니다(고후 10:4-5). 우리의 생각은 경험과 지식을 통해 어떤 틀을 가지게 됩니다. 그런데 이 틀이 하나님으로부터 온 것이 아닐 때 견고한 진이 되어 하나님을 대적하고 높아지게 됩니다. 하나님을 대적하여 높아진 생각으로부터 비롯된 말들은 진리가 아닌 거짓 메시지가 되거나 두려움을 이용한 선동이 되어 악한 영향력으로 순식간에 사람들을 장악하고 선한 것을 휩쓸어 버립니다. 헤스본, 강력한 진이었던 곳(하샤브חשב)에 거하던 아모리 왕 시혼은 하나님을 대적하여 높아진 말(아모르אמר)로 악한 영향력을 가지고 장악하고 휩쓸어 버리는 것(쑤아흐סוח)을 상징합니다.

출이집트 세대였던 악한 세대는 '여호와께서 우리를 미워하시므로(신 1:27)' 그들이 약속의 땅에 들어갈 수 없다고 말합니다. 자신들의 어리석음과 악함 때문인데 오히려 하나님 때문이라고 탓합니다. 그런 그들에게 아무리 하나님이 먼저 앞서 나가셔서 싸우시는 하나님이라고 말을 해주어도, 심지어는 죽음을 유월하여 이집트에서 나오고 홍해를 건너는 구원의 경험을 했어도 그들은 이것을 믿지 못합니다. 이집트에서부터 그들 안에 있던 잘못된 생각으로 만들어진 견고한 진이 그들의 모든 생각의 구조 안에 자리잡고 있었기 때문이었습니다. 생각의 견고한 진을 깨뜨리지 못한 이들은 결국 약속의 땅에 들어가지 못하게 되었습니다.

약속의 땅, 에덴-동산을 향하여 나아가는 우리들 역시 하나님을 대적하여 높아진 모든 이론과 생각들을 파하는 자들이 될 뿐 아니라 또 우리 안에 세워져 있던 잘못된 견고한 진들을 파쇄해야 합니다. 생각의 견고한 진이 파쇄되어야 하나님이 약속하신 땅으로 들어가 하나님의 킹덤을 살아 낼 수 있기 때문입니다.

에드레이에서 아스다롯에 거주하던 바산 왕 옥עוֹג은 '긴 목'이라는 뜻입니다. 긴 목은 교만을 상징하는데 하나님은 이스라엘 백성의 교만을 길고 곧은 목에 비유하셨습니다. 바산בָּשָׁן은 '열매를 맺는, 풍성한'이라는 뜻을 가지고 있고 에드레이אֶדְרֶעִי는 '강한, 힘있는, 능력'이라는 뜻입니다. 아스다롯עַשְׁתָּרֹת은 풍요와 다산을 상징하는 여신의 이름입니다. 풍요한 땅을 차지하며 많은 것을 누리며 힘이 있던 바산 왕 옥은 자신의 이름처럼 목이 길고 곧고 교만한 사람이었습니다. 모든 풍요에 대한 감사를 하나님께 돌리지 않고 여신에게 돌린 자였습니다. 하나님은 하나님을 향해 목이 길게 뻗어 있고 교만한 자의 목을 치시면서 모든 것의 주권이 하나님께 있음을 나타내셨습니다.

생각의 견고한 진이나 목이 곧은 것은 모두 교만으로부터 비롯됩니다. 하나님이 약속하신 땅을 차지하러 가는 막바지 길목에 잘못된 생각을 견고하게 하는 것과 목을 곧게 하는 교만이 자리하고 있습니다. 이 교만을 제거하지 않고는 하나님이 약속하신 땅을 차지할 수 없습니다. 그래서 하나님은 이스라엘 백성이 약속의 땅을 차지하기 전에 교만의 목을 치고(옥) 견고한 진들을(헤스본) 파괴하고 들어가도록 하셨습니다. 사탄은 우리로부터 하나님이 주신 것들을 빼앗아 차지하고 있습니다. 우리가 그것을 다시 되찾아오려면 먼저 강한 자를 결박하고 끊어야 차지하고 얻을 수 있습니다.

사람이 먼저 강한 자를 결박하지 않고서야 어떻게 그 강한 자의 집에 들어가 그
세간을 강탈하겠느냐 결박한 후에야 그 집을 강탈하리라(마 12:29)

하나님은 이스라엘 백성에게 그 땅을 주겠다고 약속하셨고 선물로 허락하셨지만 그 땅은 예쁘게 포장되어 그들에게 전달되는 그런 선물이 아닌 그들이 믿음으로 들어가 싸워서 정복하고 차지해야 하는 땅이었습니다. 그 땅은 이미 주어진 선물이었지만 동시에 정복하고 쟁취해야 하는 과업이었습니다. 하나님은 하나님의 약속과 선물을 자신의 백성들이 믿음과 능동적인 순종을 통해 실현하길 원하십니다. 사탄에게 빼앗긴 영역은 원래는 모두 하나님의 것이었고 하나님의 것은 모두 사람에게 주어진 것이었습니다. 그래서 하나님은 사람이 직접 사탄으로부터 빼앗긴 것을 다시 빼앗아 오도록 명령하십니다. 이것이 야라쉬יָרַשׁ입니다. 야라쉬יָרַשׁ는 '차지하다'는 뜻인데 이것은 단순히 어떤 것을 얻는 것을 의미하는 것이 아니라 원래는 우리의 것이었는데 빼앗겼던 것을 다시 되찾아 오는 행위를 의미하기도 하고 부모의 것이 자녀에게 상속되는 것을 의미하기도 합니다. 하나님은 사탄이 차지하고 있는 좋은 땅을 하나님의 백성들에게 다시 야라쉬해서 차지하라고 말씀하십니다. 그리고 이 과정에서 하나님이 먼저 가시고 친히 싸우겠다고 약속하십니다(신 1:30; 3:22).

신명기는 끊임없이 하나님의 백성을 향해 야라쉬יָרַשׁ, 차지하라고 명령하면서 하나님의 백성들이 능동적으로 세상을 정복해 나갈 것을 격려하며 이 정복 전쟁은 하나님의 말씀(드바림דְּבָרִים)의 능력으로 이뤄지고 승리하게 될 것임을 가르쳐 줍니다. 예수님의 재림이 가까이 다가오고 있는 이 때는 하나님보다 높아진 모든 이론들을 다 끌어내리고 생각의 견고한 진들을 파쇄하고 교만한 목을 쳐서 말씀의 능력으로 세상을 야라쉬하는 하나님의 군대들이 일어나야 하는 때입니다

DAY 7 신 3:12-22

형제 이스라엘 자손의 선봉이 되어

르우벤과 갓, 므낫세 지파 중 절반은 요단 동편의 풍부하고 비옥한 땅을 먼저 차지하게 됩니다. 그들은 하나님이 정하신 경계에 속한 땅은 아니었지만 그 땅을 주시도록 하나님께 적극적으로 요청하여 차지함으로써 이스라엘 백성이 차지할 수 있는 산업을 확장했습니

다. 그들은 자신들에게 이미 정착할 수 있는 산업이 주어졌다 하여 먼저 머무르지 않고 하나님이 온 이스라엘에게 허락하신 땅을 차지하기 위해 형제들과 함께 앞장서서 무장하고 요단을 건널 준비를 하였습니다. 그들은 자신들만 안식을 누리지 않고 모든 형제들이 안식을 누리기까지 함께 싸웠습니다.

하나님의 나라는 혼자만의 탁월한 능력으로 이루는 것이 아닌 함께 세워가는 공동체입니다. 함께 싸우고, 함께 나누고, 함께 누립니다. 르우벤과 갓, 므낫세 지파의 절반이 나머지 형제들이 에덴의 중앙이자 약속의 땅으로 들어갈 수 있도록 끝까지 함께 싸웠던 것처럼 우리들도 형제들과 메시아닉 킹덤으로 들어갈 수 있도록 함께 싸워야 합니다. 먼저 하나님의 기업을 알고 차지한 자들이 앞장서주어야 합니다. 하나님은 이스라엘 12 지파를 공동 운명체로 부르시고 그들을 하나되게 하셨습니다. 또한 예수 그리스도를 믿는 믿음을 고백하는 교회들도 그리스도 안에서 하나되게 하셨습니다. 이제는 이스라엘과 교회를 하나되게 하셔서 함께 하나님의 나라를 세워가도록 하십니다.

이 일을 위해 이스라엘은 교회를 위해, 교회는 이스라엘을 위해 앞장서서 싸워야 합니다. 그런데 무엇보다 감사한 것은 우리 앞에는 여호와께서 앞장서 계신다는 것입니다. 하나님을 대적하고 하나님의 백성들을 노리는 견고한 진(헤스본)과 교만한 목(옥)을 휩쓸어 버리시고 나라와 권세를 자신의 백성들에게 주실 것입니다.

> 너희는 그들을 두려워하지 말라 너희의 하나님 여호와께서
> 친히 너희를 위하여 싸우시리라(신 3:22)

하프타라 사 1:1-27 / 브리트 하다샤 행 7:51-8:4

말씀과 핍박, 그리고 부흥

이사야는 하늘과 땅을 증인으로 삼아 하나님이 이스라엘 백성을 어떻게 심판하시는지 말합니다. 하나님은 자식을 양육하였지만 그들은 하나님을 거역하였고 행위가 부패한 자식

으로서 이스라엘의 거룩하신 이를 만홀히 여기고 버렸습니다(사 1:2-4). 이와 같은 이유로 하나님은 매를 드셨지만 그들은 여전히 고침을 받지 못하였습니다. 하나님을 거역하고 매를 들어도 고침을 받지 못하는 이스라엘의 모습을 스데반은 '목이 곧고 마음과 귀에 할례를 받지 못한 사람'이라고 표현하였습니다(행 7:51). 스데반은 그들이 항상 성령을 거스르고 천사가 전한 율법을 받고도 지키지 아니하였다고 말합니다(행 7:53). 목이 곧은 것은 하나님을 대적하여 높아진 교만을, 마음과 귀에 할례를 받지 못한 것은 불필요하고 악한 것을 잘라내지 않은 허물을 의미합니다. 이 두 가지 상태가 해결되지 않으면 사람은 늘 성령을 거스르고 하나님의 말씀을 지키지 못하게 됩니다.

스데반의 책망에 종교의 영에 가득 차 있던 사람들은 이를 갈았지만 진리의 말씀을 전한 스데반에게는 하늘이 열리고 그는 보좌 우편에 서 계신 예슈아와 하나님의 영광을 바라보게 됩니다(행 7:55). 하늘이 열린 것을 바라보는 스데반을 향해 사람들은 소리를 지르며 귀를 막고 그를 성 밖으로 끌어내어 돌로 칩니다. 같은 공간에 있었지만 한 사람은 성령에 충만하여 하늘이 열리고 하나님의 영광이 계시되었지만 같은 공간에 있던 다른 사람들은 살기로 충만하여 신성모독이라는 종교적인 명분을 앞세워 사람을 돌로 쳐서 죽게 하였습니다.

돌에 맞아 죽는 그 순간 스데반은 '아도나이 예슈아יהוה ישוע'의 이름을 크게 부르며 이 죄를 그들에게 돌리지 말아 달라고 외치고 죽음을 맞이합니다. 스데반에게 돌을 들어 칠 때 증인들은 자신의 옷을 벗어 사울이라는 청년의 발 앞에 던지고 사울은 스데반의 죽음을 마땅하다고 여깁니다(행 7:58, 8:1). 하나님의 말씀을 따른다고 자부했지만 진리의 말씀이 아니라 종교를 따른 이들은 오히려 성령과 말씀을 거스르고 하나님의 사람을 죽이기까지 합니다. 종교인들이 스데반을 죽인 것은 인류 최초의 살인자였던 가인이 하나님이 받으시는 향기로운 제사를 올려드린 아벨을 돌로 쳐서 죽인 것을 연상케 합니다. 마지막 때인 지금은 종교의 영과 진리의 말씀이 극명하게 나뉘고 있습니다. 종교의 영에 가득 찬 이들은 진리를 말하는 이들을 미워할 것이지만 진리의 말씀을 지키는 자들에게는 하늘이 더 열리면서 하늘의 영광과 예슈아를 보게 될 것이며 그분의 품으로 받아들여지게 될 것입니다.

하나님은 이사야를 통해 소돔의 관원들 같고 고모라의 백성 같은 이스라엘이 하나님의 법, 토라에 귀를 기울이지 않고 거짓 제사, 가식적인 제사를 드리면서 월삭, 안식일, 정한 절기에 모이는 것을 보고 그들의 손에 피가 가득하다고 하셨습니다(사 1:15). 그들은 하나님께 예배 드린다고 하면서 동물들의 피를 흘렸지만 그 예배는 마음으로 올려드리는 예배가 아닌 종교적 형식과 자기들의 의로 가득 찬 예배였기에 하나님은 그들의 제사와 절기의 모임들을 싫어하실 뿐 아니라 하나님께 무거운 짐이라고 말씀하셨습니다(사 1:14). 그들이 이렇게 가식적이며 위선이 가득한 예배로 하나님을 기만하게 된 이유는 그들 안에 의(쩨덱ק צֶדֶק)와 공의(미쉬파트מִשְׁפָּט)가 사라져버렸기 때문입니다(사 1:21). 쩨덱과 미쉬파트가 사라져 버렸다는 것은 그들 안에 진리의 말씀이 더 이상 그들의 삶의 기준이 되지 못하고 있다는 의미입니다. 진리의 말씀의 부재는 소돔과 고모라처럼 사람을 패역하고 부패하게 하며 이는 결국 의로운 자들을 죽음으로 이끌고 가게 합니다. 종교의 영은 하나님의 말씀을 따르게 하는 것이 아니라 사람이 정한 규칙과 틀과 전통을 따르게 하며 인간을 자기 의로 가득 차게 만들고 이것은 스스로 하나님의 말씀을 따르고 있는 것처럼 착각하게 하여 진실로 말씀을 따르는 자들을 시기하고 질투하여 죽음에 이르게 합니다.

마지막 때에 하나님의 말씀을 따르지 않고 자기 사욕을 따라 자기 귀에 듣기 좋은 것을 따라가는 자들은 진리의 말씀의 부재와 오용과 인본주의적인 해석으로 인한 잘못된 쩨덱과 미쉬파트에 빠질 것이며 스스로를 의롭다고 생각하며 기준으로 여길 것입니다. 이렇게 자기의 의에 가득차 있는 종교인들은 의로운 자들을 핍박할 것이고 진실로 말씀을 따르는 자들은 핍박 가운데 순교를 당하게 될 것입니다. 그럼에도 불구하고 진리의 말씀은 더 흥왕하여 멀리 퍼져 나가는 부흥의 원동력이 될 것입니다(행 8:4). 그리고 진리의 말씀을 지킨 자들은 왕이나 귀족들에게 씌워주었던 면류관이라는 이름 뜻을 가진 스데반처럼 영광의 면류관을 얻게 될 것입니다.

하나님의 말씀(드바림דְּבָרִים)은 이스라엘 백성들을 약속의 땅으로 이끌었고, 마지막 때에 끝까지 말씀(드바림דְּבָרִים)을 지키고 따른 자들은 영광의 면류관을 쓰고 에덴-동산으로, 시온 산에 있는 거룩한 성 예루살렘으로 들어갈 것입니다.

브리트 하다샤 마 24:1-22

주의 임하심과 세상 끝

성전이 돌 하나도 돌 위에 남지 않고 무너지리라는 예수님의 예언은 제자들에게 큰 경고로 들렸을 것입니다. 성전은 하나님이 머무시는 처소인데 하나님이 그것을 무너뜨리신다는 것은 이 세상을 폐하시고 새로운 세상을 일으키신다는 이중적 의미로 제자들은 받아들였을 것입니다. 그래서 그들은 예수님께 나아와 주의 임하심 즉, 그들이 그토록 기다렸던 메시아의 통치와 세상 끝의 징조에 대해 예수님께 묻습니다.

　　예수님은 그들의 질문에 어떤 징조들이 있을 것인지에 대해 먼저 답하지 않으시고 사람의 미혹을 받지 않도록 주의하라고 경고하십니다(마 24:4). 에덴-동산에서 하나님의 나라가 시작되었을 때 아담과 하와가 겪었던 사탄의 미혹, 약속의 땅으로 다시 들어가기 위해 광야 생활 중 이스라엘 백성이 숱하게 겪었던 우상숭배와 음란, 거역과 불순종의 미혹이 마지막 때 메시아닉 킹덤이 시작되기 직전에도 격렬하게 있을 것이기 때문입니다. 미혹 중에서도 가장 크게 일어나는 미혹은 자기를 메시아라고 속이는 미혹이 될 것입니다. 세상이 걷잡을 수 없이 타락하고 도저히 사람의 힘으로는 어쩌지 못하는 단계에 이르게 되면 사람들은 구원자를 간절히 찾을 것이고 사탄은 그 순간을 놓치지 않을 것입니다. 사탄이 진정한 구원자이자 온 땅의 통치자가 누구인지를 속이는 이유는 사람들이 메시아의 통치를 받지 못하게 하기 위해서입니다. 메시아의 통치가 이뤄지는 하나님의 나라가 아닌 사탄이 통치하는 세상 나라에 인간을 묶어두고 영원히 하나님께 갈 수 없게 만드는 것이 사탄의 계획이고, 이 계획의 실행을 위해 사탄이 쓰는 전략이 미혹입니다.

　　미혹은 속이는 것입니다. 속임은 거짓입니다. 거짓의 아비는 사탄이고 사탄은 사람을 말로써, 하나님의 말씀을 비꼬아서 속입니다. 그래서 마지막 때는 말의 전쟁, 드바림의 전쟁입니다. 하나님의 말씀을 선택할 것인지, 사탄이 꼬아서 사람들에게 심어놓고 잘못 쌓아 올려진 사람의 말을 선택할 것인지의 기로는 우리가 하나님의 나라로 들어갈 수 있느냐 없느냐의 문제가 될 것입니다. 사탄의 미혹에 속지 않으려면 하나님의 말씀과 사람의 말을 분별할 수 있어야 하며 이것은 얼만큼 말씀을 사랑하고 하나님과 깊은 친밀함을 누리는가에 의해 결정될 것입니다. 주의 임하심과 세상 끝에 말씀을 사랑하고 하나님과 깊은 친밀함을 누리는 자들이 새 예루살렘으로 들어갈 것입니다.

자기 두루마기를 빠는 자들은 복이 있으니 이는 그들이 생명나무에 나아가며
문들을 통하여 성에 들어갈 권세를 받으려 함이로다(계 22:14)

드바림 주간의 말씀

1. 모압 평지는 광야와 약속의 땅의 경계입니다. 이 경계는 약속을 향하여 가는 과정과 약속이 완전히 이뤄지는 사이의 경계이며, 오랜 시간 헤매었던 방랑을 끝내고 안정된 정착의 삶으로 들어가는 경계이고, 한 시대가 가고 새로운 시대가 도래하고 있음을 알려 주는 경계이자 과거와 미래 사이의 경계입니다.

2. 지금 우리는 하나님이 정하신 인류 역사의 끝자락에 와 있습니다. 새로운 시대가 도래 하기 직전에 세상과 하나님의 킹덤의 경계에 서 있는 우리가 결정해야 할 것은 광야와 약속의 땅의 경계에 서서 하나님의 말씀을 지키고 붙들며 하나님을 섬기며 살 수 있도록 이스라엘 백성에게 말씀과 율법(토라)을 선포했던 모세처럼 하나님의 말씀과 진리가 무 엇인지를 선포하고 그것을 따라 살 것을 결정하도록 교회와 성도를 향해 선포해야 합니 다.

3. 공정한 판단과 결정(미쉬파트)은 하나님 나라의 통치의 기초입니다. 그래서 지도자가 가장 갖춰야 할 자질은 바른 미쉬파트이며, 바른 미쉬파트는 사람을 두려워하지 않을 때 다시 말해, 하나님을 두려워할 때 행해질 수 있습니다.

4. 하나님의 말(드바림)은 좌우에 날선 어떤 검보다도 예리하여 악한 것을 잘라내는 생명 을 살리는 영이지만 인본주의적인 사람의 말(드바림)은 그럴듯하게 들릴 뿐 사실은 어지 럽게 하고 생명과 평안을 빼앗아 가는 사망의 영(말)입니다. 하나님의 말은 바른 판단과 결정(미쉬파트 מִשְׁפָּט)을 하게 하지만 사람의 말은 사람들을 두렵게 하고 낙심케 합니다.

5. 이스라엘 백성이 약속의 땅으로 올라가길 원하지 않았다는 것은 하늘의 영역, 하나님 이 계신 곳으로 가길 원하지 않았다는 것을 의미합니다. 그들은 하나님의 성전을 거부했 고, 영광의 영역을 거부했으며, 이것은 곧 하나님의 나라를 거부한 것과 같습니다.

6. 선악을 분별할 줄 안다고 믿었던 출이집트 1세대보다 선악을 분별하지 못하던 어린 자녀들이 하나님의 땅을 차지했습니다. 하나님의 지혜는 세상이 자기 스스로 지혜롭다 여기면서 하나님을 알지 못하는 것을 전도의 미련한 것으로 믿는 자들을 구원하시는 것 입니다(고전 1:21).

7. 하나님이 약속하신 땅을 차지하러 가는 막바지 길목에 잘못된 생각을 견고하게 하는 것과 목을 곧게 하는 교만이 자리하고 있습니다. 이 교만을 제거하지 않고는 하나님이 약속하신 땅을 차지할 수 없습니다. 그래서 하나님은 이스라엘 백성이 약속의 땅을 차지하기 전에 교만한 목을 치고(옥) 견고한 진들을(헤스본) 파괴하고 들어가도록 하셨습니다.

8. 신명기는 끊임없이 하나님의 백성을 향해 야라쉬יָרַשׁ, 차지하라고 명령하면서 하나님의 백성들이 능동적으로 세상을 정복해 나갈 것을 격려하며 이 정복 전쟁은 하나님의 말씀(드바림דְּבָרִים)의 능력으로 이뤄지고 승리하게 될 것임을 가르쳐 줍니다.

드바림 주간의 선포

1. 이스라엘과 교회가 지금 이 시대가 메시아닉 킹덤으로 들어가기 직전이라는 종말론적 인식을 갖게 하소서. 안일한 성도, 잠자는 성도들을 흔들어 깨우셔서 메시아닉 킹덤을 향해 믿음의 전진을 하게 하소서. 목자들이 이스라엘과 교회, 성도들을 깨우는 진리의 선포를 하게 하소서.

2. 사람을 두려워하는 지도자가 아닌 하나님을 두려워하는 지도자들을 각 영역에 세워서 바른 미쉬파트가 이뤄지도록 하소서.

3. 하나님의 나라와 하늘의 영역을 사모하지 않게 하고 끊임없이 땅과 육신의 정욕에 집착하게 하는 미혹을 분별하는 지혜와 말씀을 더하여 주소서. 하늘의 영역을 사모하는 생명의 길은 좁고 협착하지만 기꺼이 그 길로 걸어가길 힘쓰는 자들이 되게 하소서.

4. 우리 안에 있는 견고한 진과 교만한 목을 파하시고, 또한 이스라엘과 교회에 있는 견고한 진과 교만한 목을 파하셔서 하나님의 나라를 영원히 누리게 하소서.

5. 선악의 기준을 나 자신에게 두어 스스로 심판자가 되는 교만과 미련함을 범하지 않고, 하나님만이 공정하게 재판하는 심판자이심을 믿고 하나님께 모든 주권을 맡기오니 하나님의 나라를 영원히 소유하는 축복을 누리게 하소서.

45주간

וָאֶתְחַנַּן

VA'ETCHANAN

봐에트하난
그리고 내가 간구했다

파라샤 **신 3:23-7:11**
하프타라 **사 40:1-26**
브리트 하다샤 **마 23:31-39 / 눅 3:2-15**

DAY 1 신 3:23-4:4

에트하난אֶתְחַנַּן - 모세의 간구

이스라엘을 대적했던 요단 동편의 두 왕이 정복되고 그 땅을 르우벤과 갓, 므낫세 지파의 절반이 차지하면서 약속의 땅을 차지하는 일이 더욱 현실이 되고 있던 그 때, 모세는 하나님께 간절히 그의 소원을 구합니다. 이미 므리바의 사건으로 약속의 땅에 들어갈 수 없을 것이라는 하나님의 선언을 들었지만 고집 세고 교만하여 늘 반역하는 이스라엘 백성을 인도하기를 포기하지 않고 40년 광야 여정의 막바지에 도달한 모세로서는 하나님이 약속하신 젖과 꿀이 흐르는 아름다운 땅을 한 발자국이라도 밟아보고 싶은 마음이 간절했을 것입니다. 에트하난אֶתְחַנַּן은 '은혜롭다, 호의를 보여주다' 라는 동사 하난חָנַן이 재귀동사(히트파엘형)로[11] 쓰이면서 '은혜를 구하다'라는 뜻이 됩니다. 이것은 몸을 구부리며 간절히 은혜를 구하는 자세를 의미하는 것으로 모세는 하나님과 이스라엘 백성을 향해 보인 충성과 사랑과 호의를 자신에게도 보여주시기를 간구한 것입니다. 그러나 하나님은 라브 라크רַב-לָךְ, '그만해도 족하다'라고 말씀하시며 모세의 약속의 땅으로의 입성을 거절하십니다(신 3:26).

모세가 아름다운 땅(하아레쯔 하토바הָאָרֶץ הַטּוֹבָה)에 들어갈 수 없게 된 정확한 이유는 그가 백성들 앞에서 하나님의 말씀에 순종하지 않고 화를 냈기 때문이었습니다(민 20:24). 백성들은 거듭된 반역과 불순종으로 하나님의 심판과 경고를 받았음에도 불구하고 또 다시 물로 인해 불평하였고 그들의 완악한 태도는 모세의 마음을 격동케 하였습니다. 그래서 그는 자신의 분노를 하나님이 화를 내신 것이라 말하면서 반석을 명령하여 물을 내라는

---

11. 재귀동사는 자기가 한 행동의 결과가 다시 자기에게로 돌아온다는 뜻이다.

하나님의 말씀을 듣지 않고 반석을 지팡이로 두 번 쳐서 물이 나게 했습니다. 백성들은 하나님이 물을 공급해 주신 은혜를 경험했지만 동시에 모세로 인해 하나님이 짜증을 부리면서 화를 내셨다는 잘못된 이미지로 하나님을 보게 되었습니다. 이것을 두고 하나님은 모세가 하나님의 거룩함을 나타내지 못했다고 책망하시며 그가 약속의 땅에 들어가지 못할 것이라고 선언하십니다.

지도자는 분명 좋은 영향력을 흘려보내야 하는 통로가 되어야 하며 하나님을 대표하고 대언하는 자로서 더 철저히 자신을 들여다보아야 합니다. 지도자의 잘못된 판단과 조절되지 못하는 감정은 순식간에 공동체를 더럽히고 하나님의 영광을 가리게 합니다. 그래서 지도자는 자신의 위치를 더욱 조심스럽게 살피면서 자신에게 주어진 권위를 함부로 사용하지 않아야 합니다. 지도자가 하나님이 맡기신 양들을 잘 이끌기 위해 권면한다고 말하면서 하나님의 입장이 아닌 자기 자신의 입장이나 사람의 입장에 서서 양들을 비판하고 정죄할 때가 있습니다. 혹은 양들의 반복적인 공격과 불평에 지칠 때 자신도 모르게 화살을 쏘면서 하나님의 입장이라고 말할 때가 있습니다. 그러면 양들은 지도자를 통해 하나님에 대한 잘못된 이미지를 갖게 되고 지도자는 본의 아니게 하나님을 오해하게 만드는 통로가 되고 맙니다. 이러한 일은 부모가 자녀를 훈육할 때, 선생님이 학생을 훈육할 때와 같이 여러 종류의 권위 관계 안에서 나타나기도 합니다. 그러므로 각 분야의 지도자들은 하나님이 권위를 주시면서 하나님을 대변하도록 부름받은 사람이기에 더 자신을 돌아보고 말을 아끼며 성품과 속사람을 훈련해야 합니다.

하나님의 신실한 종으로 세상의 그 어떤 사람보다도 온유했던 모세였지만 이스라엘 백성의 비뚤어진 마음과 거역, 불순종은 전염병처럼 퍼져 모세의 마음까지 상하게 했습니다. 결국 하나님의 말씀보다 백성들의 태도에 집중한 찰나의 그 순간이 모세로 하여금 하나님의 영광을 가리는 행동을 하게 하였고 모세의 사명은 이스라엘 백성을 모압 평지까지 안내하는 것으로 마치며 눈으로 아름다운 땅을 바라보기만 하고 생을 마감하게 됩니다.

이는 분명 모세의 불순종으로 인한 결과이기도 했지만 한편으로는 출이집트 세대의 완악함이 모세에게까지 영향을 미쳐 모세도 그들의 죄를 같이 짊어져야 하는 대속적 징벌이기도 했습니다. 그래서 모세는 이 사건을 두고 '여호와께서 너희 때문에 내게도 진노하사' 그 땅에 들어가지 못하게 되었다고 언급합니다(신 1:37; 3:26; 4:21). 그러므로 모세가 약속의 땅에 들어가지 못한 것은 단순히 개인적 심판으로만 간주될 수는 없습니다. 어떤 의미에서 백성들의 죄는 모세의 죄가 되었고 그 역시 반역적인 백성들과 같은 일원이 되어 약속의 땅 밖에서 죽게 된 것과 같습니다. 지도자는 영광을 얻기도 하지만 더 큰 책임을 가지고 문책을 당하기도 합니다.

주님은 많이 맡은 자에게 더 많은 것을 구할 것이라 말씀하셨습니다(눅 12:48). 무엇인가를 더 많이 받고 맡았다는 것이 특권만 있는 것은 아닙니다. 여기에는 책임과 무게가 따릅니다. 그리고 그 책임과 무게는 혼자 감당할 수 없습니다. 그래서 중보가 필요합니다. 한 명의 지도자가 온전히 서면 한 공동체가 보호를 받고 건강하게 세워져 갑니다. 그래서 지도자를 향한 중보는 곧 우리 자신과 공동체를 향한 기도가 됩니다. 에트하난אֶתְחַנַּן, 우리가 하나님께 또 누군가를 향해 보인 사랑과 은혜의 간구는 다시 우리에게로 돌아올 것입니다.

DAY 2 신 4:5-40

가감하지 말라 그리고 붙어 있으라

모세는 이스라엘 백성을 향해 하나님이 명령하신 말씀을 더하거나 빼지 말라고 경고하였습니다(신 4:2). 예수님도 그의 제자들을 향해 누구든지 하나님의 계명 중에 지극히 작은 것 하나라도 버리면(빼면) 하나님의 나라에서 지극히 작은 자가 될 것이라고 말씀하셨습니다(마 5:19). 또한 예수님은 종교인들이 자신들의 전통을 지키려고 하나님의 계명을 버린 것과(마 7:9, 13) 말씀을 자기들에게 좋은 방식으로 해석하여 합리화하고 사람들을 묶는 것에 대해 꾸짖으셨습니다(마 9:11). 예수님은 토라를 지키기 위해 유대인들이 세우고 지켜 온 모든 전통들과 해석들을 완전히 뒤집어 버리신 것이 아니라 그들이 하나님의 말씀을 자기들 전통을 위해 합리화한 것을 허락하지 않으신 것이었습니다.

기독교 교회 안에서는 예수님이 유대 종교인들을 꾸짖으신 것에 대해 그들의 모든 전통을 부인하시고, 가르침을 뒤집으신 것이라고 생각하면서 유대인들이 지켜온 말씀과 율법들 전체를 틀리다고 말해왔지만 정확하게는 예수님은 유대 종교인들이 말씀을 자기들 뜻대로 덧붙이고, 빼버린 것에 대해 책망하신 것이었습니다. 하나님이 가르쳐 주신 계명과 토라의 본질은 그대로 있는 것입니다. 예수님은 토라의 본질을 흐트러뜨린 것들을 잘라내시고 토라를 완성하고 완전하게 하셨습니다. 토라의 말씀은 모두 하나님의 나라와 메시아를 향하고 있는데 유대인들은 메시아이신 예수님을 아직 알지 못하기 때문에 그들이 풀지 못하는 난제는 메시아닉 킹덤이 세워지면 온전하게 될 것이라고 믿고 있습니다. 교회는 예수님으로 인해 하나님의 나라와 구원, 복음에 있어서 유대인들이 보지 못하는 것들을 보고 있지만, 또한 유대인들이 먼저 토라를 맡은 자로서 가지고 왔던 토라의 본질에 대해서는 교회 역시 놓치고 있는 부분들이 있습니다. 이것은 이스라엘이든 교회든 모두 하나님의 나라에 대한 온전한 그림을 보지 못하게 하는 원인이 됩니다. 지금은 이스라엘이 교회를 향해, 교회가 이스라엘을 향해 하나님의 마음으로 바라보면서 각자가 놓치고 잃어버렸던 것을 찾으면서 하나되어 가는 시간입니다. 이 시간의 끝에 예수님이 오셔서 메시아닉 킹덤이 시작되면 토라는 새롭게 열리고 완성되어 온 열방을 통치하는 법이 될 것입니다.

모세는 이스라엘 백성에게 그들의 하나님께 붙어서 떠나지 않았기 때문에 그들이 살아있게 되었다고 말했습니다(신 4:4). 이 말은 또 다른 의미로 하나님께, 그리고 그 말씀(토라)에 붙어있는 자들은 영원히 살게 될 것이라는 의미이기도 합니다. '붙어있다'는 히브리어 다바크דָּבַק는 성경에서 창세기 2:24에 남자가 부모를 떠나 그의 아내와 합하여서(다바크) 한 육체가 되었다는 말씀에서 처음 등장합니다. 다바크는 '떨어지지 않게 딱 붙어서 서로 꽉 조이고 연결하여 하나되었다'는 의미를 가집니다. 이것은 우리가 신랑이신 예수님께 딱 붙으면 그분으로 인해 하나님께 연결하여 하나됨을 상징합니다.

주와 합하는 자는 한 영이니라(고전 6:17)

고린도전서 6:17에서 합하다는 헬라어 콜라오κολλάω는 '풀로 붙이다'는 뜻으로 이 단어가 히브리어의 다바크입니다. 우리가 메시아이신 예수님께 풀로 붙인 것처럼 딱 붙을 때 우리는 하나님과 한 영이 되어 삶을 누립니다.

예수님의 말씀은 이 땅에서의 삶에만 초점을 맞춘 것이 아닙니다. 예수님은 토라를 가르치셨고 완성하셨습니다. 토라를 통해 이 땅에서의 삶뿐이 아닌 영원한 삶으로 초대되고 영원을 누리는 것을 말씀하셨습니다.

진실로 진실로 너희에게 이르노니 사람이 내 말을 지키면
영원히 죽음을 보지 아니하리라(요 8:51)

예수님의 말씀, 토라를 지키면 우리는 즉시 영원한 삶으로 이어지게 됩니다. 이것은 우리를 삶에서 죽음으로 이끄는 것이 아닌 삶에서 삶으로 이끌어 줍니다. 하나님의 말씀은 하나도 떨어지지 않고 다 이루어질 것입니다. 우리가 더하거나 붙일 것은 없습니다. 그저 말씀에 붙어있으면 됩니다. 말씀에 붙어있는 자, 말씀에 붙어있는 백성은 하나님이 높이실 것입니다. 오늘날 유대인들이 세계 가운데 으뜸이 된 것은 죄와 반역으로 가득한 역사가운데서도 그들이 토라에 붙어서 그것을 지켜왔기 때문입니다. 하나님의 나라가 가까이 오고 있습니다. 전통과 교리에 매여 종교적으로 말씀을 해석하고 왜곡하는 죄를 벗고 회개하여 말씀, 토라의 본질을 회복하여 하나님 나라에 들어가기 합당한 자로 준비되어야 할 때입니다. 약속의 땅을 눈 앞에 바라보며 토라로 자신들을 정결하게 하고 언약을 새롭게 하는 이스라엘 백성처럼 우리에게 약속하신 하나님의 말씀을 읽고, 듣고, 지킬 때 우리는 메시아닉 킹덤으로 들어가 영생을 누리는 축복을 받게 될 것입니다.

이 예언의 말씀을 읽는 자와 듣는 자와 그 가운데에 기록한 것을
지키는 자는 복이 있나니 때가 가까움이라(계 1:3)

네 하나님 여호와는

하나님은 이스라엘 백성에게 규례와 법도를 주시면서 하나님을 알려주십니다. 하나님을 아는 것이 곧 자신들의 정체성을 아는 것이며 하나님을 알 때 그들이 하나님을 경외할 수 있기 때문입니다. 하나님은 자신의 백성들이 하나님을 경외함을 가르치고 배우길 원하셨기 때문에 하나님 자신이 어떤 하나님이신지를 알려주십니다.

하나님은 자신을 '소멸하는 불'이라고 말씀하십니다(신 4:24). '소멸하다'로 쓰인 동사 아할אכל은 '먹다, 집어 삼키다'는 뜻을 가지고 있습니다. '불'이라는 히브리어 단어는 에쉬 אש입니다. 신명기 4장에서 불은 일곱 번이나 언급되면서 하나님을 나타내는 중요한 상징으로 나타납니다(신 4:11, 12, 15, 24, 33, 36). 하나님을 나타내는 상징으로서의 불은 두 가지 의미를 가지고 있습니다. 한 가지는 조명입니다. 이것은 하나님의 영광을 나타내며 세상을 밝고 환하게 비추어 밝게 타오르는 것을 의미합니다. 이런 의미에서 불은 하나님의 임재와 능력을 상징합니다. 다른 한 가지는 소멸입니다. 선택된 거룩한 백성들이 하나님의 사랑

을 거절하고 우상숭배와 세상과 섞임으로 언약을 깨뜨릴 때 하나님은 불로 모든 거룩하지 않은 것을 태워버리고 삼켜 버리십니다. 하나님의 백성이 거룩을 유지할 때 하나님은 그 백성에게 불 가운데 영광과 임재로 나타나시지만 그 백성이 거룩을 잊어버릴 때 소멸하는 불로 더러운 것들을 태우십니다. 태우시는 이유는 단순한 진노가 아닌 쓸모없고 악한 것들을 태우심으로 다시 새롭게 하기 위함입니다. 그러므로 하나님의 소멸하는 불은 새롭게 하고 다시 시작할 수 있게 하기 위한 하나님의 또 다른 사랑의 모습입니다.

하나님은 '질투하는 하나님'입니다(신 4:24). '질투하다'는 단어 칸나קנּא는 '온 마음이 사로잡혀 한 가지에 몰두하는 것'이라는 의미를 가지고 있습니다. 하나님은 자신의 백성을 향해 완전히 마음이 사로잡혀 온전히 사랑을 쏟으시는 하나님입니다. 구약에서 칸나קנּא라는 단어는 우상숭배와 연관될 때 사용됩니다. 우상숭배는 곧 간음하는 것을 의미하는 것으로 신랑되신 하나님은 신부인 하나님의 백성이 하나님이 아닌 다른 우상을 향할 때 질투하신다고 말씀하십니다. 하나님이 아닌 다른 우상을 섬길 때 질투하는 하나님은 자신의 신부를 놓치지 않고 다시 되찾기 위해 열정적으로 돌진하십니다. 하나님은 신부의 사랑을 그 어떤 것에도 빼앗기지 않으시고자 하시며 신부를 향해서 그 마음이 완전히 사로잡혀 있으신 하나님입니다.

하나님은 자비의 하나님입니다(신 4:31). '자비로운'이라는 뜻의 히브리어 형용사 라훔רַחוּם은 동사 라함רחם에서 파생된 것으로 라함רחם은 '긍휼히 여기다, 깊이 사랑하다'는 뜻을 가지고 있으며 이 단어가 명사 레헴רחם으로 쓰일 때 '자궁'이라는 뜻이 됩니다. 하나님은 당신의 백성을 더럽게 하고 섞이게 하는 것들은 소멸하여 태워 버리시지만 동시에 불쌍히 여기시는 자비의 하나님이십니다. 그래서 어머니의 자궁에서 생명이 보호받고 안전하게 자랄 수 있게 하듯이 당신의 자비로 그 백성들을 보호하고 감싸 안으시는 하나님이십니다. 하나님의 자비는 당신의 백성들이 배반하고 떠나도 아주 버리지 않으시고 완전히 멸하지 않으시며 스스로 맺은 언약을 잊지 않으시고 그 백성을 돌보며 지키게 하는 하나님의 성품입니다(신 7:6-8). 하나님의 자비는 진노 중에도 긍휼을 잊지 않고 베풀게 하는 놀라운 성품입니다.

하나님은 강한 손과 편 팔로 이스라엘 백성을 친히 이집트의 손에서 구원하신 구원의 하나님입니다(신 4:34). 모세는 창조부터 지금까지 어느 신도 한 백성을 직접 끌고 나와 구원해 낸 적은 없었다고 강조합니다. 하나님은 눈에 보여도 아무것도 하지 못하는 거짓 우상 신들과 명백하게 다른 신이며 살아 계셔서 당신의 사랑하는 백성들의 모든 것을 돌보시며 책임지시는 하나님입니다. 모세는 이스라엘 백성에게 하나님이 명령하신 규례(후킴)와 법도를(미쉬파팀) 가르치면서 그들이 이것을 지켜 행하는 것이 그들의 지혜와 지식이 될 것이라고 강조합니다(신 4:5-6).

지혜와 지식의 근본은 하나님을 알고 경외하는 것입니다(시 110:10; 잠 1:7; 9:10; 15:33). 모세는 하나님의 규례와 법도의 조항들 자체를 가르치기에 앞서 이스라엘 백성에게 하나님의 성품에 대해 깊이 나눕니다. 하나님을 알고 하나님과 깊은 친밀한 관계를 가질 때 하나님으로부터 오는 지혜와 지식이 우리로 하여금 그 말씀에 순종하는 삶을 살도록 하기 때문입니다. 우리의 교만과 죄성은 우리로 하여금 늘 하나님을 거역하고 대적하게 하기 때문에 우리의 노력과 의지로 하나님의 말씀을 온전히 지킬 수 없습니다. 하나님의 말씀에 순종하는 삶은 하나님을 알고 하나님을 사랑할 때 자연스럽게 따라오는 것입니다. 모세가 이집트에서 이스라엘 백성을 구원하시고 광야의 삶을 이끌어 주신 하나님이 어떻게 그들 가운데 함께 하셨는지를 이스라엘 백성에게 상기시켜 주면서 하나님의 성품에 대해 나눈 것은 모세가 누렸던 하나님과의 친밀함을 이스라엘 백성들도 누리고 하나님을 떠나지 않기를 바랐기 때문입니다.

우리 하나님 여호와는 소멸하는 불, 질투하는 하나님, 자비의 하나님, 구원의 하나님입니다. 위로 하늘에나 아래로 땅에 오직 여호와가 하나님이시고, 다른 신은 없습니다 (신4:39). 하나님을 사랑하고, 하나님을 알고, 하나님을 경외함으로 그 말씀에 순종하는 자는 하나님의 나라를 영원히 누리게 될 것입니다.

지혜와 지식이 있는 백성이 되게 하는 규례와 법도

약속의 땅이 보이는 경계에 서서 모세는 이스라엘 백성에게 규례(후킴חֻקִּים)와 법도 (미쉬파팀מִשְׁפָּטִים)를 선포합니다. 규례로 번역된 후킴חֻקִּים은, 토라의 기본 뼈대가 되는 십계명과 이 십계명을 자세히 보충 설명해주기 위한 세부 법들입니다. 후킴חֻקִּים에는 해야 할 것과 하지 말아야 할 것인 계명들(미쯔봍מִצְוֹת)이 포함되어 있습니다. 또한 후킴חֻקִּים에 어떻게 재판하고 판결하고 심판을 집행할 것인지에 대한 내용이 추가된 법을 미쉬파팀מִשְׁפָּטִים이라고 합니다.

하나님이 이스라엘 백성에게 주신 규례(후킴חֻקִּים)와 법도(미쉬파팀מִשְׁפָּטִים)는 언약 관계 안에서 언약의 이행을 위해 그들이 지켜야 할 책임이기도 했지만 동시에 그들을 다른 민족들과 구별되게 하는 지혜와 지식이었습니다(신 4:6). 어느 민족에게도 없었던 이 규례와 법도는 이스라엘 백성을 지혜와 지식이 있는 백성이 되게 할 뿐 아니라 공의로운 큰 나라가 되게 할 것이었습니다(신 4:8). 하나님의 규례와 법도는 복종을 요구하면서 통제하고 조종하려는 이방신들의 법과는 완전히 다른 것입니다. 이것은 이스라엘 백성이 왜 다른 민족과 다른지, 그리고 그들이 차지하게 될 땅이 하나님의 통치 아래에서 어떻게 유지되고 다스려져야 할지를 가르쳐주는 그들의 정체성과 같은 것이었습니다.

또한 하나님은 규례와 법도를 통해 위로 하늘에나 아래로 땅에 오직 여호와는 하나님이시요 다른 신이 없는 줄을 알도록(신 4:39) 가르치셨습니다. 하나님은 이스라엘 백성이 여호와 하나님이 이스라엘의 하나님 되심을 알기 원하셨습니다. 에덴-동산에서 쫓겨난 이후 사람들은 하나님과 분리되면서 하나님으로부터 멀어졌습니다. 그리고 하나님과 분리된 자리에는 사탄들이 끼어들어 하나님 대신 사람을 통제하고 조종하기 시작했습니다. 하나님으로부터 멀어지게 된 사람들은 하나님을 대신할 무언가를 찾아 눈에 보이는 형상을 만들어 신이라고 믿거나 혹은 인간 스스로가 하나님의 자리에 앉기 시작했습니다. 그래서 하나님은 당신의 백성들이 어떤 신과도 비교할 수 없을 뿐 아니라 이 세상에 다른 신이 없음을 분명히 알기 원하셨습니다. 하나님과의 분리로 인해 죄와 죽음의 영향력 아래 있게 된 사람들을 다시 하나님 앞으로 돌아오게 하기 위해 하나님은 '내가 누구인지 알라'는 것부터 시작하셨고 이것을 위해 규례와 법도를 주셨습니다. 하나님이 누구신지 앎으로 정체성을 바로 세우게 하셨고 그 정체성을 지키기 위해 하나님이 주시는 규례와 법도를 지켜 행하도록 명령하셨습니다.

그리고 이 규례와 법도들의 가장 우선순위이자 핵심은 '우상을 만들지 않는 것'입니다(신 4:15-24). 거룩한 산 호렙에서 그 백성에게 말씀하시던 날에 그들 중 어느 누구도 하나님의 형상을 보지 못했습니다(신 4:15). 심지어 하나님의 형상 보기를 간구했던 모세에게도 하나님은 당신의 뒷모습만 보이셨습니다. 하나님은 어떤 형상으로도 그들에게 나타나지 않으셨습니다. 하나님이 형상이 없으시기 때문이 아니라 천사들조차 자기들의 눈과 몸과 발을 가릴 정도로 하나님은 거룩하시며 찬란하고 영광스러운 분이시기 때문입니다. 하나님은 이 세상에 속해 있는 그 어떤 형상으로도 표현할 수 없는 분입니다. 하나님을 보지 못하고서 형상을 만든다는 것은 거짓말이며 이것은 결국 스스로 만들어 낸 다른 신을 모셔 들이는 일과 같습니다. 또한 하나님을 형상으로 표현하는 순간 초월적이며 신비한 하나님을 축소시켜서 하나님을 우리의 목적에 봉사하는 신으로 격하시킬 수 있습니다. 형상화된 모양은 하나님의 실재를 축소, 격하시킬 뿐 아니라 신이 아니면서 신이 되어 하나님과 사람을 분리시키고 멸망으로 이끌기 때문에 하나님은 그 어떤 것으로도 형상을 만들어 절하지 말라고 단호하게 명령하셨습니다.

우상숭배를 강력하게 경고하시면서 하나님이 명령하신 또 한 가지는 가나안 땅에 들어갔을 때 그 땅의 일곱 족속들과 어떤 조약이나 혼인관계도 맺지 말고 그들을 불쌍히 여기지도 말며 다 진멸하라고 하신 것입니다. 그들이 거짓 신으로 이스라엘 백성을 미혹하여 하나님과 분리시킬 것을 아셨기에 그들이 만들어 놓은 우상을 철저히 찍어내고 불사르도록 명령하십니다(신 7:2-5). 그리고 명확하게 선포하십니다.

너는 여호와 네 하나님의 성민이라(신 7:6)

그들이 하나님의 성민이 된 이유가 다른 민족보다 수효가 많기 때문도 아니고 그들이 무언가 더 뛰어나서도 아니고 오직 그들을 사랑하심과 그들의 조상들에게 하신 맹세를 지키기 위함입니다(신 7:7-8). 하나님의 주권 아래 선택되고 사랑받은 백성으로서 그들에게 요구하신 것은 한 가지입니다.

너는 알라 오직 네 하나님 여호와는 하나님이시요 신실하신 하나님이시라(신 7:9)

하나님이 이스라엘 백성에게 요구하신 것은 하나님이 어떤 하나님이신지를 아는 것과 그리고 하나님의 백성으로서 지혜와 지식을 가지고 구별되게 사는 것입니다. 그러므로 규례와 법도는 이 세상에 다른 신은 없으며 하나님이 한 분이신 하나님이심을 선포하는 선언이자 하나님이 그 백성을 사랑하신 고로 택하셨다는 증거이며(신 4:37; 7:8) 선택하신 백성들이 영원히 축복받기를 원하셨던 아버지의 마음입니다(신 4:40).

DAY 3 신 4:41-49

하나님이 구원 의지 도피성

이스라엘 백성이 약속의 땅으로 진입하지 못하도록 막으려 했던 아모리 왕 시혼과 바산 왕 옥을 완전히 진멸함으로써 이스라엘은 하나님이 정하신 것은 그 누구도 막을 수 없다는 것과, 하나님 외에 다른 신이 없음을 이스라엘 스스로도 경험하였고 이로써 하나님의 영광을 열방에 나타내었습니다. 이는 타락한 인간을 에덴에서 쫓아낼 수 밖에 없었지만 끊을 수 없는 사랑과 강력한 구원 의지로 자신의 백성을 끝까지 에덴으로 다시 들어가게 하심으로써 하늘과 땅이 하나되는 하나님의 나라를 완성하시는 하나님의 사랑과 구원 의지가 끝까지 하나님의 백성과 함께 할 것이라는 것을 보여줍니다. 마지막 날에 아모리 왕 시혼과 바산 왕 옥과 같이 하나님의 백성이 하나님 나라로 들어가지 못하게 하려는 대대적인 공격이 있겠지만, 원수는 산산이 부서지고 하나님과 그의 백성이 승리할 것입니다.

원수를 부수고 승리의 전리품으로 예상치 못한 땅을 확보하게 된 이스라엘이었으나 그들의 목표는 약속의 땅이었기에 그 땅에 대해서는 생각조차 하지 않고 있을 때 먼저 나서서 적극적으로 그 땅을 요청한 르우벤, 갓, 므낫세의 절반 지파는 믿음으로 기업을 취하게 되었을 뿐 아니라, 이스라엘에게 더 큰 영역을 차지할 수 있게 했습니다. 그들이 차지한 땅에서 하나님은 부지중에 살인한 자들의 생명을 보전하기 위한 도피성 세 곳을 구별하십니다(신 4:41-42). 비록 살인이라는 죄를 저질렀지만 그것이 알지 못하던 사이에 우발적으로 저지르게 된 경우 하나님은 그 죄에서조차 한 생명을 건지고 보전하기 위한 계획을 실행하십니다. 생명의 근원이시며 영원히 존재하시는 하나님은 우리에게 생명을 주고, 삶을 이어갈 수 있는 기회를 끝까지 허락하시는 분입니다. 하나님의 생각은 재앙이 아니라 평안이고 우리에게 미래와 소망을 주는 것입니다(렘 29:11). 우리의 인생에서 예상치 못하게 우리를 몰아넣고 사방으로부터 정죄와 판단을 받는 상황가운데서도 피할 곳을 허락하시고 그 곳에서 생명을 보전하고 구원받을 수 있도록 우리에게 허락하신 도피성은 예슈아입니다.

여호와는 나의 반석이시요 나의 요새시요 나를 건지시는 이시요
나의 하나님이시요 내가 그 안에 피할 나의 바위시요 나의 방패시요
나의 구원의 뿔이시요 나의 산성이시로다(시 18:2)

DAY 4 신 5:1-21

십계명 – 사랑의 언약

이집트에서 나온 후 모세가 이스라엘 백성에게 선포한 것은 증언과 규례와 법도입니다(신 4:45). 여기서 증언이라 번역된 히브리어 에다עֵדָה는 '증거, 증명'이라는 뜻으로 하나님과 이스라엘 백성 사이의 언약의 증거를 의미하며 곧 십계명을 뜻합니다. 규례와 법도는 십계명을 전제로 한 삶을 살아가는 데 있어서 필요한 세부 조항들입니다. 십계명은 하나님이 친히 써 주신 두 돌판에 새겨진 언약의 증거판이며 이스라엘 백성이 어떤 정체성과 어떤 삶을 살아야 하는 존재인지를 증거하고 있습니다. 모세는 이 십계명의 언약이 호렙 산에서 조상들과 세우신 것만이 아닌 지금 이곳, 모압 평지에 서 있는 살아 있는 세대들과 세우신 것이라는 것을 명시합니다(신 5:2-3). 이것은 십계명이 약 40년 전 조상들과 맺은 과거의 언약이 아닌 현재에도 계속 적용되는 언약이라는 것을 의미하는 것이며 하나님과 이스라엘 백성의 언약은 언제나 현재적이며 영원하다는 것을 나타내 줍니다.

또한 십계명은 하나님과 이스라엘 백성의 언약이 쌍방의 언약이며 따라서 양쪽 모두 수행해야 할 의무와 책임이 있음을 보여주며, 그 의무는 바로 '사랑'입니다. 영원한 언약인 십계명을 통해 하나님은 이스라엘 백성에게 전적으로 하나님을 사랑하고 이웃을 사랑할 것을 말씀하십니다. 그러므로 하나님의 모든 명령을 지키고 행하라는 하나님의 말씀은 하나님을 사랑하라는 하나님의 마음의 또 다른 표현입니다. 하나님의 명령과 규례와 법도를 지키고 행할 때 즉, 그들이 하나님을 사랑하고 이웃을 사랑할 때 하나님은 그들에게 영원한 복을 약속하십니다.

> 너희 하나님 여호와께서 너희에게 명령하신 모든 도를 행하라
> 그리하면 너희가 살 것이요 복이 너희에게 있을 것이며
> 너희가 차지한 땅에서 너희의 날이 길리라(신 5:33)

십계명은 하나님과 하나님의 백성이 맺은 사랑의 언약이며 이 언약은 그 백성에게 영원한 삶을 약속하시는 축복이 됩니다. 이 언약은 이스라엘 백성이 더 이상 노예가 아닌

자유인으로서 하나님의 보배로운 소유가 되었음을 선언하였습니다(출 19:5). 언약 백성의 삶은 온 우주의 주권자이신 하나님의 사랑을 받고 그 사랑을 하나님께 올려드리며 또 그 사랑을 주변에 흘려보내는 사랑의 삶입니다.

DAY 5 신 5:22-6:3

육신을 가진 자로서

하나님은 불과 구름과 흑암 가운데서 큰 음성으로 이스라엘 각 지파의 수령들과 장로들로 이루어진 총회를 향해 말씀하셨습니다(신 5:22). 그들은 모세와 함께 하나님의 백성을 섬기도록 뽑힌 지도자들이었습니다. 지혜와 지식이 있고 경험이 있어 백성들에게 인정받는 사람들이었기에(신 1:13) 그들은 탁월한 자들이었지만, 그런 그들조차도 하나님의 영광과 위엄을 감당할 자신이 없었습니다. 그들은 스스로 육신을 가진 자로서 살아 계시는 하나님의 음성을 직접 들을 수 없다고 고백하였습니다(신 5:26). 이것은 육신을 가졌기 때문에 하나님의 영광의 임재와 그 음성을 들을 수 없다는 뜻이 아니라 그들이 하나님의 존재를 경험하였어도 여전히 그들 안에 육신에 속한 것들, 정욕과 탐심과 죄가 가득하였기에 그런 상태로 하나님 앞에 나아갈 수 없다는 것을 스스로 깨달았음을 의미합니다. 백성들 가운데서 지혜와 지식이 있어 특별히 뽑힌 그들조차도 자신들의 존재가 거룩한 하나님 앞에 설 수 없음을 깨달았을진대 하물며 하나님에 대한 지혜와 지식이 부족한 백성들이 하나님 앞에 서면 하나님의 거룩한 본성이 육신에 속해 있는 죄를 향해 돌진하여 그 죄를 부서뜨릴 때 백성들에게는 죽음뿐이라는 것을 알았던 지도자들은 하나님의 영에 충만하고 하나님을 대면한 모세에게 모든 백성을 대표하여 하나님의 영광 앞에 서서 음성을 듣고 전달해 주기를 부탁하였습니다. 하나님은 이러한 지도자들의 생각과 요청이 옳다고 말씀하셨습니다(신 5:28).

지도자들이 하나님이 모세를 통해서 백성들에게 말씀해 주시기를 요청한 것은 하나님을 거절한 것이 아닌 죄를 이기지 못하는 인간의 연약한 죄성에 대한 참회적 고백이자,

하나님의 거룩하심에 대한 경외함을 나타낸 것이었습니다. 또한 하나님이 친히 택하시고 세우신 모세의 권위를 향해 끊임없이 도전했던 그들이 모세 한 사람만이 하나님의 영광과 임재 앞에 서기에 합당한 자라는 것을 인정한 것이었습니다. 그래서 그들은 모세에게 하나님의 음성을 듣고 자신들에게 가르쳐주고 전해주기를 겸손하게 요청하였습니다. 이러한 태도를 보인 이스라엘을 향해 하나님은 이들이 항상 이같이 하나님을 경외하여 그 자손들까지 영원히 복받기를 원한다고 축복하셨습니다(신 5:29).

하나님의 거룩한 임재 앞에서 우리의 죄성은 더 적나라하게 드러납니다. 부끄럽고 수치스러운 죄가 드러나면 그것을 감추려고 인간은 더 숨으려고 하지만 하나님은 죄를 오히려 드러내어 빛 가운데 부셔버리고 우리가 자유하게 되길 원하십니다. 그래서 죄 짓기 쉬운 육신의 정욕과 타락한 혼의 영역(생각, 감정, 의지)을 꺾고 하나님 앞에 엎드려 겸비하고 회개함으로써 우리의 자아가 파쇄되고 영이 자유하게 되길 원하십니다. 이것을 위해(육신의 정욕과 타락한 혼을 꺾고 영에 속한 자가 되게 하기 위해) 하나님이 우리에게 주신 것이 바로 하나님의 말씀, 토라입니다. 하나님의 말씀인 토라는 우리가 좌로나 우로 치우치지 않고 하나님의 입장에 서서 살아가게 하기 때문에 우리의 생명을 보전하고 지킬 뿐 아니라 번성하게 합니다(신 5:32-33).

하나님의 말씀을 따르고 지키는 자에게 풍요와 번성이 있는 것은 하나님의 약속입니다. 이것은 물질적인 풍요와 번성뿐 아니라 우리의 영의 풍요와 번성을 의미합니다. 영이 자유하고 풍요하면 세상의 기준에서 봤을 때 물질적인 부족함은 우리에게 아무런 장애가 되지 않습니다. 오히려 꼭 필요한 것을 허락해주시는 하나님께 감사하게 됩니다. 세상적인 기준에서 물질적 풍요는 우리로 하여금 끊임없이 탐심하게 하지만, 영의 풍요함을 누리는 자들은 물질에 매이지 않고 만족할 줄 압니다. 하나님의 말씀은 우리가 죄 짓기 쉬운 육신에 속한 자가 아닌 생명을 지키고 번성하게 하는 영에 속한 자가 되게 합니다.

육신의 생각은 사망이고 영의 생각은 생명과 평안입니다(롬 8:6). 하나님은 우리가 모두 생명과 평안을 누리는 자들이 되길 원하십니다. 그래서 장로들의 총회가 아닌 이스라엘의 진영 가운데서 거룩한 영의 부음을 받았던 엘닷과 메닷처럼 모든 자들이 선지자되길 원한다고 말했던 모세나(민 11:29), 모든 사람이 나와 같기를 원한다고 말했던 사도 바울처럼 (고전 7:7) 하나님은 특정한 사람이 아닌 우리 모두가 하나님의 영광과 임재 가운데 설 수 있는 자들, 하나님과 친밀함을 누리며 직접 교제하는 자들이 되길 원하십니다. 육신의 한계, 물리적인 영역에 묶인 자들이 아닌 영이 자유하고 하늘에 속한 자가 되길 소망합니다.

DAY 6 신 6:4-25 / **하프타라** 사 40:1-26

하나됨의 하나님

끝까지 책임지시고 돌보시는 하나님은 하나됨의 여호와이십니다(신 6:4). 한글 성경의 여러 번역본에서 '오직 하나이신 여호와, 오직 유일하신 여호와, 여호와는 한 분이시다'라고 번역된 히브리어 아도나이 에하드אֶחָד יְהוָה의 에하드אֶחָד는 '하나'라는 의미이지만 '유일한 하나'라는 의미는 없습니다. 유일한 단일 개체라는 의미로써 '오직 하나' 혹은 '유일한 하나'라는 의미를 나타내는 히브리어 단어는 야히드יָחִיד입니다. '네 아들 네 사랑하는 독자 이삭(창 22:2)'에서 독자를 의미하는 야히드יָחִיד는 기수적인 '하나'를 의미한다면 에하드אֶחָד는 연합적인 '하나'를 의미합니다. 쉐마 본문에서 쓰인 '하나'는 야히드יָחִיד가 아니라 에하드אֶחָד이며 오직 하나 밖에 안되는 유일한 단수의 하나(야히드יָחִיד)를 의미하고 있는 것이 아니라 둘 이상이 모여 하나됨을 이룬 연합단수형으로서의 하나(에하드אֶחָד)를 의미하고 있는 것입니다. 1+1+1=3은 야히드יָחִיד적인 대답이라면 1+1+1=1은 에하드אֶחָד적인 대답입니다.

안타깝게도 한글 성경에서 신명기 6:4을 번역할 때 에하드אֶחָד라고(하나, 하나됨) 적혀 있는 히브리어의 의미를 야히드יָחִיד로(유일한 하나) 번역을 해서 이 쉐마 본문에서 나타난 삼위 하나님의 하나되심이라는 존재양식을 설명하는 중요한 개념이 흐리게 이해되도록 해버렸습니다. '하나됨oneness', '연합됨united'으로 이해되어 번역되어야 할 에하드אֶחָד는 삼위 하나님의 하나님 되심을 표현해주는 가장 중요한 존재 양식의 표현이며 그 하나님의 하나됨 안으로 하나님의 자녀들까지도 초대하여 들어오게 하셔서 하나님과 '하나됨을 이루게 하신다'는 의미까지 확장되는 단어입니다. 하나님은 그분 안에서 만물을 하나되게 하시는 하나됨의 하나님이십니다. 예수님을 믿는 우리는 성부, 성자, 성령의 영원한 하나됨 안에 초대받아 그리스도의 몸으로서 영원하신 삼위 하나님과 하나됨을 이루게 될 것입니다.

하나님은 신실하신 하나님입니다(신 7:9). 신실하신 하나님을 뜻하는 히브리어 하엘 하네에만הַנֶּאֱמָן הָאֵל은 '확실하고 충실하여 그 어떤 것도 무너뜨릴 수 없다'는 것을 의미합니다. 하나님은 이스라엘 백성에게 많은 것을 약속하셨습니다. 약속의 땅뿐 아니라 그 땅을 통해 받게 되는 축복과 자손의 축복, 더 나아가 열방의 축복까지 약속하셨습니다. 이 약속이 성취되기 위해 이스라엘 백성에게 규례와 법도 즉, 말씀에 대한 순종을 요구하시면서 그들이 불순종할 경우 그들이 약속의 땅은 물론 모든 축복을 받을 수 없을 것이라 말씀하시지만 결국 신실하신 하나님의 성품, 어떤 것으로도 흔들리거나 무너뜨리게 할 수 없는 하나님의 성품으로 인해 반드시 모든 약속이 다 완전히 이뤄지도록 하실 것이라는 것을 말씀하십니다.

이스라엘 백성이 철저히 하나님을 배신할 것을 아셨음에도 끝까지 사랑하시고 돌보시는 하나님은 그 백성을 다시 위로하시고 회복하시는 하나님입니다(사 40:1). 누구도 하나님의 모사가 될 수 없으며 교훈하거나 지식을 가르칠 수 없습니다(사 40:13-14). 온 우주를 창조하신 하나님께는 열방이 통의 한 방울 물이요, 저울의 작은 티끌이며 먼지 같을 뿐입니다(사 40:15). 그분은 수효대로 만물을 만들어 내셨고 만드신 모든 것들의 이름을 부르시는 세심하고 권세가 크고 능력이 강하신 완전하신 하나님입니다(사 40:26). 감히 어떤 형상으로 그분을 나타낼 수 있으며 하나님을 누구와 비교할 수 있겠습니까?

> 나는 너를 애굽 땅 종 되었던 집에서 인도하여 낸 네 하나님 여호와라
> 나 외에는 다른 신들을 네게 두지 말지니라(신 5:6-7)

【주제 #3】 에하드אֶחָד로 쓰여있지만 야히드יָחִיד로 읽고 해석하게 된 이유

에하드אֶחָד의 히브리어 개념을 유대인들이 모르는 것이 아니고 그 누구보다도 잘 알지만 신명기 6:4 쉐마 본문에서 에하드אֶחָד를 야히드יָחִיד로 해석하는 것은 기독교의 삼위 하나님의 하나이심(하나됨을 이루심)에 대한 반대와 저항으로 중세 랍비 유대교에서 형성된 해석 방법이다.

"남자가 부모를 떠나 그 아내와 연합하여 둘이 한 몸을 이룰지로다"(창 2:24)에서 에하드와 야히드의 차이를 이해해 볼 수 있다. '둘이 한 몸을 이룰지로다, 붸하유 레바싸르 에하드וְהָיוּ לְבָשָׂר אֶחָד'에서 에하드를 야히드로 해석하면 둘이 한 객체로서의 단 하나의 한 몸이 되는 괴물을 연상하게 된다. 우리가 친구나 가족이나 사랑하는 사람에게 '우리는 하나다'라고 말할 때 야히드의 개념을 생각하면서 말하지 않고 에하드의 개념을 생각하면서 말하는 것과 같다. 예수님께서 "나와 아버지는 하나이니라"(요 10:30)고 말씀하실 때도 야히드가 아니라 당연히 에하드로

말씀하신 것이다. 히브리어 엘로힘 자체도 복수명사이지만 주어로 쓰일 때 동사는 단수 동사가 따라온다. 엘로힘 자체는 복수명사이지만 동사가 단수 동사로 쓰이는 이유는 세 분 하나님이 하나됨을 이루신 분으로써 하나님의 존재를 한 분으로 보기 때문이다. 성경에서의 하나님은 하나됨을 이루심으로 하나되신 분이시다.

한글 성경에서 신명기 6:4을 번역할 때 에하드אֶחָד라고 적혀 있는 히브리어를 야히드יָחִיד의 의미로 번역을 해서 이 쉐마 본문에서 나타난 삼위 하나님의 하나되심이라는 하나님의 존재양식을 설명하는 중요한 개념을 흐리게 해 놓은 것은 안타까운 일이며 바로잡아야 할 중요한 개념이다.

쉐마שְׁמַע, 하나님의 사랑의 심장을 전하는 소리
브리트 하다샤 마 23:31-39 / 눅 3:2-15

십계명으로 사랑의 언약을 맺은 이스라엘 백성을 향해 모세는 '쉐마שְׁמַע 이스라엘'이라고 크게 외칩니다(신 6:4). 그들을 향해 '들으라'고 외친 모세는 마음과 뜻과 힘을 다해 연합되어 하나됨을 이루신 엘로힘을 사랑하고 그분과 연합하라고 명령합니다(신 6:4-5). '쉐마שְׁמַע'라는 모세의 외침은 '너희가 들어야 할 것은 하나님이 너희를 얼마나 사랑하는가, 하나님이 너희와 얼마나 연합되어 하나되고 싶어 하는가이다'라고 말하는 것과 같습니다. 하나님은 이스라엘을 향해 자신을 사랑하라고 말씀하셨지만 그것은 하나님이 얼마나 그들을 사랑하는 하나님이신지를 먼저 듣고 또한 그들을 사랑하시는 하나님이 하나됨을 이루신 하나님이시라는 것과 그들과도 하나됨을 이루고자 하시는 하나님이시라는 것을 들어야 한다고 말씀하시는 것입니다. 하나님이 어떤 하나님이신지를 듣고 우리를 영광스럽고 영원한 자리로 초대하신 그 하나님의 사랑을 알면 우리는 우리의 모든 것을 다해 하나님을 사랑하게 될 것입니다.

하나님은 모세를 통해서 '쉐마, 들으라'고 외치시면서 '쉐마'를 교육하라고 말씀하시고 가정에서부터 쉐마 교육을 시작하라고 하십니다.

쉐마 교육은 첫째, 먼저 부모 세대가 그 말씀을 마음에 새겨야 합니다(신 6:6). 마음에 새긴다는 것은 그 말씀을 반복하고 또 반복하여 마음속 깊은 곳으로부터 감동을 받아야 한다는 의미입니다. 말씀을 반복하려면 끊임없이 말씀을 읽고 읊조려야 하며, 반복해서 말씀을 읽고 읊조리다 보면 말씀이 외워지기 때문에 쉐마는 우리를 자연스럽게 말씀 암송으로 이끕니다. 그래서 너의 마음에 새기라는 의미는 말씀 암송을 의미하는 것으로 볼 수 있습니다. 부모는 하나님의 말씀을 마음속 깊은 곳으로부터 감동을 받고 그것을 반복하고 암송하여 자신의 마음에 새겨진 말씀을 자녀들에게 가르쳐야 하며, 자녀에게 가르쳐야 하는 말씀은 모든 것을 다해 하나님을 사랑하는 것입니다. 쉐마의 모든 말씀은 하나님을 사랑하는 것으로 그 방향성이 맞추어져 있습니다. 말씀을 반복하여 암송하면 하나님의 마음이 느껴지고, 하나님이 마음이 느껴지면 우리는 하나님을 사랑하지 않을 수 없게 됩니다. 하나님의 말씀을 쉐마하고 그것을 반복하도록 명하신 것은 하나님을 사랑하는 마음이 말씀에서부터 일어나기 때문입니다.

또한 '마음에 새긴다'라는 히브리어는 미래형으로 쓰여있는데 이것은 하나님의 말씀이 우리 마음에 새겨지게 될 것이라는 것을 의미합니다. 이것은 더 깊은 의미로 메시아닉 킹덤에서 하나님이 그분의 토라를 우리의 마음에 새롭게 쓰실 것을 예표합니다(렘 31:33). 새 언약 아래서 하나님은 우리의 본성을 변화시킬 것이며, 우리의 죄성과 악함을 제거하심으로써 우리 마음에 할례를 행하실 것입니다. 사도 바울은 우리 존재에 일어나게 될 이와 같은 변화를 중생의 씻음과 성령의 새롭게 하심(딛 3:5)이라고 말했고, 그리스도 안에서 이전 것(이전의 존재)은 지나갔고 완전히 새로운 피조물이 된 것이라고 말했습니다(고후 5:17).

우리는 예수님으로 인해 이미 새 언약을 받고 회개를 통해 마음의 할례를 경험했지만, 유대인들에게는 아직 성취되지 않은 약속으로 메시아닉 킹덤을 앞두고 있는 지금 시대에 점차적으로 성취되고 있으며, 예수님의 다시 오심과 함께 메시아닉 킹덤에서 완전히 성취될 것입니다. "오늘 내가 네게 명하는 이 말씀을 너는 마음에 새기고(새길 것이다)"라는 신명기 6:6의 말씀은 그 날에 완전히 이루어질 것입니다.

둘째, 하나님 사랑을 집에 앉았을 때이든지 누워 있을 때에든지 일어날 때에든지 가르쳐야 합니다(신 6:7). 보이고 들리는 것에 의해 쉽게 영향을 받는 사람의 마음을 하나님께 집중할 수 있도록 어릴 때부터 매 순간 하나님을 생각하고 사랑하는 삶을 살도록 가르치라 명령하십니다.

셋째, 손목과 이마에 표를 삼아 하나님 사랑이 우리 몸의 일부가 되도록 해야 합니다 (신 6:8). 손은 행동을 의미하며 이마는 판단을 의미합니다. 우리의 모든 판단과 행동의 기준이 하나님을 사랑하는 것으로부터 시작되도록 가르치라 말씀하십니다.

넷째, 하나님을 사랑하는 것을 마음에 새기고 몸의 일부가 되게 할 뿐 아니라 집의 문설주와 바깥 문에도 기록하여 우리가 사는 공간, 장소에도 말씀이 일부가 되게 하라고 말씀하십니다(신 6:9). 이렇게 하여 우리의 몸, 마음, 그리고 우리가 거주하는 곳까지 모두 하나님을 사랑하는 것과 하나가 되도록 하십니다.

하나님이 우리에게 원하시는 것은 사랑입니다. 하나님이 규례와 법도를 듣고 행하고 지키라고 말씀하시는 이유는 사랑을 잊지 말라고 하심입니다. 모든 것을 사랑으로 시작하셨고 사랑으로 행하셨으며 사랑으로 기다리셨고 사랑으로 완성하십니다. 이스라엘 백성이 들어야 할 것은 하나님의 사랑이었고 오늘 우리가 들어야 할 것도 여전히 하나님의 사랑입니다.

하나님의 명령과 규례와 법도의 본질은 사랑이었는데 하나님이 주신 것들 외에 더 많은 세부 조항들을 만들어 놓고 모세의 자리에 앉아서 백성들에게 지키도록 강요했던 서기관과 바리새인들은 예슈아로부터 '너희에게 화가 있을지어다'라는 독설을 들어야 했습니다. 그들은 자신들도 다 지키지 못할 법들을 만들어 놓고 지키는척함으로 외식하였고 예슈아는 그들이 말만 하고 행하지 않는 자들(마 23:3), 천국 문을 사람들 앞에서 닫고 못 들어 가게 하는 자들(마 23:13), 사람들로 하여금 그들보다 배나 지옥의 자식이 되게 하는 자들(마 23:15)이라고 하셨습니다. 주님은 그들이 정의와 긍휼과 믿음을 버리고(마 23:23) 외식과 불법이 가득한 자들이라고 말씀하시며 '독사의 새끼들'이라고 크게 분노하심으로 책망하셨습니다 (마 23:28,33). 그들은 명령과 규례와 법도를 주신 하나님의 마음을 알지 못한 채 하나님의 사랑을 빼놓고 종교적인 행위만 강요함으로써 영적으로 눈먼 자가 되어 백성들을 미혹하고 멸망의 길로 인도하였습니다. 사랑이 빠진 규례와 법도는 책임과 강요만 될 뿐입니다. 하나님의 마음을 가르쳐 주지 않은 종교 지도자들은 하나님과 백성의 사이를 더 멀어지게 만들었습니다. 예슈아는 '인자는 율법을(토라) 완성하러 왔다'고 말씀하셨습니다(마 5:18). 그리고 율법의 완성은 사랑입니다(롬 13:10).

세례 요한 역시 침례를 받기 위해 나온 무리를 향해 독사의 자식들이라는 독설을 내뱉으며 회개에 합당한 열매를 맺으라고 외쳤습니다(눅 3:7-8). 세례 요한은 진정한 회개는 자신의 죄를 고백함과 동시에 가난한 자를 도와주지 않고, 정해진 세금 외에 더 거두어들이는 부정직함, 무력으로 사람들에게서 강탈하고 거짓말했던 잘못된 생각과 행동을 실제적으로 바로잡는 것이라고 말했습니다(눅 3:11-14). 하나님을 믿는다고 하면서 종교적인 행위는 하지만 하나님의 형상을 닮은 사람을 향해서는 무자비함과 폭력으로 대하는 것은 하나님을 사랑하지 않고 경외하지 않는 마음으로부터 온다는 것을 꿰뚫어 본 세례 요한은 회개를 통해 사람들의 생각과 마음이 변화를 받을 수 있도록 도왔습니다. 이로써 하나님 사랑, 이웃 사랑이라는 하나님의 토라의 말씀의 본질이 회복되게 하였습니다.

쉐마는 하나님의 사랑이 끊어지지 않고 흘러가게 하는 것입니다. 쉐마는 하나님의 축복이 자손대대로 흘러 넘치게 하는 것입니다. 쉐마는 당신의 백성을 구원하시는 아버지의 마음을 담은 편지입니다. 쉐마를 통해 우리가 들어야 할 것은 아버지의 마음, 사랑입니다. 하나님은 우리에게 사랑을 듣고 행하고 지키라고 말씀하십니다. 마지막 때에 사람들은 자기를 사랑하며 돈을 사랑하며 자랑하며 교만하며 비방하며 부모를 거역하며 감사하지 아니하며 거룩하지 아니하며 무정하며 원통함을 풀지 아니하며 모함하며 절제하지 못하며 사나우며 선한 것을 좋아하지 아니하며 배신하며 조급하며 자만하며 쾌락을 사랑하기를 하나님을 사랑하는 것보다 더하며 경건의 모양만 있고 능력은 없게 될 것입니다(딤후 3:2-5). 그러나 마지막 때에 사람들이 이런 모습이 된다 할지라도 여전히 하나님으로부터 그 사랑을 듣고 행하고 지키기로 결심하는 자들은 오시는 킹덤에서 왕 같은 제사장이 되어 예슈아와 함께 왕국을 통치하게 될 것입니다. 마지막 때에는 끝까지 사랑하는 사람이 승리합니다. 믿음, 소망, 사랑 이 세 가지는 영원히 남아 존재하게 될 것인데 그 중에서도 제일은 사랑입니다(고전 13:13).

【주제 #4】 테필린과 메주자

테필린

정통 유대인들은 오늘날에도 손목에 매어 기호를 삼고, 네 미간(이마)에 붙여 표를 삼으라는 (신 6:8)의 말씀에 따라 작은 가죽 상자에 몇 가지 말씀(출 13:1-10, 13:11-16, 신 6:4-9, 11:13-21)을 넣고 가죽 띠로 손목에서부터 팔까지 감는다. 이것을 그들은 테필린이라고 부르는데 테필린은 기도라는 뜻의 히브리어 테필라에서 온 단어이다. 정통 유대인들은 테필린은 아침 기도 시간에 감고 매일 기도를 올려드린다. 이들은 테필린을 감을 때 히브리어의 쉰ש자를 연상하며 감는데 히브리어 쉰ש은 엘 샤다이의 전능하신 하나님을 의미하며, 손목에 묶고 이마에 붙인 테필린은 이스라엘과 하나님의 언약적 관계를 상징하기도 한다. 손목과 이마에 묶여진 테필린은 또한 결혼식을 통해 남편과 아내가 하나로 묶인 것처럼 이스라엘과 하나님이 하나로 묶였다는 것을 상징하는 표현이기도 하다. 그들은 하나님과의 하나됨, 언약을 테필린을 통해 신체적으로, 또 물리적으로 보이게 나타냄으로써 하나님을 향한 그들의 헌신을 표현하는 것이기도 하다.

예수님 시대에 종교인들은 이스라엘의 구별됨을 위해 하나님이 명령하신 옷의 네 귀퉁이에 달도록 한 찌찌트(옷 단 귀에 술)와 손목과 이마에 묶은 테필린을 과하게 길게 늘이거나 크게 만들어서 붙인 것을 통해 자신들의 경건성을 나타내려고 하기도 했었다. 예수님은 그들의 이러한 외식적인 종교성을 강하게 비판하셨다. 하나님을 향한 사랑과 헌신의 표현이 자신들의 의와 종교성을 과시함으로써 사람들에게 인정받으려는 타락의 도구가 되어 버린 것은 하나님의 거룩한 말씀과 뜻을 훼손한 것이기 때문이다.

게다가 원수는 하나님의 백성의 구별됨을 나타내는 거룩한 상징인 손목의 기호와 이마의 표를 마지막 때에 도용하여 짐승의 표로 바꾸어 사용하게 될 것이다(계 13:16). 그들은 오른손이나 이마에 표를 받지 않으면 매매를 할 수 없게 만들어 이 땅에서의 삶을 제한적으로 만들고 사람들을 통제할 것이다. 테필린이 하나님과 그의 백성의 언약을 상징하고, 테필린을 감을 때 전능하신 하나님(엘 샤다이)의 이름을 나타냄으로써 테필린이 하나님을 사랑하는 백성들의 표라면, 짐승의 표는 사탄을 숭배하고 사탄의 이름을 나타내는 표가 될 것이다. 하나님의 표는 우리를 거룩하게 구별하여 영생으로 들어가게 하지만, 사탄의 표는 우리를 물질과 죄의 노예가 되어 지옥의 형벌을 받게 할 것이다. 하나님의 표는 말씀이고, 말씀에 순종하는 삶, 진리를 선택하는 삶을 사는 자들에게 인쳐질 것이다(계 14:1). 그러나 마지막 때에 거짓 교사들과 거짓 선지자들은 기적과 표적으로 할 수 있는 한 선택받은 자들까지도 미혹당하게 할 것이다(마 24:24).

선택받은 자였다 할지라도 미혹을 당하게 되는 이유는 하나님의 말씀을 자기의 의와 뜻을 이루는데 오용하기 때문이다. 유대인들에게 테필린은 거룩한 백성의 상징이지만 종교적으로 이용할 뿐 진정으로 하나님을 사랑하지 않고 말씀에 순종하는 삶을 살지 않는 한 테필린은 그들의 의와 교만이 될 뿐이다. 테필린을 몸에 지니는 것이 중요한 것이 아니라, 그 말씀대로 사는 것이 더 중요하다.

메주자

문설주와 바깥 문에 토라의 말씀을 기록하는 것은 우리의 가정에 하나님의 표를 지닌 것과 같다. 오늘날에도 유대인들은 신명기 6:4-9을 기록해 놓은 말씀을 돌돌 말아서 작은 케이스에 넣고 문설주에 붙이는데 이것을 메주자라고 부른다. 히브리어 메주자는 문설주, 문패라는 뜻이다. 유대인들은 메주자를 붙이고 문을 드나들 때마다 그곳에 손으로 키스를 한다.

예수님은 성전을 아버지의 집이라고 하였고(눅 2:49, 요 2:16), 성전은 하늘을 향한 문이다. 또한 예수님은 자신의 몸을 성전이라고 하였고(요 2:21), 또한 양의 문이라고 말씀하셨다(요 10:7). 예수님은 하늘 성전을 향한 문이며 토라의 말씀이 적혀있는 살아있는 메주자이다. 메주자에 키스하는 것은 그 아들에게 입맞추라고 말씀하신 것처럼 살아있는 토라이신 예수님께 키스하는 것과 같다(시 2:12). 우리는 양의 문이시며, 성전의 문이신 예수님을 통해 하나님의 나라에 들어갈 수 있게 되었다. 메주자는 문이고, 길이며, 예슈아이다. 메주자를 문설주에 달기 위해 못을 박는 것처럼, 예수님은 예루살렘의 문 밖에서 즉, 성전의 문 밖에서 못이 박히셨다. 못 박히신 예슈아를 통해 우리는 새 예루살렘으로 들어갈 수 있게 되었다.

내게 의의 문들을 열지어다 내가 그리로 들어가서 여호와께 감사하리로다
이는 여호와의 문이라 의인들이 그리로 들어가리로다(시 118:19-20)

DAY 7 신 7:1-11

가나안 일곱 족속을 쫓아냄과 인간 내면의 영적 전쟁

가나안 땅은 원래 온 지구를 하나님의 통치로 다스리기 위한 하나님 왕국 통치의 중앙 행정부가 놓일 땅이며 그 땅의 중앙은 여호와의 보좌가 놓일 장소이고 하늘과 땅의 접합점과 중심 축이 되는 성소와 지성소가 있었던 땅입니다. 하나님을 대적하려는 영계의 악한 세력들은 이 땅의 중요함과 중심성을 알기 때문에 그 중심부를 차지하기 위해 도둑과 강도로서 먼저 들어와 도적질하고 죽이고 빼앗고 멸망시키려고 하였습니다. 물론 하나님의 백성들이 아직 합당하게 준비되어 있지 않기도 했었습니다.

하나님은 이집트에서 종 노릇하며 살던 하나님의 백성 이스라엘을 빼내시고 구원해서서 주님의 통치 아래 살아가도록 광야에서 왕국 백성으로서 정체성 훈련을 시키신 후에 드디어 원래 그들 조상들의 소유였으나 원수들에게 빼앗겼던 그 영역을 정복하고 가나안 일곱 족속들을 쫓아내어 그 땅을 차지하라고 명령하셨습니다(신 7:2). 가나안 땅 정복 전쟁에서 하나님께서 명령하신 것은 그 땅의 일곱 족속들과 어떤 조약이나 혼인관계도 맺지 말 것이며, 그들을 불쌍히 여기지 말고 다 진멸하라고 하신 것입니다. 어떠한 이유로든 가나안 일곱 족속을 남겨두게 된다면 이후에 가시가 되어 계속 찌르는 역할을 하게 될 것이기 때문입니다.

가나안 정복 전쟁의 역사는 일차적으로는 역사적 사실로써 아브라함의 혈통적 자손인 이스라엘 백성이 요단강을 건넌 후 가나안 족속들을 쫓아내고 가나안 땅을 정복하여 그 땅을 하나님의 왕국 통치의 중심으로 삼는 전쟁입니다. 그리고 먼 미래에 있을 종말론적인 관점으로는 믿음으로 아브라함의 자손이 된 모든 자들이 에덴-동산으로 다시 들어가 예루살렘을 천년왕국의 통치와 행정의 중심으로 삼고 온 땅을 공평과 의로 다스리기 위해 치르게 될 종말전쟁을 예표합니다.

또한 가나안 정복 전쟁을 개인적인 차원으로 적용해서 이해한다면 각 개인의 내면의 삶의 영적 전쟁으로 이해할 수 있습니다. 영적 전쟁의 전쟁터는 그 사람의 혼입니다. 혼이 얼마나 정화되었는지, 악하고 어리석은 것들이 혼의 몇 %를 차지하고 있는지, 진리에 속한 것들이 몇 % 차지하고 있는지, 하나님의 통치를 받고 있는 혼의 영역은 몇 %이고 그렇지 않은 영역은 몇 %인지, 생각과 마음에 그리스도가 주인 되신 영역은 몇 %이고 그렇지 않은 영역은 몇 %인지에 따라 속사람이 얼마큼 성화되었는지를 알 수 있습니다.

… 그의 마음에 일곱 가지 가증한 것이 있음이라(잠 26:25)

입에서 나오는 것들은 마음에서 나오나니 이것이야말로 사람을 더럽게 하느니라
마음에서 나오는 것은 악한 생각과 살인과 간음과 음란과 도적질과 거짓 증언과
비방이니(마 15:18-19)

사람이 자신의 내면의 모든 영역의 구석구석을 다 하나님이 왕이 되시고 주가 되시어 다스리도록 하기 위해서 우리 내면에 도둑과 강도처럼 먼저 들어와서 주인 노릇하고 있는 일곱 족속들을 쫓아 내고 정복하는 영적 전쟁을 해야 합니다. 우리의 믿음과 영성이 성장하는 과정에서 우리 내면에 하나님으로부터 오지 않은 어떤 것이 발견되고 인식된다면 타협하지 말고, 봐주지 말며, 편들어주지 말고, 감싸주지 말고 철저하게 죄 고백을 하여 끊어내고 쫓아내 버려야 합니다. 그렇게 자신 안에 터를 잡은 악한 견고한 진들을 깨뜨린 후 내면과 삶의 모든 영역에 하나님이 통치하시는 왕권과 주권을 세워야 합니다. 그래야 다윗의 왕적 기름부음으로 주변의 모든 대적들을 굴복시키고 복종시켜 어디로 가든지 여호와께서 이기게 하시는 다윗 왕국 통치 시대(삼하 8:6,14)로 넘어갈 수 있습니다. 먼저 내면 세계에서 영적 전쟁에 승리하여 권세를 얻으면 외부 세계와의 영적 전쟁에서 그 권세를 잘 사용할 수 있게 될 것입니다.

【주제 #5】 땅의 중앙이며 지성소로서의 에덴-동산이었던 이스라엘 중앙 산지가 왜? 가나안 땅이라고 불리게 되었는가?

희년서 8장에서는 벨렉이 태어난 시점에 노아의 세 아들이 그들이 흩어져서 정착할 땅의 영역을 정하기 위해서 노아 앞에 모여 제비를 뽑아서 땅을 분배하는 이야기가 나온다. 셈이 할당 받은 영토의 범위를 설명하는 구절에서 셈의 몫으로 나온 땅이 '땅의 중앙'이라고 언급한 후 노아는 '그 땅이 바로 홍수 이전에 지성소로써 여호와께서 거하시던 거처였던 에덴-동산이었음

을 기억하며 그 땅이 중앙 산지를 중심으로 서편의 지중해와 동편의 요르단 강과 남쪽의 홍해 및 주변 붉은 산지와 북편의 바산과 레바논이 둘러 경계를 이루고 있는 땅임을 자세히 설명하고 있다.

희년서 10장에서는 셈의 아들들의 몫으로 배정된 땅의 중앙이며 에덴-동산의 중앙인 그 땅의 중앙 산지가 왜 가나안 땅으로 불리게 되었는지를 설명해준다. 함과 그의 아들들은 현재 이집트와 에티오피아의 아프리카와 아라비아 반도인 남쪽 땅을 할당 받았지만 그들이 지중해 해안을 따라 내려가는 길에 레바논에서 이집트 강까지의 중앙 땅이 매우 훌륭하다는 것을 알아보게 되었다. 함, 구스, 미쯔라임(이집트)은 가나안을 만류했지만 가나안은 셈의 후손을 폭동으로 밀어 내고 에덴-동산의 좋은 땅을 점령했다.

³⁰ 그의 아버지 함과 그의 형제 쿠쉬(구스)와 미쯔라임(이집트)이 그(가나안)에게 이르되 "네가 너의 소유가 아닌 땅에, 제비 뽑기로 우리에게 떨어지지 아니한 땅에 정착하였다. 그렇게 하지 말아라. 네가 그렇게 한다면 너와 네 아들들이 그 땅에서 떨어지고 폭동으로 인해 저주를 받을 것이다. 이는 폭동으로 네가 정착했으니 폭동으로 너의 자녀들은 몰락할 것이며 너는 영원히 뿌리가 뽑히게 될 것이기 때문이다. ³¹ 셈의 거처에 거하지 말아라. 이는 셈과 그의 아들들이 제비 뽑기로 인해 얻었기 때문이다. ³² 너는 저주를 받으며 노아의 모든 아들들보다 저주를 받으리라. 우리가 거룩한 재판관 앞에서 맹세하고 우리 아버지 노아 앞에서 맹세 한 저주로 너는 저주를 받을 것이다." ³³ 그러나 그(가나안)는 그들에게 귀를 기울이지 않았고, 하맛에서부터 이집트의 입구까지 레바논의 땅에 살았으며 그와 그의 아들들은 오늘까지 살고 있다. ³⁴ 이러한 이유로 그 땅은 카나안(가나안)이라고 불리게 되었다(희년서 10:30-34 진리의 집 번역).

시간이 흘러 셈의 10대 손 아브라함이 하나님이 지시하시고 보여주신 땅인 그 땅으로 왔지만 그 때는 이미 가나안 7족속(때론 10족속 때론 6족속)이 그 땅의 주인으로서 오랫동안 살고 있었고 그로 인해 이미 가나안 땅이라고 불리고 있을 때였다. 그러나 홍수 이전의 기억을 더듬어 이미 그 땅의 중앙에 들어와 살고 있던 노아와 셈을 예루살렘에서 만난 아브라함은 지난 2천년의 역사 이야기를 듣고 배우며 이 땅이 가나안 땅이 아닌 과거에도 미래에도 인류 역사의 중심 무대인 에덴-동산의 중앙이자 하나님이 영원히 거하실 곳이라는 것을 이해하고 이 땅에 대해서 더 이해하고 사모하게 된다.

하나님은 이 땅을 아브라함에게 주리라고 약속하셨지만 먼저 그의 자손이 이방 나라에서 별과 같이 많아져야 될 것이고 그 사이에 가나안 족속들의 죄악은 그들의 죄악으로 땅이 그들을 토하여 낼 만큼 이 땅에 가득 차게 될 것이라고 말씀하셨다. 그리고 그 후에야 그의 자손이 한 큰 민족을 이루어 이 땅으로 돌아와 약속으로 받은 이 땅을 차지하게 될 것이라고 약속하셨다 (창 15장).

【주제 #6】 가나안 일곱 족속의 특징과 역할들

일곱 족속의 이름으로 본 특징과 역할들을 아래와 같이 참고하여 가나안 땅을 약속의 땅인 에덴-동산으로 바꾸는 내면 세계와 외부 세계의 영적 정복 전쟁에서 완승을 이루면 우리의 삶에 왕국 통치의 권세가 흐르게 될 것이다.

1. 가나안 족속(케나아니כְּנַעֲנִי)은 '장사하는 상인, 거래하는 자'라는 뜻이며 구약에 총 73회 중에서 욥기 41:6과 잠언 31:24에만 '상인'이라고 번역되었고 나머지 71회는 가나안 사람이라고 번역되었다. 가나안이 '상인이나 거래하는 자'라는 것은 하나님이 정해주신 땅의 경계와 각자의 영역의 경계를 침범하고 빼앗는 방법으로 거래하고 장사하는 이미지를 생각해보면 이해가 쉽겠다. 또한 카나כָּנַע는 '구부리다, 무릎 꿇다'는 기본 의미에서 '무력으로 정복된', '수치를 당하는', '굴욕 당하는', '낮은 단계로 떨어지게 되는 것'을 의미한다. 가나안은 함의 넷째 아들로 육체의 만족을 위해서 자신의 정체성을 팔고 낮은 단계로 떨어지게 되었다. 우상숭배를 하는 것은 자신의 영혼을 팔고 거래하는 행위로서 하나님의 형상인 사람이 우상의 권위 아래로, 낮은 단계로 떨어지며 굴욕 당하게 하고 눌리게 하여 인간의 존엄함이 끌려 내려가게 만든다. 그러나 우리가 하나님을 높이고 경배하면 우리는 하나님의 권위 아래에서 우리의 존엄성이 회복되고 지극히 높으신 하나님의 권위 아래서 우리의 정체성은 고귀하게 된다. 마지막 때에 가나안의 영은 더 활개를 칠 것이며 사람들을 매매하는 일로 묶이게 할 것이며 사람들의 영혼까지 거래하는 상품이 되게 할 것이다(계 18:12-13).

2. 헷 족속(힡티חִתִּי)의 헷은 가나안의 두 번째 아들로서 한 때 아나톨리아(현재 터키)에 거주하였다가 후에 레바논 북쪽에 거주하게 되었다. 헷(헽חֵת)은 '테러terror' 즉, '공포와 두려움'을 의미한다. 동사인 하타트חָתַת는 '분산되게 하다', '당황하게 되다', '깨어지게 되다', '무산되고 계획이 폐지되다', '두려워지게 되다', '용기를 잃고 겁먹게 되다'라는 뜻이다. 세상은 지금 이 땅에 공포와 두려움의 분위기를 만들어 사람들을 참 믿음에서 떠나게 하고 우상숭배에 매이도록 언론과 미디어를 장악하고 있다.

3. 아모리 족속(에모리אֱמֹרִי)은 '말하는 자', '이야기하는 자'라는 뜻이다. 그 사람이 무슨 말을 하느냐는 그 사람 안에 어떤 영이 있느냐를 나타내준다. 어떤 말을 듣고 자랐느냐가 어떤 영으로 살아가느냐를 결정한다. 가정 교육, 학교 교육, 사회 분위기 속에서 어떤 말을 듣고 어떤 말을 하고 있는가?

4. 브리스 족속(프리지יְרִזִּי)은 '방어벽이나 성벽이 둘러있지 않은 작은 마을'을 의미한다. 원수는 우리의 방어벽을 헐어 버려서 우리가 스스로를 방어할 수 없는 취약한 상태에 놓이게 하고 쉽게 노략 당하게 한다.

5. 히위 족속(히뷔חִוִּי)은 '생명의', '삶의'라는 뜻이다. 많은 사람들이 죽음에 대한 공포와 자기 육신의 생명의 안위에 매여서 종 노릇하며 살고 있다.

또 죽기를 무서워하므로 일생에 매여 종 노릇 하는 모든 자들을 놓아주려 하심이니(히 2:15)

6. 기르가스 족속(기르가쉬גִּרְגָּשִׁי)은 '진흙 같은 토양 위에 거주하는'이란 뜻이다. 진흙 같은 토양은 씨를 뿌려서 열매를 맺을 수 없는 토양이다. 아무리 좋은 것을 심으려 해도 토양의 상태가 나쁘면 소용이 없다. 무엇을 세워도 쉽게 다시 무너지게 한다.

7. 여부스 족속(예부씨יְבוּסִי)은 약속의 땅에서 가장 중요한 중심 장소인 예루살렘을 마지막까지 살아남아서 차지하고 있던 족속이며 예부쓰יְבוּסִי는 '타작마당'이라는 뜻이고 부쓰בּוּס는 '신성하거나 고귀한 것을 발로 밟아 더럽히고 손상시키고 불결하게 하다'는 의미이다. 여호수아의 가나안 땅 정복 전쟁으로 시작한 일곱 족속의 진멸은 다윗시대까지 이어져서 마지막 최후에 정벌된 족속은 견고한 천혜의 요새인 예루살렘을 차지하고 있던 여부스 족속이었다. 다윗이 헤브론에서 12지파의 왕으로 기름부음 받은 후 통일왕국의 임금의 권위로 제일 처음 했던 숙원 사업이 그 때까지 예루살렘을 차지하고 있었고 난공불락의 요새에 살고 있었기에 쫓아내지 못했던 여부스 족속을 진멸하고 그 성을 탈환하여 다윗 성으로 이스라엘의 수도로 삼는 것이었다.

우리 내면의 가장 중심, 가장 높은 곳, 가장 중요한 곳에 견고한 진을 세우고 자리잡고 있던 여부스 족속까지도 하나님께 드려지게 하여 하나님의 통치의 중심으로 삼고 그 곳에 법궤를 모셔 놓고 24시간 찬양과 경배가 끊어지지 않게 하여 내 삶과 내면에 다윗의 장막이 온전히 회복되면, 열면 닫을 자가 없겠고 닫으면 열 자가 없을 다윗의 집의 열쇠를 사용하는 권세가 부어져 우리는 흘러 넘치는 생명 안에서 왕 노릇하게 될 것이다.

봐에트하난 주간의 말씀

1. 에트하난חִתְחַנֵּן은 '은혜롭다, 호의를 보여주다'라는 동사 하난חָנַן이 재귀동사(히트파엘형)로 쓰이면서 '은혜를 구하다'라는 뜻이 됩니다. 이것은 몸을 구부리며 간절히 은혜를 구하는 자세를 의미하는 것으로 모세는 하나님과 이스라엘 백성을 향해 보인 충성과 사랑과 호의를 자신에게도 보여주시기를 간구한 것입니다.

2. 지도자는 분명 좋은 영향력을 흘려보내야 하는 통로가 되어야 하며 하나님을 대표하고 대언하는 자로서 더 철저히 자신을 들여다보아야 합니다. 지도자의 잘못된 판단과 조절되지 못하는 감정은 순식간에 공동체를 더럽히고 하나님의 영광을 가리게 합니다.

3. 모세가 약속의 땅에 들어가지 못한 것은 단순히 개인적 심판으로만 간주될 수는 없습니다. 어떤 의미에서 백성들의 죄는 모세의 죄가 되었고 그 역시 반역적인 백성들과 같은 일원이 되어 약속의 땅 밖에서 죽게 된 것과 같습니다. 지도자는 영광을 얻기도 하지만 더 큰 책임을 가지고 문책을 당하기도 합니다.

4. 하나님의 백성이 거룩을 유지할 때 하나님은 그 백성에게 불 가운데 영광과 임재로 나타나시지만 그 백성이 거룩을 잊어버릴 때 소멸하는 불로 더러운 것들을 태우십니다. 하나님의 소멸하는 불은 새롭게 하고 다시 시작할 수 있게 하기 위한 하나님의 또 다른 사랑의 모습입니다.

5. 모세는 하나님의 규례와 법도의 조항들 자체를 가르치기에 앞서 이스라엘 백성에게 하나님의 성품에 대해 깊이 나눕니다. 하나님을 알고 하나님과 깊은 친밀한 관계를 가질 때 하나님으로부터 오는 지혜와 지식이 우리로 하여금 그 말씀에 순종하는 삶을 살도록 하기 때문입니다.

6. 형상화된 모양은 하나님의 실재를 축소, 격하시킬 뿐 아니라 신이 아니면서 신이 되어 하나님과 사람을 분리시키고 멸망으로 이끌기 때문에 하나님은 그 어떤 것으로도 형상을 만들어 절하지 말라고 단호하게 명령하셨습니다.

7. 십계명은 호렙 산에서 그들의 조상들과 맺은 과거의 언약만이 아닌 현재에도 계속 적용되는 언약이며, 이것은 하나님과 이스라엘 백성의 언약이 언제나 현재적이며 영원하다는 것을 나타내 줍니다.

8. '하나됨oneness', '연합됨united'으로 이해되어 번역되어야 할 에하드יׇחֶד는 삼위 하나님의 하나님 되심을 표현해주는 가장 중요한 존재 양식의 표현이며 그 하나님의 하나됨 안으로 하나님의 자녀들까지도 초대하여 들어오게 하셔서 하나님과 '하나됨을 이루게 하신다'는 의미까지 확장되는 단어입니다.

9. 하나님의 말씀(토라)을 쉐마(들음)를 통해 우리 마음에 새긴다는 것은 토라를 반복하여 암송한다는 것과 앞으로 메시아닉 킹덤에서 우리 마음에 새로운 토라가 새겨지게 될 것이라는 현재와 미래의 이중적인 의미를 포함하고 있습니다.

10. 쉐마는 하나님의 사랑이 끊어지지 않고 흘러가게 하는 것입니다. 쉐마는 하나님의 축복이 자손대대로 흘러 넘치게 하는 것입니다. 쉐마는 당신의 백성을 구원하시는 아버지의 마음을 담은 편지입니다. 쉐마를 통해 우리가 들어야 할 것은 아버지의 마음, 사랑입니다. 하나님은 우리에게 사랑을 듣고 행하고 지키라고 말씀하십니다.

11. 가나안 정복 전쟁을 개인적인 차원으로 적용해서 이해한다면 각 개인의 내면의 삶의 영적 전쟁으로 이해할 수 있습니다. 영적 전쟁의 전쟁터는 그 사람의 혼으로 혼이 얼마나 정화되었는지, 진리에 속한 것들이 몇 % 차지하고 있는지, 생각과 마음에 그리스도가 주인 되신 영역은 몇 %이고 그렇지 않은 영역은 몇 %인지에 따라 속사람이 얼마큼 성화되었는지를 알 수 있습니다.

봐에트하난 주간의 선포

1. 약속의 땅으로 들어가길 간절히 사모했던 모세가 하나님의 은혜를 구하며 간절히 간구했던(에트하난) 것처럼 우리가 메시아닉 킹덤으로 들어갈 수 있도록 끝까지 믿음의 선한 싸움을 싸울 수 있는 힘과 용기를 더하여 주시기를 간절히 기도합니다.

2. 지도자의 특권과 축복만 누리려 하기보다 지도자의 책임과 희생을 생각하며 기꺼이 대가 지불하고, 끝까지 스스로를 말씀으로 살펴봄으로써 다른 사람에게 덕을 끼치고 하나님을 나타내는 통로가 되게 하소서. 이를 위해 우리 안에 있는 더러운 것들을 소멸하는 불로 태워 새롭게 하여 주소서.

3. 하나님의 말씀을 교리와 전통에 매여 외식적으로 지키는 것이 아닌 하나님을 진정으로 사랑하는 삶을 통해 말씀에 순종하는 자가 되게 하소서. 말씀을 반복하여 우리 마음에 새김으로써 하나님과 더 깊은 친밀함을 누리는 자 되게 하소서. 하나님과의 친밀함으로 마지막 때를 이기는 자 되게 하소서.

4. 하나님과 하나됨을 이루는 자 되게 하소서. 주님과 합하여 한 영이 되게 하소서. 이것을 위해 우리 내면의 영적 전쟁에서 승리하는 자 되게 하소서. 약속의 땅을 강탈하고 차지했던 가나안 일곱 족속처럼 우리 내면에 들어와 거룩함을 잃게 한 악한 것들을 진멸하고 하나님의 신성을 회복하게 하소서.

5. 유대인들이 성민이라는 특권만 가지고 교만하게 행하는 것으로부터 그들을 낮추시고 토라를 쉐마할 때 토라이신 예슈아를 보고, 만나고, 깨닫게 하소서. 예슈아를 통해 길과 진리, 생명으로 나아가게 하소서. 예슈아 안에서 이스라엘과 교회가 하나되고 진정한 거룩한 백성, 성민이 되게 하소서.

46주간

עֵקֶב

EKEV

에케브
결과적으로

파라샤 **신 7:12-11:25**
하프타라 **사 49:14-51:3**
브리트 하다샤 **히 11:8-13 / 마 13:16-35**

DAY 1 신 7:12-8:10

결과적으로 예수님으로 인해(에케브עֵקֶב)

다만 이스라엘 백성을 사랑하심으로 또한 조상들(아브라함, 이삭, 야곱)에게 하신 맹세를 지키시기 위하여 신실하신 하나님은 이스라엘 백성을 이집트의 속박으로부터 속량하셨습니다(신 7:8). 그들의 의로움으로 인한 것도 아니고 그들의 마음이 정직함으로 인한 것도 아닌 하나님의 완전한 언약으로 구원받은 이스라엘에게 하나님이 명령하신 것은 한 가지입니다.

그런즉 너는 오늘 내가 네게 명하는 명령과 규례와 법도를 지켜 행할지라(신 7:11)

하나님이 이스라엘 백성에게 이 한 가지를 명령하신 이유는 하나님을 사랑하고 그 계명을 지키는 자에게 천 대까지 그 언약을 지키시며 인애를 베푸시는 하나님이 주시는 그 복을 이스라엘 백성이 받고 누리기 원하셨기 때문입니다(신 7:9,12).

하나님이 이스라엘 백성에게 주신 명령과 규례와 법도를 지키게 되면 결과적으로 (에케브עֵקֶב) 그들은 하나님의 인애(헤세드)와 사랑으로 복과 번성을 누리게 될 것입니다. 히브리어 에케브עֵקֶב는 '결과적으로'라는 뜻도 되지만, '왜냐하면'이라는 뜻을 가지고 있으면서 어떤 일에 대한 인과관계를 설명해 줍니다. 이스라엘 백성이 하나님의 명령과 규례와 법도를 지켰기 때문에 그들에게 하나님의 인애와 사랑과 복과 번영이 오게 되었다는 의미입니다. 또한 에케브עֵקֶב라는 단어는 예수님을 나타내기도 합니다. 예수님 때문에 하나님의 인애와 사랑과 복과 번영이 우리에게 임했습니다. 예수님 때문에(에케브), 예수님의 순종으로 인해, 그의 의로우심으로 인해, 그의 대속적인 죽음 때문에, 예수님이 우리를 회개하도록 부르셨기 때문에, 결과적으로 우리가 사랑과 축복과 하나님의 은혜를 누리게 되었습니다.

하지만 하나님의 질서 안에 있지 못하고 늘 벗어나도록 할 뿐만 아니라 하나님이 주시는 번영과 축복을 누리지 못하도록 하나님의 백성들을 넘어지게 하는 올무가 있습니다. 그것은 '우상숭배'입니다. 그래서 하나님은 이것을 긍휼히 여기지 말고 완전히 진멸하라고 명령하십니다(신 7:16). 하나님의 눈에 가증히 여기는 것들은 작은 것이라도 집에 들이지 말라고 명령하십니다(신 7:26). 우상숭배는 죄와 올무이며 하나님을 대적하는 교만이 그 뿌리입니다. 우상숭배는 하나님의 통치 아래 있는 사람을 죄의 속박 아래로 끌어내리는 사망의 힘입니다. 우리가 예수님으로 인해 더욱 토라를 갈망하고, 토라의 삶을 살기를 힘쓸 때 우리는 우상숭배의 영향력을 제거하고 진멸할 수 있습니다. 우상이 아닌 하나님이 참 신이며, 하나님의 권위 아래 살 수 있게 하신 예수님은 우리의 이유이시며 결과이십니다(에케브).

【주제 #7】 자손의 축복, 땅의 축복

신명기 7:13의 하나님의 축복은 자손의 축복과 땅의 축복, 곡식들과 가축들의 축복을 약속하고 있다. 한글 성경으로 '네 소생에게 은혜를 베푸시고'라는 히브리어 원어는 '너의 자궁의 열매를 축복하실 것이다'는 의미이다. 성경에서 자궁의 열매란 자손의 번성을 의미하는 문학적인 표현으로 하나님의 말씀대로 살 때 하나님의 백성들이 기하급수적으로 증가하고 확장됨을 통해 그들에게 속한 재산들까지도 복을 받게 되는 것을 의미한다. 또한 자궁의 열매란 여인의 자궁을 통해서 태어나는 메시아를 의미하기도 한다. 예수님을 태어나게 한 마리아의 자궁은 자궁의 열매 중에서 가장 큰 축복이다. 그래서 엘리사벳은 예수님을 잉태한 마리아를 만났을 때 "여자 중에 네가 복이 있으며 네 태중(자궁)의 아이도 복이 있도다(눅 1:42)"라고 축복하였다. 또한 예수님의 말씀을 듣던 무리 중에 한 여인은 "당신을 벤 태(자궁)와 당신을 먹인 젖이 복이 있나이다(눅 11:27)"라고 외쳤다. 예수님은 이스라엘의 자손의 축복 가운데서도 가장 크게 축복을 받으신 분이며, 또한 축복이 되신 분이다. 예수님은 궁극적으로 하나님의 축복의 약속의 성취이시다. 하나님의 토라의 말씀대로 통치되는 메시아닉 킹덤에서는 자궁의 열매가 축복을 받아

낙태나 유산이 없고 모든 생명이 건강하게 태어날 것이다.

하나님이 약속하신 땅의 축복은 땅에서 나는 모든 소산물을 향한 축복이다. 말씀이 통치하는 땅은 가뭄이 없이 땅에서 항상 열매가 맺혀질 것이며, 그 열매로 인해 땅은 더 축복을 받고 더 많은 열매를 맺을 것이다. 이것이 땅의 축복이다. 땅이 축복을 받는 절정의 상태는 메시아닉 킹덤에서 이뤄질 것이다. 메시아닉 킹덤에서는 크고 풍성하고 깨끗하고 온전한 열매들만 땅에서 맺혀질 것이다. 또한 열매는 예수님의 태어남과 부활을 의미하기도 한다. 이사야는 메시아를 마른 땅에서 나온 뿌리와 연한 순 같다고 비유했고(사 53:2) 이것은 예수님이 척박한 세상에서 태어나는 것을 상징한다. 또한 예수님은 자신을 한 알의 밀알(씨앗)에 비유하시면서 자신이 죽으면 많은 열매를 맺고 살게 될 것이라고 말씀하셨다(요 12:24). 그리고 예수님은 죽음 가운데서 일어나셔서 모든 죽은 자들로부터 부활의 첫 열매가 되셨다(고전 15:20). 땅의 열매들을 축복하시면서 하나님은 예수님으로 인한 부활의 열매들까지 바라보셨고, 이것은 말씀에 순종할 때 이뤄지게 될 것임을 약속하신 것이다.

하나님은 곡식과 포도주와 기름을 풍성하게 하실 것을 약속하셨다. 곡식은 빵을 만드는 것으로 예수님의 몸은 살아있는 빵이다. 또한 예수님의 피는 포도주이다. 우리는 빵과 포도주를 먹음으로써 예수님의 몸과 피를 먹는다. 하나님이 축복하신 곡식과 포도주는 곧 예수님의 몸과 피를 의미하는 것이며, 예수님의 몸과 피로 우리가 구원받고 영생을 얻는 축복을 받게 된다는 것을 말씀하신 것이다. 또한 기름은 하나님의 권위를 의미한다. 기름의 축복은 하나님이 원수를 이기고 잃어버린 것을 모두 되찾을 신적 권위를 더하심을 상징하는 것이자, 우리에게 왕과 제사장으로서 기름을 부으신다는 것을 의미한다. 온 열방의 왕인 메시아는 기름부음 받은 자이다. 예수님은 기름부음 받은 메시아로서 온 이스라엘의 왕이 될 것이며, 만왕의 왕이 될 것이다. 원수의 목전에서 하나님은 아름다운 상을 차리시고 그에게 기름을 넘치도록 부으시고, 그의 잔이 포도주로 넘치도록 할 것이다(시 23:5). 그리고 이것은 그 날에 왕과 제사장이 되어 메시아와 함께 온 열방을 통치하게 될 우리들을 향해서도 이뤄질 것이다.

땅의 축복은 곧 추수의 축복이며, 자궁의 축복은 곧 자손의 축복이다. 땅의 열매가 풍성한 것은 우리 육체의 열매 즉, 성품이 아름다운 열매를 맺을 것을 상징하며, 땅의 열매가 흠이 없는 것은 육체의 열매에 죄나 허물이 없을 것을 상징한다. 자손의 축복은 메시아와 메시아를 따르는 거룩한 백성이 증가할 것을 의미한다. 그리고 이 모든 것은 메시아닉 킹덤에서 완전히 성취될 것이다.

무엇을 의지할 것인가? 무엇을 믿을 것인가?

하나님은 번영과 복을 주시기 위해 그리고 가장 완벽하고 온전한 것을 주시기 위해 이스라엘 백성을 이집트에서 이끌어내셨지만 그들은 하나님을 알지 못했기 때문에 하나님이 주시는 복을 이해하지 못했습니다. 그들에게는 여전히 이집트의 먹을 것, 입을 것이 더 좋아 보였고 이집트의 압제가 힘들긴 했지만 적어도 그 압제 아래서는 떠돌지 않아도 되었고 그들의 육신의 욕구를 채워준다고 믿었기에 오히려 그 압제가 보호처럼 느껴졌습니다. 이스라엘 백성의 혼은 이집트의 것으로 충만했기 때문에 하나님이 주시겠다고 하는 복을 가늠할 수 없었습니다. 하나님만을 따르고 의지하는 것이 왜 복이 되는지 이해할 수 없었습니다. 이것은 마치 이 세대의 모습과도 같습니다. 이집트나 바벨론의 영향력 아래 살아가고 있는 우리는 하나님이 공급해 주신다고 머리로는 알고 있고 입으로는 말하지만 여전히 이집트와 바벨론 아래서 그 법을 따라가고 그 통치 아래 있어야 우리가 먹고 살고 안전하게 거할 수 있을 것이라는 확신이 하나님의 축복을 경험하지 못하고 누리지 못하게 합니다. 하나님만 따르면 축복을 누린다는 것을 이해하기 위해서는 하나님이 주시는 축복이 무엇인지 알아야 하고 또 하나님이 어떤 분이신지 알아야 합니다. 하나님을 알아야 하나님으로부터 오는 것이 가장 완벽하고 아름다운 것이라는 것을 깨닫게 됩니다.

그래서 하나님이 자신의 백성을 이집트의 영향력이 없는 곳, 땅을 통해 공급받을 수 없고 오직 하나님을 의지하고 하늘을 바라봐야 살 수 있는 곳인 광야에 머물게 하기로 결정하셨습니다. 이스라엘 백성이 광야에 40년 동안 머물게 된 것은 그들의 거역과 불순종으로 인한 대가도 있었지만 하나님은 철저히 이집트화 되어 있어서 하나님이 아닌 우상이 그 마음과 생각에 가득한 이스라엘 백성을 낮추시고 시험하기 위해서 그들을 광야에 두셨습니다(신 8:2). 하나님은 광야를 통해 이집트로부터 공급받아 왔던 모든 것을 완전히 끊어버리시고 하나님이 내려 주시는 만나로만 살게 하심으로 육신을 채우는 입에 좋은 음식이 아니라 하늘에서 내려오는 우리의 영을 살리는 양식, 즉 하나님의 말씀이 그들을 살게 한다는 것을 알게 하셨습니다(신 8:3).

예슈아는 육신을 채우는 음식, 물질적 공급을 상징하는 빵에 대한 유혹을 사탄으로부터 받았을 때 신명기 8:3의 말씀으로 유혹을 물리치셨습니다. 신명기의 말씀들은 예수님이 40일 금식 후 사탄에게 시험받으실 때 사탄을 대적하기 위해 쓰신 강력한 도구였습니다. 이스라엘 백성은 광야 40년 동안 의복이 해어지지도 발이 부르트지도 아니하며 살았습니다. 그것은 말씀을 공급받았기 때문입니다. 모세는 이것을 기억하라고 합니다. 너희의 몸을 만족시키는 것으로 너희가 살지 말고 말씀으로 너희의 영이 먹고 만족하며 살 때 어떠한 복을 누리며 살게 되었는지를 기억하라고 합니다.

> 너를 낮추시며 너를 주리게 하시며 또 너도 알지 못하며 네 조상들도
> 알지 못하던 만나를 네게 먹이신 것은 사람이 떡으로만 사는 것이 아니요 여호와의
> 입에서 나오는 모든 말씀으로 사는 줄을 네가 알게 하려 하심이라(신 8:3)

이 말씀은 물질적인 음식이냐, 영적인 음식이냐의 문제보다는 근본적으로 너 자신을 믿느냐, 아니면 하나님의 절대적인 공급하심을 믿고 신뢰하느냐를 묻는 것입니다. 이집트의 물질을 더 의존하고 있었던 이스라엘 백성의 마음에는 하나님보다 이집트의 우상들이 더 높이 세워져 있었고 이 우상은 그들이 하나님을 신뢰하지 못하게 하였고 하나님을 신뢰하지 못하는 마음은 거역과 불순종으로 이어지면서 하나님을 따르는 지도자 모세를 향해 늘 교만하게 대적하게 하였습니다. 그래서 하나님은 우상숭배로 인한 그들의 교만함을 낮추시고 물질을 의지하는 그들을 주리게 하심으로 그들의 조상들도 알지 못했던 만나만으로 살게 하심으로 그들을 살게 하고 이끌고 공급하는 공급자가 누구인지를 명확하게 알게 하셨습니다.

또한 이 만나는 땅에서 나오는 것이 아니라 하늘에서 내려오는 것으로 그들로 하여금 하늘의 양식을 공급받고 먹을 때 비로소 살아갈 수 있다는 것을 깨닫게 하셨습니다. 하늘의 만나는 하나님이 주권적으로 내려 주시는 것으로 하나님을 믿을 때, 그리고 하나님의 말씀을 따를 때 얻을 수 있는 것입니다.[12] 이스라엘 백성은 광야에서 하늘의 만나를 먹고 생명을 유지함으로써 하나님의 명령과 규례와 법도, 토라의 말씀을 따를 때 비로소 생명을 유지할 수 있다는 것을 훈련하고 배우게 되었습니다.

요한복음 6장에서 예슈아는 보리떡 다섯 개와 물고기 두 마리로 5,000명 이상을 먹이신 후 하늘에서 내려오는 생명의 떡에 대해 말씀하십니다. 군중들은 예슈아가 먹여 주신 떡을 보고 예슈아를 따랐고 그것을 두고 예슈아는 '너희들이 나를 찾는 이유는 떡을 먹고

---

12. 하나님은 이스라엘 백성에게 매일 만나를 내려주셨지만 샤밭에는 이틀 분량을 내려 주시면서 그 날만은 두 배를 거두라고 명령하셨다. 【출 16:23-30】 이것을 통해 그들이 하나님의 말씀을 따르는 것을 훈련하게 하셨고 샤밭에 모든 것을 멈추고 아무것도 하지 않아도 하나님이 공급자시라는 것을 철저하게 깨닫도록 하셨다.

배불렀기 때문'이라고 하시며 '썩을 양식을 위해서 일하지 말고 영생하도록 있는 양식을 위해서 일하라'고 말씀하십니다(요 6:26-27). 이에 대해 제자들이 어떻게 해야 영생을 위해 일할 수 있냐고 묻자 예슈아는 '하나님이 보내신 이를 믿는 것이 영생을 위한 일'이라 말씀하시며 하늘에서 내려주는 생명을 주는 떡 즉, 예슈아 자신이 생명의 떡이니 이것을 먹고 영생하라고 말씀하십니다(요 6:33,35,48). 예슈아가 그들에게 먹여 주신 것은 일차원적으로 그들의 육신을 채워주는 떡이었고 그것은 썩어질 것이기 때문에 예슈아는 영생을 위한 떡을 먹으라고 말씀하십니다. 그리고 그 영원한 생명의 떡은 바로 예슈아 자신이며, 하나님의 말씀이라고 가르쳐 주십니다. 이것을 통해 진정한 생명은 하나님의 말씀으로 얻을 수 있다는 것을 알게 하십니다.

물질적인 세상에 매여 있을수록 우리의 생각과 의지는 물질에 제한되어집니다. 세상은 물질의 안정적인 공급이라는 이슈로 우리를 조종하고 통제하여 세상의 압제 아래 복종할 것을 강요합니다. 우리는 세상으로부터 물질을 공급받고 살아간다고 믿지만 이 세상은 유한한 것이고 모든 것의 근원은 하늘에 있습니다. 하나님은 우리가 드러난 현상인 물질에 매이지 않고 보이지 않는 근원인 말씀을 붙들고 말씀에 붙들려 살기를 원하십니다. 그래서 때로는 아무것도 없는 광야로 나가게 하시며 광야에서 의복이 해어지지 않고 발이 부르트지 않게 인도하시고 먹이심으로 완전한 공급자이며 주관자이신 하나님을 향한 믿음과 신뢰를 훈련하고 배워가게 하십니다.

우리가 하나님의 명령과 규례를 지킬 때, 말씀으로 인도되어질 때, 우리는 토브의 상태로 살게 됩니다. 그 안에서 겸손하게, 마음의 할례를 행하며, 마음이 높아지는 것을 조심하며 살아갈 때 우리는 이 땅에서도 하나님의 나라와 하나님의 창조의 질서를 맛보며 살아갈 수 있습니다.

DAY 2 신 8:11-9:3

잊지 말라

이스라엘 백성이 잊지 말아야 할 것은 여호와 하나님입니다. 하나님을 기억하면 하나님이 약속하신 것을 어떻게 이루셨는지를 보게 되며, 감사하게 되고, 하나님께 영광을 올려드리게 됩니다. 그러나 하나님은 하나님이 주신 축복으로 인해 이스라엘 백성이 먹어서 배부르고, 아름다운 집에서 거주하며, 소와 양, 은금이 증가하고 소유가 풍성하게 되면 하나님을 잊어버리게 될 것이라는 것을 이미 아셨고, 그것을 경고하셨습니다(신 8:12-14). 물질적 풍요가 하나님을 잊어버리게 하는 원인이 되는 것은 그것으로 인해 마음이 교만해지기 때문입니다. 하나님은 풍요를 경험한 이스라엘이 광야에서 그들을 낮추시고 훈련하셨던 때를 잊어버리고 그들이 자신의 능력과 자신의 손의 힘으로 재물을 얻었다고 말할 것이라는 것을 아셨습니다(신 8:17). 그래서 하나님은 하나님의 능력과 축복을 자신의 능력과 힘으로 대체하는 순간 이스라엘은 멸망하게 될 것이라고 경고하셨습니다.

하나님을 잊지 않기 위해 우리는 끊임없이 말씀을 상고해야 합니다. 말씀은 우리의 시선이 보이는 세계와 물질, 우리의 육신에 머물지 않고 하늘과 영적인 세계, 우리의 영에 집중할 수 있게 도와줍니다. 이로써 우리가 물리적인 세계의 한계에 갇히지 않고 그것을 뛰어넘는 하늘 세계의 깊고 풍성함과 초자연적인 능력을 경험할 수 있게 합니다. 죄로 인해 타락한 육체는 물질 세계 안에서 육신의 쾌락과 만족을 느끼고 싶어하고 그것을 추구함으로써 우리의 영을 가두려고 합니다. 이것은 하나님과 영의 세계를 무시하고 땅의 것만 집중하여 하나님을 잊어버리게 합니다. '잊어버리다'는 뜻의 히브리어 샤카흐שָׁכַח는 '무시하다, 끊어버리다'는 뜻도 포함하고 있습니다. 하나님을 잊는 것은 그분의 말씀을 무시하고, 하나님과 우리의 관계를 끊어버리는 것과 같습니다. 하나님과 끊어진 관계는 생명이 끊어진 것과 같으므로 그것은 곧 죽음과 멸망입니다.

하나님은 이스라엘을 향해서 들으라고 명령하시면서 이스라엘이 요단을 건너가 그 땅을 차지하게 될 것인데(신 9:1) 그 때 이스라엘 백성이 아낙 자손을 이기게 될 것이라고 약속하십니다. 아낙 자손이 어떤 자손입니까? 크고 강하고 많은 백성이며(신 9:2) 이집트에서 나와서 처음으로 그 땅을 정탐했을 때 이스라엘이 두려워했던 족속입니다. 누가 아낙 자손을 능히 당할 수 있을까라고 물을만큼 그들에 대한 소문을 이스라엘은 이미 듣고, 보아서 알고 있었습니다. 뿐만 아니라 그들 앞에서 패하기도 했고, 그들 때문에 불신의 말을 내뱉어서 광야 40년의 방랑 생활을 하기도 했습니다. 그런데 아낙 자손의 강함 때문에 하나님의 언약조차 내팽개쳐 버렸던 이스라엘이 아낙 자손을 쫓아내고 속히 멸하게 할 것이라고 하나님이 약속하신 것입니다(신 9:3). 이스라엘이 그토록 두려워했던 아낙 자손을 이기게 되는 것은 그들이 하나님의 언약을 믿고, 말씀을 지키고 행했기 때문입니다. 이것이 말씀의 힘입니다. 말씀을 지킨 자에게는 두려움이 아닌 믿음과 용기가 일어납니다.

하나님을 잊지 말라는 하나님의 명령은 우리를 살게 하기 위한 하나님의 사랑과 능력입니다. 잊지 않기 위해, 기억하기 위해 우리는 육신에 머물기 쉬운 우리의 죄성과 치열하게 싸워야 합니다. 보이는 세계에 갇히지 않기 위해 필사적인 노력을 해야 합니다. 그런데 이 싸움과 노력은 우리의 힘으로 하는 것이 아니라 하나님의 말씀으로 하는 것입니다. 예수님에게 육신의 것을 찾도록 유혹했던 사탄을 향해 예수님도 말씀으로 이기셨습니다. 말씀은 우리가 여호와 하나님을 잊지 않게 하며 우리를 승리하게 합니다.

DAY 3 신 9:4-29

언약이 이뤄지게 한 모세의 중보

이집트와 바벨론의 우상들은 스스로 하나님보다 위에 있으려고 하며 자신들이 가장 뛰어난 신이라고 자랑합니다. 이 우상은 정치, 경제, 사상과 철학, 문화와 예술 등 각 영역에 세워져 있습니다. 이집트와 바벨론의 영향 아래 살아가는 많은 사람들은 하나님보다 높아지려는 이런 사상과 철학, 문화와 예술의 영향을 받으며 하늘의 영역을 세상의 권위 아래 둡니다. 그리고 이 세상에서 우리가 알고 경험하는 것이 뛰어난 것이라는 착각을 하면서 하나님의 킹덤과 통치를 낮게 평가하며 교만한 마음을 품게 됩니다. 우리는 무엇인가를 취하게 되고 영향력을 행사하게 되면 그것이 자신의 힘과 능력으로 된 것처럼 쉽게 교만해집니다.

모세는 이런 교만에 대해 강하게 경고하면서 이스라엘 백성이 우상숭배와 교만으로 인해 패역하고 실패했던 것을 그들에게 상기시킵니다. 모세는 요단을 건너 이스라엘이 자기들보다 강대한 나라들을 차지하게 되는 것은 어디까지나 그들의 힘이 아닌 그 땅의 민족이 악함으로 인해 하나님이 쫓아내신 것이라는 것을 기억하라고 말합니다(신 9:4-5). 그리고 그들이 광야에서 언약의 돌판을 받을 때 우상에게 급하게 마음을 돌려 부패한 것을 말하며 그들이 얼마나 목이 곧은 백성인지를 책망합니다(신 9:13). 우상숭배로 그들의 마음이 하나님으로부터 급하게 돌아선 것으로 인해 모세는 언약의 돌판을 깨뜨리게 되고 하나님은 진노하셔서 이스라엘 백성을 한 순간에 진멸하시고자 했고 그 순간 모세는 하나님 앞에 엎드려 간구합니다. 사십 주 사십 야를 하나님 앞에 엎드려 간구한 모세의 중보는 세 가지 호소를 담고 있습니다.

첫째, 모세는 하나님과 아브라함, 이삭, 야곱 사이에 맺으신 언약을 기억해 주시도록 호소합니다(신 9:27). 이 무조건적 언약이 하나님 자신에 의해서 맺어진 것임을 호소함으로 이 언약이 파기될 수 없음을 하나님께 외칩니다. 둘째, 이집트에서 이끌어 내신 하나님의 능력에 대한 평판에 흠이 가지 않도록, 우상들이 하나님의 능력을 낮게 보지 못하도록 끝까지 이 구속의 역사를 완성해 주시기를 호소합니다(신 9:28). 셋째, 이스라엘 백성이 하나님이 친히 이끄시는 하나님의 백성이며 소유라는 것을 기억해 주시기를 호소합니다(신 9:29).

하나님의 성품과 언약을 잘 알고 있는 모세의 중보는 심판하고자 하셨던 하나님의 뜻을 돌이키게 하였습니다. 그래서 모세는 자신의 중보가 어떻게 이 백성을 살렸는지, 또 하나님의 언약이 어떻게 이 백성을 살게 하는지를 가르치면서 이스라엘 백성이 하나님 앞에서 결코 교만할 수 없고 또 다시 완악해져서는 안 된다는 것을 강조합니다. 그래서 그들에게 마음의 할례를 받으라고 권고합니다.

그러므로 너희는 마음에 할례를 행하고 다시는 목을 곧게 하지 말라(신 10:16)

할례는 우리 안에 있는 불필요한 영역을 잘라내는 것입니다. 하나님의 말씀은 살아있고 운동력이 있는 예리하고 날카로운 검으로서 우리의 영과 혼과 관절과 골수를 찔러 쪼개는 능력입니다(히 4:12). 우리의 마음과 생각의 불필요한 영역을 잘라내는 것은 하나님의 말씀입니다. 마음의 할례는 하나님의 말씀으로 받는 것입니다. 성령의 예리한 검인 하나님의 말씀으로 마음의 할례를 받은 자는 마음을 다하고 뜻을 다하여 하나님을 사랑하고 섬기게 될 것입니다. 모세의 중보는 목이 곧음으로 심판받을 수밖에 없는 이스라엘 백성이 마음의 할례를 받고 하나님을 사랑하고 그 말씀을 따름으로 생명을 얻을 수 있는 길을 열어주었습니다.

하나님의 명령과 규례와 법도를 알지 못해 목이 곧은 백성들이 마음의 할례를 받고 생명으로 나아갈 수 있도록 길을 열어 주기 위해 사십 주 사십 야를 엎드려 간구했던 모세의 중보가 필요한 시대입니다. 하나님의 언약과 성품을 정확하게 알고 하나님의 언약이 이뤄지도록 간구했던 모세처럼 하나님을 아는 예배자와 중보자들이 하나님의 킹덤과 백성을 위해 엎드려야 합니다.

신명기 9:4-6에 이스라엘 백성들을 향하여 '네 의로움이나 네 정직함 때문에 그 땅을 차지하는 것이 아니라 실상은 그 땅에 사는 민족들이 악함으로 그들을 쫓아내시는 것이며 너희는 목이 곧은 백성이다'라고 말씀하십니다. 심지어 신명기 9:24에는 '내가 너희를 알던 날부터 너희가 항상 여호와를 거역했다'고 말씀하십니다. 그럼에도 불구하고 하나님은 이스라엘 백성을 약속의 땅에 들어가게 하시고 그 땅을 맡기십니다. 그리고 하나님의 왕국을 맡기십니다. 물론 하나님이 이 민족을 택하셨고 또 그들이 잘하는 부분도 있었지만 사실 그리 합당한 자격이 되지 않는 자들이었습니다. 그들에게 약속의 땅이 주어진 것과 그 땅에서 왕국을 실현해보라고 왕국을 주신 이유는 그들의 의로움 때문도 아니고 그들이 합당한 자격이 있어서도 아니었습니다. 의로운 아브라함에게 맹세하신 것을 이루기 위해서 그들에게 은혜로 주어진 것이었습니다.

하나님이 중차대한 것을 맡기려고 하시는데 이 백성은 그리 정직한 것도 의로운 것도 아니고 목이 곧고 거역하기 잘하는 백성이었습니다. 그래서 모세는 죽기 전 이스라엘 백성들이 가나안 땅에 들어가기 전에 간절한 마음을 가지고 백성들에게 설교하며 가르쳤습니다. 그리고 그것이 하나님과 일치된 마음이었습니다. 하나님의 왕국의 수도가 되고 통치의 중심이 될 약속의 땅과 예루살렘에 대한 하나님의 간절한 마음, 그것을 알고 이해한 모세가 하나님의 마음을 받아서 절절하게 간절히 설교하는 모습을 볼 수 있습니다.

지금 이 시대에는 모세와 같은 또한 믿음의 조상들과 같은 믿음을 가지고 흔들리지 않을 자, 갈대아 우르의 그 풍성한 세속의 유익과 안정감을 버리고 하나님 한 분만 믿고 떠날

자가 몇이나 될까요? 자기가 살아갈 동안 약속이 성취되는 것을 보진 못하지만 믿음으로 살아가고 믿음으로 죽는 사람이 몇이나 될까요?

> 그러나 인자가 올 때에 세상에서 믿음을 보겠느냐(눅 18:8)

많은 사람들이 평안한 때에는 스스로가 믿음이 있는 사람인 줄 알지만, 말씀으로 인해 오는 환란이나 핍박이 닥치면 넘어지게 됩니다. 그러나 하나님은 하나님이 믿고 신뢰할 만한 사람을 찾으십니다. 그 한 사람을 발견하면 기뻐하십니다. 하나님이 가지신 킹덤의 계획들을 듣고 그것을 믿음으로 받아들이고 확신과 기쁨으로 뛰는 사람을 하나님이 발견하고 싶어 하십니다. 우리 모두가 하나님이 찾으시고 하나님과 함께 동역하는 자들이 되길 소망합니다.

DAY 4 신 10:1-11

모세의 120일 금식 기도 (3차례 연이은 40일 금식 기도)

모세의 금식 기도의 첫 40일은 출애굽기 24:12-18에서 십계명을 친히 기록하신 돌판을 주겠으니 산으로 올라오라고 하시면서 시작되어 출애굽기 25장과 출애굽기 32:29까지 이어지게 됩니다. 이 기간에 하나님은 모세에게 산에서 성막(미쉬칸מִשְׁכָּן)의 식양을 보여주시며 성막을 만들도록 자세히 설명하여 주시고 안식일에 대한 계명을 주셨습니다. 그때 산 아래서는 아론의 금송아지 사건이 있었고, 출애굽기 본문에서는 이 때 금식하였다는 언급이 없지만 신명기 9:9-17에서는 모세가 지난 일을 설명하면서 '사십 주야를 산에 거하며 떡도 먹지 아니하고 물도 마시지 아니하였다'고 전해줍니다.

금송아지 우상숭배의 일로 모세가 백성의 죄의 속죄를 위해서 중보하러 두 번째 40일의 금식 기도의 시간을 보내다가(신 9:18-21) 80일간 이어진 깊고 친밀한 교제 중에 하나님

께 '원컨대 주의 영광을 내게 보이소서'라는 요청을 드리게 됩니다(출 32:30-33:23).[13]

그 후 여호와께서 모세에게 처음 것과 같은 돌판 둘을 깎아 만들어서 다시 올라오라고 하셨고(신 10:1-3; 신 10:10-11; 출 34:1) 그 때 여호와께서 모세의 요청에 대한 응답으로 모세 앞을 지나가시면서 모세를 손으로 덮었다가 영광으로 계시하시고 덮었던 손을 거두니 모세는 여호와의 얼굴은 보지 못하고 등을 보게 됩니다. 이 세 번째 40일 금식 기도의 기간 동안 약속의 땅에서 지켜야 할 삼대 절기에 대해서 계시를 받게 됩니다(출 34:1-28).

세 번째 40일 금식 후 십계명을 받아 들고 산 아래로 내려와 백성들이 모세를 보니 모세의 얼굴 꺼풀에 광채가 났고 그 광채가 너무 밝아서 백성은 그런 모세를 가까이하기 두려워할 정도였습니다. 모세 스스로도 자기 얼굴 피부에서 광채가 나고 있음을 깨닫지 못했고 산에서 내려왔을 때 모세는 이미 40일 금식을 3차례 연속으로 하여 120일 동안 금식 기도하며 호렙 산 정상에서 하늘의 영광에 머무르며 하나님과 대화하였던 때였습니다.

> 모세는 자기가 여호와와 말씀하였음을 인하여 얼굴 꺼풀에
> 광채가 나나 깨닫지 못하였더라(출 34:29)

모세는 120일 금식 기간 동안 하늘에서 땅에 내려온 천사들로부터 하늘들을[14] 안내받으며 하늘의 비밀과 전 인류 구원 역사에 대한 계시를 보고 들었고 여호와와 대화를 나누었는데 출애굽기 34:29은 모세의 얼굴 피부에 광채가 나게 된 이유를 여호와께서 모세와 말씀을 나누었기 때문이라고 설명해주고 있습니다. 이는 모세가 하나님과 말씀을 나누었기 때문이라기보다는 하나님께서 모세와 말씀하신 그 말씀으로 인하여 모세의 얼굴에서 빛이 났다는 의미입니다.

> 사람이 떡으로만 사는 것이 아니요 여호와의 입에서 나오는
> 모든 말씀으로 사는 줄을 네가 알게 하려 하심이니라(신 8:3)

---

13. 모세의 호렙 산에서의 두 번째 40일 금식 기도는 이스라엘 백성의 속죄를 구하기 위한 중보의 목적이었다. 시나이 산을 떠나 약속의 땅으로 향하여 가는 여정의 첫 부분 가데스 바네아에서 정탐꾼의 악평을 듣고 백성이 여호와께 거역하던 때에도 이스라엘 백성을 멸하시고 모세로부터 새로운 크고 강한 나라를 시작하시겠다는 하나님을 설득시키고 중보하였는데 민수기 14:11-45 본문에는 언급되지 않았지만 신명기 9:23-29 본문에서 모세는 그 때에도 40 주야를 여호와 앞에 엎드리고 여호와께 간구하였다고 회상하며 설명을 더하고 있다.

14. 히브리적 관점에서 하늘은 7층천으로 나누어져 있다. 그래서 하늘들이라고 말할 수 있다. 창세기 1:1에서 하나님이 천지를 창조하실 때 하늘은 히브리어 원어와 영어에서는 모두 복수인 하늘들로 표현되어 있다.

모세의 이러한 모습은 신명기 8:3의 말씀으로 사는 삶의 극대화된 체험의 모습을 보여주고 있습니다. 120일 동안 하나님의 산의 정상으로 올라가서 떡도 먹지 아니하고 물도 마시지 아니하였지만 오히려 그 얼굴에서는 빛이 나고 모세의 생명은 하나님의 생명으로 충만하고 차고 넘쳤습니다. 그리고 모세는 죽을 때 나이 120세였으나 그의 눈이 흐리지 아니하였고 기력이 쇠하지 아니하였습니다(신 34:7).

> 성경은 폐하지 못하나니 하나님의 말씀을 받은(ἐγένετο)
> 사람들을 신이라 하셨거든(요 10:35)

한글 성경에서는 '하나님의 말씀을 받은 사람들' 또는 '하나님의 말씀이 임한 사람들'로 번역되지만 '받은, 임한'으로 번역된 에게네토ἐγένετο의 의미를 그대로 살려서 이해하자면 이는 '하나님의 말씀이 된 자들'이라는 의미입니다. 말씀을 받은 수준이 아니고 말씀이 임한 수준도 아니라 하나님의 말씀이 그 사람 안에 체화되어서 말씀이 삶 속에 성육신 incarnation된 사람, 말씀으로 충만하여서 말씀 자체가 자신의 정체성이 된 사람, 그 사람 안에 채워진 진리의 %가 100%가 된 사람, 그 사람은 하나님이 그 안에 가득한 사람입니다. 이것은 하나님의 갈망입니다. 하나님의 갈망은 그분 자신을 우리 안으로 가득 채우시는 것입니다. 내 안에 진리로 채워진 %가 높아질수록 하나님의 어떠하심이 내게 가득 채워지는 과정에서 나도 모르는 사이에 나의 얼굴에서 빛이 날 것이며 하나님으로 충만하여지고 하나님과 같은 형상과 모양으로 그리스도와 같아질 것입니다.

DAY 5 신 10:12-11:7

네 행복(토브)을 위하여

> 내가 오늘 네 행복을 위하여 네게 명하는 여호와의
> 명령과 규례를 지킬 것이 아니냐(신 10:13)

'행복'이라 번역된 히브리어는 토브טוב입니다. 토브의 기본적인 의미는 '좋다'는 뜻입니다. 하나님은 말씀으로 세상을 창조하실 때 말씀대로 이루어진 세상을 향해 토브, 좋다고 말씀하셨습니다. 창조하신 그 모습 그대로가 완벽하였고 그 안에 모든 것이 담겨 있었습니다. 하나님이 토브라고 말씀하실 때 이것은 그냥 단순히 좋은 것이 아닙니다. 토브의 뜻은 '좋다'이지만 이것은 그냥 좋은 것이 아니라 그 안에 '번영, 유익, 행복, 뛰어남, 부유함, 기쁨, 그리고 지적 능력'까지 포함하고 있습니다. 하나님이 세상을 창조하시고 토브라고 말씀하셨을 때는 하나님이 창조하신 세상에 이 모든 것이 포함되어 있음을 의미하는 것이며, 하나님이 창조하신 모습 그대로가 바로 축복과 행복 그 자체라는 것을 의미합니다.

세상을 창조하시고 토브라고 말씀하신 하나님은 사람을 창조하시고 나서는 토브 메오드טוב מְאֹד, 매우 좋다고 하셨습니다. 메오드מְאֹד라는 히브리어 부사는 '넘치도록, 많이, 위대하게'라는 뜻을 가지고 있습니다. 하나님이 사람을 창조하시고 나서 '토브 메오드טוב מְאֹד'라고 하신 이유는 사람이 생육하고 번성하고 땅에 충만하게 되면서 사람들로 인해 땅에 에덴-동산의 상태가 더 증가되고 확장될 것을 바라보셨기 때문입니다. 하나님은 하나님이 '토브'하게 창조하신 세상에서 사람이 그 '토브'한 상태를 더욱 확장되고 충만하게 하길 원하셨습니다.

그러나 사람은 하나님이 창조하신 모습 그대로를 '토브'라고 말하지 않고 선과 악, 좋고 나쁨의 기준을 스스로 가지게 되어 하나님의 기준으로부터 벗어났습니다. 하나님의 절대 기준으로부터 벗어나면서 사람은 '죄'에 빠지게 되었습니다. 죄를 뜻하는 히브리어 하타חָטָא는 '과녁으로부터 벗어난 것'입니다. 하나님이 창조하신 '토브'의 상태를 벗어나자 사람은 불행해지기 시작했습니다. 불행해지지 않으려고 스스로 행복을 찾고 번영해보려 했지만 사람의 행복과 번영의 방법은 비교에서부터 시작한 착취, 욕심, 강압 등의 방법으로 빼앗아 오는 것이었습니다. 그래서 더욱 불행해지기 시작했습니다. 진정한 번영과 행복이 무엇인지 잊어버렸고 또 어떻게 찾는 것인지 알 수 없었습니다. 사람이 불행하게 된 것은 하나님의 창조질서인 '토브'한 상태를 잃어버리고 '죄'에 빠졌기 때문입니다.

그래서 하나님은 '죄'에서 사람을 구원하시고 세상을 창조하실 때의 그 질서로 사람을 돌아오게 하여 다시 '토브, 행복'을 주시기 위해 어떤 것이 진정한 '토브'이며 이것을 찾기 위해 무엇을 해야 할지 가르쳐 주셨습니다. 그것이 바로 하나님이 가르쳐 주신 명령과 규례와 법도입니다.

하나님은 죄로 인해 하나님으로부터 벗어난 사람들을 창조 질서 안으로 돌아오게 하시면서 번영과 축복을 받을 수 있는 토라들을 허락하셨고 이것은 하나님의 킹덤의 법입니다. 하나님의 질서 안에 들어가 있을 때 우리는 가장 '토브'한 상태가 되며 번영과 축복, 행복을 누릴 수 있습니다. 그래서 하나님은 자신의 백성들에게 하나님의 법과 말씀 안에 있으라고 명령하십니다.

하나님은 세상을 '토브'한 상태로 창조하셨습니다. 모든 행복과 기쁨, 부유함, 번영, 유익, 뛰어남이 하나님이 창조한 세상에 있었습니다. 죄로 인해 '토브'는 망가졌지만 하나님은 '토브'를 다시 회복하고 찾아서 차지하라고 하십니다. 약속의 땅으로 들어가는 것은 '토브'를 회복하고 가장 '토브'한 상태인 에덴의 상태를 차지하는 것입니다. 결과적으로 (에케브עֵקֶב) 하나님은 '토브, 번영, 행복'을 위해 토라(명령과 규례와 법도)를 주셨습니다. 토라는 '토브'의 삶을 회복하라고 우리에게 주신 축복입니다. 그리고 토라는 예슈아로 충만하며 토라는 곧 예슈아이십니다. 토라의 일점일획이라도 떨어지지 않고 다 이루게 될 그 날에 만물 안에 창조의 원상태인 '토브'가 완전히 이루어질 것입니다.

DAY 6 신 11:8-21 / **하프타라** 사 49:14-51:3

쉐마שְׁמַע – 에덴의 영역

쉐마는 하나님의 사랑의 심장을 전하는 소리입니다. 이스라엘을 향해 '들으라'고 외치시는 하나님은 그들을 향한 하나님의 사랑의 심장을 듣고 그들이 하나님의 사랑에 반응함으로 하나님을 전심으로 사랑하라고 말씀하십니다. 하나님이 직접 주관하시고 돌보시는 아름다운 땅은 이스라엘 백성이 얼마큼 하나님을 전적으로 사랑하는가에 따라 그들이 그 땅의 풍요함을 영구히 누릴 수 있지만 반대로 그들이 하나님을 사랑하지 않을 때, 그리고 하나님의 말씀에서 벗어날 때 그 땅에 쫓겨났던 민족들처럼 쫓겨날 수도 있음을 경고하십니다. 하나님이 약속하신 땅은 젖과 꿀이 흐르는 땅이요, 이집트 땅에서처럼 밭에 씨를 뿌린 뒤 물을 직접 대지 않아도 산과 골짜기가 많아서 하늘에서 내리는 비를 땅이 직접 흡수하고 곡식이 자라게 하는 땅입니다(신 11:9, 11). 이 땅은 하나님의 눈이 항상 함께 하고 있어 연초부터 연말까지 하나님이 직접 돌보시는 땅입니다(신 11:12). 하나님이 직접 돌보시는 땅이기 때문에 하나님의 주관 아래 이른 비와, 늦은 비가 내려 곡식과 포도주와 기름을 얻을 수 있게 되고 가축들이 마음껏 풀을 먹고 자라는 곳입니다(신 11:14-15). 이렇게 아름다운 땅을 이스라엘 백성에게 차지하도록 하신 하나님은 그들이 이 땅의 모든 풍요와 축복을 누리기 원하셨기 때문에 땅을 주관하시고 직접 돌보시는 하나님만을 따르라고 명령하셨습니다. 온 땅을 주관하시는 하나님이시지만 땅들 가운데서도 더 특별한 눈으로 바라보고 계신 그 땅은 완전히 하나님의 다스림 아래 있기 때문에 그 땅에 사는 백성은 그 땅의 독특성 때문에 더욱 명령과 규례와 법도를 지켜 행하며 하나님께 모든 주권을 올려드려야 하는 것입니다. 그리고 아름다운 땅의 축복을 누리기 위해 그들이 듣고 순종해야 할 '쉐마'를 다시 말씀하십니다.

내가 오늘 너희에게 명하는 내 명령을 너희가 만일 청종하고
너희의 하나님 여호와를 사랑하여 마음을 다하고 뜻을 다하여 섬기면(신 11:13)

하나님의 '쉐마'는 그들이 지키고 따라야 할 것이 형식적인 종교가 아닌 마음과 뜻을 다하는 전적인 사랑이라는 것을 말하고 있습니다. 하나님 자신이 그렇게 그들의 조상을 사랑하셨고 그 사랑의 결과로 이스라엘을 선택하셨기 때문에(신 10:15) 이스라엘을 향해서도 하나님을 사랑하고 그 사랑으로 이웃을 사랑하라 명령하시는 것입니다. 그리고 하나님의 사랑이 자녀 대대로 이어질 수 있도록 '쉐마 교육'을 행하라 말씀하십니다(신 11:18-20).[15]

그리고 '쉐마'를 순종하는 이스라엘 백성에게 그들이 밟는 곳을 다 주겠다고 약속하십니다. 그들이 밟는 영역은 아브라함에게 말씀하신 영역이며 밟는 모든 곳을 주겠다고 하신 약속은 아브라함에게 하신 약속입니다. 하나님은 아브라함과 하신 약속 그대로 이스라엘 백성과 그 자손들에게 행하겠다고 다시 한번 약속하십니다. 그리고 이 약속의 실행 조건은 쉐마입니다. 쉐마를 통해 이스라엘 백성이 얻는 영역은 광야에서부터 레바논, 유브라데 강에서부터 서해까지입니다(신 11:24). 이 영역은 에덴-동산의 영역이며 이스라엘 백성이 들

---

15. 쉐마 교육의 핵심은 첫째, 부모세대가 하나님사랑과 이웃사랑을 마음에 새기고 둘째, 자녀들에게 이것을 항상 강론하며 셋째, 말씀을 몸에 두르고, 넷째, 말씀을 거주하는 곳 즉, 집의 일부가 되게 하는 것이다. 토라 포션 45주간 봐에트하난 참조

어가 차지하는 약속의 땅은 에덴-동산의 중심입니다. 그러므로 쉐마는 하나님의 백성들이 에덴-동산을 밟고 그 영역을 취하고 차지하게 하는 열쇠입니다.

이사야는 '여호와께서 나(시온)를 버리시고 나(예루살렘)를 잊으심으로 시온(예루살렘)이 황폐하게 되었다고 말하는 백성의 소리를 듣습니다(사 49:14). 하지만 버림받고 잊힌 바 되었다고 말하는 시온을 향해 하나님은 그들의 죄악으로 말미암아 팔렸고 배역함으로 말미암아 내보냄을 당했다고 말씀하십니다(사 50:1). 그리고 여인이 젖 먹는 자식을 잊지 않음 같이, 자기 태에서 태어난 아들을 긍휼히 여김 같이 하나님은 잊지 않을 것이라 약속하십니다(사 49:15). 그리고 의를 따르며 하나님을 찾아 구하는 자들을 향해 '들으라'고 하시며 조상 아브라함과 사라에게 복을 주시고 창성케하신 하나님께서 모든 것을 에덴-동산 같게 회복하실 것임을 선포하십니다.

> 나 여호와가 시온의 황폐한 곳들을 위로하여 그 사막을 에덴 같게,
> 그 광야를 여호와의 동산 같게 하였나니 그 가운데에 기뻐함과 즐거워함과
> 감사함과 창화하는 소리가 있으리라(사 51:3)

하나님의 말씀을 '쉐마'할 때 하나님은 황폐한 시온을 에덴과 같이, 광야 같은 시온을 여호와의 동산처럼 회복하시며 기쁨과 감사의 소리가 그 백성의 입에서 터져 나오게 하실 것입니다. 우리는 지금 천년왕국의 시대를 향해 가는 역사의 끝자락에 서 있습니다. 이 시간적 경계에 서 있는 우리에게 에덴이 이루어지는 땅과 공간을 차지할 수 있도록 하나님이 우리를 준비시키고 있습니다. 우리를 전적으로 사랑하시는 하나님의 말씀을 '쉐마'하고 그 말씀을 지키고 행하는 삶으로 우리는 오는 세상(올람 하바עוֹלָם הַבָּא, world to come, 내세)을 합당하게 예비하는 것입니다. 지금 이 순간 하나님의 말씀에 순종하는 삶은 우리로 하여금 영생의 삶을 잘 준비하게 하고 더 나아가 우리의 영생이 더 빛나고 아름답고 영광스럽게 할 것입니다.

DAY 7 신 11:22-25

하나님이 요구하시는 것

이스라엘아 네 하나님 여호와께서 네게 요구하시는 것이 무엇이냐
곧 네 하나님 여호와를 경외하여 그의 모든 도를 행하고(그의 길로 동행하여) 그를
사랑하며 마음을 다하고 뜻을 다하여 네 하나님 여호와를 섬기고(신 10:12)

너희가 만일 내가 너희에게 명하는 이 모든 명령을 잘 지켜 행하여
너희의 하나님 여호와를 사랑하고 그의 모든 도를 행하여(그의 길로 동행하여)
그에게 의지하면(신 11:22)

하나님이 이스라엘에게 원하시는 것은 하나님을 경외하고, 그의 도를 행하고, 하나님을 생명을 다해 사랑하는 것입니다. '그의 도를 행하다'라는 히브리어 원문은 '그의 길로 걷다, 동행하다(walking in the ways of God)'는 뜻입니다. 하나님의 길에 하나님과 동행하는 삶은 곧 말씀, 토라를 지키는 삶입니다. 토라를 따르고 말씀대로 사는 삶의 모델이 되신 분은 예슈아입니다. 예슈아는 살아있는 토라로써 토라의 삶을 살았고, 제자들에게 어떻게 사는 것이 말씀을 따르는 삶인지 직접 보여주셨으며, 그것을 따르도록 가르치셨습니다. 사도 바울은 고린도 교회를 향해 자신이 예수님을 본받은 것처럼, 그들은 바울을 본받는 삶을 살도록 권면했습니다(고전 11:1). 본받았다는 것은 그 삶을 그대로 모방했다는 의미입니다. 예수님과 바울 모두 토라가 말씀하는 것이 무엇인지를 삶으로 살았고, 제자들을 향해 그것을 모방하라고 가르친 것입니다. 진정한 제자도는 예슈아를 모방하는 것입니다.

또한 예슈아는 하나님 아버지의 뜻대로 행했습니다. 예슈아는 스스로 아무것도 하지 않으시고 오직 아버지께서 가르쳐주신대로 행하셨습니다(요 8:28). 예슈아는 자신을 이 땅으로 보내신 아버지가 자신과 함께 하셨고, 또 그가 하시는 일을 기뻐하셨으므로 아버지께서 예슈아를 혼자 두지 않으셨다고 말씀하셨습니다(요 8:29). 그러므로 아버지의 뜻대로 행하며 토라의 삶을 산 예슈아를 본 자가 곧 아버지를 본 것입니다(요 14:9).

하나님의 도를 행하는 것은 하나님의 길로 걷는 삶입니다. 하나님의 길로 걷는 삶,

하나님의 말씀을 행하는 삶은 무엇입니까? 탈무드에는 하나님의 길로 걷는 삶에 대해 재미있는 일화를 소개합니다.

> 랍비 하니아의 아들 랍비 하마가 물었다.
> "하나님의 길로 걷는다는 것은 무슨 뜻인가? 과연 사람이 거룩한 영광이신 쉐키나와 함께 걷는 것이 가능한 일인가? 우리 하나님 여호와는 소멸하는 불이신데 우리가 그와 함께 걸을 수 있는가?" 이에 대해 그는 이렇게 답했다.
> "하나님(거룩하신 분, 그분은 송축받으소서)의 길로 걷는다는 것은 창세기 3:21에 기록된 대로 아담과 하와의 벌거벗었음을 보시고 그들에게 옷입혀주셨던 것처럼, 벗은 자를 옷입혀주는 것이다. 또한 하나님(거룩하신 분, 그분은 송축받으소서)께서 창세기 18:1에 기록된 대로 할례를 받고 아픔에서 회복하는 과정에 있던 아브라함을 방문하셨던 것처럼, 아픈 자를 방문하는 것이다. 또한 하나님(거룩하신 분, 그분은 송축받으소서)께서 창세기 25:11에 기록된 대로 아버지 아브라함의 죽음 뒤에 슬퍼하고 있던 이삭을 찾아가 위로하시고 축복하셨던 것처럼, 애통하는 자들을 위로하는 것이다. 또한 하나님(거룩하신 분, 그분은 송축받으소서)께서 신명기 34:6에 기록된 대로 이스라엘 백성이 죽은 모세를 장사지낸 것처럼, 죽은 자들 장사지내 주는 것이다. 자비로우신 하나님(거룩하신 분, 그분은 송축받으소서)께서 하신 것처럼 너희도 자비롭고, 은혜로운 하나님(거룩하신 분, 그분은 송축받으소서)께서 하신 것처럼 너희도 은혜롭게, 의로우신 하나님(거룩하신 분, 그분은 송축받으소서)께서 하신 것처럼 너희도 의롭게, 자신을 헌신하신 하나님(거룩하신 분, 그분은 송축받으소서)께서 하신 것처럼 너희도 헌신하는 것이 곧 하나님의 길로 행하는 삶이다.

탈무드에 기록된 말씀이지만 이 글을 읽으면 우리는 바로 예슈아를 연상하게 됩니다. 예슈아는 하나님의 길로 행하는 삶, 토라를 행하는 삶을 그대로 사셨습니다. 그리고 제자들도 그것을 배웠고, 예슈아처럼 살았습니다. 하나님이 이스라엘에게 원하신 것, 예슈아가 당신의 제자들에게 보여주신 것이 토라를 행하는 삶이고, 예슈아를 통해 하나님과 연합하는 삶입니다. 이것이 바로 제자도의 본질입니다. 제자가 되는 것은 말씀을 지식적으로 많이 아는 것이 아니라 말씀대로 사는 것임을 이스라엘과 교회가 모두 깨닫고 아버지께로 돌아와야 할 때입니다.

브리트 하다샤 히 11:8-13 / 마 13:16-35

이 땅의 장막과 믿음의 발걸음

믿음으로 아브라함은 부르심을 받았을 때에 장래에 유업으로 받을 땅을 향해 나아갔습니다(히 11:8). 하나님이 주시겠다고 약속하신 땅이었지만 그가 살아 있는 동안에 그는 여전히 이방인과 나그네로 그 땅에 거류하였습니다. 현실적으로 아직 실소유로 주어지지 않은 땅이었지만 아브라함은 그 땅을 믿음으로 바라보며 장막에서 이 믿음의 유업을 이삭과 야곱에게 전해줍니다. 하나님은 아브라함에게 네가 밟는 곳을 다 주겠다고 약속하셨고 아브라함은 하나님이 약속하신 땅을 믿음으로 밟으며 옮겨 다녔습니다. 아브라함의 장막은 장차 얻게 될 땅을 믿음으로 살아내는 장소이자 자신의 믿음을 후손들에게 전수해 주는 신앙 교육의 장소였습니다. 아브라함이 받은 약속은 이삭, 야곱을 통해 열두 지파에게 흘러갔고 큰 민족을 이룬 이스라엘 백성에게까지 흘러가서 이스라엘 백성으로 하여금 아브라함이 믿음으로 상속받은 약속의 땅에 들어가 그 땅을 얻게 하였습니다.

믿는 것이 눈 앞에 당장 그 결과가 나타나는 경우나 살아 있는 동안 그 실상이 이뤄지는 경우도 있지만 어떤 믿음은 나 한 사람의 인생의 여정을 넘어서서 멀고 긴 시간의 여정이 지난 후 하나님의 정한 시간에 성취되기도 합니다. 이러한 믿음이란 당장 눈 앞에 펼쳐질 것을 바라기보다 그 이상, 더 먼 곳을 바라보는 먼 시야이며 믿음의 여정이란 멀고 긴 시야를 가지고 자기에게 주어진 길을 계속 나아가다가 그 다음세대에게 이어주는 것입니다. 삼 대가 함께 거했던 아브라함의 장막은 언약의 장막이며 믿음의 공동체였고 장래에 이뤄질 것을 멀리서 보고 환영하며 기뻐함으로 언약의 성취를 미리 맛보는 장소였습니다 (히 11:13). 그러나 사탄은 우리가 눈 앞에 있는 것에 연연하며 믿음의 시야를 갖지 못하고 믿음의 여정을 걷지 못하도록 합니다.

> 이는 그가 하나님이 계획하시고 지으실 터(터들, 기초들)가
> 있는 성을 바랐음이라(히 11:10)

하나님이 계획하시고 지으실 기초들이 있는 성을 바라볼 수 있는 아브라함의 시야는 믿음으로부터 나왔습니다. 이것이 아브라함이 왜 믿음의 조상인지를 보여줄 수 있는 믿음입니다. 자신의 때에 일어날 일은 아니지만 아브라함은 믿음으로 약속의 땅에서 기초들(12기초석과 12문)을 갖춘 새 예루살렘을 멀리서 바라보고 환영했습니다.

아브라함이 하나님이 계획하시고 지으실 터가 있는 성, 예루살렘을 멀리서 바라보지 못했다면 그는 하나님의 언약을 믿음으로 자손들에게 전해주지 못했을 것입니다. 또한 사라 자신도 아브라함을 통해 하늘의 별과 같이 많은 자손을 주겠다고 하신 하나님의 말씀을 믿지 못했다면 죽은 것과 같은 자궁에서 생명을 잉태할 수 없었을 것입니다(히 11:11). '약속하신 분은 신실하시다'고 믿은 사라의 믿음은 생명을 잉태하는 기적이 나타나게 하였습니다. 믿음은 우리의 영적인 시야를 높고 멀게 만들어 주며 하나님의 언약이 세대를 이어가면서 이뤄지도록 합니다.

아브라함과 동일한 유업을 받은 이삭과 야곱, 이 가정의 텐트는 이들이 하나님으로부터 약속 받은 유업을 전수하는 장소였고 아브라함의 믿음의 시야를 자녀들에게 나누는 장이었습니다(히 11:9). 그래서 아브라함의 텐트는 쉐마 교육이 이뤄지는 가정이면서 학교였습니다. 그러므로 성경적인 교육의 장소는 가정이 학교가 되는 것입니다.

나의 때에 얼만큼의 일이 이루어지는가와 나의 때 이후에 이루어질 일이 무엇인가를 보는 시야가 필요합니다. 이러한 시야는 하나님께서 약속을 성취하실 것을 믿을 때 가능합니다. 이것을 바라보고 아는 것이 바로 믿음이고, 믿음의 시야입니다. 이러한 믿음의 시야가 지금 우리의 가정과 교회들에게 필요합니다. 믿음의 시야가 확보되면 텐트 즉, 가정에서의 대화가 거룩해지고 확실해지며 믿음의 진보가 되는 장이 됩니다. 가정에서도 확실한 믿음을 가르치고 전수할 수 있습니다.

가정에서 세대와 세대를 끊어 놓아 가정을 해체시키는 것은 사탄의 핵심 전략들입니다. 믿음의 시야의 확보는 가정에서 일어날 수 있기 때문입니다. 사탄의 계략들로 점점 세대가 단절되며 어두워가는 이 시대에 빛을 밝히는 거룩한 믿음의 텐트에서 세대와 세대 간에 믿음의 전수가 일어나는 것을 보길 소망합니다. 부모와 자녀가 함께 앉은 각 가정의 텐트(장막)는 믿음의 시야를 넓혀 주는 장소이며 다음 세대에게 믿음이 유업으로 이어져 언약이 성취되도록 하는 장소입니다. 그리고 이 장막은 바로 우리의 가정과 교회가 되어야 할 것입니다. 아브라함이 멀리서 바라본 하나님의 성, 새 예루살렘을 우리도 믿음으로 바라보며 자녀들에게 '쉐마'를 듣게 하고 지키게 하여 새 하늘과 새 땅이 시작하는 그 날, 그 성에서 함께 황금길을 거닐 수 있기를 소망합니다.

말씀으로 하나님의 통치를 풀어내는 믿음의 삶

히브리서 11:13에서 '믿음을 따라 죽은 사람들은 약속하신 것들을 받지 못하였으나 그것을 멀리서 보고 환영했다'고 합니다. 히브리서 11:10절에서 아브라함이 '하나님이 계획하시고 지으실 터들이 있는 그 성을 바랐다'는 말씀에서 '바랐다(ἐξεδέχετο)'는 단어에는 '기대하면서 바라보았다, 기다렸다, 받아들였다' 이 세 가지 뜻이 다 있습니다. 자신이 바라본 것이 실현되길 기다리는 것입니다. 아브라함과 믿음의 사람들은 또한 무엇을 보았을까요?

> 제자들을 돌아 보시며 조용히 이르시되 너희가 보는 것을 보는 눈은 복이 있도다
> 내가 너희에게 말하노니 많은 선지자와 임금이 너희가 보는 바를 보고자 하였으되
> 보지 못하였으며 너희가 듣는 바를 듣고자 하였으되 듣지 못하였느니라
> (눅 10:23-24)

예슈아가 조용히 비밀스럽게 제자들에게 말씀하신 이것은 천국 이야기입니다. 이것과 같은 내용이 마태복음 13:16-17에도 나오는데 그 본문에서는 이 구절 이후에 천국 비유들을 이어서 말씀하십니다. 이 천국 이야기는 창세로부터 감춰졌던 것인데 예슈아께서 비유로 드러내신 것입니다.

> 이는 선지자를 통하여 말씀하신 바 내가 입을 열어 비유로 말하고
> 창세부터 감추인 것들을 드러내리라 함을 이루려 하심이라(마 13:35)

예슈아가 가르치시며 천국을 선포하실 때 그 말씀을 듣는 자들 중에 악한 영들의 결박으로부터 벗어나고 마음과 몸이 치유되는 일이 일어난 것은 천국이 그 공간에 내려왔기 때문에 받는 혜택이었으며 자연스럽게 나타나는 현상들이었습니다. 예슈아는 제자들에게 '너희는 이것을 현장에서 보고 누리고 맛보고 있지만 과거의 선지자들은 이것을 멀리서 바라보며 조금 맛만 보고 눈 앞에서 가까이 보지도 듣지도 못한 채 기대만 가지고 죽었다', '하지만 너희에게는 이 천국이 경험되어지고 있으며 이 하늘의 왕국 통치가 너희에게 임했

고 이 하늘에서 내려온 에덴이 너희에게 내려옴으로 천국이 이미 너희에게 시작되었다'고 말씀하셨습니다.

마태복음과 달리 누가복음에서는 그 구절 앞에 70인 제자들이 하나님의 나라를 선포할 때 어떤 사람들은 회개하고 받아들였고, 하나님 나라가 지금 여기 있다고 선포할 때 귀신들이 떠나가고 항복하였으며, 하나님의 통치를 선포할 때 사탄이 하늘로부터 번개같이 떨어지는 일들이 있었음을 증언합니다. 예수님은 제자들에게 이것 때문에도 기뻐하지만, 너희 이름이 하늘 생명책에 기록된 것으로 인해 더 기뻐하라고 말씀하십니다. 그리고 그 다음에 예슈아가 말씀하신 것이 '너희가 보는 것을 보는 눈이 복이 있도다. 많은 선지자와 임금이 너희가 보는 바를 보고자 하였으나 보지 못하였다(눅 10:23-24)'고 말씀을 이어가셨습니다.

예수님의 공생애 때와 초대교회의 사도시대 이후 이러한 천국의 실제가 풀어지는 일들은 그 명맥이 끊긴 것이 아니라 이 시대 우리 삶의 현장에서도 천국의 실제가 풀어지고 있고 이제 시대의 끝에 살아가는 우리에게 더 풀어지게 될 것입니다. 우리도 예슈아처럼 기름부음 받은 자들로서 땅에서 천국을 드러내며 살고 있으며 더 그렇게 되어야 할 것입니다. 말씀이 실현되어지는 것, 하나님의 통치가 말씀으로 선포될 때 물질 세계에서 실제로 변화가 일어나는 것이 우리 안에서 더 경험되어져야 할 것입니다. 그 믿음을 끌어당겨와서 써야합니다.

> 너희 조상 아브라함은 나의 때 볼 것을
> 즐거워하다가 보고 기뻐하였느니라(요 8:56)

아브라함은 약 이천 년 후에 예수님의 때부터 풀어지기 시작할 감춰졌던 천국의 실재가 풀어지는 일을 믿음으로 보았고 그 풀어짐의 끝에 미래에 완성될 메시아의 왕국까지도 바라보았고 기뻐 뛰며 즐거워하였습니다. 하나님이 경영하시고 지으실 터가 있는 성, 하나님이 설계하시고 준비하시는 새 예루살렘 성을 아브라함이 바라보았습니다. 하나님이 이 성의 설계자이시고 Builder이시고 Maker이십니다. 아브라함은 최종 완성될 새 예루살렘을 바라보았습니다. 이것이 아브라함의 믿음이었습니다.

이것을 아는 우리는 이 축복과 이 풍성함을 너무 과소평가함으로 적게 누리고 있지는 않습니까? 우리는 믿음으로 하나님 왕국의 통치를 선포하며 그 능력과 기쁨을 끌어당겨 누리는 삶과 예배의 현장을 만들어 가야 합니다.

에케브 주간의 말씀

1. 에케브עֵקֶב라는 단어는 예수님을 나타내기도 합니다. 예수님 때문에 하나님의 인애와 사랑과 복과 번영이 우리에게 임했습니다. 예수님 때문에(에케브), 예수님의 순종으로 인해, 그의 의로우심으로 인해, 그의 대속적인 죽음 때문에, 예수님이 우리를 회개하도록 부르셨기 때문에, 결과적으로 우리가 사랑과 축복과 하나님의 은혜를 누리게 되었습니다.

2. 하나님은 광야를 통해 이집트로부터 공급받아왔던 모든 것을 완전히 끊어 버리시고 하나님이 내려 주시는 만나로만 살게 하심으로 육신을 채우는 입에 좋은 음식이 아니라 하늘에서 내려오는 우리의 영을 살리는 양식, 즉 하나님의 말씀이 그들을 살게 한다는 것을 알게 하셨습니다(신 8:3).

3. 하늘의 만나는 하나님이 주권적으로 내려 주시는 것으로 하나님을 믿을 때, 그리고 하나님의 말씀을 따를 때 얻을 수 있는 것입니다. 하나님은 우리가 드러난 현상인 물질에 매이지 않고 보이지 않는 근원인 말씀을 붙들고 말씀에 붙들려 살기를 원하십니다. 그래서 때로는 아무것도 없는 광야로 나가게 하시며 광야에서 의복이 해어지지 않고 발이 부르트지 않게 인도하시고 먹이심으로 완전한 공급자이며 주관자이신 하나님을 향한 믿음과 신뢰를 훈련하고 배워가게 하십니다.

4. 하나님을 잊지말라는 하나님의 명령은 우리를 살게 하기 위한 하나님의 사랑과 능력입니다. 잊지 않기 위해, 기억하기 위해 우리는 육신에 머물기 쉬운 우리의 죄성과 치열하게 싸워야 합니다. 이 싸움과 노력은 우리의 힘으로 하는 것이 아니라 하나님의 말씀으로 하는 것입니다.

5. 모세의 중보는 목이 곧음으로 심판받을 수밖에 없는 이스라엘 백성이 마음의 할례를 받고 하나님을 사랑하고 그 말씀을 따름으로 생명을 얻을 수 있는 길을 열어주었습니다. 목이 곧은 백성들이 마음의 할례를 받고 생명으로 나아갈 수 있도록 길을 열어 주기 위해 사십 주 사십 야를 엎드려 간구했던 모세의 중보가 필요한 시대입니다.

6. 하나님의 갈망은 그분 자신을 우리 안으로 가득 채우시는 것입니다. 내 안에 진리로 채워진 %가 높아질수록 하나님의 어떠하심이 내게 가득 채워지는 과정에서 나도 모르는 사이에 나의 얼굴에서 빛이 날 것이며 하나님으로 충만하여지고 하나님과 같은 형상과 모양으로 그리스도와 같아질 것입니다.

7. 결과적으로(에케브עקב) 하나님은 '토브, 번영, 행복'을 위해 토라(명령과 규례와 법도)를 주셨습니다. 토라는 '토브'의 삶을 회복하라고 우리에게 주신 축복입니다.

8. 온 땅을 주관하시는 하나님이시지만 땅들 가운데서도 더 특별한 눈으로 바라보고 계신 그 땅은 완전히 하나님의 다스림 아래 있기 때문에 그 땅에 사는 백성은 그 땅의 독특성 때문에 더욱 명령과 규례와 법도를 지켜 행하며 하나님께 모든 주권을 올려드려야 하는 것입니다. 그리고 아름다운 땅의 축복을 누리기 위해 그들이 듣고 순종해야 할 '쉐마'를 다시 말씀하십니다.

9. 믿음이란 당장 눈 앞에 펼쳐질 것을 바라기보다 그 이상, 더 먼 곳을 바라보는 먼 시야이며 믿음의 여정이란 멀고 긴 시야를 가지고 자기에게 주어진 길을 계속 나아가다가 그 다음세대에게 이어주는 것입니다.

10. 아브라함과 동일한 유업을 받은 이삭과 야곱, 이 가정의 텐트는 이들이 하나님으로부터 약속 받은 유업을 전수하는 장소였고 아브라함의 믿음의 시야를 자녀들에게 나누는 곳이었습니다(히 11:9). 그래서 아브라함의 텐트는 쉐마 교육이 이뤄지는 가정이자 학교였습니다.

에케브 주간의 선포

1. 나에게 보여주신 하나님의 은혜에 감사하지 못하고 육신에 매여 만족하지 못하는 연약함을 용서하여 주소서. 예수님으로 인해 받고 누린 모든 것에 감사를 고백하며, 내 입술의 모든 말과 마음의 묵상이 하나님께 기쁘게 받아들여지는 삶을 살게 하소서.

2. 때로는 하나님이 하늘에 집중하라고 땅의 요소들, 육신의 요소들을 나로부터 끊어내 주심에 감사합니다. 아무것도 없이 오직 하나님께 의지하는 삶을 살도록 광야에서 훈련시켜주심에 감사합니다. 떡으로 사는 것이 아닌 말씀으로 사는 삶을 살고, 말씀을 쉐마하여 자녀들에게 전하는 아비 세대가 되게 하소서.

3. 하나님과 이스라엘 백성 사이에 서서 끝까지 하나님의 뜻이 이스라엘 가운데 이뤄지도록 자신을 내려 놓고 간절히 기도했던 모세와 같이 이스라엘과 교회 사이에 서서 끝까지 하나님의 뜻이 이뤄지도록 기도하는 사명을 감당하는 중보자 되게 하소서. 진정한 중보자가 되기 위해 나를 내려놓고 하나님 앞에 엎드리는 자 되게 하소서.

4. 하나님이 약속하시고 정하신 땅 이스라엘을 향한 하나님의 마음과 생각과 계획을 교회들이 깨닫게 하소서. 말씀을 교회의 교리와 전통에 매어서 자기들 뜻대로 해석하거나, 세상 학문 아래에 두고 말씀의 권위를 떨어뜨리는 교만을 용서하소서. 마지막 때에 하나님 편에 서는 교회 되게 하소서.

5. 우리의 가정이 쉐마 교육의 장이고, 학교가 되게 하소서. 끊임없이 자녀들과 함께 말씀을 읽고, 암송하고 새겨 곧 다가올 메시아닉 킹덤에 대한 꿈을 함께 꾸고 준비되는 가정되게 하소서.

47주간

רְאֵה

RE'EH

르에
보라

파라샤 **신 11:26-16:17**
하프타라 **사 54:11-55:5**
브리트 하다샤 **요 7:37-52 / 마 9:4-50**

DAY 1 신 11:26-12:7

보라(르에אֵה)! 축복과 저주가 네 앞에 있다 – 무엇을 선택할 것인가?

태초에 허락하신 '토브, 축복, 번영, 행복, 기쁨'을 되찾아 주시기 위해 '쉐마'를 명령하시고 규례와 법도를 지켜 행하라 말씀하신 하나님이 이스라엘 백성에게 '보라(르에אֵה)'고 외치시며 그들 앞에 두 가지를 놓으십니다. 그것은 축복과 저주입니다. 축복과 저주 사이에는 하나님의 명령과 사람의 선택이 있습니다. 하나님은 이스라엘 백성 앞에 축복과 저주를 놓으시고는 '자, 여기에 두 가지가 있다. 나의 명령을 지키면 복을 받겠지만 내 명령에서 떠나면 저주가 따를 것이다'고 말씀하시며 '무엇을 선택할 것인지 너희 스스로 결정하라'는 선택권을 이스라엘 백성에게 주셨습니다(신 11:26-28). '놓다'로 번역된 히브리어 나탄(נָתַן)은 '주다'라는 뜻입니다. 하나님은 이스라엘 백성 앞에 복과 저주를 놓으시고는 그들에게 선택권을 주셨습니다.

이집트에서 친히 이끌어 내신 하나님의 큰 구원을 경험하였고 그들 마음 가운데 자리 잡고 있던 이집트의 신들과 우상숭배를 버리게 하기 위해 40년을 광야에서 훈련했음에도 불구하고 여전히 뿌리 뽑히지 않는 교만과 죄성이 이스라엘 백성으로 하여금 가나안의 신들을 쉽게 따라갈 수 있게 할 것이라는 것을 하나님은 미리 아셨습니다. 그래서 하나님은 그들이 약속의 땅에 들어갔을 때 하나님이 아닌 다른 신들을 따르는 순간 저주를 받을 것이라는 것을 강력하게 경고하십니다. 그리고 약속의 땅에 들어가게 되면 먼저 그리심 산과 에발 산에서 축복과 저주를 선포하라고 명령하십니다(신 11:29). 그들 앞에 놓여 있는 것이 무엇인지, 그리고 그들이 선택해야 할 것이 무엇인지를 늘 바라볼 수 있도록 하기 위해서입니다.

어깨라는 의미를 가지고 있는 세겜שְׁכֶם에는 그리심 산과 에발 산이 있습니다. 이 두 산은 그 땅의 이름처럼 마치 두 어깨의 모양으로 나란히 놓여 있습니다. 요단을 건너 차지하게 될 산지 중에서 가장 먼저 밟게 될 세겜에 있는 두 산에서 하나님은 각각 축복과 저주의 선포를 통해 이스라엘 백성들이 무엇을 선택해야 할지 바라보도록 하셨습니다. 하나님이 원하신 것은 복과 저주가 너희의 어깨에 놓여 있으니 너희 스스로 옳은 것을 선택하여 축복의 주인공이 되라는 것이었습니다. 마치 에덴-동산에 생명나무와 선악나무를 두신 것과 같습니다. 스스로 선택을 요구하신 것은 하나님이 사람의 창조주이시기에 조종자가 되지 않고 사람 스스로 자발적인 선택을 통해 축복을 얻고 누리는 주체가 되길 원하셨기 때문입니다. 자발적인 선택으로 하나님과 하나됨을 누리길 원하셨기 때문입니다.

우리의 삶은 선택의 연속입니다. 우리로 하여금 하나님을 선택하지 못하도록 하는 것은 우상입니다. 우상은 우리 삶의 모든 영역에 심겨져 있습니다. 사상과 철학, 문화와 예술, 정치와 경제, 사회와 미디어 등 각 영역에서 하나님보다 높아져 있는 모든 것이 우상입니다. 우리 삶을 에워싸고 구성하고 있는 모든 요소에 심겨져 있는 우상은 우리의 삶에 자연스럽게 그리고 집요하게 침투해 들어옵니다. 이 우상들이 우리의 영역 안으로 들어오지 못하도록 경계(boundary)를 세워주는 것이 하나님의 명령과 규례와 법도입니다. 하나님의 명령은 종과 주인 관계 안에서 무조건적 복종을 강요하는 것이 아닙니다. 하나님의 명령은 하나님이 만드신 완벽한 창조 질서에서 벗어난 사람들이 질서 안으로 들어와 하나님이 주시는 자유와 기쁨 가운데 번영과 행복을 누릴 수 있도록 정해주신 법입니다. 잃어버린 정체성을 찾고 원래의 모습을 회복하게 하는 선포입니다. 하나님은 생명의 길을 제시하시고 그 선택을 인간의 자유의지에 맡기십니다.

그러나 인간의 자유의지는 번번이 하나님의 명령에서 벗어납니다. 그 이유는 하나님이 아닌 다른 신들, 우상이 인간 안에 자리를 잡고 있기 때문입니다. 아담과 하와의 선택 이후 인간은 죄와 우상이 침범해 들어오는 것을 스스로 막을 방법이 없었고 아주 쉽게 문을 열어 주었습니다. 그래서 하나님은 죄가 무엇인지 알려주고 우상의 영향력을 철저히 차단하기 위해 그리고 하나님이 기뻐하시는 선택, 우리의 생명을 살리는 선택을 할 수 있도록 하기 위해 규례와 법도로 경계(boundary)를 정해주신 것입니다. 정해주신 규례와 법도는 우리 삶을 제한하는 것이 아니라 우리 삶의 모습이 어떠해야 한다는 것을 가르쳐 주는 것이고 이것은 끊임없이 '쉐마'를 통해 지켜지고 행해질 수 있습니다. 쉐마는 우리로 하여금 하나님을 믿고 그 말씀을 따를 수 있도록 돕는 시작입니다. 믿음은 들음에서 나고 들음은 그리스도의 말씀으로부터 시작됩니다(롬 10:17).

　　축복과 저주가 우리 앞에 놓여 있습니다. 그 사이에는 하나님의 명령과 우리의 선택이 주어져 있습니다. 하나님의 명령을 따르고 축복을 받을 것인지, 하나님의 명령을 떠나고 저주를 받을 것인지는 우리의 어깨 위에 맡겨져 있습니다. 무엇을 선택해야 할지 모를 때 우리에게 바른 길을 알려주시는 하나님의 규례와 법도를 쉐마하고 그것을 지켜 행하기를 기뻐할 때 우리는 토브를 회복하고 누리게 될 것입니다.

하마콤הַמָּקוֹם, 자기 이름을 두시려고 택하신 그 곳에서 드려지는 예배

　　축복과 저주를 우리의 눈 앞에 보이게 놓으시고 선택권을 주신 하나님께서 사람의 타락한 자유의지가 축복이 아닌 저주를, 생명이 아닌 사망을 선택할 수 있음을 아시고 저주와 사망을 선택하게 하는 근원을 완전히 차단하도록 명령하십니다. 근원 자체를 차단하지 않으면 아무리 힘과 에너지를 써도 똑같은 문제가 또 발생합니다. 그래서 하나님은 사람의 선택이 저주와 사망이 되도록 하는 근원이 되는 것을 아껴보지 말고 완전히 덮어 숨기지 말고 진멸하고 파괴하도록 명령하십니다. 그 근원은 우상숭배입니다.

　　하나님이 약속하신 아름다운 땅은 오랜 시간 동안 참 하나님을 알지 못하며 악하고 음란한 방법으로 우상 신들을 섬겨온 가나안 족속들이 차지하고 있었습니다. 그들의 음란한 우상숭배 의식은 그 땅의 높은 산이든 낮은 산이든 푸른 나무 아래이든 곳곳에 산당과 제단을 쌓고 행해져 오고 있었고 제단에는 온갖 모양의 조각한 신상들이 세워져 있었습니다. 하나님은 모든 제단들은 파멸하고 헐며 신상들은 불사르고 찍어 멸하여 눈 앞에서 완전히 사라지게 하도록 명령하십니다(신 12:2-3). 하나님이 이와 같이 명령하시는 것은 악하고 음란한 종교적 제의가 행해진 곳에서 이스라엘 백성이 결단코 하나님께 예배를 드릴 수 없도록 하기 위함이며 하나님은 그런 예배를 받으실 수 없기 때문입니다. 또한 우상숭배의 제사 방식을 하나님의 구별된 백성 이스라엘이 따라하기를 원하지 않으셨기 때문입니다(신 12:4).

　　예배는 온 우주의 창조주이자 거룩하신 하나님께 올려드리는 아름답고 향기로운 제사이자 온 우주를 다스리시는 왕 앞에 엎드려 그분의 주권과 통치를 인정하는 것입니다. 예배를 통해 하나님은 그 백성을 당신 가까이로 오게 하시고 영광과 임재를 보여주시며 하나님의 백성을 자신과 하나되게 하십니다. 예배는 엎드려 절하는 경배이자 하나님과 나누는 사랑의 교제이기 때문에 하나님께만 온전히 바쳐지고 드려져야 할 우리의 중심과 사랑은 그 어떤 우상과도 나눌 수 없으며 빼앗겨서도 안 되는 것입니다. 그래서 하나님은 그 어떤 우상과도 나눌 수 없는 예배, 온전히 자신이 사랑하시는 백성들과 하나되는 예배를 위해 한 장소를 택하십니다. 하마콤הַמָּקוֹם, 바로 그 장소에서 예배를 드리라고 명령하십니다(신 12:5). 히브리어 헤이הַ는 정관사 the의 의미로 '정해진 어떤 것'을 의미하고 마콤מָקוֹם은 '장소'라는 뜻을 가지고 있습니다. 그래서 하마콤הַמָּקוֹם은 '정해진 바로 그 장소'라는 뜻입니다.

> 너희가 요단을 건너 너희의 하나님 여호와께서 너희에게 주시는 땅에 들어가서 그
> 땅을 차지하려 하나니 반드시 그것을 차지하여 거기 거주할지라(신 11:31)

하나님이 그 땅을 반드시 차지하라고 명령하신 이유는 그 곳에 하나님이 태초부터 정해 놓으신 하마콤הַמָּקוֹם, 바로 그 장소가 있기 때문입니다. 그리고 하나님이 그 장소를 미리 택하신 이유는 하나님 자신의 이름을 그 곳에 두기 위해서입니다(신 12:5, 11).[16]

하나님의 이름은 하나님의 존재 자체를 의미하는 것으로 하나님이 자기의 이름을 하마콤, 그 장소에 두시겠다고 하신 것은 하나님의 존재를 그 곳에 두겠다는 선포입니다. 하나님의 존재가 거하도록 택하신 그 곳이 약속하신 그 땅의 중앙에 있습니다. 왜 하나님은 많은 땅 가운데서 약속의 땅을 정하시고 약속의 땅에서도 왜 한 장소를 택하셨을까요? 그 곳이 하늘과 땅이 하나되었던 첫 지점 에덴-동산의 중앙이기 때문입니다. 그 곳에서 하나님은 사람과 에하드אֶחָד, 하나됨을 누리셨기 때문입니다. 하늘과 땅이 하나되듯 하나님과 사람이 에하드אֶחָד, 하나되었던 곳 그 곳에 하나님이 거하실 처소를 두시고 다시 하나됨을 누리기 위해 이스라엘 백성에게 그 땅을 차지하고 하마콤, 그 장소에서 하나님을 예배하라고 그 곳이 지성소가 되게 하고 그 곳에서 하나님을 만나라고 명령하셨습니다. 하나님의 자신의 이름을 두시고 거하실 그 곳은 어디일까요? 시온, 예루살렘, 예루샬라임יְרוּשָׁלַיִם입니다.

> 여호와께서 시온을 택하시고 자기 거처를 삼고자 하여 이르시기를 이는 내가
> 영원히 쉴 곳이라 내가 여기 거주할 것은 이를 원하였음이로다(시 132:13-14)

예루살렘, 예루샬라임יְרוּשָׁלַיִם은 하나님이 정하시고 택하신 그 곳, 하마콤입니다. 이곳

---

16. '택하신 곳' 혹은 '택하실 곳'이라는 단어는 신명기 12-16장에 총 15번 등장한다. 【신12:5,11,14,18,21,26 ; 14:23,24,25 ; 16:6,7,11,15,16】

에서 하나님이 원하신 것은 구별된 백성들, 거룩한 백성들이 올려드리는 예배입니다. 하나님이 예배를 원하신 이유는 자신의 백성들이 하나님 앞에서 함께 기뻐하고 즐거워함으로 하나님의 축복을 누리길 원하셨기 때문입니다.

> 거기 곧 너희의 하나님 여호와 앞에서 먹고 너희의 하나님 여호와께서
> 너희의 손으로 수고한 일에 복 주심으로
> 말미암아 너희와 너희 가족이 즐거워할지니라(신 12:7)

'즐거워하다'는 뜻의 싸마아흐שמח는 '기뻐하다, 즐거워하다, 행복하다'를 의미합니다. 하나님은 자신의 백성들이 하나님 앞에서 기쁨과 행복을 누리길 원하십니다. 하나님은 모든 참 기쁨의 근원이십니다. 하나님의 기쁨은 우리의 영, 혼, 육을 모두 만족시키는 기쁨입니다. 사탄이 주는 기쁨은 육체를 만족시키는 쾌락과 음란이며 혼적인 탐욕과 이기심을 충족시켜주는 거짓 기쁨입니다. 사탄이 주는 기쁨은 순간적이어서 그 순간이 지나면 공허하게 되고 그래서 또 다른 것을 찾게 합니다. 이런 기쁨은 육체와 혼을 피폐하게 하고 결국엔 영을 사망에 이르게 합니다. 그러나 하나님이 주시는 기쁨은 아름다워서 그 기쁨은 또 다른 생명을 낳고 살게 합니다. 하나님의 기쁨은 영원한 생명이지만 사탄의 기쁨은 파멸과 죽음입니다.

사탄은 사람으로부터 기쁨과 생명을 빼앗아 가서 그것을 알지 못하도록 만들었습니다. 그리고 사탄은 하나님과 사람이 하나됨 안에서 기쁨을 누리지 못하도록 하나됨의 장소, 하나님이 택하신 그 장소, 하마콤을 빼앗아 갔습니다. 그곳이 예루살렘, 예루샬라임입니다. 에덴-동산의 중심인 이 곳에서 사람이 쫓겨난 이후 사탄은 사람이 다시는 이 곳에 들어오지 못하도록 하기 위해, 정확히는 하나님이 이 곳에 거하시지 못하게 하기 위해서 선수치고 들어와서 차지해 버렸습니다. 자신이 왕이 되기 위해 사람을 속였던 사탄은 사람이 하나님이 택하신 그 장소를 알지 못하게 모든 방법을 동원하여 지금도 속이고 있습니다. 신학과 종교의 틀로 예루샬라임을 가려 놓았고 정치적 이권으로 누구도 함부로 이 땅을 건드릴 수 없도록 만들어 놓았습니다. 사탄은 온 우주를 다스리며 통치하실 예슈아가 하마콤의 그 보좌에 좌정하실 것을 두려워하여 예루샬라임을 논쟁과 분쟁의 예민한 이슈들로 가리고 덮고 거짓으로 치장해 버렸고 예루살렘의 중심성을 인식하지도 못하도록 적그리스도의 영으로 온 세계를 장악하고 있습니다. 이렇게 하여 사탄은 자신의 통치가 계속될 거라 생각하겠지만 결국은 모든 것을 주관하시는 하나님께서 사탄을 심판하셔서 무저갱에 던져 잠그시고

그 통치와 권세를 지극히 높으신 이와 성도들에게 허락하실 것입니다(계 20:10; 단 7:18).

　　인류를 구원하시는 하나님의 구속사는 예슈아의 재림과 함께 정점에 이르게 될 것입니다. 예슈아의 재림과 메시아 왕국의 통치를 기다리며 끝까지 싸우며 믿음의 경주를 달린 성도들은 예슈아와 함께 왕 같은 제사장이 되어 온 땅을 다스리며 섬길 것입니다. 그리고 그 통치의 중심은 태초부터 택하신 그 곳, 하마콤, 예루살라임이 될 것입니다. 예루살라임은 우리가 하나님 앞에서 기쁨을 누리고 하나님과 에하드를 누리는 하늘 에덴(즐거움과 기쁨과 행복)이 땅으로 내려온 하부 에덴의 중심입니다. 우리는 하늘의 에덴과 땅의 하마콤이 에하드 되는 곳, 하나님과 사람이 에하드 되는 곳에서 황금길을 거닐게 될 것입니다.

DAY 2 신 12:8-28

여호와 앞에서 즐거워하라

　　하마콤, 하나님이 택하신 그곳에서 하나님이 백성들에게 요구하신 것은 하나님 앞에서 즐거워하라는 것입니다. 기독교에서는 성전에 대한 이미지로 희생 제사를 드리는 엄숙한 분위기를 상상하지만, 사실 그 반대로 성전은 하나님 앞에서 즐거워하는 축제와 잔치의 장소입니다. 모세는 이스라엘 백성을 향해 모든 예물을 가지고 하나님이 택하신 곳으로 와서 딸, 아들, 아내와 노비와 고아와 과부 그리고 레위인과 함께 나누고 즐거워하라고 말했습니다(신 12:12). 하나님께 기쁘게 예물을 올려드리고 그것을 가족들과 친구들, 성중에 함께 있는 모든 사람들과 나누면서 즐거워하는 모습은 메시아닉 킹덤에서 우리가 누리게 될 어린 양의 혼인 잔치를 예표합니다.

> 만군의 여호와께서 이 산에서 만민을 위하여 기름진 것과 오래 저장하였던
> 포도주로 연회를 베푸시리니 곧 골수가 가득한 기름진 것과 오래 저장하였던
> 맑은 포도주로 하실 것이며(사 25:6)

유대 전승에서는 이 때 베풀어진 연회에서 메시아이신 주님이 친히 당신이 백성들을 위해 서빙해주실 것이고, 이 때 꺼내는 포도주는 처음 세상을 창조하셨을 때 에덴-동산의 포도로 만들어두신 포도주일 것이라고 말합니다. 그 날에 여호와 하나님은 자신의 아들 예슈아에게 왕관을 씌우시고 예슈아는 4잔의 포도주 컵을 들어올리시고 열방을 축복하실 것입니다. 주님은 이 날의 잔치가 자기 아들을 위하여 혼인 잔치를 베푼 왕과 같다고 말씀하셨고(마 22:2), 준비된 자들이 이 잔치에 들어가게 될 것이라고 말씀하셨습니다(마 25:10). 그리고 제자들을 향해 하나님의 나라가 임하기 전까지 다시는 이 포도주를 마시지 않으실 거라 말씀하시며 마지막 유월절 만찬을 하셨습니다(눅 22:16).

하나님은 약속의 땅에 들어가기 직전의 이스라엘 백성을 향해 그 땅을 차지하게 되어 하나님이 택하신 그 곳에 이르렀을 때 모든 백성들이 하나님 앞에 나와 그 앞에서 기뻐하며 즐거워하라고 말씀하시면서 자신의 백성들을 초대하셨습니다. 마지막 날 어린 양의 혼인 잔치에 청함을 받은 자들은 복이 있을 것입니다(계 19:9). 그의 나라에서 함께 떡을 먹는 자는 복될 것입니다(눅 14:15).

DAY 3 신 12:29-13:18

하나님 중심, 사람 중심

하나님이 놓으신 축복과 저주 앞에서 사람의 타락한 자유의지가 저주를 선택하도록 하는 근원인 우상숭배를 철저히 파괴하고 차단하기 위해 하나님은 가나안 신들의 산당과 제단, 우상들을 철저히 파괴하라고 명령하십니다. 그리고 하나님은 이스라엘 백성에게 가나안 신들의 유혹과 그들의 종교 제의와 관습을 철저히 멸절하고, 멸망한 그들의 자취를 밟아 올무에 들지 말며, 그들의 신들을 탐구하지 말라고 명령하십니다(신 12:30). 탐구하면 그것에 영향을 받고 따라하고 싶어지기 때문입니다. 가나안의 종교 제의는 피를 신성시하여 제물로 드려진 동물의 피를 마시면 그것이 신적인 일에 참여하는 것이라고 믿었으나 하나님은 하나님께 드려지는 제물의 피에 죄를 속하는 대속의 의미를 두셨기 때문에 그 피를 반드시 다 땅에 쏟으라고 명령하십니다(신 12:16, 23-25, 27). 심지어 가나안에서는 신에게 제물을 바칠 때 자녀들을 불에 태워 바치는 사악한 일까지 했기에 하나님은 이스라엘이 그 땅의 신을 탐구함으로써 올무에 걸리지 않도록 경계하십니다.

이스라엘 백성이 하나님만을 전적으로 사랑하고 예배하며 그 명령과 규례와 법도를 지키는 삶을 살아가는 데 있어 그들의 마음을 빼앗아가는 것으로 우상숭배 외에 한 가지가 더 있는데 그것은 거짓 선지자나 꿈꾸는 자가 보여주는 이적과 기사였습니다(신 13:2). 거짓 선지자나 꿈꾸는 자들이 펼치는 이적과 기사의 힘의 근원은 악한 영과 사탄으로부터 온 것입니다. 그들은 그것을 빌미로 사람들의 마음을 하나님이 아닌 우상에게로 돌려서 결국 하나님으로부터 하나님의 백성을 떨어뜨려 놓으려 합니다. 그래서 하나님은 거짓 선지자나 꿈꾸는 자들이 펼치는 이적과 기사가 눈 앞에 보인다 할지라도 따르지 말고 그들이 다른 신을 섬기자고 할 때 그 말을 듣지 말라고 명령하십니다. 그런데 하나님은 거짓 선지자나 꿈꾸는 자들이 이적을 보이도록 허락하십니다. 그 이유는 하나님의 백성이 마음과 뜻을 다해 하나님을 사랑하는지 시험하기 위해서입니다(신 13:3). 아무리 이적과 기사가 일어난다 해도 하나님 그분 자신께 집중되어 하나님만을 전적으로 사랑하는 자들은 그것이 하나님으로부터 온 것인지 명확히 알 것입니다. 그러나 하나님보다 눈 앞에 나타나는 현상 혹은 능력에 초점을 맞추는 자들은 속아서 넘어질 것입니다. 그래서 하나님은 우상숭배처럼 하나님의 백성들을 속이고 넘어뜨리는 거짓 선지자와 꿈꾸는 자들을 죽이라고 명령하십니다. 그들은 하나님의 백성이 하나님을 배반하게 하며 하나님의 명령과 규례와 법도를 따르지 못하도록 유혹하기 때문입니다(신 13:5). 하나님은 거짓 선지자와 꿈꾸는 자들을 죽이는 것이 악을 제하는 것이라고 말씀하십니다.

더 나아가 가족이나 친한 친구들이 꾀어서 다른 신을 섬기자고 할 때 그들을 돌로 쳐 죽이라고 명령하십니다(신 13:10). 가족이나 친한 친구라 할지라도 긍휼히 여기지 말고 애석히 여기지 말며 덮어 숨기지도 말고 용서 없이 죽이라고 하십니다(신 13:8-9). 하나님을 배신하고 돌아서는데 있어서는 가족이나 친구, 인간의 정을 따라가지 말고 철저하게 끊어 내라고 명령하십니다. 이렇게 극단적으로 보이는 방법으로 하나님이 강하고 단호하게 이스라엘 백성에게 말씀하신 이유는 그들이 하나님의 백성으로서 하나님이 주신 땅에서 열방의 제사장 역할을 해야 하는 민족이었기 때문입니다. 작은 틈이라도 어둠에게 빌미를 주는 순간 여지없이 무너질 것을 아셨기 때문에 하나님은 이스라엘 백성을 하나님으로부터 돌아서게 하는 것은 그 어떤 것도 용납하지 않으셨습니다.

하나님 자신이 아닌 하나님의 능력에 초점을 맞출 때 우리는 쉽게 속게 됩니다. 하나님의 능력은 그분의 일부입니다. 이적과 기사는 하나님을 나타내고 설명할 수 있는 전부가 될 수 없습니다. 보이지 않는 세계는 초자연적인 일들이 일어나는 곳이기 때문에 악한 영은 이런 것을 사용하여 사람을 속이고 어둠으로 끌고 내려갑니다. 초자연적인 일 자체로는 하나님을 나타낼 수 없습니다. 그래서 하나님은 보이는 현상과 능력에 초점을 맞추지 말고 하나님 그분만을 온전히 사랑하라고 명령하시며 우리를 속이는 것들로부터 우리를 보호하기 위해 말씀을 주시면서 말씀에 순종하는 삶을 살라고 명령하십니다.

또 한 가지 하나님을 배반하게 하는 것은 사람 중심적인 생각입니다. 하나님을 대적하는 것은 어느 날 갑자기 눈에 띄게 찾아오지 않습니다. 조금씩 섞여 들어오다가 혼동과 혼란을 주고 그러다가 사람들이 말하는 합리성 혹은 다수의 사람들이 말하는 의견에 타협하고 따라가게 하고 결국 하나님을 배신하게 합니다. 혹은 사람과의 관계나 정에 묶여서 '이 정도는 괜찮겠지, 이 정도는 내가 따라가줘야 하지 않나'라고 하면서 조금씩 허용하게 합니다. 그러나 하나님은 이 모든 것에 대해 아주 단호하시며 작은 것도 허용하지 말고 잘라버리라고 말씀하십니다. 작은 허락과 틈이 하나님으로부터 우리를 멀어지게 하고 결국 사망을 초래하기 때문입니다.

마지막 때에는 거대한 배교가 일어날 것입니다. 사탄은 우리를 속일 때 뻔히 알아차릴 수 있는 방법으로 속이지 않습니다. 미묘하고 교묘하게 작은 속임의 씨앗들과 가라지들을 사람의 마음에 뿌립니다. 이 씨앗과 가라지가 자라게 되었을 때는 누가 보아도 잘못된 것이지만 그 때는 이미 속았다는 것을 모른 채 오랜 시간 붙들려 왔기 때문에 분별력이 상실됩니다. 배교도 이와 같이 일어날 것입니다. 우리의 생각에 하나님의 말씀인 것처럼 보이고 들리게 만드는 교묘하게 섞여 있는 사상, 가치관, 세계관을 학문이나 문화를 통해 조금씩 잠식하면서 혼동과 혼란을 주다가 어느 순간 사람들이 옳다고 말하는 다수에 끌려 가게 하여 자신도 모르는 사이 배교하는 자리에 끼어 있게 만들 것입니다.

하나님으로부터 돌아서게 하는 방법은 사람 중심으로 생각하고 살아가게 하는 것입니다. 놀라운 능력을 보였기 때문에, 유명한 학자가 말했기 때문에, 많은 사람들이 따라가기 때문에, 이성적으로 보이고 합리적으로 보이기 때문에, 무엇보다 내가 좋아하고 사랑하는 사람이 그것을 따라가기 때문에, 이런 이유들은 모두 사람 중심적인 판단입니다. 이러한 것들은 바른 기준이 될 수 없다고 하나님은 말씀하십니다. 하나님의 명령과 규례와 법도,

하나님의 말씀이 가장 확실하고 안전한 기준이며 이것은 우리를 보호하고 살릴 것입니다. 하나님 중심인 사람은 초자연적인 능력이나 사람의 관계에 마음을 두지 않습니다. 그리고 이런 사람이 끝까지 남는 자가 될 것입니다.

DAY 4 신 14:1-21

너희 하나님 여호와의 자녀이니

가나안의 종교 제의에는 사람이 죽으면 죽은 사람을 위해 몸을 칼로 베어 상처를 내거나 이마 위의 털을 미는 풍습이 있었는데 이것은 죽은 자를 과도하게 애도하여 산 자를 상하게 하는 것입니다(신 14:1). 이방 종교에서는 죽은 자를 위한 과한 장례 의식들이 있었는데 하나님은 이것을 금하십니다. 하나님은 죽은 자의 하나님이 아니고 산 자의 하나님이시며 죽음 이후에 부활을 통해 당신의 백성을 영원한 생명으로 살게 하시는 하나님이기 때문입니다.[17]

또한 이스라엘 백성에게 정한 동물과 부정한 동물을 가르쳐 주시며 그들이 먹지 말아야 할 것을 통해 자신을 거룩하게 구별하도록 하십니다(신 14:3). 하나님이 먹는 것을 통해 하나님의 백성을 구별하시는 이유는 무엇을 먹느냐가 그 사람의 존재를 결정하기 때문입니다.[18] 하나님은 하나님의 백성들의 모든 삶 속에서 그들이 접하는 모든 것으로부터 그들이 거룩하게 구별되길 원하십니다. 하나님의 백성은 곧 이 세상에서 하나님을 대표하는 자들이기 때문입니다. 하나님은 하나님의 거룩함과 영광을 드러내야 할 자신의 백성들이 세상 풍습을 따라가거나 우상숭배의 문화와 섞이는 것을 싫어하십니다. 그것들은 모두 하나님의 백성과 하나님의 관계를 끊어지게 할 뿐 아니라 세상이 하나님을 모욕하는 문을 열어주기

---

17. 토라 포션 레위기 31주간 에모르 참고
18. 토라 포션 레위기 26주간 쉬미니 참고

때문입니다. 하나님은 명확하게 너희는 하나님 여호와의 자녀라고 말씀하셨습니다(신 14:1). 이것은 너희 자신이 누구인지 알라는 말씀입니다. 온 우주의 왕의 자녀들이 자기의 위엄과 존엄을 버리고 사탄과 짐승 아래로 스스로 들어가는 것이 우상숭배이며 이것은 거룩하고 빛나는 아름다운 자리를 버리고 시궁창 속으로 스스로 들어가는 것과 같기 때문에 이런 어리석음을 범하지 말라고 하나님은 우상숭배에 대해서 경계하고 또 경고하십니다. 그리고 쉽게 우상에게 자신을 내어주지 않을 수 있는 방법들을 가르쳐 주신 것이 명령과 규례와 법도입니다. 하나님이 주신 토라의 법들은 우리의 정체성을 지키고 하나님과 친밀함을 유지하게 하는 지혜롭고 아름다운 법입니다.

DAY 5 신 14:22-29

택하신 곳에서 드려지는 예물, 십일조

하나님은 하나님이 택하신 그 곳에 가서 예배할 때 번제와 제물, 십일조, 거제, 서원제, 낙헌의 예물을 드리라고 말씀하십니다(신 12:5-7). 이스라엘 백성이 한 노동과 수고에 대해 하나님은 축복으로 응답하시고 하나님이 주신 축복에 감사함으로 기쁘게 바치고 올려드리는 것이 제물과 예물입니다. 그리고 이 제물과 예물은 예배에 참여하는 모든 이들에게 나눠지면서 기쁨과 즐거움을 함께 누리게 합니다. 하나님은 온 백성이 하나님 앞에서 함께 기뻐함으로 그들이 하나님의 백성으로서 결속력 있는 공동체가 되게 하셨습니다. 예배의 제물과 예물은 하나님과 하나님의 백성이 하나되어 누리는 기쁨의 축제가 되게 합니다.

하나님의 뜻과 생각은 언제나 선합니다. 하나님께 나아올 때 예물을 가지고 나아오라고 하신 하나님의 뜻은 하나님의 백성들이 마땅히 감사해야 할 것에 감사를 표현하는 것을 가르치시면서 감사할 때 더 많은 기쁨이 임한다는 것을 알게 하시기 위함입니다. 더불어 드려진 예물을 공동체들과 함께 나눔으로써 그 기쁨이 배가 되게 하셨습니다. 하나님은 예물이 드려지면 기뻐하시고 예물이 없으면 화를 내는 궁핍한 신이 아닙니다. 하나님에게 있어서 예물은 감사와 사랑의 표현으로 받으시며 하나님의 백성들이 하나님과 함께 나누는 기쁨입니다. 그러므로 예배 때 드리는 예물을 책임과 의무로만 생각하는 것은 종교적인 틀에서 비롯된 것입니다. 하나님이 기뻐하시는 것은 천천의 숫양의 제물들이나 만만의 강물 같은 기름이 아니라 매순간 바르고 정직하게 판단하고 인자함을 행하는 것을 사랑하며 하나님과 함께 동행하는 겸손함입니다(미 6:7-8).

하나님이 택하신 곳에서 드려져야 할 또 한 가지는 십일조입니다. 하나님은 이스라엘 백성이 수고하여 얻은 토지의 소산물의 십일조를 택하신 곳에서 드리고 드려진 십일조에 포함된 포도주나 기름, 소와 양을 함께 먹고 하나님을 경외하는 것을 배우라고 말씀하십니다(신 14:23). 만약 택하신 곳이 거주하는 곳과 멀 때는 십일조의 소산물을 돈으로 바꾸어서 바꾼 돈으로 소나 양 포도주나 그 외에 원하는 것을 사서 예배하기 위해 모인 권속들과 함께 나누라고 말씀하십니다(신 14:26). 그리고 매 삼 년 마다 그 해의 십일조는 성읍에 저축하여 레위인과 나그네와 고아와 과부를 위해 먹고 배부르게 하라고 명령하십니다(신 14:29).

하나님이 이스라엘 백성에게 주신 십일조의 규례는 모두 하나님의 백성들이 하나님이 주신 축복을 함께 기뻐하고 누리기 위함입니다. 하나님은 자신의 백성 모두가 하나님의 은혜와 풍성함을 누리기 원하시는 하나님입니다. 그래서 하나님이 허락하신 땅의 소산물이 부한 자나 가난한 자 모두가 누릴 수 있도록 하심으로 하나님이 얼마나 공평하고 자비로운 하나님이신지를 그 백성이 배울 수 있도록 하였고 이를 통해 하나님을 경외하는 것을 배우도록 하셨습니다. 우리에게 주어진 모든 것은 하나님으로부터 온 것이고, 우리가 누리고 있는 모든 것은 하나님이 주신 것입니다. 십일조는 우리의 공급자가 되시는 분이 하나님이라는 것을 감사로 고백하는 것이며, 당신의 백성을 돌보시고 먹이시는 하나님의 자비의 통로입니다.

DAY 6 신 15:1-18

쉬미타שְׁמִטָּה

하나님은 고아와 과부, 나그네와 가난한 자를 돌보는 하나님이십니다(시 68:5). 하나님은 당신의 나라에서 가난한 자들이 없기를 바라시고 또 가난한 자들이 있을 때 하나님의 백성들이 그들을 돌보는 공동체가 되기를 원하십니다(신 15:4-5). 그래서 매 칠 년 끝, 안식년에는 형제들이 진 모든 빚을 면제해 주도록 하십니다. 빚을 면제해 주면 채주가 손해를 보는 것 같지만 사실 이런 나눔을 통해 하나님은 더 큰 복을 주실 것을 약속하시면서 오히려 모두가 함께 살아가는 건강하고 힘있는 나라가 될 것을 말씀하십니다.

하나님은 하나님의 백성들이 가난한 형제에게 마음을 완악하게 하거나 손을 움켜 쥐는 것을 기뻐하지 않으십니다(신 15:7). 여기서 표현된 손과 마음은 모두 태도를 의미하는 것으로 가난이 사람을 무시하고 함부로 대할 조건이 아니라는 것을 보여줍니다(신 15:9). 하나님은 가난한 자들을 향해 손을 펴서 필요한 대로 넉넉하게 쓸 것을 주라고 명령하십니다(신 15:8, 10). 가난한 자도 모두 공동체의 구성원이기 때문에 하나님은 모두가 함께 더불어 살아가는 나라를 하나님의 백성이 이 땅에 실현하고 그리고 온 열방의 모범이 되어 하나님 나라를 확장해 가길 원하십니다.

하나님은 매 칠 년 안식년에 형제의 빚뿐 아니라 여러 가지 이유로 노예가 된 형제들을 자유롭게 하라고 명령하십니다(신 15:12). '매 칠 년 끝에 면제하라'라고 할 때 '면제하라'의 히브리어는 쉬미타שְׁמִטָּה로 이 단어는 출애굽기 23:11에서 땅을 '쉬게 하다'라고 할 때 처음으로 사용됩니다. 쉬미타שְׁמִטָּה는 동사 샤마트שָׁמַט에서 파생된 단어로 샤마트שָׁמַט는 '풀어놓다, 쉬게 하다'는 뜻을 가지고 있습니다. 땅을 쉬게 할 때, 빚을 면제할 때, 노예된 형제를 자유롭게 풀어줄 때 모두 쉬미타שְׁמִטָּה라고 합니다. 쉬미타שְׁמִטָּה는 어떤 상황에 의해 묶일 수 밖에 없거나 잃어버리게 된 것을 풀어주고 다시 찾게 하여 회복하게 하신 하나님의 완전하고 선한 규례입니다. 또한 쉬미타는 토라의 경제 관념입니다. 일정 시간이 지나 어쩔 수 없이 사람들 사이에 발생하는 빚과 채무관계로 인한 묶임들을 풀고 회복할 수 있는 기회를 줄 수 있도록 아무 대가 없이 면제해 주고, 쉬게 해 주는 것이 하나님의 나라에서의 경제입니다. 빌려준 것은 반드시 얻어내는 것뿐 아니라, 억울하게 하여 더 뺏어와서 내 소유를 불리는 세상의 경제 관념은 생명을 빼앗는 것이라면, 하나님 나라의 경제는 값없이 면제해 줌으로써 생명을 살리는 것입니다.

안식은 모든 것이 회복되는 시간입니다. 하나님은 일주일 중 일곱째 되는 날에 멈추고 쉬게 하심으로 그 시간을 통해 생각과 마음과 몸과 영을 다시 회복하고 묶여 있던 것으로부터 자유롭게 되고 새롭게 되게 하셨습니다. 마찬가지로 매 칠 년은 하나님이 땅을 멈추고 쉬게 하심으로 땅이 새롭게 되게 하셨고 이 해에 모든 빚과 노예 된 신분으로 묶여 있던 사람을 자유롭게 풀어주심으로 새롭게 하셨습니다. 이것을 통해 살아가면서 이 땅에 발생하는 불평등, 예속, 피폐, 채무, 가난을 파기하셨고 땅과 사람들이 회복하고 다시 시작할 수 있는 기회를 허락하셨습니다. 하나님은 쉬미타를 통해 값없이 그 백성을 구원하시고 속량하신 구속의 은혜를 하나님의 백성들이 기억하길 원하셨고 또 하나님이 그러하신 것처럼 백성들도 그렇게 행하는 백성들이 되길 원하셨습니다(신 15:15).

자유와 회복을 선포하는 쉬미타는 또한 하나님이 우리의 죄를 속량해 주시는 것을 의미합니다. 빚의 탕감은 곧 우리 죄를 용서해 주시는 하나님의 자비를 나타냅니다. 메시아닉 킹덤은 넓은 의미의 쉬미타입니다. 이 때는 우리의 모든 죄가 씻어지면서 모든 것이 새롭게 시작될 것입니다. 하나님은 메시아닉 킹덤이 오기 전에 우리가 미리 하나님 나라의 경제 관념을 배우고 훈련하길 원하시는데 그 중에 하나가 형제를 용서하는 것입니다. 하나님이 우리의 죄를 용서하셨듯이 형제가 나에게 감정적, 재산적 손해를 끼쳤다 할지라도 형제를 용서함으로써 우리의 빚을 탕감해주신 아버지의 마음을 가지라고 말씀하십니다. 그래서 예수님은 왕으로부터 큰 빚을 탕감받은 종이 자신에게 적은 돈을 빚진 친구를 용서하지 않는 비유를 말씀하시며 우리가 형제를 용서하지 않으면 하늘 아버지도 용서하지 않을 것이라고 말씀하셨습니다(마 18:35). 우리는 하나님으로부터 죄사함을 받았고 거기에 우리를 도우시고 채워주시는 은혜까지 받았습니다. 거저 받았으니 우리도 형제를 향해 거저 주어야 합니다(마 10:8).

하나님의 킹덤은 공평과 정의로 다스려지며 사랑과 자비가 흐르는 곳입니다. 하나님은 친히 이스라엘의 왕이 되시어 그들을 다스리시는 하나님의 사랑과 정의를 보여주셨고 그들이 하나님의 사랑과 정의로 이 땅을 다스려 나가길 원하셨습니다. 하나님이 허락하신 명령과 규례와 법도는 하나님의 통치 방법을 보여주며 하나님의 백성들이 어떻게 살아야 할지 삶의 방향을 제시해 줍니다. 이 말씀을 따라 살 때 세상과 구별된 삶을 살며 하나님의 사랑과 정의가 실현된 공동체와 나라를 이룰 수 있게 됩니다. 그리고 이것은 예슈아가 오셔서 시작하셨고 다시 오실 때 완성하실 것입니다.

DAY 7 신 15:19-16:17

택하신 곳에서 지킬 절기

이스라엘 백성이 약속에 땅에 들어갈 때 하나님이 택하신 곳에서 예배하고 예물을 드리고 십일조를 나누는 것 외에 지켜야 할 것은 유월절과 칠칠절(오순절)과 초막절입니다. 하나님은 이 세 절기에는 반드시 하나님이 택하신 곳에 각자에게 주신 복을 따라 예물을 들고 하나님께 보이라고 명령하셨습니다(신 16:16-17). 유월절은 하나님이 친히 자신의 백성을 이집트에서 데리고 나오신 구원의 날로 하나님의 백성이 기억해야 하는 날이고, 칠칠절은 하나님이 주신 땅의 소산물을 추수하고 그 기쁨을 올려드리는 날이며, 초막절은 40년 광야 생활을 기억하며 아름다운 땅으로 들여보내신 하나님 앞에서 함께 즐거워하는 축제의 날입니다. 구원과 추수, 축제의 절기를 통해 하나님은 자신의 백성을 구원하시고 먹이고 입히시며 공급하시고 영원한 즐거움을 누리게 하실 것을 보여주십니다.

하나님이 택하신 곳에 하나님의 성전이 세워져 있었던 때에 이스라엘 백성은 이 세 가지 절기에 멀리서부터 기쁨과 기대를 가지고 순례의 여행을 했습니다. 세 가지 절기는 메시아의 세 가지 사역을 예표합니다. 유월절은 메시아의 죽음과 부활을, 오순절은 메시아가 우리에게 보내주신 성령의 역사를, 장막절은 메시아닉 킹덤에서의 메시아의 통치를 예표합니다. 세 가지 절기에 대한 또 다른 이미지는 세 가지 절기가 세 개의 성전과 일치한다는 것입니다. 유월절은 하나님이 택하신 곳에 세워질 성전에서 드려질 예배로써(신 16:2) 1차 성전을 의미합니다. 오순절은 성령이 내려왔던 2차 성전을 의미하며, 장막절은 메시아닉 킹덤에 세워질 3차 성전을 의미합니다. 메시아닉 킹덤에서는 모든 열방이 장막절에 예루살렘으로 올라올 것입니다(슥 14:16).

이스라엘 백성이 세 절기에 성전을 향해 올라갔던 순례의 행렬은 성전이 파괴된 후 오랜 시간 끊겼지만, 지금은 메시아닉 킹덤을 소망하는 열방의 백성들이 이 기쁨의 순례의 행렬을 다시 시작하였습니다. 시온을 향해 대로를 열고 왕의 오심을 준비하는 여호와의 군대들이 열방에서부터 매년 세 절기에 하나님께 얼굴을 보이기 위해 오고 있습니다. 메시아가 오셔서 완전히 통치를 시작하기 직전인 지금 이미 하나님의 남겨진 거룩한 백성들은 왕의 오심과 통치를 준비하며 거룩한 산에 오르고 있습니다. 그 날에는 온 열방에서 기쁘게 예물을 준비하여 와서 한 하나님과 그분의 통치를 기뻐하며 찬양하고 즐거워할 것입니다. 그래서 지금부터 우리는 외칩니다. "내년에는 예루살렘에서!"

하프타라 사 54:11-55:5 /
브리트 하다샤 요 7:37-52 / 마 9:4-50

새 예루살렘으로 초대하시는 하나님

예슈아는 초막절이 끝나고 모든 절기가 마무리되는 제 8일의 큰 성회 때 성전에 서서 외치십니다.

> 누구든지 목마르거든 내게로 와서 마시라 나를 믿는 자는 성경에
> 이름과 같이 그 배에서 생수의 강이 흘러나오리라(요 7:37b-38)

여기서 쓰인 '배'의 헬라어 코일리아κοιλία는 '속이 비어 있는 장소'를 뜻합니다. 육신적으로는 음식이 들어가서 나오는 배를 말하면서 동시에 사람의 가장 깊은 내면, 중심을 표현하기도 합니다. 여성에게 쓰일 때는 자궁, 생명이 잉태되는 배를 뜻하기도 합니다. 히브리어로 '배'는 케레브קֶרֶב와 베텐בֶּטֶן 두 가지가 있는데 케레브קֶרֶב는 '가까워지는 곳, 전투가 일어나는 곳, 내면 깊은 곳'을 뜻하며, 베텐בֶּטֶן은 '육체의 배'를 말합니다. 히브리어와 헬라

어에서 볼 수 있는 '배'라는 단어의 공통점은 '중심, 무엇인가 들어왔다가 나가는 곳'이라는 것입니다.

사람의 중심이 배라면 땅의 중심은 에덴-동산입니다. 그 동산의 중앙에는 생명나무와 선악나무가 있고 생명의 강이 흐르고 있었습니다. 생명의 강은 동산을 적시고 풍성한 열매를 맺게 하며 이것은 성령을 뜻합니다. 이런 에덴-동산의 이미지를 사람에게 적용한다면 이것은 마치 셋째 하늘의 에덴에서 내려오는 생수의 강이 그 동산 하마콤을 적시고 흘러 가듯이 하늘에서 성령이 내려오셔서 그 사람의 영이며 중심인 하마콤을 적시고 흘러가게 하는 것과 같습니다.

예슈아는 '나를 믿고 내게로 와서 나로부터 생수를 마시는 누구든지 그 배에서 생수의 강이 흘러나오리라'는 말씀을 하시면서 '성경이 말했던 것과 같이'라고 하셨습니다. 예수님은 성경의 어느 부분을 인용하신 것일까요?

> 강이 에덴에서 흘러나와 동산을 적시고 거기서부터 갈라져 네 근원이 되었으니
> (창 2:10)

> 그가 나를 데리고 성전 문에 이르시니 성전의 앞면이 동쪽을 향하였는데 그 문지방
> 밑에서 물이 나와 동쪽으로 흐르다가 성전 오른쪽 제단 남쪽으로 흘러내리더라
> (겔 47:1)

> 또 그가 수정 같이 맑은 생명수의 강을 내게 보이니 하나님과 및 어린 양의
> 보좌로부터 나와서 길 가운데로 흐르더라 강 좌우에 생명나무가 있어
> (계 22:1-2a)

예슈아는 에덴-동산에 흐르던 생수의 강들과 성전에서 흘러나오는 생수와 새 예루살렘의 보좌로부터 흐르는 생수를 예슈아를 믿어 사람 성전이 된 자, 즉 '사람 에덴-동산'이 된 자와 연결시켜서 이해하고 계신 것입니다. 하늘에 있는 에덴으로부터 생수의 강이 흘러 내려와 그 동산, 하마콤, 그 중심, 그 영으로 흘러 들어옵니다. 그리고 다시 그 곳에서부터 네 강이 흘러 나아갑니다. 이것이 예슈아가 요한복음 7:37-38을 외치실 때 가지고 계셨던 개념이었습니다. 예슈아는 성경이 말하는 이러한 개념으로부터 '개념 인용'을 하신 것이었습니다.

하늘 에덴에서 흘러 내려오는 생수가 흘러 들어가는 사람의 가장 깊은 근원, 그 곳은

또한 그 사람이 그 생수를 흘려 보내는 출처가 되는 사람의 중심이며 사람의 배입니다. 배는 영을 상징합니다. 그러나 사람으로부터 흘러가는 출처가 항상 배가 되진 않습니다. 머리, 이성일 수도 있고 가슴, 감정일 수도 있습니다. 어떤 사람으로부터 맑은 영이 흐를 때 주변 사람들은 생명과 평안을 느낍니다. 어떤 사람을 만날 때 그 사람으로부터 불안, 두려움, 음란, 어두움, 사망, 분노, 짜증, 미움, 혼란 등이 흘러 주변 사람들에게 영향을 미칩니다. 왜 어떤 사람으로부터는 에덴과 천국이, 어떤 사람으로부터는 사망과 어둠이 흐르는 것일까요? 그것은 그 사람 안에 얼마만큼 가나안 일곱 족속을 쫓아내고 우상을 불태우고 산당을 파괴했는지의 문제이며 그 사람의 중심이 하나님께 완전히 드려졌는지, 지방 산당들을 통해서 우상숭배가 여전히 허락되고 있는지의 문제입니다. 어떤 사람은 사사기를 살고 있는 사람, 어떤 사람은 통일 왕국을 살고 있는 사람, 여로보암을 기준 삼은 북이스라엘의 어느 왕국 시대처럼 살고 있는 사람, 다윗을 본받은 남유다의 어떤 왕국 시대처럼 살고 있는 사람이 있습니다. 그 사람의 예배의 상태와 우상숭배의 상태, 그 사람의 영의 상태와 그 사람의 혼의 정화 수준에 따라서 그 사람이 흘려보내는 것은 달라집니다.

우리가 생각하는 것이나 느끼는 감정 중에는 허상이고 실제가 아닌 것이 많습니다. 그림자일 뿐입니다. 그림자를 실재로 받아들이고 그것을 믿어버릴 때 그것이 우리 안의 거짓 선지자, 혹은 거짓 교사가 되며, 우상숭배로 안내하게 됩니다. 이렇게 되는 이유는 우리 안의 곳곳에 포진되어 있는 가나안 일곱 족속을 철저하게 쫓아내지 않고 곳곳에 남겨뒀기 때문입니다. 문제를 해결하기 위해서는 반드시 잘못된 출처가 되는 것을 쫓아내고 우상을 불태우고 산당을 파괴한 후에 우리의 배, 영으로부터 성령과 생명이 깨끗하게 흘러가도록 해야 합니다.

바리새인들은 자신들이 미혹되어 있으면서 예수아가 메시아라는 진리를 발견한 자들을 향해 미혹되었다고 말합니다(요 7:47). 자신들이 주류라고 생각하면서 주류 중에 너희와 같이 생각하는 사람이 있느냐고 비웃습니다. 그러나 주류, 다수가 항상 옳은 것이 아니며 현재 보편적이라고 생각하는 것이 다 옳은 것이 아닙니다. 그래서 진리가 아닌 것을 말하는 주류를 향해 진리를 말하면 그들은 크게 두 가지 반응을 보입니다. 인정하고 회개하든지, 아니면 강한 저항을 하며 분노와 저주를 퍼붓습니다. 그들로부터 분노와 저주의 에너지가 쏟아 나오는 이유는 그들 속의 민감한 출처, 잘못된 근원이 건드려졌기 때문입니다.

하나님은 약속하신 땅에 들어가면 우상숭배하게 하는 모든 것을 파멸시키고 우상숭배하게 하는 근원을 막으라고 명령하셨습니다. 그리고 하마콤הַמָּקוֹם, 바로 그 장소, 중앙에서

만 경배의 행위가 있게 하라고 하십니다. 하마콤에서만 흐르게 하고, 하마콤이 아닌 곳에서는 흐르는 것이 있게 하지 말며 하마콤만 근원이 되게 하라고 하십니다. 왜냐하면 그 배, 그 중심, 그 영에서 생수의 강이 흘러야 하기 때문입니다.

> 우리가 오늘 여기에서는 각기 소견대로 하였거니와
> 너희가 거기에서는 그렇게 하지 말지니라(신 12:8)

약속의 땅에 들어가기 전 광야의 시간에서는 하나님은 그들이 각기 소견대로 하도록 어느 정도는 허락해 주셨습니다. 왜냐하면 아직은 때가 되지 않았기 때문입니다. 그러나 그 땅에 들어가서는 중앙, 택하신 그 곳, 바로 하마콤에 가면 소견대로 하지 말고 광야에서 가르쳐 주신 이 모든 규례와 법도를 듣고 지키고 예배하라고 하셨습니다. 그리고 생수를 흐르게 하는 생수의 근원이 되는 하마콤으로 나아오라고 초청하십니다(사 55:1). 돈 없이 와서 값없이 먹고 마시라고 하십니다.

하나님이 정하신 땅은 하나님이 권고하시는 땅이며 하늘에서 내리는 비를 흡수하는 땅입니다. 다른 어떤 것을 흡수하여 근원이 되게 하는 땅이 아니라 하늘에 속한 것을 흡수하여 그것으로 근원이 되게 한 땅입니다. 마찬가지로 하나님은 우리로 하여금 하늘에 속한 것을 흡수하여 그것으로 우리의 근원이 되게 하길 원하십니다. 그리고 아무 대가 없이 와서 마음껏 그 근원, 중심으로부터 흐르는 생명의 물을 마시라고 하십니다. 그러면 그 배, 깊은 곳, 영에서 생명수가 터져 나오게 될 것입니다. 이 생명수는 흘러서 사람과 땅을 회복하고 살려서 하나님 생명이 흐르는 천국의 통치가 이뤄지게 할 것입니다.

르에 주간의 말씀

1. 하나님이 원하신 것은 복과 저주가 너희의 어깨에 놓여 있으니 너희 스스로 옳은 것을 선택하여 축복의 주인공이 되라는 것이었습니다. 마치 에덴-동산에 생명나무와 선악나무를 두신 것과 같습니다. 스스로 선택을 요구하신 것은 하나님이 사람의 창조주이시기에 조종자가 되지 않고 사람 스스로 자발적인 선택을 통해 축복을 얻고 누리는 주체가 되길 원하셨기 때문입니다. 자발적인 선택으로 하나님과 하나됨을 누리길 원하셨기 때문입니다.

2. 우상들이 우리의 영역 안으로 들어오지 못하도록 경계(boundary)를 세워주는 것이 하나님의 명령과 규례와 법도입니다. 하나님의 명령은 종과 주인 관계 안에서 무조건적 복종을 강요하는 것이 아닙니다. 하나님의 명령은 하나님이 만드신 완벽한 창조 질서에서 벗어난 사람들이 질서 안으로 들어와 하나님이 주시는 자유와 기쁨 가운데 번영과 행복을 누릴 수 있도록 정해주신 법입니다.

3. 통치의 중심은 태초부터 택하신 그 곳, 하마콤, 예루샬라임이 될 것입니다. 예루샬라임은 우리가 하나님 앞에서 기쁨을 누리고 하나님과 에하드를 누리는 하늘 에덴(즐거움과 기쁨과 행복)이 땅으로 내려온 하부 에덴의 중심입니다. 우리는 하늘의 에덴과 땅의 하마콤이 에하드 되는 곳, 하나님과 사람이 에하드 되는 곳에서 황금길을 거닐게 될 것입니다.

4. 기독교에서는 성전에 대한 이미지로 희생 제사를 드리는 엄숙한 분위기를 상상하지만, 사실 그 반대로 성전은 하나님 앞에서 즐거워하는 축제와 잔치의 장소입니다. 성전에서 하나님께 기쁘게 예물을 올려드리고 그것을 가족들과 친구들, 성중에 함께 있는 모든 사람들과 나누면서 즐거워하는 모습은 메시아닉 킹덤에서 우리가 누리게 될 어린 양의 혼인 잔치를 예표합니다.

5. 아무리 이적과 기사가 일어난다 해도 하나님 그분 자신께 집중되어 하나님만을 전적으로 사랑하는 자들은 그것이 하나님으로부터 온 것인지 명확히 알 것입니다.

6. 초자연적인 일 자체로는 하나님을 나타낼 수 없습니다. 그래서 하나님은 보이는 현상과 능력에 초점을 맞추지 말고 하나님 그분만을 온전히 사랑하라고 명령하시며 우리를 속이는 것들로부터 우리를 보호하기 위해 말씀을 주시면서 말씀에 순종하는 삶을 살라고 명령하십니다.

7. 제물과 예물은 예배에 참여하는 모든 이들에게 나눠지면서 기쁨과 즐거움을 함께 누리게 합니다. 하나님은 온 백성이 하나님 앞에서 함께 기뻐함으로 그들이 하나님의 백성으로서 결속력 있는 공동체가 되게 하셨습니다. 예배의 제물과 예물은 하나님과 하나님의 백성이 하나되어 누리는 기쁨의 축제가 되게 합니다.

8. 십일조는 우리의 공급자가 되시는 분이 하나님이라는 것을 감사로 고백하는 것이며, 당신의 백성을 돌보시고 먹이시는 하나님의 자비의 통로입니다.

9. 매 칠 년(쉬미타)은 하나님이 땅을 멈추고 쉬게 하심으로 땅이 새롭게 되게 하셨고 이 해에 모든 빚과 노예된 신분으로 묶여 있던 사람을 자유롭게 풀어주심으로 새롭게 하셨습니다. 이것을 통해 살아가면서 이 땅에 발생하는 불평등, 예속, 피폐, 채무, 가난을 파기하셨고 땅과 사람들이 회복하고 다시 시작할 수 있는 기회를 허락하셨습니다.

10. 자유와 회복을 선포하는 쉬미타는 또한 하나님이 우리의 죄를 속량해 주시는 것을 의미합니다. 빚의 탕감은 곧 우리 죄를 용서해 주시는 하나님의 자비를 나타냅니다. 메시아닉 킹덤은 넓은 의미의 쉬미타입니다. 이 때는 우리의 모든 죄가 씻어지면서 모든 것이 새롭게 시작될 것입니다.

11. 이스라엘 백성이 세 절기에 성전을 향해 올라갔던 순례의 행렬은 성전이 파괴되고 오랜 시간 끊겼지만, 지금은 메시아닉 킹덤을 소망하는 열방의 백성들이 이 기쁨의 순례의 행렬을 다시 시작하였습니다. 그 날에는 온 열방에서 기쁘게 예물을 준비하여 와서 한 하나님과 그분의 통치를 기뻐하며 찬양하고 즐거워할 것입니다. 그래서 지금부터 우리는 외칩니다. "내년에는 예루살렘에서!"

르에 주간의 선포

1. 우리를 통제하는 것이 아니라 자유 의지를 주어서 스스로 선택할 수 있는 은혜를 주심에 감사합니다. 우리가 바른 선택을 할 수 있도록 끝까지 믿고 기다려주시는 하나님의 신실하심을 찬양합니다. 사탄이 틈을 타서 들어오지 못하도록 우리에게 세워주신 말씀으로 경계를 잘 세우고 생명을 선택하는 자 되길 소망합니다.

2. 하나님이 택하신 그 곳, 하마콤이 예루샬라임이라는 것을 교회가 깨닫게 하소서. 예루샬라임에서 누리게 될 하나됨을 지금부터 미리 맛보는 기쁨이 충만하게 하소서.

3. 어린 양의 혼인 잔치에 초대받은 복된 자가 되게 하소서. 이스라엘과 교회가 하나님이 마련해 놓으신 잔치에 초대되었는데 이 땅에서의 삶에 집중되어 있는 나머지 하나님의 초대를 거절하는 어리석음에서 벗어나 거룩한 시온 산에서 있을 그 날의 잔치를 사모하게 하소서.

4. 눈에 보이는 기적과 이적에 미혹되지 않게 말씀으로 정결하게 하시고 조금이라도 세상과 섞이게 하려는 것이 있다면 아무리 가까운 관계라 할지라도 정확하게 잘라내는 결단력을 더하여 주소서. 하나님보다 사람을 중심에 두지 않게 하시고 세상을 두려워하기보다 그 세상을 다스리고 심판하시는 하나님을 더욱 경외하게 하소서.

5. 우리의 죄를 탕감해 주신 하나님의 은혜를 기억하며 형제의 잘못과 허물을 용서하는 넉넉한 마음과 사랑을 갖게 하소서. 그래서 "내년에는 예루살렘에서!"를 외치며 메시아닉 킹덤이 이를 때까지 시온을 향해 전진하는 교회되게 하소서.

48주간

שֹׁפְטִים
SHOFTIM

쇼프팀
재판장들

파라샤 **신 16:18-21:9**
하프타라 **사 51:12-52:12**
브리트 하다샤 **마 3:1-17 / 요 14:9-20**

DAY 1 신 16:18-17:13

너희가 살겠고(하야חָיָה) 차지하리라(야라쉬יָרַשׁ)

이스라엘 백성이 들어가 차지하고 살아가야 하는 땅은 하나님이 택하신 곳으로 하나님이 왕이 되어 친히 통치하시는 왕국의 보좌가 놓일 땅입니다.

> 그 때에 예루살렘이 그들에게 여호와의 보좌라 일컬음이 되며 모든 백성이
> 그리로 모이리니 곧 여호와의 이름으로 말미암아 예루살렘에 모이고(렘 3:17)

하나님은 이스라엘 백성을 이집트에서 이끌고 나오실 때부터 이미 이 백성의 왕으로 그 어떤 거짓 신이나 사람이 아닌 오직 하나님만이 이 백성의 왕이심을 그들에게 보이시고 알게 하셨고 세상의 그 어떤 거짓 신이나 왕과 비교할 수 없는 참 하나님이심을 선포하셨습니다. 하나님은 하나님이 왕이 되어 친히 하늘과 땅을 다스리는 하나님의 킹덤의 시작을 택하신 땅에서 이스라엘과 함께 하기로 결정하셨고 이스라엘을 통해 하나님의 킹덤이 온 열방으로 확장될 계획을 세우셨습니다. 그래서 이스라엘의 사명은 온 열방의 축복이 되어야 할 제사장 나라요, 이스라엘의 정체성은 구별된 거룩한 나라입니다. 하나님이 왕이 되어 다스리는 나라에서 왕국 통치의 기초는 의와 공의입니다.

> 의(쩨덱צֶדֶק)와 공의(미쉬파트מִשְׁפָּט)가 주의 보좌의 기초라
> 인자함(헤세드חֶסֶד)과 진실함(에메트אֱמֶת)이 주 앞에 있나이다(시 89:14)

주님의 보좌는 하나님이 왕이 되어 다스리는 통치의 중심이고 통치의 중심인 보좌를

이루는 기초는 의와 공의입니다. 의는 히브리어로 쩨덱קֶדֶצ이며 공의는 미쉬파트מִשְׁפָּט입니다. 의, 쩨덱은 하나님과 사람의 바른 관계를 뜻합니다. 하나님과 바른 관계안에 있는 사람은 하나님의 생각과 마음을 알고 그 뜻에 따라 생각하기 때문에 바른 판단과 결정을 내릴 수 있습니다. 하나님의 뜻이 기준이 되기 때문입니다. 그래서 하나님과 바른 관계, 의(쩨덱)의 관계에 있는 사람은 사람의 기준을 따르거나 혹은 자기 기준대로 판단하지 않습니다. 기준은 흔들려서는 안 되는 것인데 사람의 기준은 상황과 때에 따라 흔들리고 공평할 수 없기에 결과적으로 혼동과 혼란을 야기시킵니다. 그러나 하나님의 기준은 변함이 없으며 언제나 질서와 안정으로 땅을 평안하게 합니다.

하나님은 하나님이 택하신 땅을 하나님과 함께 그리고 하나님을 대신하여 다스릴 대리인들을 세우시고 그 땅을 질서와 안정, 평안으로 다스리기 위해 하나님의 대리인들에게 통치의 기초인 의와 공의(정의)를 실현할 것을 명령하십니다. 그리고 의와 공의(정의)를 실현할 하나님의 대리인들로 백성들의 재판을 담당하는 재판관들과 지도자들을 각 성에서 지파별로 세우도록 하십니다(신16:18). 하나님의 킹덤이 의와 공의(정의)로 다스려지기 위해서는 중앙 정부뿐 아니라 각 성과 지파들이 건강하게 세워져야 하기 때문에 각 지역과 공동체를 다스리는 지도자들의 역할이 중요합니다. 그래서 하나님은 각 성과 지파별로 재판관들과 지도자들을 세우게 하셔서 그들에게 백성들의 삶에서 일어나는 일들을 재판하게 하십니다. 재판은 히브리어로 미쉬파트로 바른 판단과 결정을 의미합니다.

바른 재판, 미쉬파트를 위해 하나님은 모세를 통하여 세 가지를 명령하십니다. 재판을 굽게 하지 말며 사람을 외모로 보지 말고 뇌물을 받지 말라고 하셨습니다(신16:19). 첫째, '굽게 하다'라는 히브리어 쌀라프נָטָה는 '꼬이다, 비뚤어지게 하다, 왜곡하다, 뒤집다, 망치다'는 뜻을 가지고 있습니다. 바른 미쉬파트를 내려야 할 재판관이 꼬이고 비뚤어진 마음으로 판결을 하면 누군가는 반드시 억울함을 당하게 될 것이고 이것은 공평과 정의를 실현할 수 없게 할 것입니다. 둘째, '외모로 보지 말라'고 번역된 히브리어 나카르נָכַר는 '인식하다, 인정하다, 존중하다'는 뜻으로 사람의 의도를 하나님의 뜻보다 더 인식하고 존중함으로 사람 중심으로 판단하지 말라는 의미를 가지고 있습니다. 또한 이것은 사람의 얼굴을 알아보는 행위로 재판장이 자신이 아는 사람, 자신이 존중하는 사람이라고 해서 편파적으로 결정을 해서는 안 된다는 것을 뜻하기도 합니다. 사람의 의견과 생각은 언제나 흔들리고 중심이 없기에 재판의 기준이 될 수 없습니다. 또한 사람의 어떠함에 따라 기준을 바꾸어서도 안 됩니다. 하나님은 하나님의 말씀과 뜻에 중심을 두고 판결을 내릴 것을 명령하십니다. 셋째, '뇌물'이라는 히브리어 샤하드חַשׁ는 '선물'이라는 뜻으로 순수한 마음이 아닌 어떤 의도를 이루기 위해 주어지는 것은 선물이 아니라 뇌물이 됩니다. 하나님이 의도성을 가진 선물인 뇌물을 받지 말라고 말씀하신 것은 뇌물이 지혜자의 눈을 어둡게 하고 의인의 말을 굽게, 즉 꼬이고 비뚤어지게 받아들여지게 하며 왜곡시키기 때문입니다.

하나님은 재판장들과 지도자들이 바른 미쉬파트를 위해 세 가지를 지켜야 할 뿐 아니라 무엇보다 하나님의 의, 쩨덱을 따라야 한다고 강조하십니다.

צֶדֶק צֶדֶק תִּרְדֹּף
쩨덱 쩨덱 티르도프
너는 마땅히 공의만을 따르라(신 16:20)

'마땅히 공의만을'이라고 번역된 말씀은 히브리어 쩨덱을 두 번 강조하여 말하고 있습니다. 이 말씀은 '의, 의를 따를 것이니라'로 번역될 수 있습니다. 하나님 왕국의 의와 공의(정의)의 실현을 위해 하나님의 대리인들로 백성의 재판을 담당하는 재판장들이 삶의 우선순위로 가장 따라야 할 것은 의, 쩨덱입니다. 삶에 쩨덱을 이룬다는 것은 진리에 자신이 잘 조율된 상태에 있다는 것이며 하나님과 바른 관계 안에 있다는 것이고 하나님과의 바른 관계가 잘 서있는 사람은 사람의 입장에 먼저 서서 생각하거나 판단하지 않습니다. 오직 하나님의 생각과 뜻을 삶의 기준으로 두기 때문에 흔들림이 없습니다. 그래서 하나님은 흔들림 없는 바른 판단과 결정을 위해, 그리고 공정을 위해 재판장들과 지도자들에게 하나님과 바른 관계 위에 서 있을 것을 명령하십니다.

지금 온 세계는 불의한 법이 제정되고 불의한 법으로 재판이 굽게 행해지고 있고 사람 중심으로 판단하고 있으며 의도성을 가진 돈과 재물이 지도자들의 삶을 타락하게 하고 있습니다. 법의 공정성과 공평은 사라져 가고 있으며 이념과 사상을 관철시키거나 돈과 재물로 사리사욕을 채우려는 지도자들 때문에 조작과 거짓 술수가 난무하고 있습니다. 질서가 사라지고 혼돈과 혼란으로 인해 나라의 안정과 평안은 점점 심각하게 깨어져 가고 있습니다. 이 모든 원인은 지도자들이 의롭지 않고 바르지 않고 진리에서 어긋나 있으며 하나님과의 관계, 의(쩨덱)에 서 있지 않기 때문입니다. 기준이 하나님께 있지 않고 사람에게 있기 때문에 법은 수시로 바뀌며 공평과 정의는 이뤄질 수가 없습니다. '기회는 평등, 과정은 공정, 결과는 정의롭게'라는 이상적인 슬로건으로 잠시 사람들의 마음을 얻을 수 있을지는 모르지만 그 중심이 바르지 않으며 거짓에 치우쳐 있고 하나님을 대적하는 교만함으로는 결코 바른 통치가 이뤄질 수 없습니다.

이 세상은 하나님의 말씀으로 창조되었습니다. 이 세상이 가장 질서 있고 아름답게, 평안하고 안정적으로 다스려질 수 있는 방법은 하나님의 말씀 안에 있습니다. 그러므로 법은 하나님의 말씀이 기준이 되어야 하며 그 법을 실행하는 자들은 하나님의 말씀을 자기 삶의 중심으로 두고 하나님께 온 마음을 집중하는 자, 즉 하나님과의 관계, 의(쩨덱) 위에 바르게 서 있는 자들이어야 합니다. 모든 바른 판단과 바른 재판(미쉬파트)을 위한 선행 조건은 의(쩨덱)입니다.

의(쩨덱)를 따를 때 나타나는 결과는 생명과 하나님이 주신 땅을 차지하게 되는 것입니다.

<blockquote>
너는 마땅히 공의만을 따르라 그리하면 네가 살겠고(하야חָיָה)
네 하나님 여호와께서 네게 주시는 땅을 차지(야라쉬יָרַשׁ)하리라(신 16:20)
</blockquote>

하야חָיָה는 '살다'라는 뜻과 함께 생명을 유지하는 것, 생명과 건강을 회복하는 것을 의미합니다. 야라쉬יָרַשׁ는 기업을 얻고 소유를 차지하는 것 혹은 잃어버렸던 것을 되찾아 온다는 의미를 가지고 있습니다. 하나님은 의(쩨덱)가 생명을 회복하고 더 얻어서 유지할 뿐 아니라 잃어버렸던 것을 찾아서 하나님이 주실 기업을 다 상속받게 할 것이라고 말씀하십니다.

하나님과의 관계가 의(쩨덱)로 서 있지 않은 사람들은 바른 판단(미쉬파트)을 행하며 정의와 공의를 행하는 데 온전할 수 없습니다. 바른 판단과 재판이 이뤄지지 않는 가정, 공동체, 나라는 결국 파멸에 이릅니다. 바른 판단과 재판의 기준이 되는 법은 나라의 질서를 지키고 사회의 평화를 유지하며 개인의 삶이 잘 영위될 수 있도록 돕는 것입니다. 그래서 법은 공정하고 정의로와야 합니다. 하나님은 공정하고 정의로우신 유일한 분입니다. 그러므로 법의 기준은 하나님께 있어야 하고 모든 법의 기준이신 하나님을 따르는 것이 곧 의(쩨덱) 위에 서 있는 것입니다. 의(쩨덱)를 따를 때 우리는 살겠고(하야) 하나님이 주시는 것을 차지(야라쉬) 할 수 있을 것입니다. 반대로 하나님과 의의 관계가 깨어질 때 우리는 생명으로부터 멀어지고 사탄에 의해 휘둘리게 될 것입니다.

하나님과 의(쩨덱)의 관계를 바로 세워주는 흔들리지 않는 기준은 하나님의 말씀이며,

하나님의 말씀은 하나님 나라의 통치의 기초인 의(쩨덱)와 공의(미쉬파트)의 근간이 됩니다. 말씀없이 이 땅에 의와 공의는 이뤄질 수 없습니다. 말씀은 하나님이 세상을 창조하실 때부터 있었고, 하나님은 하나님의 세상 창조 설계와 인간 역사의 계획과 하나님 나라의 통치의 법을 아담에게 가르쳐 주시면서 아담에게 말씀대로 세상을 다스리고 확장하라고 명령하였습니다. 첫 아담은 이것을 실패했지만, 다시 오실 아담, 흠과 죄가 없으신 하나님의 영광의 광채시며 그 본체의 형상이신 예수아는 능력의 말씀으로 만물을 붙으시며 죄를 정결하게 하시고 높은 곳에 계신 지극이 크신 이의 우편에 앉아계시다가(히1:3) 하늘과 땅을 다스리기위해 오실 것입니다.

주제 #8 하나님 보좌의 기초 쩨덱צֶדֶק**과 미쉬파트**מִשְׁפָּט

하나님 나라(왕국)의 통치의 두 기초인, 너무나도 중요한 개념인 쩨다카צְדָקָה(또는 쩨덱צֶדֶק)와 미쉬파트מִשְׁפָּט에 대한 히브리적인 이해는 다음과 같다.

> 아브라함은 강대한 나라가 되고 천하 만민은 그로 말미암아 복을 받게 될 것이 아니냐
> 내가 그로 그 자식과 권속에게 명하여 여호와의 도를 지켜 의(쩨다카צְדָקָה)와
> 공도(미쉬파트מִשְׁפָּט)를 행하게 하려고 그를 택하였나니 이는 나 여호와가 아브라함에게
> 대하여 말한 일을 이루려 함이니라(창18:18-19)

1. 미쉬파트מִשְׁפָּט
미쉬파트는 샤파트שָׁפַט 동사에서 파생한 명사이다. 샤파트שָׁפַט의 1차적인 기본 의미는 '결정하다, 판결하다, 판정하다, 재판하다(judge)'는 뜻을 가지며, 2차적 의미는 '다스리다, 통치하다(govern)'는 의미와 법적 용어로서 '무죄를 입증하다(vindicate)' 또 한편으로는 '유죄 선고하여 벌을 주다(punish)'는 의미로도 사용된다. 샤파트שָׁפַט의 이러한 의미에서 사사기의 사사들을 쇼프팀שֹׁפְטִים이라고 한다.
위에 언급한 미쉬파트의 의미는 공적인(official) 경우에 쓰이는 의미라면 미쉬파트가 개인에게 적용되는 경우는 '사람이 삶의 모든 순간에 옳고 그름을 바르게 판단하고 바르게 분별하여 올바르게 결정하는 행위'를 의미한다.

사람아 주께서 선한 것이 무엇임을 네게 보이셨나니 여호와께서 네게 구하시는 것은 오직
미쉬파트מִשְׁפָּט(개역에서 공의, 개역개정에서 정의)를 행하며 인자(헤쎄드)를 사랑하며
겸손하게 네 하나님과 함께 행하는 것이 아니냐(미 6:8)

미쉬파트의 개념을 영어 성경 번역에서는 재판(judgment)이나 정의(justice)로 주로 번역하였고 한글 성경에서는 미쉬파트를 공도(公道), '공의(公義)', 정의(正義), 공법(公法), 판결, 심판, 정당함'으로 문맥 안에서 어떤 동사나 어떤 명사와 함께 쓰이느냐에 따라서 다양하게 번역되고 있다. 일관성 있게 한 단어로만 번역하면 좋겠지만 미쉬파트를 한글의 한 단어로만 번역하여 일대일로 일치시키는 것은 어색할 수 있다. 하지만 미쉬파트의 기본 개념을 '바르게 판단하고 결정 내리는 것'이라고 염두에 두고 이해하면 어떤 경우에도 부족함 없이 이해할 수 있을 것이다. 이러한 면에서 미쉬파트는 쩨덱과는 확연히 다르다.

하나님의 속성 중에 하나인 쩨덱은 '바름, 올바름, 옳음'을 의미한다. 영어로는 공의(righteousness)로 번역되어 정의(justice)와는 구분이 확실하게 되지만 한글로는 의(義)나 정의(正義)나 공의(公義)로 번역되어 미쉬파트가 공의(公義)나 정의(正義)로 번역될 때와 혼선이 있게 되었다. 영어로도 쩨덱이 정의(justice)로 번역되는 경우가 가끔 나타난다.

그래서 제안하는 것은 쩨다카나 쩨덱은 공의나 정의가 아닌 그냥 '의(義)'로만 번역을 해서 이해하고 미쉬파트는 '바르게 판단하고 결정 내리는 것'이라는 기본 의미를 염두에 두고 문맥 안에서 어떤 동사나 어떤 명사와 함께 쓰느냐에 따라서 공도(公道), 공의(公義), 정의(正義), 공법(公法), 판결, 심판으로 번역하여 이해하는 것이 좋겠다.

의(쩨덱)를 따르지 못하게 하는 우상숭배

하나님은 오직 의(쩨덱), 의(쩨덱)를 따르라고 명령하시고 곧 이어 바로 우상숭배를 경계하십니다(신16:21-22). 이 땅에 의와 공의(정의)를 실현하는 것이 우상숭배와 어떤 관계가 있을까 의아할 수 있지만 하나님이 왕이 되어 다스리는 왕국에서는 하나님을 향한 예배가 바르게 이뤄지지 않고서는 땅에 공의(정의)도 실현될 수 없습니다. 하나님을 향한 예배가 곧 하나님과의 관계, 의(쩨덱)를 바로 세우는 것이며 의는 바른 미쉬파트를 통해 공의(정의)를 실현하게 하기 때문입니다. 그런데 우상숭배는 하나님과의 관계 위에 서 있지 못하도록 사

람의 마음을 하나님으로부터 어긋나게 하고 멀어지게 합니다. 하나님과의 관계가 어긋나게 되는 것은 의(쩨덱)가 이뤄지지 않는 것이고 이것은 결국 잘못된 미쉬파트들이 행해지게 합니다.

하나님은 하나님을 위해 쌓은 제단 곁에 우상을 세우지 말라고 명령하십니다(신 16:21). 하나님의 제단 곁에 우상을 세우는 것은 하나님과 우상을 향해 동시에 두 마음을 가지게 함으로 마음과 생각을 분산시키고 결국은 하나님으로부터 돌아서서 우상, 거짓 신들의 법을 따라가게 합니다. 이 땅의 어떤 신도 하나님처럼 공의(정의)를 실현시킬 수 없습니다. 거짓 신들은 두려움과 공포와 위협으로 사람을 옭아매어 착취하며 황폐하게 하며 생명과 평강을 빼앗아 갈 뿐입니다. 결국 우상숭배는 하나님의 통치의 기초인 의와 공의(정의)의 토대를 파괴하여 하나님의 왕국과 백성들의 삶을 무너뜨리려고 합니다.

또한 우상숭배는 하나님과 하나님의 백성 사이의 언약 관계, 즉 하나님만을 전적으로 사랑하고 하나님의 백성들인 형제, 자매를 사랑하도록 맺어진 언약을 파기시킵니다. 그래서 그 땅에서 하나님은 언약을 어기고 다른 신들이나 일월 성신에게 절하는 자들을 남녀를 불문하고 죽이라고 엄하게 명령하십니다(신17:2-5). 우상숭배로 인해 하나님의 통치의 기초가 조금이라도 흔들리는 일이 없도록 하기 위해서입니다. 하나님의 왕국을 온 열방에 확장시켜야 할 책임과 사명을 가진 이스라엘 백성이었기에 하나님은 더 철저하게 하나님의 법을 준수할 것을 요구하십니다.

하나님을 예배하고 섬기는 것을 방해한 우상숭배로 인해 사형에 처할 때에도 공의(정의)가 지켜질 수 있게 하기 위해 하나님은 사건을 먼저 반드시 철저하게 조사한 뒤, 한 사람의 증언만으로만 하지 말고 두세 사람의 증언이 있을 때 형을 집행하도록 법을 주십니다(신17:4,6). 두세 사람의 증언은 편파적 증언이나 뇌물 수수를 통한 증인들의 개입을 차단하게 하는 것입니다. 두세 사람의 증인이 반드시 바른 판결을 가져올 수 있게 하는 인과 관계는 아니지만 최소한 사람의 오판을 막고 공평한 판결을 내릴 수 있게 하는 안전 장치의 역할을 할 수 있습니다. 하지만 두세 사람의 증인 가운데 형제를 모함하기 위해 위증을 할 경우 이것에 대해서도 하나님은 철저히 조사하여 위증을 행한 자를 처벌하게 하십니다(신19:16-19). 위증은 공평한 재판이 이뤄지지 못하게 함으로 하나님의 왕국의 통치의 질서를 위협하는 것이기 때문에 하나님은 이런 악은 반드시 제하고 긍휼히 여기지 말라고 명령하십니다. 그래서 눈에는 눈, 이에는 이로 왕국의 기초인 미쉬파트를 흔드는 악행에 대해서는 철저히 응징하게 하십니다(신 19:20-21). '생명에는 생명으로, 눈에는 눈, 이에는 이, 손에는 손, 발에는 발로'라는 하나님의 법은 받은 대로 갚아주라는 보복성 법이 아니라 하나님의 왕국과 공동체를 어지럽히는 악에 대해서는 악을 행한자에게 그대로 갚아주어 다시는 그런 악을 이스라엘 가운데서 행하지 못하도록 근절하기 위한 법입니다(신 19:20).

공의로운 재판을 위해 하나님은 여러 안전 장치를 주셨지만 그럼에도 판결하기 어려운 일이 생길 때는 하나님이 택하실 곳, 곧 그 땅의 중앙으로 가서 제사장과 재판장에게 물으라고 하심으로 지방 재판을 통해 해결할 수 없는 일들을 중앙 재판을 통해 해결할 수 있는 법적 장치를 허락하십니다(신17:9). 이 중앙 재판의 장소가 되는 하나님이 택하신 곳은 하나님이 거하시는 성소가 있을 곳으로 이곳을 섬기는 제사장과 재판장에게 하나님은 율법과 판결을 허락하셨고 그래서 이들이 내리는 판결의 뜻대로 행할 것을 명령하셨습니다(신 17:10-11). 그러나 혹여 중앙 재판에서 이뤄진 판결을 따르지 않을 때 하나님은 그 사람을 죽여 악을 제하여 버리라고 명령하십니다(신17:12). 하나님의 율법과 판결을 따르지 않는 것은 곧 하나님의 말씀을 따르지 않는 것이며 이것은 광야 생활에서 그토록 이스라엘 백성을 집요하게 흔들고 심판 받게 했던 거역과 불순종의 뿌리이기 때문에 하나님은 율법과 판결을 따르지 않는 태도와 동기를 악으로 보시고 완전히 근절해 버리도록 함으로써 공의(정의) 실현의 근간을 세워가게 하십니다.

요단 서편 약속의 땅을 바라보며 시나이 산 언약을 갱신하고 왕국의 기초를 세우기 위해 하나님의 율법과 그 법에 대한 세부 조항들을 가르치시면서 모세가 백성들에게 반복하여 강조한 것은 하나님만을 사랑하며 드리는 예배를 지킬 것과 이 땅에 하나님의 의와 공의(정의)가(쩨덱과 미쉬파트) 실현되게 하는 것이었습니다. 이 두 가지가 이뤄지지 못하게 하는 가장 큰 공격은 우상숭배였고 그래서 하나님은 가나안의 신들과 그 신들을 따른 자들과 그 신들로 인해 만들어진 풍습과 문화를 확실히 제하여 버리라고 명령하신 것입니다. 이 땅에 의와 공의(정의)가 이뤄지게 하는 근원은 하나님을 사랑하는 것, 그리고 하나님께 온전히 올려드리는 예배입니다. 그러므로 예배의 삶은 하나님의 백성들이 구별된 백성으로서의 삶을 살게 하는 기초이자 이 땅에 공의(정의)가 실현되게 하는 기초입니다.

DAY 2 신 17:14-20

땅을 다스리는 하나님의 대리자들 – 왕

하늘 보좌에 계시며 보이지 않는 모든 영적 세계를 다스리시는 하나님은 보이는 세계인 땅을 다스릴 권세를 사람에게 주셨기 때문에 이 땅을 하나님을 대신해서 다스릴 대리자들을 세우십니다. 하나님의 대리자들 중 한 사람은 바로 '왕'입니다. 하나님의 왕국에서는 하나님이 친히 왕이 되시기 때문에 왕이라는 존재는 필요하지 않습니다. 그러나 하나님은 연약한 이스라엘 백성이 주변의 민족들을 바라보면서 자신들 나라의 부족함을 온전히 말씀을 따르지 않은 그들의 죄에서 찾지 않고 왕이 없기 때문이라고 생각할 것을 아셨습니다. 그래서 왕을 세울 때 왕이 어떠한 사람이 되어야 할 것인지를 가르쳐 주십니다.

왕이 되어야 할 사람은 반드시 하나님이 택한 사람이어야 하며, 이 사람은 이스라엘 백성 중 한 사람이어야 하고, 타국인을 왕으로 세우지 말아야 합니다(신 17:15). 이스라엘의 사명 중 하나는 그 백성의 혈통을 통하여 마지막 때 완성될 최종적인 하나님의 왕국을 다스릴 메시아가 오셔야 하기 때문에 그 땅을 다스릴 왕으로는 하나님이 선택하신 민족이 아닌 다른 민족을 통해서는 세워질 수 없었습니다. 또한 왕은 하나님을 대신해서 택하신 땅을 다스리는 대리자였기에 반드시 하나님이 선택한 사람이어야만 했습니다.

그리고 하나님은 이스라엘의 왕이 될 자에게 세 가지를 명령하십니다.

첫째, 말(군마軍馬)을 많이 두지 말고 말을 얻기 위해 이집트로 내려가지 말라고 명령하십니다(신 17:16). 군마軍馬를 많이 두는 것은 하나님이 아니라 자신의 힘을 의지하는 것입니다. 하나님보다 사람의 힘을 더 의지하는 것은 왕이 스스로 하나님보다 높아지려는 교만을 행할 수 있기에 하나님은 군마軍馬를 많이 두지 말도록 제한하셨습니다. 또한 군마軍馬를 얻기 위해 이집트에 내려가는 것은 하나님이 심판하신 이집트의 신들과 파라오 앞에서 하나님의 위엄과 능력을 모욕하는 것이며 이집트에서 이스라엘 백성을 이끌고 나오실 때 다시는 그 길로 돌아가지 말 것을 말씀하셨기에 하나님은 이집트로 내려가지 말라고 명령하십니다.

둘째, 왕은 아내를 많이 두거나 은금을 쌓아 두어서는 안 됩니다(신 17:17). 많은 아내,

특별히 이방 여인들은 왕의 마음을 하나님으로부터 돌아서도록 미혹할 것이며 은금 역시 왕의 마음이 하나님이 아닌 재물을 더 의지하게 할 것이므로 하나님은 왕이 여인과 재물을 탐닉하지 않도록 명령하십니다.

셋째, 제사장 앞에 보관되어 있는 율법서의 사본을 직접 적어서 즉, 자기 손으로 토라를 직접 써서 자기만의 사본을 만들어 평생에 자기 옆에 두고 읽도록 명령하십니다(신 17:18-19). 왕은 모든 백성의 머리입니다. 이 말은 모든 백성이 왕의 모습과 행동을 본받고 따라간다는 의미입니다. 그래서 하나님은 하나님의 위엄과 통치를 백성에게 보여줄 왕이 다른 어떤 것보다도 하나님의 모습을 나타내는 대리자가 되길 원하셨습니다. 그래서 하나님에게 있어서 왕은 하나님만을 사랑하고 따르는 모습을 보여주는 모든 백성의 본보기였습니다. 레위 사람 제사장이 보관하고 있는 율법서를 베껴 적은 사본을 평생에 왕의 옆에 두고 읽는 것은 이 왕국의 통치 질서의 최고 법은 하늘에서 하나님이 내려 주신 지침인 토라라는 것을 보여주는 것입니다. 왕이 여호와 하나님 경외하기를 배우며 율법의 모든 말씀과 규례를 지킬 때 왕의 마음은 백성 위에 교만하지 않을 것이고 좌로나 우로나 치우쳐서 균형을 잃지 않을 것입니다(신 17:19-20).

이스라엘 왕국에서 왕은 모든 백성 중에서도 가장 하나님을 사랑하고 말씀을 순종하며 사는 삶을 철저하게 보여주는 자입니다. 그리고 백성들에게 하나님을 경외하는 삶이 어떤 것인지 먼저 배우고 가르쳐 주는 자입니다. 이런 왕의 모습을 가장 잘 보여주신 분은 예슈아입니다. 예슈아는 이 땅에 화려한 궁궐을 갖지 않았고, 군마軍馬를 원하지도 않았으며, 율법의 말씀을 마음에 새기고 모두 지키며 삶으로 살았을 뿐 아니라 그 말씀의 진정한 뜻과 하나님의 마음을 백성들에게 가르쳐 주고 섬긴 겸손의 왕이었습니다. 마지막 날 예슈아가 오셔서 온 땅을 의와 공의(정의)로 통치하실 때 예슈아를 따라 토라를 마음에 새기고 말씀의 삶을 살고 겸손하게 섬긴 자들은 그분의 나라에서 왕이 되어 함께 다스릴 것입니다. 그래서 예슈아와 함께 왕이 되어 다스릴 자들인 우리도 지금 이 순간부터 그 말씀을 마음에 필사하고 평생에 그 말씀을 가까이 두고 유일하신 여호와 하나님만을 섬기며 경외하기를 배워야 합니다.

DAY 3 신 18:1-8 / DAY 4 신 18:9-14

땅을 다스리는 하나님의 대리자들 – 제사장, 레위인

하나님의 왕국에서 하나님을 대신하여 다스리는 또 다른 대리자들은 제사장과 레위인 그리고 선지자입니다. 하나님은 모든 지파 중에서도 레위인들을 택하셨고 레위인들 가운데 서는 아론의 아들들과 그 자손들로 제사장을 삼으심으로 그들이 항상 여호와 이름으로 서서 백성들을 섬기게 하셨습니다(신 18:5). 그래서 제사장과 레위인들은 이스라엘 중에서 분 깃도 없고 나눠 받은 기업(基業)도 없습니다. 하나님이 친히 그들의 기업(基業)이 되어 주시기 때문입니다(신 18:1-2). 그래서 제사장과 레위인들은 백성들이 하나님께 바친 예물들을 취할 수 있었으며 백성들이 처음 거둔 곡식과 포도주와 기름과 양털을 기업으로 받을 수 있었습니다.

하나님의 왕국에서 제사장과 레위인은 하나님을 섬기면서 동시에 백성들을 판결하는 재판장의 역할까지 수행하는 자들이었습니다. 하나님은 제사장이 여호와를 위해 선택된 자들로 그들은 하나님을 섬기며 여호와의 이름으로 축복하는 자들이기 때문에 모든 소송과 모든 분쟁은 제사장의 말대로 판결될 것이라고 하셨습니다(신 21:5). 그러므로 이들의 판결은 곧 하나님의 판결과 같은 것이었고 그래서 하나님은 그들에게 더욱 거룩을 요구하셨습니다. 제사장과 레위인들의 거룩한 삶은 백성들에게 본보기가 되었고 하나님의 왕국에서 이들은 하나님의 의와 공의(정의)가 이 땅에 실현되는 것을 보여주는 대행자로서의 권위를 가졌습니다. 제사장과 레위인은 하늘과 땅을 동시에 섬기는 자들이었기에 어떤 면에서 왕보다 더 중요한 영적 권위를 가지고 있었습니다. 그래서 이들의 타락으로 인해 법의 집행이 무너지고 그릇된 판결이 일어날 뿐 아니라 하나님께 드려지는 거룩한 영적 예배가 더럽혀 질 때 하나님의 왕국이 파멸로 내닫게 되는 결정적인 원인이 될 수밖에 없었습니다.

제사장과 레위인 그리고 이스라엘 백성을 타락하게 하는 가장 큰 미혹은 그들이 약속한 땅에 들어갔을 때 그 땅의 민족들의 가증한 행위를 따르고자 하는 것입니다. 가나안 민족들의 우상숭배는 자녀들을 불가운데 지나가게 할 뿐 아니라 점쟁이, 길흉을 말하는 자, 요술하는 자나 무당, 진언자나 신접자나 박수나 초혼자 등 온갖 더러운 거짓 영들과의 교접으로 영, 혼, 육을 모두 혼잡하게 하고 더럽게 하는 것이었습니다. 이런 자들은 모두 하나님이 보시기에 가증한 일을 행하는 자들입니다. '가증하다'는 히브리어 타아브תֹּעֵבָה는 '혐오스럽다, 몹시 싫어하다, 구역질나다'는 뜻으로 가나안의 풍습을 하나님은 아주 혐오스러운 것으로 여기셨습니다. 하나님은 이런 자들을 모두 쫓아내실 것이라고 말씀하시면서 이스라엘 백성을 향해 '너는 네 하나님 여호와 앞에서 완전하라(타밈תָּמִים 흠이 없이 온전하라)'고 명령하십니다(신 18:13).

지금 전 세계가 걷잡을 수 없이 타락하고 있는 이유 중 하나는 제사장과 레위인의 사명을 가진 자들이 세상의 영과 섞여서 돈과 명예, 권력을 따르고 자기 배를 채우기 때문입니다. 이러한 자들이 하나님의 백성들에게도 세상과 적당한 타협을 하며 살도록 부추기고 말씀에 인본주의를 섞여서 가르치지 하나님의 백성들이 기준이 무너져 걷잡을 수 없이 타락하고 있습니다. 교회 생활을 잘 하는 것이 믿음의 삶이라는 착각을 하며 교회 중직자들조차도 점집에 가서 묻고, 교회안에서 추악한 힘겨루기를 하면서 모함과 험담으로 이간질하며 하나님의 집을 무너뜨리고 있습니다. 하나님은 이 모든 것을 가증하다고 말씀하십니다. 그리고 이스라엘 백성에게 말씀하셨던 것처럼 오늘 우리를 향해 같은 말씀을 하십니다.

너는 네 하나님 여호와 앞에서 완전하라(신 18:13)

하나님 앞에서 거룩한 삶을 살기를 힘쓰지 않으면 우리는 하나님의 나라에 들어가지 못하고 쫓겨나 바깥 어두운데서 슬피 울며 이를 가는 자들이 될 것입니다.

DAY 5 신 18:15-22

땅을 다스리는 하나님의 대리자들 – 선지자

하나님의 왕국을 다스리는 하나님의 대리자 중 또 한 사람은 선지자입니다. 선지자는 하나님의 말씀을 대언하는 자입니다. 왕이나 제사장, 레위인은 하나님의 말씀을 따르며 왕국의 통치를 집행하며 백성들을 다스리는 자들이라면 선지자는 하나님으로부터 직접 음성을 듣고 왕, 제사장, 레위인과 백성들이 하나님이 기뻐하시는 것을 결정하고 따를 수 있도록 하나님의 뜻과 마음을 대언하여 방향을 가리켜 주는 자입니다. 그래서 왕이나 제사장, 레위인에게 주어진 하나님의 말씀이 현재적이라면 선지자에게 주시는 하나님의 말씀은 현재의 상태를 통해 앞을 내다보고 준비하게 하는 미래적인 것입니다.

그러나 선지자들 가운데 하나님의 이름으로든 다른 신들의 이름으로든 하나님이 전하라고 명령하지 아니한 말을 제멋대로 교만하게 전할 때 그 선지자는 죽임을 당할 것입니다(신 18:20). 이런 선지자는 백성들의 마음을 하나님으로부터 돌아서게 하기 때문입니다. 또 백성들이 선지자의 말이 하나님으로부터 온 것인지 아닌지 혼동될 때 하나님은 그 선지자의 말이 증험도 없고 성취함도 없으면 제멋대로 교만하게 말한 것이기 때문에 그 선지자를 두려워할 필요가 없다고 말씀하십니다(신 18:22).

선지자의 말은 사람들의 마음을 묶는 능력이 있습니다. 그들이 하나님의 이름으로 대언하면서 말할 때 사람들은 하나님의 말씀의 위엄과 권위를 느낍니다. 그래서 선지자의 말은 큰 영향력이 있습니다. 하나님은 선지자가 교만할 때 하나님의 말씀의 능력과 권위를 사용하여 사람들을 묶고 자신의 영향력 아래 복속 시키려고 할 것이라는 것을 아셨습니다. 그래서 선지자의 말에 증험도 없고 성취되어지는 것도 없을 때는 자유하고 두려워하지 말 것을 말씀하십니다. 하나님의 말씀을 대언하는 선지자는 반드시 하나님의 말씀과 음성만을 전해야 하며, 이것을 위해 끊임없이 자신을 점검하고, 하나님 앞에서 겸손하게 엎드려야 하며, 사람들 위에 서서 군림하려고 해서는 안됩니다. 하나님의 말씀을 자신의 힘으로 사용하려고 해서는 안됩니다. 선지자가 타락하면 하나님의 백성들이 미혹되고, 이는 모두를 지옥불로 떨어뜨리는 것입니다. 선지자의 직분은 말을 통해 사명을 감당하는 것이기 때문에 선지자는 철저히 자기 혀를 제어하기 위해 부단히 혼을 정결하게 하는 훈련을 받아야 합니다. 하나님이 주신 음성이 분명히 있지만 선지자의 혼이 정결하지 못하여 함께 섞여서 흘러나오게 되면 이것 또한 하나님의 의를 이루지 못하고, 하나님의 영광을 가립니다. 그렇게 되면 선지자 자신이 심판의 대상이 됩니다. 선지자는 늘 두렵고 떨리는 마음으로 말씀 앞에서 자신을 겸비해야 합니다.

그러나 사탄은 끊임없이 교란시키고 헷갈리게 하며 섞이게 만듭니다. 그리고 이것을 위해 기준점을 하나님이 아닌 사람에게 두게 만들고 질서를 혼돈으로 바꿉니다. 그렇게 해서 우리가 살고(하야) 차지해야 할(야라쉬) 영역을 빼앗고 점령하려 합니다. 오늘 날 정치, 경제, 교육, 문화, 예술, 가정, 종교, 미디어의 영역은 사탄의 교란과 섞임에 의해 사탄에게 많은 영역을 빼앗겼습니다. 이것을 다시 차지할 사명은 하나님의 사람들에게 있습니다. 지금 이 마지막 시대에 하나님의 사람들이 요셉과 다니엘과 에스더처럼 일어나 이 땅에서 하나님의 말씀으로 살아내며(하야) 하나님의 계시와 지혜와 통치를 땅에 풀어놓을 때 잃어버린 영역을 다시 차지할 수 있습니다(야라쉬). 그리고 말씀으로 살고 다시 차지하는 그 일은 하나님의 의, 오직 하나님의 의만 따를 때 이뤄질 수 있습니다(신16:20, צֶדֶק צֶדֶק תִּרְדֹּף 제덱 제덱 티르도프, 너는 마땅히 공의만을 따르라).

하나님과의 바른 관계 안에서 하나님이 옳다고 말씀하시는 것을 따라야 합니다. 그렇게 할 때 하나님은 우리가 차지해야 할 영역을 위해 하늘의 영적 권위를 부어 주실 것입니다. 모든 영역 정치, 경제, 교육, 문화, 예술, 가정, 종교, 미디어의 영역을 하나님의 왕국의 영역으로 되찾기 위해 하나님은 의(제덱)를 따르는 사람을 부르셔서 왕으로 제사장으로 선지자로 기름 부으시고 하늘의 영적 권위를 사용하게 하십니다. 하나님은 우리가 하나님의 왕국의 것들을 다시 되찾아서 차지할 수 있도록 기름 부어 주십니다. 기름 부음을 받은 자들은 하나님의 대리인입니다. 우리는 각 영역에서 하나님의 위엄과 영광과 통치를 땅에 나타내고 실현할 자들인 하나님의 대리인이며 기름 부음 받은 자들입니다.

【주제 #9】 모세와 같은 한 선지자

이것이 곧 네가 총회의 날에 호렙 산에서 네 하나님 여호와께 구한 것이라
곧 네가 말하기를 내가 다시는 내 하나님 여호와의 음성을 듣지 않게 하시고 다시는
이 큰 불을 보지 않게 하소서 두렵건대 내가 죽을까 하나이다 하매 여호와께서 내게
이르시되 그들의 말이 옳도다 내가 그들의 형제 중에서 너와 같은 선지자 하나를 그들을
위하여 일으키고 내 말을 그 입에 두리니 내가 그에게 명령하는 것을
그가 무리에게 다 말하리라(신 18:16-18)

이스라엘 백성은 호렙 산에서 하나님과 언약을 맺을 때 불과 연기 가운데서 말씀하시는 하나님의 음성과 영광에 압도되고 두려워서 모세에게 자신들이 다시는 하나님의 음성을 직접 듣

지 않고 그 큰 불을 보지 않게 해달라고 요청한다. 하나님의 음성을 직접 듣고 그 큰 불을 볼 때 불에 삼켜 죽을까 하는 두려움을 그들이 느꼈기 때문이었다(신 5:25; 신 18:16). 모세를 통해서 하나님의 음성을 전달받고 싶다고 한 그들의 요청을 들으시고 하나님은 모세를 통해서만 백성들과 소통하셨다(출 20:19; 히 12:19). 하지만 이후에 '모세와 같은 선지자 하나'를 이스라엘을 위하여 일으켜서 하나님의 말씀을 그 입에 두어 백성들에게 명령하고 소통하게 하는 중보자로 보내시겠다고 말씀하신다(신 18:15, 18).

모세와 같은 한 선지자는 하나님의 말씀을 대언하는 자일 것이며 하나님과 이스라엘 백성의 중보자이자 중개자의 역할을 할 자이다. 모세는 큰 이적과 기사들을 행함으로 하나님을 백성들에게 나타냈을 뿐 아니라 하나님의 말씀을 백성들에게 대언하여 그들의 방향성을 제시해 주었고 또 그 말씀을 가르쳐서 백성들이 하나님을 경외하는 것을 배울 수 있도록 하였으며 무엇보다 하나님이 이스라엘 백성으로 인해 진노하실 때 간절하게 중보함으로 하나님의 심판의 뜻을 돌이킨 선지자였다. 하나님이 다른 일반적 예언사역을 하는 선지자가 아니라 '모세와 같은 선지자 하나'라고 하신 것은 하나님의 신적 통치와 뜻을 동시에 실현할 선지자를 의미하신 것이었다.

모세와 같이 하나님이 보여주시는 이적과 기사를 행하면서 하나님과 백성들의 사이를 이어주는 중보자이자 하나님의 말씀을 백성들에게 대언하여 가르친 '모세와 같은 한 위대한 선지자'는 예슈아이시다. '모세와 같은 한 선지자'인 예슈아는 시나이 산에서 백성들이 직접 음성을 듣고 불의 임재를 보기만 해도 두려워 죽을 것 같다고 한 영광의 여호와이셨지만 이스라엘 백성들과 직접 소통하시기 위해서 성육신 하심으로 이전에 가지셨던 그 영광을 스스로 감추셨고 자신을 낮추셔서 자기 땅에 오셔서 자기 백성들과 직접 소통하시는 '모세와 같은 한 선지자'로 오셨다.

베드로를 통해서도
모세가 말하되 주 하나님이 너희를 위하여 너희 형제 가운데서 나 같은 선지자 하나를 세울 것이니 너희가 무엇이든지 그의 모든 말을 들을 것이라(행 3:22)

스데반을 통해서도
이스라엘 자손에 대하여 하나님이 너희 형제 가운데서 나와 같은 선지자를 세우리라 하던 자가 곧 이 모세라(행 7:37)

야곱의 우물 곁의 이름 모를 한 여인을 통해서도
여자가 이르되 메시야 곧 그리스도라 하는 이가 오실 줄을 내가 아노니 그가 오시면 모든 것을 우리에게 말씀해 주시리이다 예수께서 이르시되 너와 말하고 있는 내가 그니라하시니라(요 4:25-26)

모세가 율법에 기록하였고 많은 선지자들이 기록하였으며 이스라엘 백성들이 기다리던 '모세와 같은 한 선지자'인 예슈아께서 메시아로 오셨음이 증거되었다.

DAY 6 신 19:1-20:9

도피성

하나님의 왕국에서 공의(정의)를 실현할 하나의 제도로 하나님은 요단 동편에 세 성읍, 그리고 약속의 땅에 세 성읍을 도피성으로 세우라고 말씀하십니다. 도피성은 부지중에 실수로 살인한 자들이 도피하여 있는 곳으로 약속의 땅은 전체적으로 세 구역으로 나누고 그 길을 닦아서 살인자들이 도피할 수 있게 하였습니다. 살인은 하나님의 언약인 십계명의 여섯 번째 계명으로 엄하게 금하신 명령이지만 고의가 아닌 실수나 부지중에 저지른 살인에 대해서 하나님은 예외를 적용할 수 있게 하십니다.

당시 고대 사회는 가까운 친족이나 친구, 혹은 가족이 죽임을 당하면 보복 살인을 하는 경우가 많았습니다. 그리고 보복 살인은 암묵적으로 허용하는 분위기가 있었기 때문에 실수로 저지른 살인이었다 할지라도 죽임당한 사람의 가까운 이들에 의해 보복을 당할 수도 있는 일이었습니다. 하나님은 하나님의 거룩한 땅이 죽고 죽이는 살인으로 더럽혀지길 원하지 않으셨고 보복 살인이 왕국의 법 아래에서 다스림 받아야 한다는 것을 확실히 하기 위해, 또 실수로 살인을 저지른 사람이 실수였다 할지라도 사람을 죽인 것이기에 충분히 반성의 시간을 갖고 삶을 새롭게 할 수 있는 기회를 주시고자 도피성의 법을 제정하십니다. 그러나 반대로 고의로 사람을 죽게 한 자가 도피성으로 피할 때는 살인을 저지른 자를 보복자의 손에 넘겨 죽게 하라고 명령하십니다. 도피성의 제도나 고의적 범죄로 인한 살인에 대한 형벌은 무죄한 피가 거룩한 그 땅에서 흘려지지 않게 하기 위한 것입니다.

무죄한 피가 땅에 흘려지는 또 하나의 경우는 피살된 시체가 들에 엎드러졌고 그를 쳐 죽인 자가 누구인지 알 수 없을 때입니다. 무죄한 자의 피 흘린 죄로 땅이 저주로 묶여지는 것을 방지하기 위해 하나님은 시체가 피살된 곳에서 제일 가까운 곳에 있는 성읍의 장로들이 멍에를 메지 않은 암송아지를 골짜기로 끌고 내려가 목을 꺾고 그 위에 손을 씻으며 '우리 손이 이 피를 흘리지 않았고 우리의 눈이 이것을 보지 못하였으니 주께서 속량하신 주의 백성 이스라엘을 사하시고 무죄한 피를 주의 백성 이스라엘 중에 머물러 두지 마옵소서(신 21:7-8)'라고 죄사함을 위한 기도를 하게 하였습니다. 이 기도를 통해 무죄한 자의 피 흘린 죄가 백성 중에서 사하여 지도록 명령하셨습니다.

하나님이 이와 같이 피로 인해 그 땅이 더럽혀지지 않도록 명령하신 것은 그 땅이 하나님이 선택하시고 거하시는 거룩한 땅이기 때문입니다. 거룩한 땅을 가나안 민족들이 가증한 일을 행함으로 더럽혔고 그래서 이를 견디지 못한 땅은 그들을 토해 내었습니다(레 18:25). 이스라엘 백성 역시 예외가 아니기에 그들이 가나안 민족들의 가증한 풍습을 따라 우상숭배로 땅을 더럽히고 하나님의 규례와 법도를 지키지 않으면 하나님은 그 땅이 이스라엘 백성도 토해낼 것이라고 하셨습니다(레 20:22). 그래서 이스라엘 백성으로 하여금 땅을 잘 지키고 보호하도록 명령하셨고 그 중의 하나가 무죄한 피가 땅에 흘려지지 않도록 하는 것이었습니다. 무죄한 피가 땅에 흘려지지 않는다는 것은 억울함이 없게 한다는 뜻이며 이는 또한 하나님의 의와 공의(정의)가 바르게 행하여지고 있다는 의미이기도 합니다. 땅은 사람에 의해 지켜지고 보호받지만 사람 역시 잘 지켜지고 다스려진 땅에 의해 풍성한 열매와 아름다움을 누리는 축복을 받습니다. 그래서 땅을 지키는 것은 곧 우리 자신을 지키는 것과 같으며 하나님의 거룩한 땅을 지키는 것은 하나님을 거룩하게 섬기는 것과 같은 것입니다.

하나님께 속한 전쟁

이스라엘 백성은 거룩한 하나님의 백성으로서 하나님을 따르지 않으며 교만하고 온갖 가증한 일을 행하는 이방 민족의 위협과 공격에 놓여 있었습니다. 이스라엘을 둘러 싸고 있는 모든 이방 민족들은 하나님과 이스라엘 백성을 끊어 놓을 유혹들을 언제나 그들 앞에 두었으며 이스라엘 백성에게 차지하도록 허락하신 땅을 빼앗기 위해 호시탐탐 기회를 엿보았습니다. 온 땅 가운데서 하나님의 율법을 받아 배우고 행하던 유일한 백성인 이스라엘은 이 모든 유혹과 위협과 공격을 받아내면서 싸워야 할 처지였고 이 싸움은 일대 백의 싸움처럼 때로는 버겁게 느껴지는 것이었습니다. 그러나 하나님은 이스라엘 백성을 향해 하나님을 대적하면서 세상의 힘인 말과 병거를 의지하며 그 숫자가 이스라엘보다 많은 백성들을 두려워하지 말라고 격려하십니다. 이집트 땅에서 이집트의 신들과 파라오를 심판하시고 한 순간에 몰살시키심으로 이스라엘 백성을 친히 인도하시며 구원하신 하나님이 함께 하시기 때문입니다(신 20:1).

전쟁이 있을 때 하나님은 제사장이 백성 앞에 나가서 겁내지 말고 두려워 말며 떨지 말고 놀라지 말라고 격려하며 하나님이 함께 하셔서 이스라엘을 위해 적군과 싸우시고 구원하실 것이라 선포하도록 명령하십니다(신 20:3-4). 하나님의 제사장은 백성들에게 용기를 주고 믿음을 더해주는 사람입니다. 제사장은 전쟁 앞에서 두려움 없이 하나님의 전능하심을 믿고 백성 앞에 서야 합니다. 제사장은 하나님이 함께 하심을 백성에게 나타내는 통로입니다. 또한 전쟁에 나가는 자들은 전쟁의 주권이 하나님께 있음을 믿어야 합니다. 전쟁은 사람의 노력과 힘으로만 승리를 얻어낼 수 있는 것이 아닙니다. 그래서 하나님은 이스라엘 백성이 전쟁 앞에서 하나님을 믿지 못하는 마음을 비추길 원하지 않으셨고 하나님의 능력을 전적으로 신뢰하길 명령하셨습니다.

그러나 전쟁에 나가 싸울 군사들 가운데 새 집을 짓고 낙성식을 못한 자, 포도원을 만들고 그 과실을 먹지 못한 자, 여자와 약혼하고 결혼하지 못한 자, 전쟁이 두려워서 마음이 허약한 자는 전쟁에 참여하지 말 것을 권고하십니다(신 20:5-8). 새 집과 새 열매와 결혼은 모두 시작을 의미합니다. 하나님은 처음과 시작이 얼마나 중요한 의미인지를 잘 알고 계시기에 처음이 주는 기쁨을 사람이 놓치거나 잃어버리지 않도록 배려하십니다. 또한 하나님은 연약한 자를 억지로 몰아 세우지 않으십니다. 모든 것의 주관자이신 하나님은 전쟁 앞에서도 사람이 누려야 할 최소한 기쁨과 행복을 보호해 주시는 하나님이십니다.

이웃 민족과 전쟁이 있게 될 때 하나님은 먼저 화평을 선언하여 이스라엘 백성이 다른 민족들과 화평을 유지하는 것을 전제로 하도록 하셨습니다(신 20:10-11). 그러나 화평을 거부하는 민족들과는 전쟁을 통해 그 성읍의 남자들은 다 죽이고 여자들과 유아들, 가축들과 성읍 가운데 남아 있는 것들은 전리품으로 취하도록 하십니다(신 20:13-14). 이스라엘과의 화평을 거부하는 것은 이스라엘의 하나님인 여호와 하나님의 통치를 거부하는 것과 같습니다. 그래서 하나님은 전쟁을 통해 하나님을 거부하는 민족을 심판하시고 그 땅과 소유물을 이스라엘에게 관리하도록 하십니다. 그러나 전쟁 중에서도 하나님은 자연을 보호하셔서 성읍 가운데 있는 나무들, 특별히 먹을 것이 되는 과목은 찍어내지 말라고 하십니다. 그것은 이스라엘 백성도 먹어야 하는 것이기 때문입니다. 그 성읍에 사는 민족들은 악했지만 하나님은 땅을 보호하심으로 그 땅이 내어주는 열매를 사람들이 누릴 수 있도록 하셨습니다.

그러나 하나님이 선택하신 땅에서 먼 다른 민족들에게는 이스라엘과 화평을 누릴 수 있는 기회가 주어졌지만 하나님이 선택하신 땅 안에 살고 있던 민족들에 대해서는 하나님은 일말의 자비도 허용하지 않으시고 호흡이 있는 모든 사람을 하나도 남겨두지 말고 진멸하라고 명령하셨습니다(신 20:16). 그들은 하나님의 택하신 거룩한 땅을 더럽혔으며 이스라엘 백성도 유혹하여 가증한 일을 가르치고 본받게 함으로 하나님 여호와 앞에서 범죄하게 할 것이기 때문입니다(신 20:18). 하나님은 이스라엘 백성과 하나님의 관계를 깨뜨리는 것은 어떤 것도 허용하지 않으십니다.

마찬가지로 오늘날 하나님과 우리의 관계가 바로 세워지지 못하도록 하는 것은 어떤 것도 우리 안에 용납되어서는 안 됩니다. 인권이라는 이름, 자유와 평등, 정의와 공정이라는 슬로건은 사람의 힘으로 지켜지고 이뤄질 수 있는 것이 아닙니다. 진정한 인권은 하나님 안에서 사람의 정체성을 찾을 때 지켜질 수 있는 것입니다. 하나님 밖에서 정체성을 찾고자 할 때 인권은 하나님을 대적하는 수단이 되어 사회의 권위 질서를 깨뜨리고 생명을 빼앗아 갑니다 [19]

마지막 때 영적 전쟁은 인본주의와의 전쟁이며 하나님과 사람의 관계를 깨뜨리는 거짓말과 속임과의 전쟁입니다. 인본주의나 거짓말과 속임은 모두 사탄의 미혹이며 예수아는 마지막 때에 미혹을 주의하라고 말씀하셨습니다(마 24:5, 11, 24). 모든 전쟁은 하나님께 속한 것입니다. 하나님은 하나님의 백성을 공격하고 위협하는 것으로부터 반드시 보호하고 지키시며 악한 자들과 사탄을 완전히 심판하시어 승리하실 것입니다.

---

19. 여성의 인권을 이야기하는 페미니즘 중에 급진적인 잘못된 페미니즘은 낙태를 통해 태아의 생명을 빼앗아 가고, 성소수자의 인권을 이야기하는 동성애는 가정의 질서를 파괴하고 있다. 이것은 모두 하나님의 창조 질서를 무너뜨리려는 적그리스도의 영의 흐름이며, 세상을 섞어버리는 이세벨의 영의 흐름이다.

DAY 7 신 20:10-21:9

먼저 샬롬을 선언하라

이스라엘이 어떤 나라를 치기 전에 먼저 평화(샬롬)을 선언하는 것은 하나님의 자비의 성품을 보여줍니다. 하나님의 뜻이 재앙이나 심판이 아닌 미래에 소망을 주려고 하시는 것은 이스라엘 백성이나 열방 모두에게 적용되는 하나님의 성품입니다. 먼저 샬롬을 선언할 때 그것을 받아들이는 나라는 이스라엘의 권위 아래로 들어가서 이스라엘을 섬기게 됩니다 (신 20:11). 이스라엘의 권위 아래로 들어가게 된다는 것은 하나님의 권위 아래로 들어간다는 것과 같은 뜻입니다. 다시 말해, 이것은 우상을 섬기고 어둠과 악한 영에 사로잡혀 있던 자들이 자신들의 우상을 버리고 이스라엘의 하나님 여호와를 섬긴다는 뜻입니다. 하나님은 열방을 구원하고자 하셨고, 이를 위해 이스라엘을 먼저 선택하신 것이었기 때문에 이스라엘이 열방을 구원하는 역할을 감당하기 원하셨습니다. 전쟁을 하기 전에 샬롬을 먼저 선포하는 것은 어둠과 죄악, 우상의 통치 아래 있던 자들을 하나님께로 이끄는 것입니다. 그리고 이것이 메시아의 사역이기도 합니다.

메시아이신 예슈아가 다스리는 나라는 영원한 샬롬의 나라입니다. 이 나라에서는 샬롬이 끝없이 증가합니다(사 9:7). 하나님의 계획은 이스라엘로부터 시작하여 온 땅이 샬롬으로 다스려지고, 샬롬으로 충만한 것입니다. 그래서 메시아는 샬롬의 왕이십니다. 이스라엘이 이방 나라를 향해 샬롬을 선언하는 것은 하나님의 나라로 들어오라는 초청이며, 온 우주의 창조주이시며 왕이신 하나님의 통치 아래로 들어와 하나님의 백성으로서 다시 세움받으라는 놀라운 선포입니다.

그러나 하나님은 이스라엘의 샬롬 선언을 거부한 나라를 가차없이 진멸하라고 명령하십니다. 이것은 이스라엘을 거부한 것이 아니라 하나님의 통치 아래로 들어오라는 구원의 초청을 거부한 것이기 때문입니다. 하나님의 샬롬을 거부한 나라들과 하나님은 직접 전쟁하십니다. 메시아닉 킹덤이 오기 직전 예슈아는 끝까지 하나님의 샬롬의 통치를 거부한 교만한 열방들과 친히 싸우십니다. 그 때까지는 계속 샬롬의 왕이신 예슈아를 선포하고 전해야 할 사명이 우리에게 있습니다. 하나님은 여전히 열방이 예슈아를 받아들이길 기다리고 계시며, 이제는 이스라엘이 샬롬의 왕이신 메시아 예슈아를 받아들이길 기다리고 계십니다.

이스라엘에 전쟁이 있는 이유는 지금이 영원한 샬롬의 나라, 메시아닉 킹덤으로 들어가기 직전이기 때문입니다. 왕이 곧 오십니다. 그 어깨에 정사를 메고 다윗의 왕좌와 그의 나라에 군림하여 그 나라를 굳게 세우고 영원히 정의(미쉬파트)와 공의(쩨덱)로 하나님 나라를 보존하실 것입니다. 만군의 여호와의 열심이 이를 이루실 것입니다(사 9:6-7).

사람이 들판의 나무이다

이스라엘이 어떤 성읍을 둘러 싸고 점령할 때 하나님은 특별히 열매맺는 나무는 찍어내지 말라고 명령하십니다(신 20:19). 그런데 이 본문에서 '들의 수목이 사람이냐'라고 의문문으로 번역된 히브리어 원문은 '사람이 들판의 나무이다'라는 뜻입니다. 하나님은 사람이 들판의 나무라고 말하면서 들판의 나무 중에 열매 맺는 과목은 베지 말고, 열매 맺지 않는 수목은 찍어내라고 말씀하십니다(신 20:20). 이 말씀의 일차적인 의미는 열매 맺는 나무는 사람을 먹이는 유용한 것으로 이스라엘에게 유익이 될 것을 의미하는 것이지만, 더 깊은 의미로 이것은 열매 맺는 사람은 하나님 나라로 들어올 것이지만, 열매 맺지 못하는 나무는 하나님 나라에 들어올 수 없다는 것을 의미합니다.

세례 요한은 열매 맺지 않는 나무는 찍어버리라고 하였고(마 3:10), 예수님도 무화과 나무의 비유를 말씀하시면서 열매를 맺지 못하는 무화과 나무는 땅을 버리게 하기 때문에 찍어버려야 한다고 말씀하셨습니다(눅 13:7). 열매 맺지 않는 나무란 회개를 통해 생각과 마음을 돌이키지 않아 하나님 나라에 합당한 삶을 살지 못하는 사람을 의미합니다. 그래서 예수님은 제자들에게 열매 맺는 삶을 살도록 말씀하시고, 열매 맺기 위해 하나님의 말씀에 순종하는 삶을 살도록 가르치셨습니다. 말씀에 붙어 있어 순종하는 삶을 사는 사람은 시냇가에 심겨진 나무가 철따라 열매를 맺는 사람이며 말씀은 이런 사람을 복있는 사람이라고 말합니다(시 1:3). 또한 여호와를 의지하며 여호와를 의뢰하는 사람은 물 가에 심어진 나무가 그 뿌리를 강변에 뻗치고 더위가 올지라도 두려워하지 아니하며 그 잎이 청청하며 가무는 해에도 걱정이 없고 열매가 그치지 아니한 복을 받는 자가 될 것입니다(렘 17:7-8).

> 열매를 맺는 삶에 대해서 미쉬나는 재밌는 비유를 소개합니다.
>
> 아자랴의 아들 랍비 엘라살이 말하곤 했습니다. "선한 행동을 하기보다 배우기를 더 좋아하는 사람은 무엇에 비유할 수 있을까? 이런 사람은 많은 가지가 있지만 뿌리가 적은 나무와 같다. 바람이 불면 뿌리가 꺾여 넘어질 것이다. 배우는 것보다 선한 행동을 하기를 더 좋아하는 사람은 무엇에 비유할 수 있을까? 이런 사람은 가지는 적지만 많은 뿌리를 가지고 있는 나무와 같다. 바람이 아무리 세차게 불지라도 절대 넘어지지 않는다(미쉬나 아봍[20] 3:17).

이것은 말씀대로 행하는 삶을 살라는 예수님의 반석 위에 지은 집의 비유와 같은 내용입니다. 말씀에 기반을 두고 있는 사람은 말씀대로 사는 사람입니다. 말씀을 지식적으로 아는 것은 그 사람에게 열매를 가져오지 않지만, 말씀대로 사는 사람은 열매를 맺습니다. 열매를 맺는 나무는 살겠지만, 열매를 맺지 않는 나무는 찍혀 불에 던져질 것입니다. 마지막 날에 오실 메시아 예수아가 이와 같이 심판하실 것입니다.

하프타라 사 51:12-52:12 / 브리트 하다샤 마 3:1-17 / 요 14:9-20

예수아를 통해 이뤄지는 의와 공의(정의)의 나라 "하나님의 킹덤"

예수아를 통해 이뤄지는 의와 공의(정의)의 나라 "하나님의 킹덤"

예수아는 하나님의 킹덤, 그 자체입니다. 그러므로 예수아가 오심은 하나님의 킹덤이 임하였다는 뜻입니다. 세례 요한은 예수아의 오심을 준비하면서 "회개하라 하나님의 나라(킹덤)가 가까이 왔다(막 1:15)"고 외쳤습니다. 세례 요한은 예수아의 오심과 하나님의 킹덤

---

[20] 미쉬나 아봍은 '아버지들의 장들(The chapters of the Fathers)'이라는 뜻으로 랍비 유대 전통의 윤리적 가르침과 격언을 편집한 책이다. 이것은 교부들의 윤리라고 불리며, 법령들보다는 교훈적인 내용의 글들이 많다.

이 임하는 것이 같은 것이라는 것을 이미 알고 있었습니다. 그래서 하나님의 백성이 하나님이 예비하신 킹덤으로 들어갈 수 있도록 그들을 준비시켰습니다. 세례 요한은 하나님의 백성을 준비시키기 위해서 그들에게 '회개'를 외쳤습니다. 회개는 죄를 짓지 않겠다고 돌아서는 것 그 이상의 의미를 가지고 있습니다. 회개라는 헬라어 메타노에오 는 '생각을 바꾸다'는 뜻입니다. 즉, 회개는 '생각을 바꾸는 것'입니다. 생각을 바꾸고 잘못된 기준도 바꾸는 것입니다. 생각이 비뚤어져 있고 기준이 바로 세워져 있지 않은 자들은 하나님의 킹덤을 받아들일 수 없습니다.

세례 요한은 '하나님의 나라(왕국)가 가까이 왔다'고 외쳤습니다. '가까이 오다'는 뜻의 헬라어 엥기조 는 히브리어로는 카로브קָרוֹב입니다. 카로브קָרוֹב, '가깝다'는 히브리어 동사에서 파생된 코르반קָרְבָּן은 하나님께 가까이 나아가기 위해 드려지는 예물을 의미합니다. 우리는 죄로 인해 스스로는 거룩하신 하나님께 가까이 나아갈 수 없었고 그래서 하나님은 코르반(가까이 나아가는 희생예물)을 통해 하나님께 가까이 나아올 수 있는 길을 열어 주셨습니다. 그리고 예슈아는 우리가 하나님의 킹덤에 들어갈 수 있도록 자신의 몸을 코르반으로 하나님께 드리셨고 예슈아를 믿는 자들은 누구든지 하나님의 킹덤에 속한 자가 될 수 있게 하셨습니다.

그러나 가까이 온 하나님의 킹덤에 들어가기 위해 여전히 제한되는 것이 있는데 그것은 비뚤어지고 꼬인 우리의 생각이며 세례 요한은 이 생각을 바꾸라고 하면서 '회개'를 외쳤습니다. 생각을 바꾸라는 것은 수년간 잘못된 법과 기준 아래서 살아왔던 것을 바꾸고 바른 법과 기준 즉, 하나님의 의와 공의(정의) 안으로 들어오라는 메시지입니다. 이것이 신약을 열고 예슈아의 오심을 준비하며 하나님의 킹덤을 준비하는 세례 요한의 메시지였습니다.

세례 요한의 메시지가 선포되면서 세례를 통해 사람들의 생각과 마음이 준비될 때 예슈아도 친히 세례 요한에게 나아오셔서 세례를 받으십니다. 세례를 받으실 때 마태복음은 '하늘이 열렸다'고 기록하고 마가복음은 '하늘이 찢어졌다'고 기록합니다. '찢어졌다'는 표현은 두 가지 사건에서 발견되는데 하나는 공생애의 시작에 예슈아가 침례를 받으시던 때에 하늘이 열리고 찢어진 것이고 또 한 가지는 공생애의 마지막 순간에 예슈아가 십자가에서 돌아가실 때 성전의 휘장이 찢어진 것입니다. '찢어졌다'는 것은 다시는 붙이지 않겠다는 하나님의 강력한 의지입니다.

예슈아가 세례를 받으실 때 하늘이 찢어지면서 하늘이 그 땅으로 내려왔고 그 땅을 만나 연결되고 하나되었습니다. 그리고 오순절 날 하늘이 거룩한 영으로 땅 예루살렘에 내려와 부어지면서 하늘과 땅이 연결되어 하나되었습니다. 마찬가지로 우리가 회개할 때 즉, 우리가 잘못된 생각과 기준을 바꾸고 하나님께 완전히 돌아서서 하나님의 말씀과 법으로 들어갈 때 하늘이 열리고 부어집니다. 하늘과 내가 연결되고 하나됩니다. 그리고 하늘의 통치가 시작됩니다.

하늘을 펴고 땅의 기초를 정하신 하나님은(사 51:13,16) 하나님이 정하신 그 날에 시온이 깨어나서 힘을 내고 거룩한 성 예루살렘이 아름다운 옷을 입게 하실 것입니다(사 52:1). 예루살렘에서 하나님의 통치를 시작하실 것이기 때문입니다. 시온과 예루살렘의 회복을 위해 좋은 소식을 전하고 평화를 공포하며 복된 좋은 소식을 가져오는 자들은 '너의 하나님이 통치하신다'고 외치며 산을 넘을 것입니다(사 52:7). 이들이 하나님의 통치를 외치는 소리는 하나님의 성을 지키는 파수꾼의 소리이며 그들이 소리를 높여 노래할 때 시온으로 돌아오시는 여호와의 눈을 마주 보게 될 것입니다(사 52:8). 그리고 열방과 땅 끝이 모두 예루살렘의 구속을 통해 하나님의 구원을 보게 될 것입니다(사 52:9-10). 시온으로 돌아오시는 여호와는 예슈아이며 예슈아의 통치로 들어가는 것이 곧 복된 소식, 복음입니다.

킹덤, 왕국은 어떤 왕이 통치하는가에 따라 완전히 달라집니다. 하나님의 킹덤은 하나님이 왕이시고 사탄의 킹덤은 사탄이 왕이 되어 다스리는 곳입니다. 누구를 왕으로 섬길 것인가에 대한 선택이 늘 우리 앞에 있습니다. 하나님은 우리에게 하나님의 킹덤을 선택하라고 하십니다. 이것을 위해 회개, 생각과 기준을 바꾸라고 하십니다. 회개하면 하늘과 내가 연결되고 하늘과 땅이 연결되어 하나님의 의(쩨덱) 안에서 우리는 잃어버린 영역들을 다시 차지(야라쉬ירֹשׁ)하게 될 것입니다. 다시 야라쉬 할 수 있도록 기름 부으실 것입니다. 야라쉬 ירֹשׁ라는 히브리어 단어는 요드י, 레쉬ר, 쉰שׁ이라는 글자들로 이루어져 있습니다. 요드י는 손이라는 의미를, 레쉬ר는 머리라는 의미를, 쉰שׁ은 이빨이라는 의미를 가지고 있습니다. 하나님의 손은 능력을 의미합니다. 하나님의 손, 능력이 우리에게 부어질 때 사단의 머리를 물어뜯고 부수게 될 것입니다. 그리고 우리는 하나님의 킹덤을 차지하게 될 것입니다.

쇼프팀 주간의 말씀

1. 삶에 쩨덱을 이룬다는 것은 진리에 자신이 잘 조율된 상태에 있다는 것이며 하나님과 바른 관계 안에 있다는 것이고 하나님과의 바른 관계가 잘 서있는 사람은 사람의 입장에 먼저 서서 생각하거나 판단하지 않습니다.

2. 법은 하나님의 말씀이 기준이 되어야 하며 그 법을 실행하는 자들은 하나님의 말씀을 자기 삶의 중심에 두고 하나님께 온 마음을 집중하는 자 즉, 하나님과의 관계, 의(쩨덱) 위에 바르게 서 있는 자들이어야 합니다. 모든 바른 판단과 바른 재판(미쉬파트)을 위한 선행 조건은 의(쩨덱)입니다.

3. 요단 서편 약속의 땅을 바라보며 시나이 산 언약을 갱신하고 왕국의 기초를 세우기 위해 하나님의 율법과 그 법에 대한 세부 조항들을 가르치시면서 모세가 백성들에게 반복하여 강조한 것은 하나님만을 사랑하며 드리는 예배를 지킬 것과 이 땅에 하나님의 의와 공의(정의)가(쩨덱과 미쉬파트) 실현되게 하는 것이었습니다.

4. 예슈아는 이 땅에 화려한 궁궐을 갖지 않았고, 군마軍馬를 원하지도 않았으며, 율법의 말씀을 마음에 새기고 모두 지키며 삶으로 살았을 뿐 아니라 그 말씀의 진정한 뜻과 하나님의 마음을 백성들에게 가르쳐 주고 섬긴 겸손의 왕이었습니다.

5. 하나님의 왕국에서 제사장과 레위인은 하나님을 섬기면서 동시에 백성들을 판결하는 재판장의 역할까지 수행하는 자들이었습니다. 제사장과 레위인들의 거룩한 삶은 백성들에게 본보기가 되었고 하나님의 왕국에서 이들은 하나님의 의와 공의(정의)가 이 땅에 실현되는 것을 보여주는 대행자로서의 권위를 가졌습니다.

6. 제사장과 레위인은 하늘과 땅을 동시에 섬기는 자들이었기에 어떤 면에서 왕보다 더 중요한 영적 권위를 가지고 있었습니다. 그래서 이들의 타락으로 인해 법의 집행이 무너지고 그릇된 판결이 일어날 뿐 아니라 하나님께 드려지는 거룩한 영적 예배가 더럽혀질 때 하나님의 왕국이 파멸로 내닫게 되는 결정적인 원인이 될 수 밖에 없었습니다.

7. 선지자의 말은 사람들의 마음을 묶는 능력이 있습니다. 하나님은 선지자가 교만할 때 하나님의 말씀의 능력과 권위를 사용하여 사람들을 묶고 자신의 영향력 아래 복속 시키려고 할 것이라는 것을 아셨습니다. 하나님의 말씀을 대언하는 선지자는 반드시 하나님의 말씀과 음성만을 전해야 하며, 이것을 위해 끊임없이 자신을 점검하고, 하나님 앞에서 겸손하게 엎드려야 하며, 사람들 위에 서서 군림하려고 해서는 안됩니다.

8. 하나님은 이스라엘 백성으로 하여금 땅을 잘 지키고 보호하도록 명령하셨는데 그 중의 하나가 무죄한 피가 땅에 흘려지지 않도록 하는 것이었습니다. 무죄한 피가 땅에 흘려지지 않는다는 것은 억울함이 없게 한다는 뜻이며 이는 또한 하나님의 의와 공의(정의)가 바르게 행하여지고 있다는 의미이기도 합니다.

9. 이스라엘과의 화평을 거부하는 것은 이스라엘의 하나님인 여호와 하나님의 통치를 거부하는 것과 같습니다. 그래서 하나님은 전쟁을 통해 하나님을 거부하는 민족을 심판하시고 그 땅과 소유물을 이스라엘에게 관리하도록 하십니다.

10. 진정한 인권은 하나님 안에서 사람의 정체성을 찾을 때 지켜질 수 있는 것입니다. 하나님 밖에서 정체성을 찾고자 할 때 인권은 하나님을 대적하는 수단이 되어 사회의 권위질서를 깨뜨리고 생명을 빼앗아 갑니다.

11. 킹덤, 왕국은 어떤 왕이 통치하는가에 따라 완전히 달라집니다. 하나님의 킹덤은 하나님이 왕이시고 사탄의 킹덤은 사탄이 왕이 되어 다스리는 곳입니다. 누구를 왕으로 섬길 것인가에 대한 선택이 늘 우리 앞에 있습니다. 하나님은 우리에게 하나님의 킹덤을 선택하라고 하십니다. 이것을 위해 회개, 생각과 기준을 바꾸라고 하십니다.

쇼프팀 주간의 선포

1. 내 삶에 하나님과의 의(쩨덱)의 관계를 비뚤게 하고 틀어지게 하는 인본주의적인 생각과 사람 중심적인 판단이 무엇이 있는지 알게 하소서. 그리하여 완전히 하나님의 입장에 서서 하나님 나라의 통치의 근간인 쩨덱과 미쉬파트를 내 삶에서부터 이뤄내는 자가 되게 하소서.

2. 메시아닉 킹덤에서 예슈아와 함께 왕과 제사장이 되어 말씀으로 다스리는 자가 되는 준비를 위해 군마(힘)를 의지하지 않고, 육적 쾌락(음란)을 바라지 않고, 토라를 쉐마하고, 상고하고, 읊조리고, 마음에 새기게 하소서.

3. 사람의 마음을 미혹하고, 연약한 자를 묶는 잘못된 영을 가진 자칭 선지자들을 분별할 수 있도록 말씀의 검을 예리하게 갈 수 있게 하소서. 그들의 타협과 달콤한 제안에 유혹되지 않게 하시고, 지금도 교회와 성도들의 마음을 혼란하게 하며 하나님의 이름을 이용하여 자신의 유익을 취하는 자들의 영향력이 거룩한 백성들에게 닿지 않도록 보호하여 주소서.

4. 인권이라는 말로 사회를 농락하고 하나님의 질서를 파괴하는 모든 잘못된 사상과 이념, 궤변들로부터 우리의 다음 세대를 지켜낼 수 있도록 가정 안에서 말씀의 기반을 잘 세울 수 있게 하소서. 우리 가정이 말씀으로, 토라로 하나되는 가정되게 하소서. 가정 한 사람, 한 사람의 마음을 보혈로 씻어주시고 바른 것을 선택할 수 있도록 하나님과 의의 관계를 세워나가는 가정이 되도록 축복하여 주소서.

5. 하나님의 킹덤을 선택할 수 있도록 날마다 나 자신을 점검하고 생각을 바꾸는 진정한 회개의 삶을 살게 하소서. 종교적인 행위로 위선과 가증한 일들을 서슴지 않는 자들도 자신들의 수치와 죄를 깨닫고 하나님께 마음을 돌이키는 회개의 부흥이 교회와 열방과 이스라엘에 일어나게 하소서.

49주간

כִּי תֵצֵא

KI TETZE

키 테쩨
네가 나갈 때

파라샤 **신 21:10-25:19**
하프타라 **사 54:1-10**
브리트 하다샤 **고전 5:1-5 / 마 24:29-42**

DAY 1 신 21:10-21

두 아내

사랑받는 아내와 사랑받지 못한 아내가 있을 경우 장자권은 아내가 사랑받는 자이든 그렇지 못한 자이든 반드시 처음 태어난 아들이 받아야 합니다(신 21:17). 그러나 야곱은 그렇지 못했습니다. 야곱은 라헬을 더 사랑했고 라헬의 장자 요셉에게 특별히 더 많은 사랑을 쏟았으며 그에게 자신의 유업을 주고 싶어했습니다. 사랑받는 아내와 사랑받지 못하는 아내는 야곱의 가족을 연상케하며, 이것은 야곱의 두 아내를 통해 태어난 자손들로 대표되는 두 나라를 예표합니다. 레아는 유다를 통해 세워진 이스라엘을, 라헬은 요셉(에브라임)으로 인해 흩어진 열방의 나라들을 예표합니다. 또한 이것은 유다를 통한 다윗 메시아와 요셉을 통한 요셉 메시아를 예표합니다.

메시아는 두 가지 역할을 가지고 있습니다. 메시아는 혈통적으로 유다의 자손으로 오셔서 온 이스라엘을 다스리는 왕이 되어야 합니다. 또한 메시아는 이스라엘을 중심으로 온 열방을 다스리는 왕이 되어야 합니다. 다윗은 유다의 자손으로 온 이스라엘의 왕이 되었고, 다윗 왕국은 메시아 왕국을 예표하는 왕국입니다. 요셉은 큰 핍박과 고난을 거쳐 이방나라 이집트에서 총리가 되어 야곱의 가족들을 보호하면서 동시에 당시 가뭄과 가난으로 고통받던 열방을 먹여살렸습니다. 메시아이신 예슈아는 다윗의 혈통으로 이스라엘의 왕으로 오셨고, 십자가의 고통과 핍박을 거쳐 부활하심으로 하늘로 올라가셨습니다. 그리고 다시 오셔서 이스라엘과 만왕의 왕으로 열방을 고통가운데서 건지시고 다스리실 것입니다.

하나님 나라의 인권 – 부모 공경, 형제 사랑

하나님과 이스라엘 백성 사이에 맺어진 언약의 증거판인 십계명은 하나님이 어떤 하나님이시며 그 하나님의 사랑과 선택을 받은 이스라엘 백성은 어떤 백성이어야 하는지를 증거하고 있습니다. 하나님과 언약을 맺은 백성으로서 이스라엘은 언약을 지킬 의무가 있었고 언약이 지켜질 때 하나님이 주시는 축복을 누릴 수 있으리라는 약속을 받았습니다. 하나님이 그들에게 말씀하신 언약 이행의 의무는 하나님 사랑과 이웃(형제)사랑이었습니다. 십계명의 1-5계명은 이집트에서 친히 이스라엘 백성을 구원하신 하나님을 전적으로 사랑해야 할 것을, 6-10계명은 품격을 가진 하나님의 백성으로서 어떻게 이웃(형제)을 사랑하는 삶을 실천할 것인지를 말해주고 있습니다.[21]

하나님이 이스라엘 백성에게 온 마음과 뜻과 힘을 다해 하나님만을 사랑하라고 말씀하신 것은 사랑을 통해 하나님과 연합하기를 원하셨기 때문입니다. 결혼한 부부는 처음에는 다른 생각과 생활 습관과 성품으로 인해 충돌을 경험하지만 시간이 지나면 서로의 좋은 것들이 흘러가면서 닮아가게 됩니다. 그 이유는 연합(에하드אֶחָד)하였기 때문입니다. 마찬가지로 하나님과 연합한 자는 하나님의 형상과 모습을 닮아가게 되고 하나님의 성품으로 채워지게 됩니다. 하나님이 자신의 백성에게 사랑과 연합을 요청하시는 이유는 하나님의 형상으로 하나님의 모습처럼 지어진 우리들의 정체성을 하나님과 연합함으로 다시 회복하라는 뜻입니다.

하나님에게만 시선을 고정하고 하나님을 사랑하는 자는 하나님을 알아가게 되고, 하나님을 아는 자는 하나님을 닮아가게 되며, 하나님의 마음을 흘려보내는 자가 됩니다. 그래서 이웃(형제)을 사랑할 수 있는 전제조건은 하나님을 전적으로 사랑하는 것입니다. 하나님의 사랑을 깨닫고 그 마음을 알게 된 자는 이웃(형제)을 어떻게 사랑해야 하는지 알게되고,

---

21. 돌판에 쓰여진 십계명은 4대6이나 5대5의 두 그룹으로 분류가 된다. 1st~4th 계명이 하나님과 관련된 계명이고 6th~10th 계명이 사람과 관련된 계명인데, 긴 생명과 복을 누림이라는 약속이 따르는 다섯 번째 계명인 '네 부모를 공경하라'를 하나님과 관련된 앞의 1st~4th 계명과 묶어서 보느냐, 사람과 관련된 뒤의 6th~10th 계명과 묶어서 분류하느냐에 따라 달라진다. 십계명을 5대5의 구조로 이해할 때 '부모 공경'의 계명은 하나님과 관련되는 계명들에 포함되게 된다. '부모 공경'의 계명이 하나님과 관련된 계명들과 함께 묶여 있다고 보는 것은 어떤 의미인가? 이것은 우리가 하나님을 공경하듯 부모를 공경해야 한다는 것을 의미한다. 하나님은 우리의 근원이시지만 땅에서는 부모를 통해서 우리를 이 세상에 태어나게 하셨다. 부모를 공경하는 것은 유일한 근원이신 하나님을 공경하는 것으로 여겨진다. 출애굽기 20:12과 신명기 5:16에서의 '부모를 공경하라(카베드כָּבֵד)'는 레위기 19:3에서 '여호와를 경외하라'고 할 때 쓰이는 야레 동사를 사용하여 '부모를 경외하라(티라우תִּירָאוּ)'고 격상된다.
"너희 각 사람은 부모를 경외하고 나의 안식을 지키라 나는 너희 하나님 여호와니라"(레 19:3)

하나님이 사람을 얼마나 소중하게 생각하시는지 깨닫게 됩니다.

　　인권이란 인간이 누려야 할 합당한 권리를 의미하는데 인권을 보장하고 지켜주는 법률을 제정하신 분은 하나님입니다. 하나님은 사람이 탐욕과 이기심이라는 죄성을 벗어나지 못하기 때문에 자기 기준에 이익이 되지 않는 것은 하지 않으려는 마음, 더 많이 가지려는 마음, 하나님이 각자에게 주신 경계선을 넘어서려는 의도 혹은 자신에게 피해를 준 사람에 대해서는 미움과 복수의 마음을 가질 수 있다는 것을 잘 알고 계십니다. 그래서 하나님은 친히 인간을 향한 사랑과 존중에 대한 하나님의 마음을 보여주시고 하나님처럼 사랑의 삶을 살도록 하나님의 백성들을 격려하십니다. 하나님의 킹덤에서 인권은 하나님과 연합한 하나님의 백성들이 하나님의 형상과 모습을 가진 사람들을 섬기고 도움으로써 하나님이 창조하신 세계가 질서 가운데 아름답게 유지되고 확장되게 하는 것입니다.

　　하나님의 킹덤에서의 인권을 위해 하나님이 제일 먼저 말씀하신 것은 부모 공경입니다. 하나님은 부모의 말을 순종하지 않고 부모가 징계하여도 순종하지 않는 자녀는 성문으로 끌고 나가 성읍 장로들에게 고하고 그리고 성읍의 모든 사람들이 돌로 쳐죽이도록 명령하십니다(신 21:18-21). 가혹할 정도의 형벌을 말씀하신 이유는 부모를 향한 완악하고 패역한 마음은 불순종하며 반항적이고 거역하는 마음을 뜻하며, 거역과 불순종은 하나님이 가장 미워하시는 것이기 때문입니다. 부모에 대한 거역과 불순종은 곧 부모에게 권위를 위임하신 하나님에 대한 거역과 불순종과 같은 것입니다. 가정 안에서 부모를 공경함을 배운 자녀들이 하나님을 경외함을 배울 수 있습니다. 하나님은 이스라엘 백성에게 부모 공경에 대한 계명을 주시고 이것을 지키게 함으로써 가정에서 하나님을 경외함이 훈련될 수 있도록 하셨습니다. 하나님의 나라는 질서와 평강의 나라입니다. 하나님의 질서 안에 있을 때 진정한 안정과 평안을 누릴 수 있습니다. 그리고 하나님의 질서는 가정의 권위, 공동체의 권위 구조 안에서 다스려집니다. 하나님 나라에서 권위는 질서이자 안정이며 보호와 평안입니다.

　　이집트 아래서 압제하는 권위자로부터 큰 시련을 겪고 상처를 받은 이스라엘 백성은 하나님 나라의 권위와 질서를 이해하지 못했습니다. 그들에게 권위는 핍박과 압제의 상징이었고 그래서 늘 권위를 의심하고 저항하려고 하는 것도 있었겠지만, 이집트 아래에서는 저항하지 못했던 자들이 하나님과 모세의 선하고 바른 권위에는 대항하는 모순을 가지고 있었습니다. 피해 의식이 있는 사람들은 불합리한 압제에 저항하면서 그것을 벗어나보려 하지만 바른 권위조차도 받아들이지 않으려는 비뚤어진 마음을 가지고 있습니다. 이 비뚤어진 마음이 결국 잘못된 판단과 결정을 하게 합니다. 이스라엘 백성은 거역과 불순종으로 인해 수많은 심판을 받아야 했고 또 거역과 불순종을 다룸 받기 위해 광야에서 39년의 시간을 보내야 했습니다. 거역과 불순종은 명백하게 하나님을 대적하는 뿌리입니다. 그래서 하나님은 이것이 악이라고 하셨고, 악을 제하라고 엄중히 명령하셨으며, 부모를 대적하는 것이 곧 하나님을 대적하는 악이기 때문에 이것에 대해서 과감한 형벌을 결정하신 것이었습니다.

현대 사회는 부모나 권위자에 대한 존중이 현격하게 떨어져가고 있습니다. 평등과 차별이라는 이름, 인권이라는 이름이 오히려 건강한 권위 질서까지 깨뜨리는 방향으로 이용되고 있습니다. 이것은 거역과 불순종의 뿌리로부터 오는 것으로 하나님을 대적하는 것이며 하나님이 만드신 질서를 깨뜨리는 것입니다. 하나님의 킹덤에 속한 우리는 부모 공경, 권위자에 대한 순종을 자녀들에게 가르치는 것이 말씀을 따르는 삶이라는 것을 기억해야 합니다. 아이들을 인격체로 존중하는 것은 당연하지만 마땅히 행해야 할 길을 가르치는 것 또한 중요하며 가르치기 위한 지혜로운 훈육은 반드시 필요합니다(잠 22:6). 하나님의 킹덤에서 사람을 존중하고 사랑하는 것을 배우는 가장 으뜸인 계명은 부모 공경, 권위자를 향한 존중입니다.

모세는 이스라엘 백성의 관계를 이웃을 넘어 형제의 관계로 규정하였습니다. 이스라엘 백성은 서로가 서로에게 형제가 되기 때문에 형제에게는 특별히 더 사랑과 자비, 친절로 대해야 합니다. 형제가 소나 양, 나귀나 의복과 같은 재산을 잃었을 때, 혹은 형제의 나귀나 소가 넘어진 것 까지도 못 본 체하지 말고 반드시 돌려주거나 도움을 주어야 합니다(신 22:1-4). 하나님은 맷돌의 위짝은 전당 잡지 말라고 명령하십니다(신 24:6) 맷돌의 위짝이 없으면 곡식을 갈 수 없고, 곡식을 갈 수 없으면 생계를 이어가는데 어렵기 때문에 하나님은 이것이 생명을 전당 잡는 것과 같은 일이라고 말씀하십니다. 또한 같은 형제를 유인하여 종으로 삼거나 파는 것과 같은 유괴와 인신매매를 한 자는 한 사람의 인간으로서의 권리와 그 인생을 다 빼앗는 심각한 죄로 여겨 살인죄와 맞먹는 처형을 하여서 백성 중에서 악을 제하도록 명령하십니다(신 24:7).

이 외에도 하나님은 사람과의 관계에서 발생되는 여러가지 인권 보장에 대한 세세한 주제들을 말씀하십니다. 특별히 사사로운 감정으로 사람에 대해 함부로 대우하거나 마땅히 가져야 할 권리를 갖지 못하는 일이 없도록 하시는데 전쟁 포로로 잡혀온 여인을 대하는 것이나(신 21:10-14) 사랑받지 못한 아내의 아들이 장자일 경우 반드시 장자의 상속을 하도록 한 것이 그 예입니다(신 21:17).

또한 악인에게 태형을 때릴 때 사십 대 이상은 때리지 말도록 함으로써 비록 악인일지라도 형제로서 대해 주어야 할 경계, 사람으로서 지켜주어야 할 생명에 대한 보장은 지켜주도록 명하시고(신 25:3) 새 집을 지을 때 지붕 난간을 만들어 혹여 누군가가 떨어지지 않도록 보호할 수 있는 안전 규례를 주시며(신 22:8) 공정한 추와 공정한 되를 두어서 형제를 향해 부당한 이득을 취하지 않도록 명령하십니다(신 25:15).

하나님의 인도주의적인 포용과 배려는 심지어 이스라엘을 미워했던 에돔과 이스라엘을 노예로 살게 했던 이집트를 향해서까지 나타납니다. 하나님은 비록 그들이 이스라엘을 힘들게 했지만 에돔은 형제이기 때문에, 이집트는 나그네였던 이스라엘을 받아 주었던 적이 있기 때문에 그들을 미워하지 말라고 말씀하십니다(신 23:7). 하나님은 당신의 백성이 넓은 마음과 포용력으로 형제를 받아 주기를 원하시고 여러 가지 어려움을 주어도 한 가지 친절을 베푼 것에 대해 호의를 베풀 줄 아는 아량을 갖기를 원하십니다.

사람을 창조하신 하나님이 사람을 가장 잘 아시고 가장 섬세하게 사랑하십니다. 세상은 정치적, 경제적인 목적으로 인권을 이용하지만 하나님은 사람의 존재 자체를 사랑하심으로 인권을 보호하십니다. 그래서 인권은 하나님 안에 거할 때 진정으로 보호받을 수 있습니다. 또한 하나님이 사랑하시는 사랑으로 형제를 사랑할 때 서로의 인권을 보호해 줄 수 있습니다. 그러므로 하나님 사랑과 형제 사랑은 종교적 신념을 따르는 선한 행실이나 개인적 성화에만 국한되는 것이 아니라 사회와 공동체를 질서와 평안으로 안정되게 하는 절대적인 법도입니다.

【주제 # 10】 방탕의 영 잘랄 זֶלֶל과 우상숭배의 영 엘릴אֱלִיל

고대 유대 문헌 가운데 하나인 '열두 족장의 책'은 야곱의 열두 아들들이 죽을 때 자손들을 위해 유언한 내용을 모아놓은 책이다. 이 책에는 이집트로 내려간 열두 족장들이 야곱도 죽고, 요셉도 죽자 앞으로 다가올 일들과 이집트 땅에서 이스라엘의 자손들이 어떤 어려움을 겪게 될지를 바라보면서 자손들에게 조심해야 할 것을 당부하고, 하나님의 말씀을 잘 지킬 것을 격려하는 유언들이 담겨 있다. 이 유언 문헌에서 자녀들에게 경건한 삶을 당부하면서 자주 등장하는 단어가 있는데 그것은 방탕의 영이다. 방탕의 영은 루아흐 잘랄זֶלֶל רוּחַ이라고 하는데 기본적으로 잘랄קלל은 '무가치하다, 하찮고 가볍다, 흔들다, 흔들리다'라는 뜻을 가지고 있다. 방탕의 영, 잘랄이 들어오면 가치가 뒤바뀌게 한다. 그래서 무가치한 것에는 가치를 두고, 가치있는 것은 던져 버리는 미련한 결정을 하게 한다. 잘랄은 우리로 하여금 육신과 혼에 집착하게 한다.

또 하나는 우상숭배의 영, 루아흐 엘릴אליל이다. 엘릴אליל은 '헛된, 우상'이라는 뜻으로 엘릴의 영은 곧 우상숭배의 영이다. 엘릴אליל은 구약 성경에서 헛된 예배 대상 즉, 손으로 만든 우상이든, 재물이든 이 세상 신을 묘사하는데 사용되었다. 엘릴은 말 그대로 헛된 것이며, 공허하고 텅 빈 것이다. 방탕인 잘랄קלל과 우상숭배인 엘릴אליל은 상호작용하면서 하나님의 백성을 타락시킨다. 우상은 정말 무가치한 것이지만 잘랄이 들어오면 그것을 가치있는 것으로 여기고, 참 하나님은 버리게 한다. 또한 육신과 혼에 힘을 실어주어 하나님의 통치대신 우상의 통치 안으로 들어가는 어리석은 선택을 하게 한다.

우리 안에 방탕(잘랄)이 들어오면 헛된 것을 가치있게 여기면서 우상숭배(엘릴)로 이어지고, 우상숭배는 교만으로 이어져 결국 하나님과 우리의 관계, 거룩한 하늘과 땅의 하나됨의 상태를 깨뜨려 버린다. 열두 족장은 이집트에서 살아가게 될 자손들에게 이집트를 덮고 있는 이 방탕(잘랄)과 우상숭배(엘릴)를 조심하라고 경고하고 훈계하고 가르쳤다.

신명기 21:20절은 부모에게 순종하지 않는 악한 자녀, 특히 방탕(잘랄)하고 술에 잠긴 자를 돌로 쳐 죽이라고 명령한다. 방탕(잘랄)의 영이 들어간 자녀는 가치있는 것을 버리는 미련한 결정을 하여 존중해야 할 부모를 경시하고 함부로 한다. 하나님은 방탕한 자녀를 돌로 쳐 죽이라고 명하면서 방탕이 이스라엘 백성 가운데 아예 들어오지도 못하게 근절하도록 명령하셨다. 방탕(잘랄)이 곧 우상숭배(엘릴)로 이어지기 때문이다. 사도 요한은 요한일서에서 육신의 정욕을 따르지 말것을 권고했고, 편지의 끝을 '자녀들아, 너희 자신을 지켜 우상에서 멀리하라(요일 5:21)'는 말씀으로 마무리하며 우상숭배를 경계시켰다.

이스라엘은 방탕과 우상숭배 때문에 번번이 넘어지고 실패했고, 그로 인해 혹독한 징계를 받았다. 시대가 어두워 갈수록 방탕과 우상숭배는 사람들을 덮어버릴 것이다. 방탕과 우상숭배가 덮이면 사람들은 육신과 혼에 더욱 매일 것이며, 그렇게 되면 하늘의 존귀한 것들은 버리고 아주 무가치한 이 세상의 것에 자신의 마음을 두면서 공허해하고, 우울해질 것이다. 공허와 우울을 극복하려고 또 헛된 것을 찾을 것이고, 결국은 하나님으로부터 오는 징계와 환란을 마주하게 될 것이다. 지금은 적그리스도의 영이 활개를 치는 때이다. 방탕과 방종과 우상숭배가 내 안에 들어오지 못하도록 차단하고, 조금이라도 내게 영향력을 주고 있다면 잘라내어야 한다.

DAY 2 신 21:22-22:7

형제의 양

하나님은 형제의 소나 양이 길을 잃거나, 혹은 형제가 소유중에 어떤 것을 잃어버렸는데 그것이 우리에게 들어오게 되면 반드시 돌려주도록 명하십니다(신 22:1-4). 토라는 같은 유대인들끼리는 모두 형제라고 규정합니다. 이유는 그들이 한 하나님을 섬기며 같은 하나님의 말씀으로 통치를 받기 때문입니다. 한 하나님을 섬기면 그 어떤 다름에도 한 형제라는 토라의 법은 오늘날 예수님으로 인해 온 열방이 그분 안에서 하나가 된다는 의미로 확장되었습니다. 그래서 인종, 성별, 나라, 문화의 차이와 관계없이 예수님을 메시아로 고백하는 모든 자들은 예수님 안에서 형제가 됩니다. 유대인들은 예수님을 메시아로 고백하고 있지 않지만 같은 말씀과 하나님을 섬기기 때문에 우리의 형제입니다. 그래서 그들이 잃어버린 무언가가 있고, 그것이 우리 안에 있다면 우리가 그들에게 돌려주어야 합니다. 그것은 바로 복음입니다.

예수님은 유대인을 향해 목자없는 양같이 유리하는 자들이라고 하셨고(마 9:36), 또 이스라엘 집의 잃어버린 양이라고 말씀하셨습니다(마 10:6). 그리고 제자들을 파송하실 때 이스라엘 집의 잃어버린 양에게 가라고 하셨고 예수님 자신도 이스라엘 집의 잃어버린 양을 위해 오셨다고 말씀하셨습니다(마 15:24). 예수님은 잃어버린 양과 잃어버린 드라크마의 비유를 말씀하시며 잃어버린 형제를 아버지께로 인도하여 찾아오는 것에 대한 기쁨도 말씀하셨습니다(눅 15장). 지금 하나님에게 있어서 이스라엘은 잃어버린 양입니다. 하나님은 그들을 찾기 원하십니다. 그래서 예수님의 형제된 우리가 잃어버린 양을 찾아 아버지께로 데리고 오길 원하십니다. 또한 예루살렘에서 시작된 복음이 현재는 예루살렘에서는 잃어버렸고 우리에게 들려졌습니다. 우리가 가지게 된 이 복음을 복음의 시작이었던 예루살렘에, 이스라엘에 다시 찾아주어야 할 때입니다.

> 너희가 전에는 양과 같이 길을 잃었더니 이제는 너희 영혼의
> 목자와 감독 되신 이에게 돌아왔느니라(벧전 2:25)

DAY 3 신 22:8-23:8 / 브리트 하다샤 고전 5:1-5

하나님의 백성이 가져야 할 순결 – 섞이지 말라

모세는 이스라엘 백성에게 약속의 땅에 들어가서 함께 세워나갈 하나님의 킹덤의 질서와 안정을 위해 사람의 권리를 존엄하게 여기고 지켜주는 것을 중요한 규례로 가르쳤습니다. 하나님의 성품을 닮은 품격 있는 하나님의 백성의 삶과 태도는 사람의 권리를 지켜주는 행실을 통해 나타나게 됩니다. 하나님은 다른 이방 신들과는 비교도 할 수 없는 완전히 다른 신이며 그래서 하나님에 의해 구별된 이스라엘 백성 역시 이방 민족들의 삶의 모습과는 구별된 삶을 살도록 명령받았습니다. 구별된 백성의 구별된 삶의 모습 중 하나는 사람의 존엄성과 권리를 지켜주는 것이고, 이 외에 하나님의 품격 있는 백성으로서 반드시 지켜야 할 것은 육적, 혼적, 영적 순결을 지키는 것입니다.

순결은 섞이지 않은 순수하고 깨끗한 상태를 의미합니다. 하나님의 백성은 거룩한 백성에 맞게 세상과 섞이지 않는 순결을 지켜야 할 의무가 있습니다. 거룩한 하나님의 임재가 하나님의 백성 가운데 거하시기 때문에 자신을 더럽히거나 뒤섞여서는 안 되는 것입니다. 몸의 순결은 곧 영혼의 순결과 닿아 있습니다. 그래서 하나님은 간음하지 말라는 십계명의 일곱 번째 계명의 연장 선상에서 대놓고 하는 음란이나, 교묘하게 음란의 가능성을 열어 둘 수 있는 모든 것을 차단하고 끊어내는 규례를 말씀하십니다.

첫째, 여자와 남자가 서로의 의복을 바꿔 입지 말라 명하십니다. 이것은 하나님께 가증한 것입니다(신 22:5). 옷은 정체성을 의미하는 것으로 남녀의 의복을 바꿔 입지 말도록 명령하신 것은 하나님이 창조하신 성적 정체성을 바꾸지 말라는 의미를 담고 있습니다. 또한 이 당시 이집트나 가나안 풍습 가운데 성별을 바꾸어 입는 문란한 성적 복장 풍습이 있었기 때문에 하나님은 세상의 이런 문화를 따르지 못하도록 하기 위해 금하셨습니다. 성적 정체성을 바꾸는 것 외에 하나님은 포도원에 두 종류의 씨앗을 섞어 뿌리거나 두 종류의 실을 섞어서 짜지 못하게 하시는데(신 22:9-11) 이것은 서로 다른 종류의 것을 부자연스럽게 뒤섞음으로 인해 창조 질서를 어지럽고 문란하게 하지 말라는 의미를 담고 있습니다. 몸이 섞이는 것은 영적으로 타락하는 것으로 연결되기 때문에 하나님은 자신의 백성들의 몸의 순결을 지키는 것을 중요하게 다루십니다.

둘째, 결혼 관계에서 남편이 아내의 처녀성을 의심함으로 고의적으로 결혼 관계를 끝내려는 것을 금지합니다(신 22:13-19). 특별한 사유가 없이 아내를 버리는 것은 이미 음란의 문을 열어주는 통로가 될 수 있습니다. 그래서 하나님은 이것을 금하십니다. 그러나 반대로 정말 여자가 결혼 전에 음란함으로 처녀인 표적이 없었다면 그 여인은 창기 같은 행동을 한 것으로 간주되어 돌로 쳐서 죽임으로 악을 제하라고 명령하셨습니다(신 22:21). 이렇게 함으로 백성 중에서 악을 근절하라고 하십니다.

셋째, 유부녀와 동침한 남자나 약혼한 처녀가 다른 남자와 동침한 경우 하나님은 모두 죽여서 악을 제하라고 명령하십니다(신 22:22-24). 또한 약혼한 처녀를 강간한 남자는 죽여야 하며 약혼하지 않은 여자를 강간한 경우는 반드시 보상을 하고 아내로 삼아야 합니다(신 22:28-29). 이 경우들 모두 결혼 관계의 신성함을 보호하기 위한 하나님의 단호한 명령입니다.

하나님이 규정하신 두 번째와 세 번째의 간음에 대한 규례는 모두 결혼과 관련된 것입니다. 결혼은 몸의 신성한 결합이자 영혼의 결합입니다. 하나님은 이스라엘 백성과 하나님의 연합을 결혼에 비유 하실만큼 결혼을 세상에서 가장 아름답고 고귀한 하나됨의 모습으로 디자인하셨습니다. 그런데 이스라엘 백성은 언약을 통해 하나님과의 연합을 이뤄 놓고는 금방 다른 신에게 마음을 돌려 그들에게 몸과 마음을 모두 주고 연합하였습니다. 이것은 하나님에게 있어서 배신이자 수치스러운 일이었습니다. 결혼한 부부가 서로가 아닌 다른 사람에게 몸과 마음을 주는 것은 서로를 향한 배신이자 수치입니다. 그래서 하나님은 간음을 강력하게 금지하십니다. 사도 바울은 간음, 음란이 공동체를 더럽히기 때문에 그런 자들은 공동체에서 잘라내야 한다고 말했습니다(고전 5:2). 음란은 자신의 몸만 더럽히는 것이 아니라 가정, 공동체, 사회 전체의 질서를 어그러뜨립니다. 간음과 간통의 문이 열리는 것을 허락하는 것은 곧 한 사회와 나라가 망하는 문을 열어주는 것과 같습니다.

하나님은 처음 언약을 맺은 이스라엘 백성으로부터 그들의 음란으로 역사 가운데 수많은 배신을 당하셨습니다. 예레미야 3장에서 하나님은 그들의 음란과 행악이 얼마나 땅을 더럽혔는지를 말씀하십니다. 이스라엘 백성이 바알이나 다른 신들을 섬기고서 다시 돌아온다 해도 하나님은 그것을 어떻게 받아들일 수 있겠느냐며 괴로워하시지만(렘 3:1) 호세아가 음란한 아내 고멜을 다시 받아주도록 하심으로써 결국은 이스라엘이 돌아오는 것을 받아줄 것이고 고쳐서 새롭게 할 것이라고 말씀하십니다(호 14:4).

간음으로 하나님을 배신하고, 몸과 영혼을 더럽히며, 하나님의 왕국 통치의 중심인 그 땅도 더럽힌 이스라엘 백성이었지만 하나님의 초월적인 사랑은 직접 정하신 율법의 범위를 벗어난 이스라엘을 사랑하시고 다시 받아 주실 뿐 아니라 예슈아를 통해 하나님이 아닌 다른 신을 섬겨온 모든 이방 사람들을 하나님의 품으로 받아 주실 길을 열어 주십니다. 사랑은 죄로 인한 형벌의 두려움을 이기게 하고 모든 허물을 덮어줍니다.

하나님은 하나님의 백성들에게 섞이지 않는 순결을 요구하십니다. 그리고 이 순결은 음란과 우상숭배를 하지 않는 거룩한 삶입니다. 거룩은 하나님의 본성으로 아름답고 고귀한 것입니다. 하나님이 자신의 백성에게 거룩을 말씀하시는 이유는 그들이 아름답고 고귀한 존재이기 때문입니다. 아름답고 고귀한 존재는 아무렇게나 섞이지 않습니다. 자신을 구별하여 깨끗하게 지킵니다. 우리 자신이 아름답고 고귀한 존재라는 것을 깨닫는 순간 우리는 순결하고 거룩한 삶을 살기를 스스로 갈망할 것입니다.

DAY 4 신 23:9-25

전쟁을 위해 네 진영을 거룩히 하라

이스라엘의 전쟁은 하나님의 전쟁입니다. 그래서 하나님은 전쟁에 출전하기 전에 모든 악한 일을 삼가라고 말씀하십니다(신 23:9). 악한 일이란 하나님 보시기에 정결하지 못한 부정한 것인데 특별히 하나님이 언급하신 두 가지 일은 몽설한 것과 변소를 사용하는 문제입니다. 두 가지 모두 몸에서 배출되는 것들인데, 몽설은 전쟁에 나가야 하는 군인이 전쟁에 집중하지 못하고 성적 충동을 느끼는 것에 대한 경고이고, 배변은 몸에서 배출되는 더러운 배설물로써 하나님은 이 두 가지가 하나님의 군대의 진영을 더럽힌다고 보셨습니다.

하나님은 이스라엘의 전쟁을 영토를 넓히고 자기 권력을 확장하기 위한 탐심으로 싸우는 다른 나라와의 전쟁과 달리 하나님 나라를 지키기 위한 전쟁으로 바라보십니다. 고대 사회에서 나라와 나라의 전쟁은 곧 자기들이 섬기는 신들의 전쟁으로 실제로 이스라엘을 공격했던 이방 나라들은 하나님을 섬기는 이스라엘을 모욕했고, 하나님을 모욕했습니다. 그래서 하나님은 자신과 자신의 백성을 모욕하는 이방 나라를 향한 철저한 심판을 행하셨습니다. 그래서 하나님과 함께 싸우는 땅의 군대인 이스라엘의 군대를 하나님은 더 특별히 관리하셨고, 그들이 하나님의 거룩함을 나타내길 원하셨습니다. 이스라엘의 군대는 전쟁에 준비되어 있어야 했고, 자신들의 몸을 정결하게 지켜야 했습니다. 그렇게 함으로써 하나님이 친히 거하시는 진영이 거룩하게 유지되어야 했습니다.

하나님은 몽설한 자는 반드시 해 질 때에 목욕을 하고 해가 진 후에 진영으로 돌아오도록 하셨고, 배변은 반드시 진영 바깥에서 함으로써 자신의 불결함을 하나님이 보지 않으시도록 했습니다(신 23:11-13). 하나님의 진영이 거룩하게 유지되면 하나님은 적군을 이스라엘 손에 넘기고 이스라엘을 구원하시기 위해 일하시며, 그들을 떠나지 않겠다고 약속하셨습니다(신 23:14).

고대 사회만 신들의 전쟁이 아니라 지금도 하나님과 세상 신들 사이에 격렬한 전쟁이 일어나고 있습니다. 이것은 하나님을 섬기는 하나님 나라의 백성들과 세상의 신(음란과 물질)들을 섬기는 자들 사이의 전쟁입니다. 이런 전쟁이 일어나고 있는 이유는 최종적으로 메시아닉 킹덤이 이 땅에 임하기 직전의 시간에 우리가 있기 때문입니다. 세상의 신들은 이 땅에 메시아닉 킹덤이 세워지지 못하고 자신들이 차지하기 위해 잔인하고 폭력적인 전쟁을 일으키고 있고, 그 가운데 약자인 많은 여성들과 아이들이 유린되고 있습니다. 세상 나라의 전쟁은 약자들을 철저히 짓밟지만, 하나님 나라의 전쟁은 약자들을 보호하고 비록 그들이 하나님을 섬기지 않는 민족이라 할지라도 전쟁 중에 그들이 하나님께로 돌아올 수 있는 기회를 주는 전쟁입니다. 세상 나라의 전쟁은 죽음과 멸망을 위한 것이고, 하나님 나라의 전쟁은 생명을 구원하기 위한 전쟁입니다. 우리는 지금 이러한 전쟁을 목도하고 있고, 물리적인 전쟁과 함께 격렬한 영적 전쟁을 치르고 있습니다. 이러한 때에 하나님은 우리의 진영을 거룩하게 하라고 말씀하십니다. 우리의 진영을 거룩하게 하는 것은 불결함을 보이지 않는 것입니다. 우리 몸과 혼과 영을 깨끗하게 보존하는 것입니다. 우리 자신을 지켜 거룩하게 하는 것이 곧 진영을 깨끗하게 하는 것입니다. 영적 전쟁의 군사들이 함께 모여 예배하는 곳을 지키고, 자신을 정결하게 지킬 때 하나님의 임재가 함께 하고 하나님이 구원을 위해 친히 싸우실 것입니다. 전쟁에서의 승리의 비결은 하나님의 임재입니다. 하나님의 군대인 이스라엘과 교회가 철저히 자신들을 돌아보고 거룩을 찾아야 할 때입니다.

형제 사랑

하나님은 종이 자기 주인을 피해 도망하였을 때 압제하지 말고 그 종이 원하는 곳을 택하여 함께 거주할 수 있게 도우라고 말씀하십니다(신 23:15). 종이 주인을 피해 왔을 때는 어떤 고통과 압제를 피하여 온 것인데 그를 돌려보내면 그가 다시 고통을 받게 하는 것이기 때문에 하나님은 그렇게 하지 말라고 말씀하십니다. 종이라 할지라도 그들의 아픔을 간과하거나 무시하지 말고 돌봐주는 자비와 관용을 베풀라고 말씀하십니다. 또한 형제에게 무엇인가를 꾸어 줄 때는 이자를 받지 말며(신 23:19) 형제가 어려움이 있어 무엇인가를 전당 잡힐 때는 전당 잡힌 물건을 해 질 때에 반드시 다시 돌려주라고 말씀하십니다(신 24:13). 하나님은 옷까지 전당 잡힐 정도로 기본 생활이 어려운 형제에게 너그럽게 대하고 축복해 줌으로 그렇게 행하는 것이 여호와 앞에서 의로움(쩨다카 הקדצ)이 된다고 하십니다(신 24:13). 그리고 이렇게 형제에게 너그러이 대할 때 하나님이 그 사람이 약속의 땅에서 그 손으로 하는 모든 일에 복을 내려주시겠다고 약속하십니다(신 23:20).

하나님의 킹덤에서 형제를 사랑하고 돕는 것은 하나님의 입장을 대변하는 행위로 그 사람에게 의로움(쩨다카 הקדצ)이 되는 것이며 킹덤이 더욱 부요하고 풍요하게 되는 길입니다. 형제가 서로를 향해 보여주는 사랑은 하나님의 백성들의 성품과 삶의 품격이 얼마나 고귀한지를 보여주는 것이자 하나님의 축복이 부어지는 통로가 되게 함으로 킹덤을 더욱 번영하게 합니다. 하나님 나라의 인권은 상대방의 인권을 보호해주고 돌봐줌으로 함께 상생과 번영을 누리는 인권으로 내 권리를 더 지키겠다는 인본주의적이며 이기적이고 역차별적인 인권과는 출발점이 다른 것입니다.

성소수자들이 처음에는 자기들의 권리를 보장받겠다는 차원에서 인권을 외치는 것처럼 보였으나 시간이 흐를수록 하나님의 질서를 지키는 성의 개념을 외치는 자들을 법적으로 탄압하는 이상한 인권으로 흘렀고, 여성의 인권을 외치는 페미니즘은 남성과 동등하게 사회적으로 인정받겠다고 하면서 어떤 경우에는 여자이기 때문에 더 많은 혜택을 누려야 한다는 이상한 차별로 흘러버렸습니다. 이것이 인본주의의 헛점입니다. 인본주의는 시작은 그럴싸한 말로 포장하여 사람들을 미혹하지만 헛점이 드러나기 시작하면 본색을 드러내어 자신들의 이념을 합리화하기 위해 거짓말도 서슴없이 합니다. 그러나 하나님의 말씀은 진리와 사랑 위에 세워져 있기 때문에 언제나 변함이 없습니다. 진정한 인권은 성별, 인종, 문화적 차이와 관계없이 자유와 평등을 보장받는 것이고, 자유와 평등은 온 우주의 창조주이신 하나님 안에서 누릴 수 있는 아름다운 가치입니다. 사탄이 왜곡해 놓은 자유와 평등의 가치는 토라 안에서, 그리고 토라이시고 진리이신 예슈아 안에서 다시 세울 수 있습니다.

진리를 알지니 진리가 너희를 자유롭게 하리라(요 8:32)

DAY 5 신 24:1-4

혼의 정결과 가정

한 번 이혼한 부부는 다른 사람과 재혼했다가 다시 결합할 수 없다고 말씀하십니다 (신 24:1-4). 이는 한 번 이혼한 부부가 각각 다른 사람과 몸을 섞고 또 다시 결합함으로써 부지중에 간음을 행하는 것이 될 수 있기 때문입니다.

어떤 이유로든 결혼 관계는 신성하게 보호되고 지켜져야 하는 것을 강조하시지만 불가피하게 이혼하게 될 경우 하나님은 그것을 인정해 주십니다(신 24:1). 음란한 우리를 끝까지 사랑하시는 하나님처럼 우리도 누군가를 그렇게까지 용납하고 용서하고 사랑함으로 신성한 결혼을 지키면 좋겠지만, 하나님 스스로도 음란으로 인해 사랑이 깨어지고 배신당한 아픔이 어떠한지를 너무 잘 아시기 때문에 음란의 문제 앞에서의 이혼을 허락하셨습니다. 그러나 다른 사람과 재혼했다가 다시 결합하는 것은 또 한 종류의 간음이기 때문에 하나님은 이것을 허락하지 않으십니다. 이런 행동은 교묘하게 음란을 합리화하는 것으로 여호와 보시기에 가증한 것이며 하나님의 백성이 안식의 땅에 들어 갈 때 이러한 일들은 약속의 땅을 죄로 물들게 하는 것입니다(신 24:4). 합법적인 결혼 관계를 통한 몸의 결합 이외의 모든 것은 간음이고 간음은 땅을 더럽게 하는 것입니다.

사랑이 식어가고 사람들이 자기를 사랑하며 폭력적이 되어가기 때문에 가정을 지키는 것도 쉽지 않은 시대입니다. 나를 위한 삶을 살고 싶지 남편이나 아내, 자녀들 때문에 희생하며 사는 것을 원치않는 청년들이 늘어가고 있습니다. 또 결혼을 했다할지라도 불륜이나 간통이 죄가 되지 않는 세상이라 법적 처벌이 없어 결혼의 신성에 대한 가치가 너무 떨어져 버렸습니다. 게다가 동성애와 다양한 성별이 가능하다는 인식은 가정의 질서까지 파괴해 버렸습니다. 동성애 커플의 아이 입양으로 인한 잘못된 가정 제도까지 생겨난 지금, 하나님의 창조 질서에 따른 아름다운 본이 되는 가정을 찾아보기가 점점 어렵게 되었습니다. 하나님은 이 모든 것이 땅을 더럽히는 것이라고 말씀하십니다.

땅을 지키는 방법은 사람이 자신의 몸을 정결하게 지키는 것입니다. 특히 하나님의 백성들은 구별된 자로서의 존엄과 고귀함을 가지고 하나님이 주신 몸을 정결하게 지켜야 합니다. 몸의 정결은 곧 혼의 정결입니다. 바른 생각과 감정, 의지를 가진 아름다운 혼을 가진 사람들이 가정과 공동체와 사회를 지킵니다. 이것이 곧 땅을 지키는 것과 같습니다. 우리의 혼은 부단히 자기를 깎고 연마하는 과정에서 훈련되고 다듬어집니다. 그래서 가정은 서로 가까이 있으면서 남들이 용납해주기 어려운 것도 이해하고 사랑하는 과정을 통해 또 다른 사람을 이해하고 사랑하는 것을 훈련하고 배우는 곳입니다. 그렇기 때문에 치열할 수 밖에 없고, 그런 과정 속에서 더 빛나고 아름다워집니다.

처음부터 아름다운 가정은 없습니다. 가정도 진흙탕처럼 느껴지는 곳에서 노력과 수고와 싸움을 통해 만들어 가는 것입니다. 이 과정에서 포기와 용납을 배우고, 배려와 이해를 넓혀갑니다. 결혼은 하나님 앞에서 두 남녀가 하나가 되겠다고 선언하는 언약입니다. 두 남녀의 하나됨으로 탄생하는 가정이 에덴-동산이 될 때 그곳이 하나님의 나라입니다.

DAY 6 신 24:5-25:16

하나님의 킹덤의 인권 - 가난한 자, 고아, 과부, 나그네, 종

형제 사랑의 범주에 하나님이 마음을 두는 사람들은 가난한 자, 고아, 과부, 나그네 심지어는 종까지입니다. 하나님은 이들이 자신들이 처한 상황으로 인해 이 땅에서 먹고 사는 것에 대한 기본 생계유지까지 위협을 받기 원하지 않으셨습니다. 하나님의 킹덤은 모두가 함께 축복을 누리는 곳이기 때문입니다. 각자의 역할과 분량에 따라 혹은 노력에 따라 누리는 정도가 다를 수는 있겠지만 최소한의 생계유지는 이뤄질 수 있도록 하나님의 백성들이 서로를 돕기 원하셨습니다. 가난으로 인해 무시당하지 않길 원하셨고 고아나 과부, 나그네라는 신분으로 인해 위축되지 않길 원하셨으며, 종이라는 신분 때문에 영원히 주인에게 복속되는 것을 원하지 않으셨습니다.

어느 종이 그 주인의 압제로 인하여 주인을 피하여 다른 곳으로 도망갔을 때 하나님은 종을 원래 주인에게 돌려주지 말라고 말씀하십니다. 비록 종의 신분이지만 하나님은 사람으로써 그가 압제 당하는 것을 원하지 않으셨기 때문입니다(신 23:15-16). 또한 곤궁하고 가난한 품꾼은 학대하지 말고 품삯을 반드시 당일에 주도록 명령하십니다(신 24:14-15). 가난한 자에게 있어서 그 날의 품삯이 하루를 살아가는 생명과도 같다는 것을 잘 아시는 하나님은 돈으로 인해 사람의 생명을 위태롭게 하지 않도록 명령하십니다. 또한 나그네나 고아의 송사를 억울하게 하지 말며 과부의 옷을 전당 잡지 말라고 하십니다(신 24:17). 고대사회에서 옷은 가난한 자들에게 있어서는 전재산과 같은 것으로 유일하게 몸을 보호해 주는 것이었습니다. 옷을 잃어버리는 것은 전부를 잃어버리는 것과 같았기 때문에 하나님은 이런 일은 절대 하지 말도록 명령하십니다. 그리고 오히려 밭의 소산물들을 다 거두지 말고 고아와 과부와 나그네를 위해 남겨둠으로써 하나님의 땅에서 그들도 최소한의 먹을 것을 먹을 수 있도록 보장해 주십니다(신 24:18-21). 그래서 고아와 과부와 나그네는 다른 사람의 밭에 들어가 그 열매를 따 먹을 수는 있었지만 열매를 그릇에 담거나 낫을 댈 수는 없도록 하나님은 정확한 경계를 지어주심으로 사유 재산권이 침해당하지 않도록 보장해 주십니다(신 23:24-25). 하나님은 가난한 자의 인권 못지 않게 재산을 가진 자들의 인권도 똑같이 생각해 주십니다. 더 가진 자들은 가난한 자들을 위해 나눠주어야 할 의무를 갖지만 동시에 가난한 자들은 받은 도움 이상의 욕심을 내지 않고 가진 자들의 재산을 존중해 주도록 함으로써 하나님은 최소 생계유지와 사유재산보호를 동시에 지켜 주십니다.

하나님은 이스라엘 백성이 그들도 종이었던 것을 기억하고 사회적으로 소외된 자들을 돌보라고 명령하십니다(신 24:18, 22). 하나님은 이스라엘 백성을 이집트의 노예의 신분으로 살도록 한 동안 허락하셨습니다. 이스라엘 백성은 노예로 살면서 사회에서 소외된 자, 억압받는 자의 심정이 어떤지를 경험하였고, 또 하나님이 그런 자들을 얼마나 사랑과 자비로 돌보시는지, 또 어떻게 구원해 주시는지를 경험하였습니다. 상처를 받아본 사람이 같은 상처를 가진 자를 이해해 주는 것처럼 하나님은 노예의 삶을 살아보았던 이스라엘 백성이 그것을 잊어버리기 원하지 않았고 소외되고 억압받는 자들의 심정을 이해해 주는 긍휼이 있는 자들이 되길 원하셨습니다.

가난한 자들을 도움으로 그들이 사람으로서 최소한 가져야 할 권리를 지켜주는 의무는 모든 사회에 있습니다. 그러나 많이 가진 자들에게도 자신의 노력과 애씀으로 얻은 재산을 누릴 권리가 있습니다. 가진 자들은 사회의 안정과 평안을 위해 더 많이 나눠야 할 의무가 있는 것은 분명하지만 그것은 자발적으로 원하는 만큼 되어야 할 것입니다. 사회 유지를 위한 하나님의 경제관은 분명 가진 자가 가난한 자를 위해 나누는 것이지만 하나님은 이것을 최소한의 범위로 정하셨으며 가진 자의 것을 나눠서 모두가 똑같은 재산을 가져야 한다고 규정하지 않으셨습니다. 하나님의 킹덤에는 여전히 많이 가진 자가 있고 적게 가진 자가 있습니다. 적게 가진 것이 기본 인권이 보장되지 않는다는 것을 의미하지는 않습니다. 사람은 누구나 자유 안에서 자신에게 주어진 능력과 수고에 따라 더 확장되게 할 수도 있지만 때로는 실패할 수도 있습니다. 실패로 인해 얻게 된 어려움은 또 형제가 함께 도와줌으로써 극복할 수 있습니다. 하나님은 자신의 백성들이 자유를 누리면서 그 안에서 서로의 권리와 평등을 보장해주는 자발적인 삶을 살기 원하십니다. 자유가 보장되지 않는 평등은 전제주의적 폭압에 지나지 않습니다.

하나님은 태초부터 우리에게 자유를 주셨습니다. 자유 안에서 스스로 선택하도록 하셨습니다. 깨어지기 쉽고, 연약한 에노쉬인 인간에게 스스로 선택할 수 있는 자유를 주신 것은 어찌보면 하나님의 입장에서 많이 돌아가야 하는 길이었지만 자유의 근원이신 하나님은 그렇게 결정하셨습니다. 그래서 우리의 자유를 가장 잘 보장해주고 지켜주시는 분은 하나님이십니다. 하나님과 하나님의 법(토라) 안에 있을 때 우리는 진정한 자유를 누릴 수 있습니다. 우리가 자유를 위해 부르심을 입었으니 그 자유로 육체의 기회를(음란과 탐심) 삼지 말고 오직 사랑으로 형제를 섬기는 것이(종 노릇) 진정한 자유자의 모습입니다(갈 5:13).

DAY 7 신 25:17-19

아말렉을 도말하라

이스라엘 백성이 이집트에서 나와 홍해를 건너고 마라의 쓴 물을 지나 신 광야에서 먹을 것으로 인해 하나님께 불평하고, 므리바에서 마실 물로 인해 하나님을 거역하면서 연단과 훈육을 받는 과정 중 피곤하고 지쳐 있을 때 아말렉은 이스라엘 백성의 무리 중 뒤로 쳐진 약한 자들을 뒤에서 공격함으로 이스라엘을 위협하였습니다. 하나님은 이것을 아말렉이 하나님을 두려워하지 않음으로 하나님을 대적한 것으로 인식하시고 이후에 이스라엘 백성이 안식의 땅에 들어가서 정착을 하고 사면에 있는 모든 대적을 벗어나게 하시고 안식을 주실 그 때에 아말렉을 천하에서 완전히 없애 버리라고 명령하십니다(신 25:19).[22]

하나님이 어떻게 이집트의 우상 신들을 심판하시고 자신의 백성을 친히 인도하여 광야를 행진하고 있는지 당시 주변의 많은 민족들이 알고 있었습니다. 그래서 이제 막 이집트에서 나온 힘이 없는 연약한 민족이었지만 여호와 하나님에 대한 두려움으로 아무도 이스라엘 백성을 건드리지 않았는데 아말렉은 그런 야비한 방법으로 이스라엘을 공격하여 여호와의 군대를 그리고 여호와의 보좌를 건드립니다.

하나님을 향해 높아져 대적하는 그 어떤 것도 이 땅에 남겨질 수 없습니다. 아말렉을 도말하신 것처럼 하나님은 하나님의 권위에 도전하고 하나님의 권위를 가진 사람을 무너뜨린 사탄 마귀와 그의 집행부들을 완전히 심판하실 것입니다. 사탄은 자신의 최후를 알고 있기에 더욱 우는 사자처럼 하나님의 백성들을 삼켜버리려고 하지만 많은 거역과 불순종에도 끝까지 이스라엘 백성을 약속의 땅으로 다시 돌아가게 하신 것처럼 우리들을 에덴-동산의 자리로 들어가게 하실 것입니다. 끝까지 사랑하시며 당신의 백성을 붙들고 놓지 않으시는 하나님의 사랑에 완전히 순복하는 신부가 되길 원합니다.

---

22. 예루살렘에서 히브리적 관점으로 읽는 출애굽기 16주간 베샬라흐, 주제#7 여호와의 보좌를 건드린 아말렉 참고

하프타라 사 54:1-10

영원한 하나님의 긍휼(자비)

수많은 음란과 배신으로 하나님의 징계와 채찍을 받고 수치를 당한 이스라엘이었지만 하나님은 그들을 향해 말씀하십니다.

> 너를 지으신 이가 네 남편이시라 그의 이름은 만군의 여호와이시며 네 구속자는
> 이스라엘의 거룩한 이시라 그는 온 땅의 하나님이라 일컬음을 받으실 것이라
> (사 54:5)

하나님은 여전히 이스라엘의 남편이며 구속자 이십니다. 잠시 버렸지만 그것은 이스라엘을 연단하시기 위한 도구였을 뿐 큰 긍휼, 라함ㅁㅁ으로 그들을 모으시고 구속하실 것입니다(사 54:7). 하나님의 넘치는 진노가 있었지만 그 진노는 영원한 자비와 긍휼로 덮어집니다(사 54:8). 산들과 언덕이 움직여 이동되는 엄청난 진동이 있을지라도 하나님의 자비는 이스라엘에게서 떠나지 않으며 화평의 언약은 흔들리지 않을 것입니다(사 54:10). 하나님이 이렇게 하시는 이유는 하나님의 긍휼이 이스라엘과 함께 하기 때문입니다. '긍휼, 자비'라는 뜻을 가진 히브리어 라함ㅁㅁ은 자궁을 의미하기도 합니다. 자궁은 생명을 잉태하고 보호하는 곳입니다. 신실하신 하나님은 신부와의 언약을 지키기 위해 신부를 당신의 긍휼로 감싸시고 보호하십니다. 온 우주의 왕이신 신랑을 맞이하기 위해 신부가 지켜야 할 수많은 법들과 규례가 있지만 법들과 규례를 뛰어넘는 하나님의 긍휼이 신부를 감싸줍니다. 그리고 이 긍휼은 영원히 떠나지 않으며 흔들리지 않을 것입니다. 긍휼은 심판을 이기고 자랑합니다(약 2:13).

신명기 12-25장은 십계명의 사랑의 언약을 지키기 위한 확장되고 세부적인 규례와 법도들로써 하나님의 신부인 이스라엘 백성과 아브라함으로 인해 믿음으로 하나님의 언약 안으로 들어가 신부가 된 교회와 성도들에게 가르치신 것입니다. 세부적인 규례와 법도들은 하나님의 백성의 삶에 최하위선을 그어 놓고 최소한 이것을 지키지 않으면 벌을 내릴 것

이라는 징벌의 법률이 아닙니다. 이것은 하나님의 신부로서 우리들의 삶이 아름답고 고귀한 품격을 지닐 수 있도록 정해주신 상한선이 되는 기준이자 이 규례와 법도를 따를 때 받게 될 축복을 강조하신 것입니다. 하나님은 당신의 백성들을 결코 낮게 바라보지 않으시고 존귀하게 바라보십니다. 비록 죄로 인해 타락한 본성이 하나님을 거스르며 악한 길로 자주 빠지게 하지만 하나님은 그럼에도 당신을 여전히 고귀한 하나님의 신부라고 말씀하십니다. 그런 신부에게 하나님이 낮은 수준의 삶을 요구하면서 '최소한 이것은 지켜야 한다'고 말씀하지 않습니다. '너는 아름답고 존귀한 존재이기 때문에 가장 높은 수준의 삶을 살아야 한다'고 말씀하십니다. 그래서 신명기는 지켜야 한다, 지키지 말아야 한다를 강조하는 율법서라기 보다는 아름답고 존귀한 우리의 정체성을 찾게 하고 우리의 삶에 번영과 축복을 누리게 하는 하늘에서 내려 주신 생명의 가르침입니다. 하나님은 생명의 가르침을 모세를 통해 당신의 백성들에게 가르치셨고 오늘날 신부들의 심장에 호소하십니다.

이 생명의 가르침을 듣고 순종하여(쉐마) 이 땅에서도
품격 있는 자로서 번영과 풍요의 축복을 누리고 안식으로 들어가서도 상급
받고 칭찬과 명성 얻어 영생을 누리라.

지금 이 땅에서 우리가 하나님이 신부의 삶의 품격을 위해 정해주신 말씀을 따르며 사는 것은 그 날에 완성될 하나님의 킹덤에서 영화로운 모습으로 만왕의 왕이신 예슈아와 함께 온 땅을 다스리고 영원을 누리는 것을 준비하고 연습하는 것입니다. 말씀을 따르며 사는 삶은 영원을 준비하는 삶입니다.

키 테쩨 주간의 말씀

1. 이웃(형제)을 사랑할 수 있는 전제 조건은 하나님을 전적으로 사랑하는 것입니다. 하나님의 사랑을 깨닫고 그 마음을 알게 된 자는 이웃(형제)을 어떻게 사랑해야 하는지 알게 됩니다.

2. 하나님의 킹덤에서 인권은 하나님과 연합한 하나님의 백성들이 하나님의 형상과 모습을 가진 사람들을 섬기고 도움으로써 하나님이 창조하신 세계가 질서 가운데 아름답게 유지되고 확장되게 하는 것입니다. 하나님의 킹덤에서의 인권을 위해 하나님이 제일 먼저 말씀하신 것은 부모 공경입니다.

3. 세상은 정치적, 경제적인 목적으로 인권을 이용하지만 하나님은 사람의 존재 자체를 사랑하심으로 인권을 보호하십니다. 그래서 인권은 하나님 안에 거할 때 진정으로 보호받을 수 있습니다. 또한 하나님이 사랑하시는 사랑으로 형제를 사랑할 때 서로의 인권을 보호해 줄 수 있습니다.

4. 구별된 백성의 구별된 삶의 모습 중 하나는 사람의 존엄성과 권리를 지켜주는 것이고, 이 외에 하나님의 품격 있는 백성으로서 반드시 지켜야 할 것은 육적, 혼적, 영적 순결을 지키는 것입니다.

5. 하나님이 자신의 백성에게 거룩을 말씀하시는 이유는 그들이 아름답고 고귀한 존재이기 때문입니다. 아름답고 고귀한 존재는 아무렇게나 섞이지 않습니다. 자신을 구별하여 깨끗하게 지킵니다. 우리 자신이 아름답고 고귀한 존재라는 것을 깨닫는 순간 우리는 순결하고 거룩한 삶을 살기를 스스로 갈망할 것입니다.

6. 하나님의 킹덤에서 형제를 사랑하고 돕는 것은 하나님의 입장을 대변하는 행위로 그 사람에게 의로움(쩨다카ㄲㄲ규)이 되는 것이며 킹덤이 더욱 부요하고 풍요하게 되는 길입니다. 하나님의 킹덤의 인권은 상대방의 인권을 보호해주고 돌봐줌으로 함께 상생과 번영을 누리는 인권으로 내 권리를 더 지키겠다는 인본주의적이며 이기적고 역차별적인 인권과는 출발점이 다른 것입니다.

7. 인본주의는 시작은 그럴싸한 말로 포장하여 사람들을 미혹하지만 헛점이 드러나기 시작하면 본색을 드러내어 자신들의 이념을 합리화하기 위해 거짓말도 서슴없이 합니다. 그러나 하나님의 말씀은 진리와 사랑에 세워져 있기 때문에 언제나 변함이 없습니다. 토라는 변함없는 진리이고, 사탄이 왜곡해 놓은 자유와 평등의 가치는 토라 안에서, 그리고 토라이시고 진리이신 예슈아 안에서 다시 세울 수 있습니다.

8. 세부적인 규례와 법도들은 하나님의 백성의 삶에 최하위선을 그어 놓고 최소한 이것을 지키지 않으면 벌을 내릴 것이라는 징벌의 법률이 아닙니다. 이것은 하나님의 신부로서 우리들의 삶이 아름답고 고귀한 품격을 지닐 수 있도록 정해주신 상한선이 되는 기준이자 이 규례와 법도를 따를 때 받게 될 축복을 강조하신 것입니다.

9. 신명기는 지켜야 한다, 지키지 말아야 한다를 강조하는 율법서라기 보다는 아름답고 존귀한 우리의 정체성을 찾게 하고 우리의 삶에 번영과 축복을 누리게 하는 하늘에서 내려 주신 생명의 가르침입니다.

키 테쩨 주간의 선포

1. 우리를 고귀한 존재로 만드시고 부르신 하나님의 창조목적에 맞게 우리 자신을 거룩하고 존엄있게 지키는 자가 되길 소망합니다. 세상의 풍조를 따르지 않고 하나님이 지키라 하신 거룩과 순결을 지키는 자가 되고, 이 가치를 자녀들에게 가르치고 전하며, 삶으로 살아내는 가정되게 하소서.

2. 은근히 음란을 받아들이고 타협하고 있었던 것을 회개합니다. 우리의 몸뿐 아니라 혼도 음란하게 하는 매체들을 차단하고 가까이하지 않기로 결정합니다. 우리를 음란하게 만드는 모든 것으로부터 하나님의 특별 보호를 요청합니다.

3. 인본주의, 인권이라는 명분 아래 하나님의 권위와 말씀을 폐하는 모든 사상들과 신념들을 거절합니다. 나도 모르게 내 안에 들어와 있는 잘못된 기준과 생각들을 말씀으로 드러내주시고 그것들을 모두 잘라주시길 기도합니다. 하나님과의 의(쩨덱)의 관계 안에서 바른 판단과 결정(미쉬파트)을 내릴 수 있도록 말씀을 가까이하고 더 상고하며 묵상하고 외워서 마음에 확실히 새기기로 결정합니다.

4. 형제를 사랑하고 이해하고 용납하고 용서하는 삶을 살게 하소서. 내가 먼저 형제를 헤아려 주는 자 되게 하소서. 나 중심적인 생각과 관점에서 하나님 중심적인 생각과 관점으로 형제를 바라볼 수 있는 눈을 더하여 주소서.

5. 치열한 물리적 전쟁과 영적 전쟁이 함께 이뤄지고 있는 이 시대에 나를 정결하게 하고, 나와 가정과 공동체가 거하는 진영을 거룩하게 하여 하나님의 임재로 채워주시고, 하나님이 친히 싸우시는 전쟁에 하나님과 함께 승리하는 자 되게 하소서.

50주간

כִּי תָבוֹא
KI TAVO

키 타보
네가 들어올 때

파라샤 **신 26:1-29:9**
하프타라 **사 60:1-22**
브리트 하다샤 **눅 24:44-53 / 마 4:13-24**

DAY 1 신 26:1-11

감사의 예배

신명기 12-25장에 걸친 십계명의 확장된 세부 규례들과 법도들이 마무리되면서 마지막으로 모세는 '네게 기업으로 주어 차지하게 하실 땅에 네가 들어가서(키 타보) 거기에 거주할 때(신 26:1)' 그 땅에서 얻게 될 첫 소산물을 하나님이 택하신 곳으로 가지고 가서 감사의 예배를 드리면서 기쁘게 예물로 드리라고 합니다. 신명기 12장에서 세부 규례와 법도들을 가르치기 시작할 때 모세는 가장 먼저 하나님이 택하신 장소에서 예배를 올려드릴 것을 명령합니다. 그리고 모든 세부 규례와 법도들에 대한 설명을 마치고 26장에서 다시 한번 모세는 그 땅에 가서 하나님께 올려 드려야 할 예배를 명합니다. 이스라엘 백성이 약속의 땅에 들어갈 때 그들이 직면해야 할 수많은 도전과 위협, 유혹을 이겨낼 수 있는 가장 중요한 대안은 '예배의 삶'이기 때문입니다. 아무리 세부적인 규례들과 법도를 지키려 애쓴다 할지라도 사람의 타락한 본성과 에워싸고 있는 죄악으로 가득 찬 환경들은 사람의 마음을 쉽게 하나님으로부터 멀어지게 합니다. 그래서 하나님께 마음과 뜻과 힘을 고정하여 드리는 예배의 삶이 선행되지 않고서는 하나님이 말씀하신 것을 실천하는 삶을 살 수 없습니다. 그래서 하나님은 모세를 통하여 세부 규례와 법도들을 가르치실 때 다른 것보다 예배의 삶을 먼저 강조하셨고, 또 모든 가르침을 예배의 삶으로 마무리하셨습니다.

하나님이 차지하게 하실 땅은 젖과 꿀이 흐르는 땅입니다. 그래서 모세는 이스라엘 백성이 그 땅에 정착하게 되면 가장 먼저 풍성한 소산물들을 누리게 될 것인데 젖과 꿀이 흐르는 그 땅에서 얻게 된 소산물들은 이스라엘 백성이 노력해서 얻은 것이 아닌 전적인 하나님의 은혜의 선물이라는 것을 기억하며 토지 소산의 첫 수확물들(열매들)을 하나님이 택하신 곳에 가지고 가서 올려드리라고 합니다(신 26:2). 그리고 이스라엘 백성이 약속의 땅에서의 모든 첫 수확물(열매)을 가지고 가서 제사장에게 보일 때 '내가 하나님이 약속하신 땅에 이르렀나이다(신 26:3)', '여호와께서 젖과 꿀이 흐르는 땅을 우리에게 주셨나이다(신 26:9)' 라고 고백하며 모든 풍성한 공급의 근원이신 하나님께 감사의 예배를 드리라고 명하였습니다.

첫 열매는 앞으로 거두게 될 추수의 시작을 의미하는 것으로 첫 열매를 하나님께 드림으로써 하나님이 공급하시고 풍성하게 하실 모든 것에 대한 기대와 감사를 올려드리는 것입니다. 이스라엘은 열방 중에 하나님께 드려진 첫 열매입니다. 이스라엘을 시작으로 하나님은 열방 중에 하나님을 아는 백성을 많이 추수하셔서 하나님의 나라로 들어오게 하실 계획을 가지셨습니다. 사도들은 예슈아를 믿는 자들의 첫 열매입니다. 사도들이 하나님께 드려짐으로써 열방 구원과 추수가 시작되었고, 이것이 오늘까지 이어져 곧 대추수가 이루어질 것이며, 그 이후 예슈아가 오실 것입니다. 또한 이사야 37:31-33의 예언에 따라 유다 족속 중에 피하여 남은 자가 예루살렘을 세워서 현대 이스라엘 국가가 되었으므로, 현대 이스라엘은 메시아닉 킹덤의 시온의 첫열매가 됩니다. 뿐만 아니라 마지막 때에 열방 중에서 예루살렘, 시온을 향하여 나아오며 토라의 길을 걷는 남은 자들도 시온의 첫 열매입니다. 예슈아는 모든 잠자는 자들의 부활의 첫 열매이시고, 예슈아의 부활을 시작으로 신실하게 믿음의 삶을 살아온 모든 믿음의 조상과 성도들이 부활할 것입니다.

모든 첫째는 하나님께 속한 것입니다. 아무것도 심을 수도 없고 수확의 기쁨을 가질 수도 없는 광야에서의 오랜 시간 끝에 들어가 차지하게 된 땅에서의 첫 수확물(열매)은 하나님의 구원과 은혜를 더욱 생각나게 할 것입니다. 그래서 모세는 약속하신 땅에서의 첫 수확물(열매)을 이스라엘 백성이 하나님께 먼저 올려 드림으로 감사하고 수확물을 레위인이나 나그네들과 더불어 나누면서 기쁨을 함께 누리라고 하셨습니다(신 26:11). 광야와 같은 이 땅에서의 시간이 끝나가고 메시아닉 킹덤이 시작되기 직전에 서 있는 우리를 향해 하나님이 새 예루살렘, 시온의 첫 열매라고 말씀하십니다. 그 날에 여호와의 산으로 올라가서 주님의 토라와 말씀을 배우러 가자고 외치는 열방의 민족들이 있을 것인데(사 2:2-3) 이미 지금부터 토라와 말씀을 향해 마음을 돌이키고 말씀을 듣기 위해 시온을 향해 나아가고 있는 우리가 시온의 첫 열매입니다. 첫 열매인 우리들로부터 시작하여 더 많은 열방의 남은 자들이 예루살렘, 시온과 함께 서서 주님께 드려질 그 날을 기대합니다.

DAY 2 신 26:12-15

기쁨의 예물 십일조

신명기 14:28-29에서 말씀하신 매 삼 년의 십일조의 규례가 이 본문에서 한 번 더 나옵니다. 모세는 제삼 년째 되는 해의 십일조는 레위인과 나그네와 고아와 과부에게 나누어 이스라엘 땅에 있는 모든 이들이 주리지 않고 살아갈 수 있도록 한 번 더 상기시켜 줍니다 (신 26:12).

토지를 통해 얻은 첫 소산물을 하나님께 올려드렸고 십일조를 통해서 레위인과 객과 고아와 과부 즉, 가난한 자와 사회적 약자와 전임 사역자와 나그네와 궁핍한 자들을 돌보았으니 하나님이 다시 우리가 하는 모든 수고와 사업과 토지에 복을 내려 달라는 당당한 간구는 나눔을 통해 모든 백성들이 함께 하나님의 공급과 풍요를 누릴 때 더 큰 복을 내려주겠다고 약속하신 하나님의 말씀에 대한 믿음의 반응입니다. 우리가 말씀에 순종하여 나눌 때 우리가 주는 것 같지만 사실은 우리가 받고 있는 것입니다.

> 그를 향하여 우리가 가진 바 담대함이 이것이니
> 그의 뜻대로 무엇을 구하면 들으심이라(요일 5:14)

하나님은 십일조를 드린 사람이 그것을 슬픈 날에 먹지 않았고, 부정한 몸으로 떼어 주지 않았으며, 죽은 자를 위해 쓰지 않았음을 고백하라고 하셨습니다(신 26:14) 십일조를 드리러 나아오는 곳은 성전입니다. 하나님이 십일조를 드린 사람에게 이와 같은 고백을 하라고 말씀하신 이유는 슬픔, 부정, 죽음이 성전에 닿을 수 없기 때문입니다. 땅 성전은 하늘 성전의 모형으로써 하늘 성전을 반영하고 있는데 하늘 성전에는 슬픔과 부정과 죽음이 존재하지 않습니다. 이런 것들은 하늘의 영역에 닿을 수 없습니다. 하늘에는 모든 눈물이 씻겨지고 슬픔대신 기쁨과 위로가 있고, 정결함과 거룩함이 있으며, 죽음대신 생명만 있습니다. 그러므로 하늘을 반영하고 있는 땅 성전에도 기쁨과 거룩, 생명이 충만해야 합니다.

하나님께 드리는 십일조와 형제들에게 나누기 위해 드리는 십일조는 하나님의 성전에 기쁨과 거룩, 생명을 충만하게 하는 통로입니다. 하나님은 십일조를 하나님의 것이자, 하늘의 영역으로 간주하십니다. 그래서 십일조를 하나님께 올려드리고, 형제들을 위해 나누면 거룩한 처소에서 보시고 하나님의 백성들에게 복을 주시고, 하나님의 백성들이 거하는 땅에도 늘 풍성함이 있게 하시도록 축복기도를 하라고 하였습니다(신 26:15). 축복기도를 올려드리라고 한 것은 축복을 약속하신 것과 같습니다.

십일조에 대해 현대 신학과 교회는 이런 저런 해석들을 하고, 경우와 상황에 따라 바꾸기도 하지만 말씀(토라)을 통해 하나님이 가르치고 계시는 본질은 변하지 않습니다. 내가 받은 소산물의 십분의 일, 십일조는 내 것이 아니고 하나님의 것이며, 하늘의 영역입니다. 십일조를 통해 하나님이 말씀하시는 것은 하나님의 나라는 나눔으로써 풍성해지는 나라라는 것을 가르쳐 주고 있는 것입니다. 하나님께 드릴 것은 하나님께, 형제에게 나눌 것은 형제에게 나누는 것이 하나님 나라에 들어갈 소망하는 우리 모두에게는 당연한 것입니다.

> 만군의 여호와가 이르노라 너희의 온전한 십일조를 창고에 들여 나의 집에 양식이
> 있게 하고 그것으로 나를 시험하여 내가 하늘 문을 열고 너희에게 복을 쌓을 곳이
> 없도록 붓지 아니하나 보라(말 3:10)

DAY 3 신 26:16-19

보배로운 백성

광야에서 유랑하던 민족이 젖과 꿀이 흐르는 아름다운 땅에 정착함으로 삶의 안정감과 풍요를 누릴 수 있게 된 것은 전적인 하나님의 은혜입니다. 종살이하던 연약한 민족을 다른 민족들 위에 높이시며 강하게 하시고 자유의 땅으로 인도하신 것은 전능하신 하나님만이 하실 수 있는 일입니다. 땅은 하나님의 소유이고 하나님이 땅에 복을 주지 않으시면 땅은 아무것도 우리에게 내어줄 수 없습니다. 우리가 땅으로부터 얻은 모든 것을 하나님께 감사의 예배로 올려드리고 기쁨의 예물로 바칠 때, 그리고 그것을 형제들과 나눔으로 형제

들에게 결핍과 곤고함이 없게 할 때 땅은 하나님으로부터 다시 복을 받게 됩니다. 그러므로 하나님의 선한 축복의 열매를 나눠가지는 삶이야 말로 예배의 삶입니다.

마음과 뜻과 힘을 다해 명령하신 규례와 법도를 지켜 행하고(신 26:16) 여호와를 우리의 하나님으로 인정하고 그 소리를 들을 때(신 26:17) 하나님은 우리를 보배로운 백성(쎄굴라סְגֻלָּה, 신 26:18), 하나님의 소유요 신부라 부르실 뿐 아니라 모든 민족 위에 뛰어나게 하셔서 찬송과 명예와 영광을 삼으시고 하나님의 성민이 되게 하실 것입니다(신 26:19). 하나님의 신부가 되는 길은 그 말씀을 듣고 지켜 행하는 것입니다. 말씀을 듣고 지켜 행하는 것은 신부를 단장하는 아름다운 예복이 될 것입니다. 처음에는 이스라엘 백성을 향해 주신 토라의 계명들과 말씀들이 이스라엘을 신부로 단장하였고, 하늘에서 내려오신 살아있는 토라 예슈아가 직접 자신의 사도들을 단장하여 주셨으며, 사도들은 열방 중 하나님과 의(쩨덱)의 관계를 가지고 예슈아를 믿는 믿음 위에 서기로 한 자들을 토라로 단장해 주었고, 이제 이스라엘과 열방이 하나의 토라, 하나의 영, 하나의 진리이신 예슈아로 인해 하나되어 함께 신부로 단장되고 있습니다. 이스라엘과 교회, 유대인과 이방인이 예슈아 안에서 함께 보배로운 백성이 되었고, 될 것입니다.

DAY 4 신 27:1-10

다듬지 않은 돌로 쌓은 제단, 나의 에발 산

하나님은 이스라엘이 요단을 건너 하나님께서 주시는 그 땅에 들어가게 되면 백성들을 세겜에 모으고 그곳에서 두 가지를 먼저 행할 것을 장로들과 더불어 백성들에게 명합니다.

첫째, 큰 돌들 위에 모든 율법의 말씀을 기록하고 에발 산에 세운 뒤 석회를 바르라고 명령하십니다(신 27:2-4). 그리고 쇠연장을 대지 않은 다듬지 않은 돌로 에발 산 위에 제단을 쌓고 에발 산의 제단 위에서 여호와께 번제와 화목제의 예배를 드리며 거기서 먹으며 하나님 앞에서 즐거워하라고 명령하십니다(신 27:5-7). 가나안 민족들이 우상을 위해 쌓은 제단은 쇠연장으로 잘 다듬은 돌들로 쌓은 것이었습니다. 하나님은 이것조차 그들의 풍습을 따르지 못하게 하실 뿐 아니라 다듬은 돌처럼 사람의 꾸밈이 반영된 것으로 에발 산의 제단을 쌓지 못하게 하였습니다. 사람은 자신의 아젠다와 의도를 반영하여 사람이 보기에 좋게 가공한 것으로 제단을 쌓으려는 경향(예배를 드리려는 경향)이 있습니다. 그러나 하나님은 에발 산에 제단을 쌓을 때 아무것도 더하거나 덜하지 말고 있는 모습 그대로의 돌을 가지고 제단을 쌓으라고 말씀하십니다.

둘째, 세겜 땅에 두 어깨처럼 서있는 그리심 산과 에발 산에 여섯 지파씩 서서 그리심 산에서는 축복을 에발 산에서는 저주를 선포하라고 명령하십니다(신 11:29; 27:11-13). 12 지파가 그리심 산과 에발 산에 6지파씩 서고 레위 사람들이 큰 소리로 저주와 관련된 12 선포문을 외칠 때 백성으로 하여금 아멘으로 화답하라고 명합니다. 저주를 선포하라고 하신 에발 산에 서게 될 6지파(르우벤, 갓, 아셀, 스불론, 단, 납달리)의 입장에서 보면 '왜 저 6지파(시므온, 레위, 유다, 잇사갈, 요셉, 베냐민)는 축복을 선포하는 자리에 서고 우리는 저주를 선포하는 자리에 서야하는가'라는 의문과 불평이 충분히 생길 수 있습니다.

에발עֵיבָל은 '벌거벗은 산'이라는 뜻이고 다듬지 않은 돌들은 아바님 쉘레몯אֲבָנִים שְׁלֵמוֹת인데 쉘레몯שְׁלֵמוֹת의 샬렘שָׁלֵם은 '샬롬의, 평안의, 평강의'라는 뜻도 있지만 여기서는 '온전한'이라는 뜻으로 쓰여서 '일부분이 제거되거나 다듬어 지지 않은, 원래 있는 모습 그대로 통째로'라는 의미로 쓰였습니다. 축복이 선포되는 그리심 산과는 달리 저주가 선포되는 에발 산에서 이와 같이 다듬지 않은 돌들로 제단을 쌓고 그 제단에서 희생제사를 드리라고 하신 것은 어떤 의미가 있는 것이었을까요?

우리의 삶에 축복만 있고 우리가 축복의 자리에만 서 있을 수 있다면 좋겠지만 살아가다 보면 '벌거벗은 산'인 에발 산의 자리에 서게 되는 순간들을 마주하게 되어 수치와 두려움과 막막함을 피할 수 없게 됩니다. 저주를 선포한 자리이지만 그 저주의 자리에서 우리는 제단을 쌓고 하나님께 나아감으로 저주의 자리가 저주로써만 우리에게 계속 머물러 있지 않고 오히려 깨닫고 회개하고 토설하고 십자가의 제단으로 나아감으로 저주의 자리가 축복의 자리로 전환될 수 있도록 하나님은 우리에게 저주가 아닌 축복을 받도록 길을 열어주신 것입니다. 그래서 하나님은 그리심 산이 아닌 에발 산에 다듬지 않은 돌로 제단을 쌓고 여호와께 번제의 제사를 드리고 그 후 화목제의 제사를 드리고 그곳에서 백성들이 먹으면서 여호와 앞에서 즐거워하라고 명합니다.

예슈아의 십자가 제단은 골고다 즉, 해골의 자리 위에 세워졌습니다. 저주의 장소이며 사망의 장소에 세워진 십자가의 제단에서 드려진 희생제사로 축복의 문이 열리고 생명의 강이 흐르게 되었습니다. 우리가 해야 할 일은 다듬지 않은 돌로 제단을 쌓고 나아가는 것입니다. 아름답게 포장하고 미사여구를 더하여서 나아가는 것이 아니라, 체면을 차린다고 이것저것 다듬어서 뺄 것은 빼고 나아가는 것이 아니라 있는 모습 그대로 '나의 에발 산' 정상에 제단을 쌓고 토설하는 마음으로 십자가 아래로 나아가는 것입니다.

"아버지께서 나와 함께 계시느니라"(요 16:32)고 늘 말씀하시며 아버지의 임재를 항상 충만하게 경험하시며 사시던 예슈아께 십자가 위에서 "나의 하나님 나의 하나님 어찌하여 나를 버리셨나이까(마 27:46; 막 15:34; 시 22:1)"라고 외치는 그 순간만큼은 임재가 아닌 부재(不在)의 순간이었습니다. 아버지로부터의 분리를 경험하던 그 순간 예슈아의 그 외침은 사실은 '나를 버리실 만큼 이 사람들을 이렇게 사랑하시는 아버지의 그 사랑 너무 지대(至大)하십니다'라고 외치시는 순간이었고 십자가에서 희생제사를 마치시는 그 순간은 다듬지 않은 돌들로 에발 산 위에 제단을 쌓고 나아가는 우리 모두를 위해서 저주의 자리를 축복의 자리로 바꾸어 놓으신 순간이었습니다.

DAY 5 신 27:11-28:6

왕국의 축복

하나님의 말씀을 듣고 모든 명령을 지켜 행할 때 하나님이 약속하신 축복은 궁극적으로 메시아닉 킹덤에서 우리가 받게 될 축복입니다(신 28:1). 여기서 우리란 이스라엘과 예루살렘과 토라를 사랑한 열방의 의로운 자들을 의미합니다. 그 날에는 이스라엘과 열방의 의로운 자들이 메시아 안에서 온전히 하나되어 같은 축복을 누리게 될 것입니다. 그 날에 하늘이 땅에 내려와 하나님의 킹덤이 세워지면, 이스라엘은 모든 민족 가운데서 제사장 나라로서 뛰어나게 될 것입니다. 모든 나라들이 유대인의 혈통으로 오신 예슈아를 함께 섬길 것입니다. 메시아닉 킹덤은 놀랄 정도로 땅이 축복을 받아 평화와 번영을 누릴 것입니다. 이 풍요와 번성은 온 땅으로 확장될 것입니다.

메시아닉 킹덤에서 주님은 새 언약을 맺으시며 깨끗한 물을 우리에게 뿌리시고, 죄를 씻으시며, 자기 백성을 모든 죄에서 용서해 주실 것입니다. 예슈아는 우리 마음에 할례를 행하시고 돌같이 딱딱한 우리 마음을 부드러운 마음으로, 깨끗한 마음으로 재창조해 주실 것입니다. 그리고 당신의 토라를 우리 마음에 쓰실 것입니다. 그 나라에서 토라를 따르는 신실한 백성들은 들어가도 복을 받고 나가도 복을 받을 것입니다.

DAY 6 신 28:7-68

복과 저주, 선택과 결정

이스라엘 백성은 세겜 땅 한 가운데 있는 그리심 산과 에발 산을 바라보면서 축복과 저주 사이에 서 있는 자신들을 보았습니다. 하나님은 이스라엘 백성이 매 순간 선택과 결정의 순간이 있을 때 복과 저주의 산을 바라보면서 각 산에서 선포된 복과 저주를 기억하고 무엇을 선택하고 결정해야 할지를 알 수 있게 하셨습니다.

축복이라는 히브리어 바룩בָּרוּךְ은 '무릎'이라는 뜻에서 파생되었습니다. 상대를 존중하고 높일 때, 혹은 상대에게 간절하게 무엇인가를 요청하거나 바랄 때 사람은 무릎을 꿇습니다. 무릎을 꿇는 것은 순종과 겸손의 의미입니다. 축복은 상대를 향한 존중과 사랑을 가지고 상대가 모든 면에서 더 잘 되길 바라는 간절한 소망입니다. 하나님은 피조물에 불과한 우리를 신부로 맞으시고는 온 우주의 왕이심에도 불구하고 우리 앞에서 겸손하게 말씀하십니다.

> 너의 번영과 잘됨을 위해 나는 무엇이든지 할 것이다. 네가 의롭게 되고 너의 삶에
> 가장 아름다운 일들이 이뤄질 수 있도록 내가 너를 위해 모든 것을 다 하겠다.

상대가 잘 되도록 모든 것을 다하는 마음 이것이 축복입니다. 우리가 누군가를 축복할 때는 '당신이 잘 되도록 나는 마음 다해 당신을 지지하고 도울 것입니다'는 뜻을 포함하고 있습니다. 마찬가지로 우리가 하나님을 향해 '송축합니다, 축복합니다'라고 말하는 것은 '하나님을 위해 내가 할 수 있는 모든 것을 다하겠습니다'는 뜻입니다. 그런데 하나님도 우리에게 복을 주시면서 우리의 잘 됨과 우리 삶에 선한 일들이 이뤄질 수 있도록 모든 것을 다 하겠다고 말씀하십니다. 그리고 하나님의 눈에 우리가 잘 되는 것, 우리 삶에 선한 일이 이뤄지는 것은 우리의 죄와 죄책감의 문제가 해결되어 하나님과 연합하고 하나님이 주시는 것을 우리가 모두 누리게 되는 것입니다.

신명기 27-28장의 복과 저주의 말씀은 현재 나의 삶을 돌아볼 수 있는 테스트지와 같아서 복의 말씀과 저주의 말씀은 기대이든, 긴장이든 내 마음을 휘저어 놓습니다. 현재 나의 삶이 들어가나 나가나 복이 되고 있는지, 나의 삶이 더 나아지고 있는지 아니면 자꾸 깎여 내려가고 있는지, 하는 일마다 잘 되는지, 나로 인해 나의 주변과 가족이 복을 받고 있는지, 심지어는 내 주변의 동, 식물까지 복을 받는지 나의 공급이 잘 이뤄지고 있는지, 이 모든 것들이 신명기 28:1-14까지의 복의 말씀입니다. 이런 복들은 하나님이 하늘의 보물 창고를 열어서 때를 따라 쏟아 주시는 것입니다(신 28:12). 내가 열심히 노력해서 얻는 것이 아닙니다. 일반적으로 사람들은 축복을 받는 사람을 보면서 그 사람의 겉으로 드러나 보이는 행위를 보지만, 사실은 하나님이 보이지 않지만 하늘 문을 열어 주셨기 때문에 현상 세계와 물질 세계에서 축복이 풀어지는 형통이 있는 것입니다. 복은 하나님으로부터 오는 것입니다. 하나님이 복의 문을 열어 주시도록 우리가 할 일은 그 말씀을 듣고 지켜 행하는 것입니다.

그러나 말씀에 불순종했을 때 임하는 저주의 결과는 너무 참혹합니다. 저주의 내용은 크게 공의적인 측면(신 27:16-19), 음란 즉, 섞이는 것(신 27:20-23), 사람의 생명에 대한 것(신 27:24-25), 세 가지로 분류됩니다. 하나님의 킹덤의 기초는 의(쩨덱)와 공의(미쉬파트)입니다. 의는 하나님의 말씀 앞에 설 때에만 바르게 세워질 수 있고, 바르게 세워진 의가 바른 판단과 결정을 할 수 있게 합니다. 말씀을 순종하지 않음으로 의가 깨어질 때 하나님은 저주가 임할 것이라 말씀하십니다. 또한 하나님의 킹덤은 거룩한 나라로 세상과 섞일 수 없습니다. 음란으로 세상과 섞이는 것은 저주가 임하는 길입니다. 그리고 생명을 귀하게 여기지 않는 것 또한 저주를 받게 되는 길이라고 경계하십니다. 의를 잃어버리고(하나님과의 관계), 바른 판단을 하지 못하며, 세상과 마구 섞이고(음란과 우상숭배), 생명을 귀하게 여기지 않는 것(살인)이 곧 저주를 받는 길입니다.

　　히브리어에 저주라는 단어는 아라르ㄱㄱㅆ와 칼랄ㄱㄱㅆ 두 가지가 있습니다. 아라르ㄱㄱㅆ는 말 그대로 '저주'라는 뜻이고 칼랄ㄱㄱㅆ은 '원래 있어야 하는 자리에 있지 않고 아주 낮아지는 상태'라는 의미를 담고 있습니다. 즉, 뭔가 문제가 생겨서 있어야 할 곳에 있지 못하고 떨어져서 무시당하고 경멸 받게 된 것을 의미합니다. 히브리적 의미에서 저주는 '원래의 모습을 잃어버리고 떨어진 것'을 의미합니다. 하나님이 이스라엘을 향해 '너희가 불순종할 때 저주가 임하게 될 것이다'라고 말씀하시는 것은 '너희가 아무것도 아닌 비참한 존재가 될 것이고 그런 상태로 내가 내버려 둘 것이다'라는 것을 의미하는 것입니다. 이스라엘 백성이 아무것도 아닌 존재가 된다는 것은 그들에게 주신 하나님의 백성으로서의 특권과 축복이 떠나면서 다른 나라들의 눈에 그들이 멸시받는 존재가 될 것이며 하나님은 그들이 그렇게 무시당하고 멸시받는 상태가 되도록 허락하신다는 것입니다.

　　그러나 하나님은 그들이 회개하고 돌아서면 다시 그들의 존재와 위치를 회복시켜 줄 것이라고 약속하십니다. 하지만 끝까지 돌아서지 않는다면 하나님은 이웃 나라들을 통해 이스라엘을 치겠다고 하시면서 이것은 너희를 돌이키게 하기 위한 사랑의 매라는 것을 말씀하십니다. 사랑의 매는 아버지가 자기 자녀를 훈육하고 훈련하여 바로 세우기 위한 도구입니다. 하나님은 이웃 나라라는 매를 통해 이스라엘 백성을 훈육하고 훈련하여 바로 돌아오게 할 것이라고 말씀하시는 것입니다. 결국 하나님의 저주는 그들을 떨어진 상태로 내버려 두시는 것이 아니라 다시 돌이켜 세우시기 위함입니다. 그러므로 신명기 27-28장에 걸쳐 나타나는 저주는 징계를 통한 훈련과 교정이라고 말할 수 있습니다.

　　놀랍게도 신명기 27-28장에 걸쳐 나타나는 저주의 내용들은 마치 예언처럼 이스라엘의 역사 속에서 수 천 년 동안 반복적으로 나타났습니다. 그러므로 신명기 27-28장의 축복과 저주(징계를 통한 훈련과 교정)는 하나님의 언약의 법들이면서 동시에 예언적인 말씀이 되기도 합니다. 예언은 곧 역사입니다. 미래에 일어날 역사이면서 또한 과거에 일어났던 역사이기도 하고 어떤 면에서는 현재 우리의 상태이기도 합니다. 마치 예언처럼 이스라엘 역사 가운데 28장의 저주의 내용들이 그대로 일어났습니다. 그래서 기독교 신학은 이스라엘의 역사 가운데 나타난 저주들을 보며 이스라엘이 말씀에 불순종하여 하나님으로부터 저주를 받고 영원히 버림받았다고 해석해 왔습니다. 그러나 이것은 잘못 해석한 것입니다.

　　히브리적 관점에서 저주는 원래 상태를 지키지 못하고 떨어지게 된 것을 의미합니다. 이스라엘이 받은 저주는 그들에게 주어진 특권과 축복으로부터 그들이 떨어지게 되었다는 것이고 또 하나님은 그들을 돌이키기 위해 그들에게 저주의 상태를 허락하시면서 그들을 훈육하고 훈련하셨고 지금도 그렇게 훈련하고 계십니다. 그러므로 이스라엘에게 나타나는 하나님의 저주는 하나님이 여전히 이 백성과의 언약을 지키고 있다는 증거라고 말할 수 있습니다. 하나님이 이스라엘을 완전히 버리고 열방을 선택하신 것이 아닙니다. 하나님은 이스라엘과의 언약을 지키시기 위해 여전히 그들을 훈육하고 훈련하고 계시며 그들의 훈육 상태는 열방에게 교훈이 되어 오히려 열방이 하나님 앞으로 나아올 수 있는 통로가 되었습니다.

하나님은 분명히 그 백성이 복받는 것을 보시며 기뻐하신다고 하셨는데 신명기 28:63에서는 상황이 바뀌어 하나님이 그들이 망한 것을 보고 기뻐하시게 되는 상태까지 되어 버립니다. 모든 저주의 마지막 단계는 종과 노예로 팔려가는 단계, 자유를 잃어버리게 되는 단계입니다. 우리에게 선택의 자유가 있을 때 하나님의 말씀을 선택해야 합니다. 그 자유가 빼앗겨지고 나서야 돌이키지 말고 그 전에 깨닫고 돌아와야 합니다. 하나님은 언제나 우리 앞에 선택하는 상황을 놓으십니다. 생명나무와 선악나무, 죄와 거룩, 생명과 죽음은 경계를 맞대고 있습니다. 우리는 늘 그 경계에 서 있습니다. 어느 쪽을 선택할 것입니까? 하나님의 왕국이 우리의 어깨 위에 맡겨져 있습니다.

【주제 #11】 내 아버지께서 나라를 내게 맡기신 것 같이 나도 너희에게 맡겨

축복의 산과 저주의 산이 나란히 서 있어 마치 두 어깨처럼 보이는 그 땅의 이름은 세겜 즉, 어깨라는 뜻이다. 세겜은 이스라엘 중앙 산지 북쪽 끝에 있는 장소로 약속의 땅에서 첫 발걸음을 내딛게 되는 시작의 장소이다. 아브라함이 하란에서 출발하여 요단을 건너 가나안 땅에 도착했을 때 첫 장소가 세겜이었고 이곳에서 '가나안 땅을 네 자손에게 주리라'는 약속을 받았으며, 야곱도 하란에서 다시 돌아올 때 처음으로 밟았던 땅이 세겜이었다. 믿음의 조상들은 요단 동편에서 에덴의 중앙으로 입성할 때 세겜을 통해 들어왔다. 그래서 세겜은 에덴의 중앙의 북쪽 문과 같다.[23]

---

23. 에덴-동산의 중앙의 북쪽 문이 세겜이라면 남쪽 문은 헤브론이다. 시나이 산에서 출발하여 약속의 땅을 들어오기 위해 처음으로 정탐할 때 이스라엘은 헤브론을 통해 이 땅을 살펴보았다. 현재 세겜과 헤브론은 모두 팔레스타인 지역으로 많은 테러가 일어나고 있는 지역이다. 여전히 원수가 장악하고 있는 문을 두고 야라쉬하기 위해 이스라엘은 현재 치열한 물리적, 영적 전쟁을 치르고 있다.

여호수아의 인도로 요단을 건넌 이스라엘 백성도 처음 밟은 약속의 땅의 산지가 세겜이었다. 아브라함이 세겜에서 이 땅에 대한 약속을 받은 지 수 백년이 지난 후 이스라엘은 한 큰 민족을 이루었고, 시나이 산에서 왕국의 통치법을 받았으며, 이제 약속의 땅의 세겜에 도착하여 그 땅에서 왕국의 통치를 실현해 보라고 하나님은 이스라엘 백성의 두 어깨 위에 나라(왕국)를 맡기셨다.

'너희 앞에 생명과 사망, 선과 악, 복과 저주가 놓여 있으니 너희가 어떻게 하느냐에 따라서 이 땅에서 하나님 왕국이 어떻게 이루어지느냐가 달려있다. 내가 너희에게 나라(왕국)를 맡긴다!'라고 위임하신 것이다.

오직 너희는 그의 나라를 구하라 그리하면 이런 것을 너희에게 더하시리라
적은 무리여 무서워 말라 너희 아버지께서
그 나라를 너희에게 주시기를 기뻐하시느니라(눅12:31-32)

내 아버지께서 나라를 내게 맡기신 것 같이 나도 너희에게 맡겨 너희로
내 나라에 있어 내 상에서 먹고 마시며 또는 보좌에 앉아
이스라엘 열두 지파를 다스리게 하려 하노라(눅 22:29-30)

아버지께서 아들 예슈아께 왕국(나라)을 맡기셨다. 그리고 예슈아께서 제자들에게 왕국(나라)을 맡기셨으며 우리 각자에게도 그 나라(왕국)를 맡기셨다. 이제 우리에게 맡겨진 하나님 나라의 통치를 우리의 삶 속에서 어떻게 이뤄나갈지는 우리 앞에 놓여 있는 생명과 사망, 선과 악, 복과 저주를 매 순간 우리가 어떻게 선택하고 결정할지에 달려있다. 그리고 우리가 첫째 부활에 참여하게 될 때 하나님은 우리를 왕과 제사장을 삼으시고 땅에서 다스리며 섬기도록 우리에게 왕국의 통치를 맡기실 것이다.

이 첫째 부활에 참예하는 자들은 복이 있고 거룩하도다 둘째 사망이
그들을 다스리는 권세가 없고 도리어 그들이 하나님과 그리스도의 제사장이 되어
천년 동안 그리스도로 더불어 왕 노릇 하리라(계 20:6)

그들로 우리 하나님 앞에서 나라와 제사장을
삼으셨으니 저희가 땅에서 왕 노릇 하리로다(계 5:10)

DAY 7 신 29:1-9 / 브리트 하다샤 눅 24:44-53

모압 땅에서 갱신된 언약 – 깨닫는 마음, 보는 눈, 듣는 귀

시나이 산에서 언약을 맺고 바로 약속의 땅으로 들어갈 수 있었지만 출이집트 세대의 거역과 불순종으로 이스라엘 모든 세대는 언약의 말씀을 실행할 수 있는 영, 혼, 육의 상태가 될 때까지 광야에서 연단과 훈련을 받아야 했습니다. 이제 하나님 앞에서 악했던 출이집트 세대가 다 죽고 새로운 세대가 약속의 땅을 마주 바라보고 있습니다. 모세는 모압 평지에서 그들에게 다시금 언약을 상기시키고 갱신해 줌으로 그들이 약속의 땅에서 하나님을 섬기고 말씀으로 그 땅을 거룩하게 지키는 자들이 될 수 있도록 격려합니다. 그리고 신명기 29장에서는 호렙 산에서 이스라엘 자손과 세운 언약 외에 모압 땅에서 그들과 추가로 맺은 언약의 말씀이 나옵니다.

하나님은 이스라엘 백성에게 끊임없이 말씀을 가르치고 들려주셨을 뿐만 아니라 '큰 시험과 이적과 큰 기사를(신 29:3)' 직접 눈으로 볼 수 있도록 하셨습니다. 히브리어로 시험은 맛싸מַסָּה, '증명하다'는 뜻이고, 이적은 오트אוֹת, '사인Sign'이라는 뜻이며, 기사는 모페트מוֹפֵת, '기적'이라는 뜻입니다. 기적이라는 뜻의 모페트מוֹפֵת는 야파יָפָה라는 단어에서 왔는데 야파יָפָה는 '아름답다'는 뜻입니다. 하나님은 이스라엘 백성에게 하나님을 증명해 보여주셨고, 사인Sign을 주셨으며, 아름다운 기적들을 보여주셨습니다. 하지만 그들에게 '깨닫는 마음과 보는 눈과 듣는 귀는 주지 아니하셨다(신 29:4)'고 말씀하십니다. 하나님의 때가 될 때까지는 그들에게 비밀스럽게 감춰둠으로 어떤 것을 보호하기 위함이었습니다. 그리고 이 비밀은 예슈아를 통해서 제자들에게 하나님 나라의 비유와 실제가 풀어짐으로 드러났습니다.

우리는 광야에서 하나님의 이적과 기사를 보고도 깨닫지 못한 이스라엘 백성들과 달리 모든 비밀이 밝히 드러나 보이는 시대에 살고 있습니다. 이 비밀은 예슈아를 통해서 드러났습니다. 그러므로 우리는 예슈아를 통해 드러난 말씀의 의미를 깨달아 알고 더욱 말씀을 듣고 지키는 삶을 살아갈 힘을 얻게 됩니다. 너무나 쉽게 우리의 삶에 파고드는 세상의 영향력으로부터 나와 가정과 공동체, 나라를 지키는 방법은 말씀을 더욱 사수하는 것뿐입니다. 무엇을 보고 들을지 우리는 직접 선택할 수 있습니다.

하나님은 왜 이렇게까지 듣는 것을 강조하셨을까요? 내가 계속해서 세상의 것을 듣고 보고 있다면 나는 세상에 속한 사람이 됩니다. 내가 하나님의 말씀을 듣고 하나님 나라의 일을 보고 있다면 나는 하나님께 속한 사람이 됩니다. 듣고 보는 것은 우리가 어디에 속해 있는가를 결정합니다. 하나님은 우리가 얼마나 세상으로부터 쉽게 영향을 받고 유혹당하는지 잘 아셨기에 말씀을 듣고 들어서 그 말씀을 지키고 그 말씀으로 살 것을 끊임없이 강조하셨던 것입니다. 광야에서 이스라엘 백성들은 부정적인 정탐꾼들의 보고를 듣고 하나님을 반역하였고, 고라와 다단과 아비람의 불평을 듣고 모세와 아론에 대해 반역하였으며, 이스라엘 백성들은 출이집트할 때 섞여 나온 이방 민족들의 불평을 듣고 같이 불평하다가 심판을 받았습니다. 무엇을 듣고, 보고, 영향을 받고 있는가에 따라 삶의 방향성이 결정됩니다. 또 아무리 내게 들려오고, 보여지고 있는 것이 악하다 할지라도 내가 바른 판단으로 무엇을 결정할 것인가에 따라서도 삶의 방향성이 결정됩니다. 환경보다 더 중요한 것은 내가 하나님과의 바른 관계(쩨덱 צֶדֶק)가 세워짐으로 바른 판단과 결정(미쉬파트מִשְׁפָּט)을 하고 있는가입니다.

유대 민족에게 기사와 이적을 보고도 깨닫는 마음과 보는 눈과 듣는 귀는 하나님이 그들에게 주지 않으셨습니다(신 29:3-4). 하지만 예슈아의 죽음 그리고 부활과 함께 엠마오로 가는 제자들에게 '모세의 율법과 선지자의 글과 시편(눅 24:44)'을 가르치시면서 그들의 마음을 열어 성경을 깨닫게 하셨습니다(눅 24:45). 예슈아는 말씀의 모든 비밀을 가르쳐 보여 주심으로 이제는 모든 족속에게 전파하고 증인이 되라고 명령하십니다(눅 24:48).

유대인이 먼저 말씀을 맡은 자로서 말씀을 잘 지켜왔지만(롬 3:2) 예슈아가 아니면 그들이 이 모든 신비를 깨달을 수 없습니다. 유대 민족이 그들에게 가려져왔던 예슈아를 알게 될 때 이사야 60장의 여호와의 영광이 그들에게 임하고 회복될 뿐 아니라 온 열방에 하나님의 영원한 킹덤이 완전하게 이루어질 시대가 열리게 될 것입니다. 하나님은 때가 되면 속히 이루겠다고 말씀하셨습니다(사 60:22). 예루살렘의 영광의 회복, 그리고 온 열방이 함께 누리는 시온의 영광은 하나님의 때가 이르게 될 때 속히 이루어질 뿐 아니라 영원히 계속될 것입니다.

나는 시온의 의가 빛 같이, 예루살렘의 구원이 횃불 같이 나타나도록 시온을
위하여 잠잠하지 아니하며 예루살렘을 위하여 쉬지 아니할 것인즉 이방 나라들이
네 공의를, 뭇 왕이 다 네 영광을 볼 것이요 너는 여호와의 입으로 정하실
새 이름으로 일컬음이 될 것이며 너는 또 여호와의 손의 아름다운 관, 네 하나님의
손의 왕관이 될 것이라 다시는 너를 버림 받은 자라 부르지 아니하며 다시는 네
땅을 황무지라 부르지 아니하고 오직 너를 헵시바라 하며 네 땅을 쁄라라 하리니
이는 여호와께서 너를 기뻐하실 것이며 네 땅이 결혼한 것처럼 될 것임이라
마치 청년이 처녀와 결혼함 같이 네 아들들이 너를 취하겠고 신랑이 신부를 기뻐함
같이 네 하나님이 너를 기뻐하시리라 예루살렘이여 내가 너의 성벽 위에 파수꾼을
세우고 그들로 하여금 주야로 계속 잠잠하지 않게 하였느니라 너희 여호와로
기억하시게 하는 자들아 너희는 쉬지 말며 또 여호와께서 예루살렘을 세워
세상에서 찬송을 받게 하시기까지 그로 쉬지 못하시게 하라

(사 62:1-7)

하프타라 사 60:1-22

일어나라 빛을 발하라

이사야 60:1의 '일어나라'는 히브리어는 쿰미 오리 קוּמִי אוֹרִי입니다. 이 단어에는 여성형 명령어미가 쓰였습니다. 하나님은 이스라엘, 예루살렘, 교회를 향해 일어나라고 하실 때 여성형 명령어미를 쓰시며 말씀하셨습니다. 왜냐하면 이들 모두가 다함께 그리스도의 신부이기 때문입니다. 하나님은 어두움이 땅을 덮고 캄캄함이 만민을 가리우는 흑암과 혼돈의 시대에 당신의 신부를 향해 '일어나라 빛을 발하라'고 명령하십니다. 그리고 그런 어둠의 때에 오히려 여호와의 영광이 네 위에 떠오르고 있다고 말씀하십니다. 어둠은 우리에게 두려움과 절망을 가져옵니다. 어두워져 가고 있는 이 세상은 하나님을 바라보는 백성을 끊임없이 두려움과 공포로 위협합니다. 그러나 그 어둠이 짙어서 세상 어디에도 빛이 없다고 여겨질 그 때에 여호와의 영광이 어린 양의 신부들 위로 떠오릅니다. 그 영광은 바로 다시 오

시는 예슈아입니다.

예슈아가 다시 오실 때 영광이 떠오를 것입니다. '떠오르다'는 히브리어 자라흐זרח는 '어둠이 깨어지다, 다가오다, 빛을 비추다'는 뜻을 가집니다. 영광이 떠오르면서 어둠이 깨어지고 빛이 예루살렘에게 다가와서 환히 비춤으로 어두움이 다 드러나게 되는 것입니다. 마지막 날 여호와의 영광이 그리스도의 신부인 이스라엘과 교회 위에 임하고 열방과 열왕이 그 밝은 빛으로 나아오며 예루살렘으로 몰려오게 될 것입니다. 먼저 이스라엘이 여호수아의 인도로 하나님이 택하신 약속의 땅으로 들어왔었고, 마지막 날에는 열방의 아브라함의 자손들이 하나님이 택하신 안식의 땅으로 들어오게 될 것입니다. 그 날 예슈아는 우리의 빛과 영광과 밝음이 되어 주시며 아름답게 단장된 우리는 하나님의 영광과 아름다움이 될 것입니다(사 60:19).

키 타보 주간의 말씀

1. 아무리 세부적인 규례들과 법도를 지키려 애쓴다 할지라도 사람의 타락한 본성과 에워싸고 있는 죄악으로 가득 찬 환경들은 사람의 마음을 쉽게 하나님으로부터 멀어지게 하기 때문에 하나님은 예배의 삶을 명하십니다.

2. 우리가 땅으로부터 얻은 모든 것을 하나님께 감사의 예배로 올려드리고 기쁨의 예물로 바칠 때, 그리고 그것을 형제들과 나눔으로 형제들에게 결핍과 곤고함이 없게 할 때 땅은 하나님으로부터 다시 복을 받게 됩니다. 그러므로 하나님의 선한 축복의 열매를 나눠가지는 삶이야 말로 예배의 삶입니다.

3. 첫 열매는 앞으로 거두게 될 추수의 시작을 의미하는 것으로 첫 열매를 하나님께 드림으로써 하나님이 공급하시고 풍성하게 하실 모든 것에 대한 기대와 감사를 올려드리는 것입니다. 이스라엘은 열방 중에 하나님께 드려진 첫 열매입니다. 사도들은 예슈아를 믿는 자들의 첫 열매입니다. 또한 예슈아는 모든 잠자는 자들의 부활의 첫 열매이십니다.

4. 십일조에 대해 현대 신학과 교회는 이런 저런 해석들을 하고, 경우와 상황에 따라 바꾸기도 하지만 말씀(토라)을 통해 하나님이 가르치고 계시는 본질은 변하지 않습니다. 내가 받은 소산물의 십분의 일, 십일조는 내 것이 아니고 하나님의 것이며, 하늘의 영역입니다.

5. 저주를 선포한 자리이지만 그 저주의 자리에서 우리는 제단을 쌓고 하나님께 나아감으로 저주의 자리가 저주로써만 우리에게 계속 머물러 있지 않고 오히려 깨닫고 회개하고 토설하고 십자가의 제단으로 나아감으로 저주의 자리가 축복의 자리로 전환될 수 있도록 하나님은 우리에게 저주가 아닌 축복을 받도록 길을 열어주신 것입니다.

6. 상대가 잘 되도록 모든 것을 다하는 마음 이것이 축복입니다. 우리가 누군가를 축복할 때는 '당신이 잘 되도록 나는 마음 다해 당신을 지지하고 도울 것입니다'는 뜻을 포함하고 있습니다. 마찬가지로 우리가 하나님을 향해 '송축합니다, 축복합니다'라고 말하는 것은 '하나님을 위해 내가 할 수 있는 모든 것을 다하겠습니다'는 뜻입니다.

7. 일반적으로 사람들은 축복을 받는 사람을 보면서 그 사람의 겉으로 드러나 보이는 행위를 보지만, 사실은 하나님이 보이지 않지만 하늘 문을 열어 주셨기 때문에 현상 세계와 물질 세계에서 축복이 풀어지는 형통이 있는 것입니다. 복은 하나님으로부터 오는 것입니다. 하나님이 복의 문을 열어 주시도록 우리가 할 일은 그 말씀을 듣고 지켜 행하는 것입니다.

8. 히브리적 의미에서 저주는 '원래의 모습을 잃어버리고 떨어진 것'을 의미합니다. 하나님이 이스라엘을 향해 '너희가 불순종할 때 저주가 임하게 될 것이다'라고 말씀하시는 것은 '너희가 아무것도 아닌 비참한 존재가 될 것이고 그런 상태로 내가 내버려 둘 것이다'는 것을 의미하는 것입니다.

9. 결국 하나님의 저주는 그들을 떨어진 상태로 내버려 두시는 것이 아니라 다시 돌이켜 세우시기 위함입니다. 그러므로 신명기 27-28장에 걸쳐 나타나는 저주는 징계를 통한 훈련과 교정이라고 말할 수 있습니다.

10. 이스라엘에게 나타나는 하나님의 저주는 하나님이 여전히 이 백성과의 언약을 지키고 있다는 증거라고 말할 수 있습니다. 하나님이 이스라엘을 완전히 버리고 열방을 선택하신 것이 아닙니다. 하나님은 이스라엘과의 언약을 지키시기 위해 여전히 그들을 훈육하고 훈련하고 계시며 그들의 훈육의 상태는 열방에게 교훈이 되어 오히려 열방이 하나님 앞으로 나아올 수 있는 통로가 되었습니다.

11. 하나님은 이스라엘 백성에게 하나님을 증명해 보여주셨고, 사인Sign을 주셨으며, 아름다운 기적들을 보여주셨습니다. 하지만 그들에게 '깨닫는 마음과 보는 눈과 듣는 귀는 주지 아니하셨다(신 29:4)'고 말씀하십니다. 하나님의 때가 될 때까지는 그들에게 비밀스럽게 감춰둠으로 어떤 것을 보호하기 위함이었습니다.

12. 유대인이 먼저 말씀을 맡은 자로서 말씀을 잘 지켜왔지만(롬 3:2) 예슈아가 아니면 그들이 이 모든 신비를 깨달을 수 없습니다. 유대 민족이 그들에게 가려져왔던 예슈아를 알게 될 때 이사야 60장의 여호와의 영광이 그들에게 임하고 회복될 뿐 아니라 온 열방에 하나님의 영원한 킹덤이 완전하게 이루어질 시대가 열리게 될 것입니다. 하나님은 때가 되면 속히 이루겠다고 말씀하셨습니다(사 60:22).

키 타보 주간의 선포

1. 하나님이 나에게 공급해 주신 모든 것의 십분의 일은 하나님께, 그리고 형제들을 위해서도 내 소유를 기쁘게 나누는 자가 되길 소망합니다. 나눔을 통해 하나님이 더 풍성히 공급하신다는 영적 비밀과 축복이 내 삶에 더욱 드러나게 하소서.

2. 우리에게 축복을 주시고자 우리를 위해 최선을 다하시는 하나님처럼 우리도 하나님을 위해 우리의 최선을 다해 예배와 경배의 사람, 하나님께 헌신하는 삶을 살기 원합니다. 우리의 삶을 통해 영광받으시고 송축받으소서.

3. 나의 가계의 저주로 인해 내 삶에 잘못 흘러들어온 죄의 영향력들을 예슈아의 이름으로 끊습니다. 가계의 죄와 나의 죄를 회개하오니 더 이상 저주가 아닌 축복의 통로가 되게 하소서. 축복받는 보배로운 하나님의 백성이 되게 하소서.

4. 원래 하나님이 나를 만드셨을 때의 계획과 생각대로 되지 않고, 잘못 꼬이고 왜곡된 영역들을 깨닫게 해주소서. 회개함으로 하나님이 나를 원래 창조하셨던 그 모습으로 회복되게 하소서. 거치지 않았으면 좋았을 과정들이 있지만 그럼에도 나를 징계하시고 훈육하셔서 바로 잡아주신 하나님의 은혜에 감사합니다. 선하신 하나님이 모든 것을 가장 아름답게 이루실 것을 확신합니다.

5. 이스라엘에게 가장 큰 축복을 주셨지만 깨닫는 마음과 보는 눈, 듣는 귀를 주지 않으심으로 예슈아에 대한 비밀을 열방이 알 수 있도록 하신 하나님의 경륜과 섭리에 감사를 올려드립니다. 우리가 먼저 예슈아를 알았다고 이스라엘 앞에서 자고할 자격이 없음을 고백하오니 이제 이스라엘에게 예슈아의 비밀을 열어 보여주시는 은혜를 주시길 간절히 기도합니다. 교회가 겸손하게 이스라엘을 위해 기도하고 하나님의 마음으로 사랑하고 섬길 수 있기를 간절히 기도합니다.

51주간

נִצָּבִים

NITZAVIM

니짜빔
너희가 서있다

파라샤 **신 29:10-30:20**
하프타라 **사 61:10-63:9**
브리트 하다샤 **요 15:1-11 / 요 12:41-50**

DAY 1 신 29:10-13

언약과 맹세 앞에 서라

하나님만을 온 생명을 다해 사랑하고 그 사랑으로 형제를 사랑하라는 시나이 산의 언약은 약속의 땅이 바라보이는 모압 평지에서 갱신됩니다. 하나님이 어떤 시험과 이적과 기사로 이스라엘 백성을 구원하셨는지(신 29:2-3), 광야에서 어떻게 먹이고 입히시며 함께 하셨는지(신 29:5), 그리고 약속의 땅에 들어가기 직전 요단 동편의 강한 두 나라를 정복하게 하심으로 앞으로 이스라엘 백성이 싸워갈 수많은 전쟁에서 어떻게 승리하게 하며 땅들을 차지하게 될 것인지를(신 29:7-8) 예표적으로 보여주신 하나님은 언약의 말씀을 지켜 행할 때 모든 일이 형통할 것을 약속하십니다(신 29:9).

그리고 하나님과 언약을 맺을 당사자들을 불러 모으십니다. 그들은 각 지파의 우두머리들, 장로들, 지도자들, 관리들, 이스라엘의 모든 남자, 유아들과 아내, 그리고 이스라엘의 진영 가운데 있는 객(게르ַ, 거류민, 외국인, 타국인, 이방인)과 이스라엘을 위해 나무 패는 자들부터 물 긷는 자들까지입니다(신 29:10-11). 이스라엘이 광야 생활을 할 때 진영 가운데 함께 거하며 이스라엘 백성이 지키는 언약의 말씀들과 절기들을 함께 지켜온 타국인들은 비록 이스라엘 지파에 속한 민족은 아니지만 하나님이 언약을 맺는 당사자들로 초대하셨습니다. 뿐만 아니라 언약 체결 대상의 범위에 나무 패는 자들로부터 물 긷는 자까지 포함시킴으로(수 9:21,23,27) 앞으로 이스라엘이 들어가 차지할 그 땅에서 이스라엘을 위해 섬기게 될 자들까지 언약의 대상을 확장해 놓으십니다. 이로써 하나님은 이스라엘 민족이 아닌 이방 민족이라도 하나님의 언약의 말씀을 따르는 자들, 이스라엘 땅에 거하며 이스라엘과 함께 하는 자들도 모두 하나님의 언약 안에 포함시켜 놓으셨다는 것을 보여주십니다. 모압 평지 언약을 통해 우리는 하나님의 언약이 이스라엘만을 위한 폐쇄적인 것이 아니라 모든 열방을 향해 열려 있고 포용적이라는 것을 볼 수 있습니다. 이는 아브라함과 맺으신 큰 민족 (고이 가돌גּוֹי גָּדוֹל)을 이루게 하시겠다는 그 언약이 시나이 산의 언약과 함께 확장되었다는 것을 알 수 있습니다(언약의 확장성).

내가 비옵는 것은 이 사람들만 위함이 아니요 또 그들의 말로 말미암아
나를 믿는 사람들도 위함이니(요 17:20)

하나님이 말씀하신 언약의 당사자들이 모두 하나님 앞에 서있습니다(니짜빔נִצָּבִים). 그들이 하나님 앞에 서 있는 이유는 '여호와의 언약에 참여하며 또 하나님 여호와께서 오늘 네게 하시는 맹세에 참여(신 29:12)'하기 위해서입니다. '참여하다'로 쓰여진 히브리어 동사 아바르르עָבַר는 '지나가다, 통과하다'는 뜻입니다. 언약에 참여한다는 것은 언약의 두 당사자가 함께 언약의 증거를 지나가고 통과하는 행위를 포함하고 있으며 고대 사회에서는 언약 체결 시 제물을 갈라놓고 그 사이를 통과함으로 언약을 이루었습니다.

또한 맹세는 이 언약을 깨뜨리면 저주를 받을 것을 맹세하는 것입니다. 그래서 이스라엘이 깨뜨린 이 언약에 대한 저주를 유대인이시면서 동시에 하나님이신 예수아께서 십자가로 담당하셨습니다. 예수아의 십자가는 이스라엘과 맺으신 첫 언약의 파기에 대한 맹세를 책임지신 저주의 십자가이면서, 동시에 새 언약을 시작하시는 구원의 십자가입니다. '나무에 달린 자는 저주받은 자(신 21:23)'라고 말씀하신 하나님의 말씀은 예수아를 십자가에 달게 하심으로 모든 저주를 지게 하셨고 동시에 전혀 죄가 없으신 하나님의 본체이신 예수아가 죄의 책임을 지심으로 죄의 권세를 부수시고 새로운 구원의 문, 생명의 문을 여셨습니다. 하나님의 언약과 맹세는 그것에 참여한 모든 자들을 구원하심으로 이루십니다.

니짜빔과 로쉬 하샤나(나팔절)

신명기 토라 포션 니짜빔(너희가 서있다)은 항상 로쉬 하냐사(나팔절)가 시작되는 전 주간에 읽히게 됩니다. 나팔절은 끝까지 하나님을 선택하지 않은 자들에 대한 심판의 경고와 하나님을 선택한 신실한 자들에 대한 회복과 구속의 날입니다. 나팔절을 한 주간 앞에 두고 하나님 앞에 서서 언약을 지키지 않을 경우 오게 되는 저주에 대한 맹세와 언약의 재갱신

을 통한 구원의 약속에 대한 토라 포션(니짜빔)을 읽는 것은 하나님 앞에 서서 심판의 경고와 구원에 대한 메시지를 들음으로써 우리 자신을 돌아보고 다시 한번 각성할 수 있게 해 줍니다. 니짜빔 본문에 앞서 생명과 사망, 복과 저주에 대한 메시지를 통해 토라와 하나님의 명령을 지키지 않을시 일어나게 될 많은 저주가 선포되었고, 이것은 역사를 통해 정확하게 이스라엘에게 적용되어 예언적으로 성취되었었습니다. 그러나 이 저주의 선포 이후에 하나님이 언약을 재갱신함으로 이스라엘에 대한 사랑과 그들을 반드시 구원하실 것이라는 축복과 회복의 말씀을 주신 것처럼, 이스라엘은 역사를 통해 겪었던 모든 저주의 과정 후에 반드시 회복되고 구원을 얻을 것입니다.

그리하여 온 이스라엘이 구원을 얻으리라(롬 11:26)

시나이 산의 언약을 반복, 확장한 모압 평지의 언약을 통해 이스라엘 백성은 약속의 땅을 취하기 위해 온 마음과 힘과 뜻을 하나님께 모으고, 전적으로 하나님을 사랑하고 하나님에 대한 사랑과 헌신으로 형제들을 섬기기로 결단했습니다. 이와 같이 이 본문은 나팔절에 하나님 앞에 서게 될 우리가 그 날을 준비하며 하나님에 대한 사랑을 스스로 돌아보고 회개하여 우리 자신을 정결하게 준비할 수 있게 합니다. 또한 이 본문은 하나님의 언약이 이스라엘뿐 아니라 이스라엘과 함께 한 열방의 의로운 자들에게도 적용된다는 것을 우리에게 알려주면서 태초부터 하나님의 구원 계획이 온 열방을 향해 있었다는 것을 확인시켜 줍니다.

나팔절에 불리는 나팔은 우리에게 메시아의 오심을 알리고, 열방 중에 흩어져 있던 신실한 자들을 불러 모으는 소리입니다. 나팔 소리가 하나님을 믿지 않는 자들에게는 두렵고 무서운 소리가 되겠지만, 믿는 우리에게는 구원과 소망의 소리, 하나님을 경외하게 하는 소리가 될 것입니다. 이 소리를 듣고라도 자신을 돌아보며 회개하는 자에게는 구원의 기회가 있겠지만, 그렇지 않은 자에게는 바깥 어두운 데서 슬피 울며 이를 갈게 되는 형벌이 있게 될 것입니다. 모압 평지에서 약속의 땅으로 들어가려고 준비 중인 이스라엘 백성이 하나님 앞에 서서(니짜빔) 새롭게 결단한 것처럼, 하나님이 나팔 소리로 메시아의 오심과 심판을 알리시기 직전 즉, 메시아닉 킹덤이 오기 직전의 시대에 우리도 하나님 앞에 서서 우리 스스로를 겸비해야 할 것입니다. 지금이 바로 그러한 시간이며, 지금은 우리가 날마다 하나님 앞에 서서 하나님의 언약을 기억하고, 믿고, 말씀을 붙잡고 지켜야 할 때입니다.

DAY 2 신 29:14-21 / **DAY 3** 신 29:22-29

언약

언약은 사랑의 관계 안에서 맺어진 신적인(divine) 약속입니다. 하나님이 이들을 언약과 맹세에 참여하게 하신 주목적은 언약 관계 안에 들어온 이스라엘 백성을 자기 백성 삼으시고 친히 그들의 하나님이 되시기 위함입니다(신 29:13). 언약을 통해 하나님은 사랑의 관계 안에서 하나님과 언약을 맺은 모든 자들을 완전히 하나님의 소유(쎄굴라ﬢﬗﬕﬗ)로 삼으시고 하나되게 하십니다. 이 언약의 효력은 현재적이며 동시에 미래적입니다. 시나이 산에서 이스라엘 백성과 언약을 맺으셨던 하나님은 모압 평지에서 언약을 갱신하시면서 '오늘 하나님 여호와 앞에서 우리와 함께 여기 서 있는 자와 오늘 우리와 함께 여기 있지 아니한 자에게까지(신 29:15)' 언약의 대상자의 범위를 확대하심으로 이 언약이 이후 다음 세대들에게도 계속 적용된다는 것을 말씀하셨습니다. 그래서 모압 평지의 언약은 현재적이며, 미래적인 언약이고, 이스라엘과 열방을 향해 확장된 언약입니다.

그러나 사랑의 언약에는 말씀을 순종하지 않을 때 일어나게 될 저주와 맹세도 분명히 포함되어 있었습니다. 저주의 맹세를 들었음에도 불구하고 하나님으로부터 마음을 떠나게 하는 이방 민족의 풍습과 우상숭배를 따를 때 그들 중에 독초와 쑥의 뿌리가 생길 것이라 경고하십니다(신 29:18-19). 독초와 쑥은 마음의 쓴 뿌리로 우상숭배는 우리의 생각과 마음의 쓴 뿌리와 거역의 뿌리가 됩니다. 우상숭배는 하나님보다 어떤 대상을 더 사랑하는 것으로부터 시작되며 이것은 인간의 탐욕에 기인합니다(골 3:5). 탐욕은 육신의 정욕, 안목의 정욕, 이생의 자랑으로부터 오고(요일 2:16) 이런 것들은 하나님보다 더 사랑하고 의지할 무언가에 우리의 마음을 두게 하기 때문에 우상숭배로 이어집니다. 우상숭배로 인한 쓴 뿌리는 우리 삶에 저주의 문을 열게 하며 한 개인에만 머무는 것이 아니라 공동체에 영향을 미치게 합니다. 그래서 히브리서 기자는 '쓴 뿌리가 나서 괴롭게 하여 많은 사람이 이로 말미암아 더럽게 되지 않게 하며(히 12:15)'라고 말씀합니다. 하나님의 언약을 불순종하고 우상숭배할 때 우리 마음에 독초와 쑥이 생기며 이런 쓴 뿌리들은 공동체를 더럽힌다는 말씀을 통해 우리는 하나님의 언약이 개인적인 것만이 아닌 공동체적이며 민족적이라는 것을 알 수 있습니다.

하나님은 처음 언약을 맺으실 때 아브라함 한 사람과 맺으셨지만, 시나이 산에서는 이스라엘 민족 전체와 언약을 맺으셨습니다. 아브라함과 언약을 맺으실 때는 아브라함 한 사람에게 믿음과 순종을 기대하셨지만, 시나이 산에서 이스라엘 민족 전체와 언약을 맺으실 때는 민족이 공동체적으로 함께 하나님을 섬겨야 한다는 것을 말씀하셨습니다. 이 말은 한 개인의 믿음과 순종이 한 민족의 구원과 축복을 이룰 수 있기도 하지만 또한 한 개인의 거역과 불순종이 민족을 파괴하고 저주를 받게 할 수도 있다는 것을 의미합니다(수 7장, 아간의 범죄와 같은 경우). 이사야를 비롯하여 구약의 선지자들은 언약과 맹세의 말씀을 상기시키며 이스라엘의 민족적 죄악이 그들을 망하게 하고 있다는 것을 호소했습니다. 그래서 하나님과의 언약 관계 안에서 그 말씀을 따를 것을 약속한 우리는 나 한 사람의 죄가 민족의 죄가 될 수 있다는 인식과, 또 민족의 죄가 나의 죄라는 인식을 통해 우리가 지키고 행해야 할 사명이 공동체적이며 민족적이라는 것을 깨달아야 합니다.

비록 이스라엘의 조상들과 맺은 언약이지만 하나님의 언약은 이후 다음 세대에도 적용되어 그들을 이집트에서 인도하여 내실 때 그들의 조상과 세우신 언약을 버리고 다른 신을 따르게 되면 하나님은 책에 기록된 모든 저주대로 재앙을 내리시고 약속의 땅에서 뽑아내어 다른 나라에 내던지실 것이라 말씀하십니다(신 29:25-28). 축복과 함께 이스라엘 백성 앞에 놓여 있는 저주는 그들이 언약의 무게감을 소홀히 해서는 안 된다는 각성을 일으키게 합니다.

> 감추어진 일은 우리 하나님 여호와께 속하였거니와 나타난 일은 영원히 우리와
> 우리 자손에게 속하였나니 이는 우리에게 이 율법의 모든 말씀을 행하게 하심이라
> (신 29:29)

하나님께는 감추어진 비밀스러운 일들이 있습니다. 이것은 하나님의 때를 위해 하나님이 숨겨 두신 것들입니다. 그러나 하나님이 밝히 보여주신 것들도 있습니다. 그것이 바로 율법의 말씀들, 토라입니다. 하나님은 하나님의 킹덤의 백성으로서 살아갈 수 있게 도와주는 법들은 확실하고 명확하게 가르쳐 주셨습니다. 그리고 이 율법의 말씀들, 토라는 언약을 맺은 당사자들과 그의 후손들에게까지 속한 것입니다.

우리 모두 각자에게 하나님 나라가 맡겨져 있습니다. 세겜(שכם, 두 어깨)에서 선포하신

축복과 저주 앞에서 선택과 결정, 그리고 말씀을 행함이라는 책임이 이스라엘 백성에게 주어졌던 것처럼 하나님 나라가 맡겨진 우리에게도 먼저 그 나라와 의를 구하며 말씀을 따르고 행할 책임이 주어져 있습니다. 그리고 순종의 열매는 축복입니다.

DAY 4 신 30:1-6 / DAY 5 신 30:7-10
브리트 하다샤 요 15:1-11 / 요 12:41-50

회개하라(슈브שוב), 의지하라(다바크דבק, 붙어 있으라)

비록 언약의 말씀을 불순종함으로 저주를 받아 약속하신 땅에서 쫓겨나 다른 나라 가운데 있다 할지라도 그곳에서 하나님이 밝히 드러내어 가르쳐 주신 율법의 말씀이 기억이 날 때 하나님은 '돌아오라(슈브שוב)'고 말씀하십니다.

너와 네 자손이 네 하나님 여호와께로 돌아와(슈브שוב) 내가 오늘 네게
명령한 것을 온전히 따라 마음을 다하고 뜻을 다하여 여호와의 말씀을 청종하면
네 하나님 여호와께서 마음을 돌이시키고(슈브שוב)
너를 긍휼히 여기사 포로에서 돌아오게 하시되(슈브שוב) (신 30:2-3)

그들이 돌아올 때 하나님도 마음을 돌이키시겠다고 약속하십니다. '돌아오다'는 히브리어 슈브שוב는 '돌이키다, 회복하다, 고치다, 신선하게 하다(refresh)'는 의미를 가지고 있습니다. 슈브שוב는 하나님으로부터 떠났던 순간과 불순종의 행동으로부터 돌이키는 것으로 '회개'를 의미합니다. 그리고 회개는 더 이상 과거에 묶여 있던 것들과 죄악으로 돌아가지 않겠다는 결단으로써 과거와의 단절을 의미합니다. 모세는 만약 이스라엘 백성이 토라로부터 멀어져 그 말씀을 지키지 못하고 있었다면, 그들은 반드시 회개하고 말씀 앞으로 돌아와야 한다고 말했습니다. 이것이 토라에서 말하는 회개입니다. 토라는 말씀으로 즉, 토라로

돌아오는 것이 회개라고 말합니다. 예슈아는 '회개하라 천국(하나님의 킹덤)이 가까이 왔다'고 선포하셨고, 이 말씀을 또 다른 의미로 보면 '토라로 돌아와라, 그리고 그것을 지키라'는 의미입니다. 하나님의 킹덤은 메시아가 토라를 지킨 백성들을 토라로 다스리는 나라입니다. 그래서 토라에서 멀어져 있었던 생각과 마음을 돌이키는 것이 회개이며, 또한 토라를 통해 하나님 백성으로서의 정체성과 사명을 깨닫고 회복하는 자가 하나님의 나라로 들어갈 수 있고, 그 나라를 섬길 수 있게 되는 것입니다. 하나님은 이스라엘 백성이 하나님으로부터 돌아서서(토라로부터 돌아서서) 떠날 것을 미리 아셨지만 그들이 악한 길에서 돌이켜 하나님과 토라로 돌아올 때 하나님도 심판과 저주로부터 마음을 돌이키시겠다고 약속하시므로 이스라엘 백성이 하나님의 긍휼과 자비를 잊지 않게 하셨습니다. 그리고 하나님은 열방에 흩어졌던 그들을 다시 조상들의 땅으로 돌아오게 하시겠다 약속하십니다.

> ...네 하나님 여호와께서 흩으신 그 모든 백성 중에서 너를 모으시리니
> 네 쫓겨간 자들이 하늘 가에 있을지라도 네 하나님 여호와께서 거기서 너를
> 모으실 것이며 거기서부터 너를 이끄실 것이라(신 30:3-4)

그들의 마음이 돌이켜 질 때 그들을 다시 모으셔서 조상들이 얻은 땅으로 돌아오게 하겠다는 약속은 일차적인 의미로는 열방으로 흩어졌던 이스라엘 백성, 오늘날 유대인들을 다시 이스라엘 땅으로 모으시겠다는 것(유대인의 알리야)이고, 이것의 확장된 의미는 하늘 이 끝에서 저 끝까지 택하신 자들을 모으시겠다는 말씀입니다(마 24:31). 결국 하나님은 이스라엘을 시작으로 열방에서 택하신 자들을 함께 하나님의 땅으로 모으실 것입니다(신 30:5). 그리고 그 땅은 에덴-동산의 중심, 이스라엘의 예루살렘이 될 것입니다.

하나님의 백성의 슈브를 통해 하나님은 하나님의 땅을 차지하는 것을 약속하실 뿐 아니라 그들과 그 자손의 마음에 할례를 행하여 마음과 뜻을 다해 하나님을 사랑하게 하고 생명을 얻게 하실 것을 약속하십니다(신 30:6). 마음의 할례는 불필요한 영역, 잘못된 생각과 행동을 잘라내는 것으로 마음의 할례는 우리에게 생명을 가져오고 더욱 하나님을 사랑하고 그 말씀에 순종하게 합니다. 불필요한 영역이 잘라지면 가리워졌던 본질이 나타나고 그로 인해 하나님 한 분만을 더욱 바라보게 되기 때문입니다. 이것은 생명을 가져오면서 동시에 물질적 번영을 가져옵니다(신 30:10). 영적인 축복은 반드시 물질적인 축복을 가져옵니다. 그러므로 우리 삶의 우선 순위는 물질적 축복이 아니라 우리가 먼저 영적으로 거룩한 삶을

사는 것이 되어야 합니다. 그리고 하나님은 우리가 영적인 거룩한 삶을 살기 위한 하나님의 명령들이 결코 어렵거나 먼 것이 아니라고 말씀하십니다.

> 오직 그 말씀이 네게 매우 가까워서 네 입에 있으며 네 마음에 있은즉
> 네가 이를 행할 수 있느니라(신 30:14)

하나님은 우리의 형상과 모습을 하나님을 닮도록 창조하셨고 그래서 우리의 존재는 품격 있는 고귀한 존재입니다. 그것을 떨어뜨린 것은 사탄이고 사탄의 속임과 세상을 향한 사랑에 매여 있음으로 악하고 가증한 일들을 행하는 자들은 자신의 본래의 모습을 알지 못합니다. 하나님의 율법의 말씀은 우리 존재의 품격과 고귀함을 찾을 수 있도록 어떻게 살아야 하는지를 가르쳐 주시는 것으로 말씀을 순종하는 것이 어렵고 멀게 느껴지는 것은 여전히 사탄의 속임과 세상을 향한 사랑에 매여 있는 부분이 있기 때문입니다. 하나님은 우리에게 어려운 것을 말씀하지 않으셨습니다. 바로 우리 곁, 우리의 입과 마음에 말씀을 두셨고 우리는 하나님이 주시는 사랑과 은혜와 성령의 도우심으로 이를 행할 수 있게 되는 것입니다. 하나님이 우리와 함께 하시고 그 거룩한 영이 우리 안에 거하시면 그 사랑과 은혜로 우리는 말씀에 순종할 힘을 얻습니다. 우리의 도덕성으로 말씀을 지키는 것이 아니고 하나님의 영, 성령을 통해 말씀에 순종하는 것입니다. 하나님의 말씀에 대한 순종은 도덕적 요구가 아닌 성령과 함께 거룩한 삶을 살아가는 것입니다.

이제 이스라엘 백성의 미래는 그들의 선택에 달려 있습니다.

> 보라 내가 오늘 생명과 복과 사망과 화를 네 앞에 두었나니(신 30:15)

> 내가 오늘 하늘과 땅을 불러 너희에게 증거를 삼노라 내가 생명과 사망과 복과
> 저주를 네 앞에 두었은즉 너와 네 자손이 살기 위하여 생명을 택하고(신 30:19)

하나님은 하늘과 땅을 증거 삼으시고 모든 피조물 앞에서 이스라엘 백성이 살기 원한다면 생명을 택하라고 권고하십니다. 언약을 맺고 있는 그 자리에서, 그리고 바로 그 순간에 결단을 촉구하십니다. 이로써 그들의 미래에 다가올 축복이 그들의 현재에 달려 있음을 말씀하십니다. 나의 미래는 오늘 내가 무엇을 결정하는가에 달려 있습니다. 좁은 문과 좁은 길은 찾는 이가 소수이지만 생명으로 인도하는 길입니다. 비록 좁지만 생명으로 인도하는

진리를 따르기로 선택하느냐, 다수의 사람들이 따라가는 큰 문과 넓은 길이지만 멸망으로 인도하는 것을 선택하느냐의 선택이 매 순간 우리에게 도전적으로 주어져 있습니다. 하나님과 말씀을 선택하는 것이 우리에게 영원한 생명이 될 것입니다.

> 네 하나님 여호와를 사랑하고 그의 말씀을 청종하며 또 그를 의지하라(신 30:20)

하나님은 하나님을 사랑하고 말씀을 청종하며 또 하나님을 의지하라고 말씀하십니다. '의지하다'라고 번역된 히브리어 다바크דָּבַק는 '딱 붙어 있다, 고수하다, 가까이하다'는 뜻을 가지고 있습니다. 다바크דָּבַק는 창세기 2:24에 처음으로 등장하는 단어로 남자가 부모를 떠나 여자와 한 몸이 되는 것이 다바크דָּבַק입니다. 부부처럼 몸과 영혼이 서로 가까이하고 의지하여 하나로 딱 붙어 있는 것이 다바크דָּבַק의 상태입니다. 하나님은 이사야 62:4에서 이스라엘을 헵시바, 뿔라라고 부르시며 그들이 하나님의 가장 아름다운 아내이며 또 영원히 그렇게 될 것이라고 선포하십니다. 하나님은 이스라엘을 아내로 삼으셨기 때문에 그래서 신부인 이스라엘을 향해 신랑인 하나님께 고정되어 붙어 있을 것을 말씀하십니다.

예슈아도 자신은 포도나무이며 우리는 가지라고 비유하시며 가지는 나무에 붙어 있어야 한다고 말씀하셨습니다(요 15:5). 가지는 나무에 붙어 있을 때 열매를 맺습니다. 그래서 예슈아는 우리가 그 말씀에 붙어 있어야 하고 붙어 있을 때 우리가 구하는 모든 것이 이뤄질 것이라 말씀하셨습니다(요 15:7). 그리고 우리가 붙어있어야 할 말씀은 아버지께서 예슈아를 사랑하신 것 같이 우리를 사랑하시는 예슈아의 사랑 안에 거하는 것이고 그리고 예슈아가 우리를 사랑하셨듯이 우리도 서로 사랑하는 것입니다(요 15:9-12). 가지가 나무에 붙어 있어야 열매를 맺듯이, 우리가 그리스도께 붙어있을 때 절로 열매를 맺습니다. 하나님께 다바크דָּבַק 하는 것, 그것이 생명 나무의 열매를 얻는 길입니다.

> 사람이 내 안에 거하지 아니하면 가지처럼 밖에 버려져 마르나니
> 사람들이 그것을 모아다가 불에 던져 사르느니라(요 15:6)

DAY 6 신 30:11-14 / DAY 7 신 30:15-20

어려운 것도 아니요 먼 것도 아니라

모세는 하나님이 이스라엘 백성에게 명령하신 것이 어려운 것도 아니고 먼 것도 아니라고 말하였습니다(신 30:11). 하나님은 감추어지고 캄캄한 곳에서 말씀하지 않으셨고(사 45:19) 명확하게 가르쳐 주셨습니다. 이스라엘은 복과 저주, 생명과 죽음 사이에서 선택만 하면 되는 것이었습니다. 복과 생명을 선택한다면 하나님이 명하신 것들이 결코 어려운 것이 아닙니다. 하지만 저주와 죽음을 선택한다면 하나님의 명령들은 지킬 수가 없습니다.

모세는 우리를 하나님의 언약으로 초대했고, 회개와 순종을 통해 영원한 생명을 얻을 수 있는 길로 안내했습니다. 생명으로 갈 수 있는 가장 안전한 길을 가르쳐 주었습니다. 하나님의 명령은 우리에게 짐을 지우려는 것이 아니라 자유를 주기 위한 것입니다. 하나님의 말씀은 산에 있는 것도 아니고 바다에 있는 것도 아니고 하늘에 있는 것도 아니고 우리 입과 마음에 있기 때문에 우리가 그것을 행할 수 있습니다(신 30:14). 게다가 예수님으로 인해 우리는 구원으로 바로 들어갈 수 있게 되었습니다. 그래서 우리 입으로 예수님을 주로 고백하고 그의 죽음과 부활을 믿으면 우리는 구원을 받습니다(롬 10:9). 말씀은 내가 가까이하면 언제나 나와 함께 있습니다. 우리의 죄와 어둠이 말씀을 거부하기 때문에 말씀이 어려운 것이지, 내 자아를 꺾고 말씀을 듣고, 말씀을 내 입과 마음에 두면 말씀은 언제나 우리를 환영합니다. 그리고 우리의 마음을 새롭게 합니다.

> 진리의 말씀이 내 입에서 조금도 떠나지 말게 하소서 내가 주의 규례를
> 바랐음이니이다 내가 주의 율법을 항상 지키리이다 영원히 지키리이다
> (시 119:43-44)

하프타라 사 61:10-63:9

우리가 하나님 앞에 서 있는 이유

여호와께서 인간과 맺은 첫 언약은 에덴-동산에서 아담과 맺은 언약이라고 할 수 있습니다. 흙으로 만들어 생기를 불어넣어 살아 있는 혼이 된 아담을 에덴-동산으로 인도하여 에덴-동산의 지성소의 상태를 섬기며 지키게 하시기 위해 거기 두셨으며 선악을 알게 하는 나무의 열매는 먹지 말라고 하셨습니다. 그리고 그 언약을 어겼을 때 그들은 에덴-동산에서 쫓겨났습니다(창 2:7-9, 15-17).

하나님은 아담과 하와를 에덴-동산에서 내보내시면서 여자의 후손이 뱀의 머리를 상하게 할 것이라는 약속을 주시고 희생제물된 가축의 가죽을 벗기고 그 가죽으로 그들을 입혀 주셨습니다. 이것은 하나님이 사람과 맺은 두 번째 언약이라 볼 수 있으며 메시아를 통해 구원하신다는 원시복음(복음의 시초)이 됩니다. 이 언약에는 에덴-동산에서 쫓겨난 인류를 다시 에덴-동산으로 들여보내기 위한 하나님의 구속사의 계획이 압축적이면서 예언적으로 내포되어 있습니다(창 3:8-21).

그리고 음란과 우상숭배, 포악함과 부패로 가득 찬 온 땅을 홍수로 쓸어버리신 뒤 하나님은 노아와 그의 아들들과 더불어 다시는 모든 생물을 홍수로 멸하지 않으시겠다는 무지개 언약을 맺으시며 생육하고 번성하여 땅에 충만하라고 하십니다. 이 때 언약이라는 단어가 처음 등장합니다(창 9:1-17).

아브라함을 에덴-동산의 땅으로 불러오신 후 여호와께서 아브라함과 맺으신 언약은 일곱 번 반복됩니다. 아브라함의 혈통을 통한 한 민족이 하나님의 킹덤을 대표하는 민족으로 먼저 선택되고 그 민족을 통해 구원자 메시아가 오심으로 온 열방을 구원하겠다는 인류 구원을 위한 하나님의 청사진을 확장해 나가십니다. 아브라함 한 사람과 맺으신 이 개인적인 언약은 이후 하나님이 맺으시는 다른 모든 언약의 기초가 됩니다. 이 언약은 아브라함과 아브라함의 후손뿐 아니라 천하 만민에게 효력을 미치는 영원한 언약의 기초입니다(창 12:2-3, 7-8; 시 47:9; 시 105:8-11; 갈 3:7-9,29). 이 언약은 이삭(창 26:3-5)과 야곱(창 28:13-15)에게도 동일하게 적용되어 계속 이어져 내려갑니다.

약속대로 아브라함의 자손들인 이스라엘이 한 민족이 되고 그들을 이집트에서 데리고 나오셔서 시나이 산에서 언약을 맺으십니다. 이 언약은 공동체적이며 민족적인 언약으로 한 사람이 아닌 이스라엘 민족 전체가 하나님 앞에 부름받은 자들로 하나님의 말씀을 순종함으로 복을 누리고 열방의 축복의 통로인 제사장 나라가 되며 거룩한 백성이 되는 언약이며 이 율법의 언약은 '첫 언약'으로 불립니다.

그리고 시나이 산의 언약은 모압 평지 언약에서 다시 한번 반복, 갱신됨으로 이제 약속의 땅 즉, 에덴-동산의 땅으로 들어가야 하는 그들이 지켜야 할 것과 그들 앞에 복과 저주, 선과 악, 생명과 사망이 놓여 있음을 말씀하시며 그 땅에서 하나님 나라를 이뤄갈 왕국 백성으로서 책임감 있게 살아갈 선택과 결단을 촉구하십니다.

하나님의 마음에 합한 자요 하나님의 킹덤의 모델이 되는 왕국을 세운 다윗에게 하나님은 다윗의 후손에게 영원한 왕위를 약속하시는 언약을 맺으셨고 이 다윗의 언약은 다윗의 후손 예슈아의 탄생으로부터 시작하여 다윗의 왕위에 앉아서 영원 무궁히 하나님 왕국을 다스리실 메시아의 재림과 천년 왕국으로 성취될 것입니다.

예레미야에게는 하나님 나라의 통치를 실현해 보도록 그 땅을 맡았던 이스라엘이 결국 잘못된 선택 즉, 우상숭배의 죄악으로 말미암아 멸망하고 열방으로 흩어지더라도 하나님은 이스라엘 자손을 완전히 다 버리지는 아니하시고 날이 이르면 이스라엘 나라가 다시 세워지겠고 '나는 그들의 하나님이 되고 그들은 내 백성이 될' 새 언약을 그들의 마음에 새겨 주시겠다고 약속하십니다(렘 31:31-37).

하나님께서 아담으로부터 예레미야에 이르기까지 맺으신 이 모든 언약은 예슈아로 집결되었다가 예슈아의 피로 세운 새 언약을 통해서 이 새 언약이 열방을 향하여 적용되게 됩니다. 새 언약을 체결해주신 예슈아를 통해 온 인류를 구원으로 초대하는 문이 활짝 열렸고, 이제 다시 오실 예슈아께서 에덴-동산인 약속의 땅, 약속의 땅의 중심인 예루살렘에 만왕의 왕으로 입성하셔서 메시아 왕국을 시작하심으로 완전하게 성취하실 것입니다. 예루살렘을 세우시며 세상에서 찬송을 받게 하시기까지 주야로 잠잠하지 아니하고 하나님으로 예루살렘을 기억나게 하실 파수꾼의 외침이 필요한 시대에 우리는 살고 있습니다(사 62:6-7). 파수꾼들은 성벽 위에 서서 예배와 경배, 선포와 부르짖음과 간구 그리고 소식을 알림으로 하나님의 모든 언약이 성취되어질 때까지 쉬지 않고 외칠 것입니다. 우리는 하나님의 언약 안에 서서 하나님으로 예루살렘을 기억하게 하시도록 종일 잠잠치 않고 말하는 파수꾼이며 이것이 우리의 시대적 사명입니다.

모압 평지에서 이제 곧 들어갈 약속의 땅을 바라보며 언약 안에 서 있던 이스라엘 백성처럼 오늘날 우리도 그 안식으로 들어갈 때를 눈 앞에 바라보며 새 언약 안에 서 있습니다. 그리고 이제 예루살렘 성문으로 나아가 길을 닦고 큰 길을 수축하고 돌을 제하고 만민을 위한 기치를 들어야 합니다(사 62:10). 만왕의 왕의 귀환을 준비해야 하기 때문입니다. 왕의 귀환을 위해 하나님은 먼저 흩어진 유대인들을 약속의 땅에 모으실 것이고(신 30:5) 그리고 하늘 이 끝에서 저 끝까지 택하신 자들을 공중으로 모으실 것입니다(마 24:31). 그리고 예루살렘의 보좌에 좌정하실 예슈아께서 영광스러운 시온 산에 모인 자들에게 상급을 주시며 그 나라를 맡겨 그리스도와 함께 영원히 왕 노릇 하게 하실 것입니다.

【주제 #12】 붉은 옷을 입고 포도주 틀을 밟는 메시아

에돔에서 오는 이 누구며 붉은 옷을 입고 보스라(에돔의 수도)에서 오는 이 누구냐 그의 화려한 의복 큰 능력으로 걷는(행군하는) 이가 누구냐 그는 나이니 공의를 말하는 이요 구원하는 능력을 가진 이니라 어찌하여 네 의복이 붉으며 네 옷이 포도즙 틀을 밟는 자 같으냐 만민 가운데 나와 함께 한 자가 없이 내가 홀로 포도즙 틀을 밟았는데 내가 노함으로 말미암아 무리를 밟았고 분함으로 말미암아 짓밟았으므로 그들의 선혈이 내 옷에 튀어 내 의복을 다 더럽혔음이니 이는 내 원수 갚는 날이 내 마음에 있고 내가 구속할 해가 왔으나 내가 본즉 도와 주는 자도 없고 붙들어 주는 자도 없으므로 이상하게 여겨 내 팔이 나를 구원하며 내 분이 나를 붙들었음이라 내가 노함으로 말미암아 만민을 밟았으며 내가 분함으로 말미암아 그들을 취하게 하고 그들의 선혈이 땅에 쏟아지게 하였느니라(사 63:1-6)

위 본문은 재림하실 예슈아께서 예루살렘의 보좌에 앉으셔서 천년의 왕국 통치를 하시기 위해서 하늘 보좌에서부터 공중으로, 공중에서 에돔 땅을 지나 감람산으로, 감람산에서 예루살렘의 보좌로 오시는 재림의 과정의 한 장면을 묘사하고 있다. 적그리스도는 아마겟돈 전쟁을 위해 만국의 군대들을 동원하여 므깃도 평야에 집결시키고 이스라엘 산지를 짓밟고 올라오며 예루살렘을 포위할 것이다. 그들은 어린 양과 더불어 싸워보겠다고 모인 것이지만(계 17:14) 사실은 주님이 그들을 한 곳으로 모아 놓고 심판하기 위해 모으신 것이다. 그리스도를 대적하는 악한 세상 군대들을 한 곳으로 모아 포도즙 틀을 밟는 것처럼 그들을 짓밟기 위해서 주님이 불러 모으신 것이다.

그 때에 내가 만국을 모아 데리고 여호사밧 골짜기에 내려가서 내 백성 곧
내 기업인 이스라엘을 위하여 거기에서 그들을 심문하리니(욜 3:2)

너희는 이방 민족들에게 이렇게 널리 선포할지어다 너희는 전쟁을 준비하고
용사를 격려하고 병사로 다 가까이 나아와서 올라오게 할지어다(욜 3:9)

사면의 모든 이방 민족들아 너희는 속히 와서 모일지어다 여호와여 주의 용사들로 그리로
내려오게 하옵소서 이방 민족들은 일어나서 여호사밧 골짜기로 올라올지어다 내가 거기에 앉아
서 사면의 모든 이방 민족들을 다 심판하리로다 너희는 낫을 쓰라 곡식이 익었도다 와서 밟을
지어다 포도주 틀이 가득히 차고 포도주 독이 넘치니 그들의 악이 큼이로다 사람이 많음이여,
심판의 골짜기에 사람이 많음이여, 심판의 골짜기에 여호와의 날이 가까움이로다 해와 달이 캄
캄하며 별들이 그 빛을 거두도다 여호와께서 시온에서 부르짖고 예루살렘에서 목소리를
내시리니 하늘과 땅이 진동하리로다(욜 3:11-16)

요엘 3:11에서는 만국에서 예루살렘을 치러 올라오는 세상 군대들의 올라옴과 하늘에서 세
상 군대들을 치러 예루살렘으로 내려오는 여호와의 용사들의 내려옴이 대조를 이루고 있다. 요
엘 선지자는 하나님께 여호와의 용사들로 하늘에서 예루살렘으로 내려오게 하셔서 포도주 틀
을 밟듯이 그 세상 군대들을 밟으시라고 요청하고 있다. 이 날은 여호와의 날이고 심판의 날이
며 원수 갚는 날이고 주의 백성들이 원수에게 빼앗겼던 모든 것을 되찾아 주는 구속의 날이다.
포도주 틀을 밟는 자로서 재림하시는 메시아의 이미지는 예슈아의 재림의 과정을 설명하고
있는 요한계시록 14:14-20과 요한계시록 19:11-16에서도 나타나고 있다. 요한계시록 14장에
서는 메시아의 재림 과정에 있을 두 가지 종류의 추수에 대해서 그려주고 있다. 먼저 구름 위에
앉으신 인자 같은 분이 낫을 휘둘러 잘 익은 알곡을 공중에 모으는 장면으로 첫째 부활의 추수
와 휴거를 보여주며 그 후에 익은 포도송이에 낫을 휘둘러 진노의 포도주 틀에 던져 밟으니 피
가 흘러나오는 장면으로 원수들에 대한 심판을 보여주고 있다. 요한계시록 19장에서도 빛나고
깨끗한 세마포를 입은 부활 성도들을 데리고 공중에서 예루살렘으로 내려오시는 백마를 탄 재
림 예슈아는 맹렬한 진노의 포도주 틀을 밟으시고 피 뿌린 옷을 입으신 분으로 묘사되고 있다.

원하건대 주는 하늘을 가르고 강림하시고 주 앞에서 산들이 진동하기를 불이 섶을 사르며
불이 물을 끓임 같게 하사 주의 원수들이 주의 이름을 알게 하시며 이방 나라들로 주 앞에서 떨
게 하옵소서 주께서 강림하사 우리가 생각하지 못한 두려운 일을 행하시던 그 때에 산들이 주
앞에서 진동하였사오니 주 외에는 자기를 앙망하는 자를 위하여 이런 일을 행한 신을 옛부터
들은 자도 없고 귀로 들은 자도 없고 눈으로 본 자도 없었나이다(사 64:1-4)

니짜빔 주간의 말씀

1. 모압 평지 언약을 통해 우리는 하나님의 언약이 이스라엘만을 위한 폐쇄적인 것이 아니라 모든 열방을 향해 열려 있고 포용적이라는 것을 볼 수 있습니다. 이는 아브라함과 맺으신 큰 민족(고이 가돌 ㄱㄱ ㄱㄱ)을 이루게 하시겠다는 그 언약이 시나이 산의 언약과 함께 확장되었다는 것을 알 수 있습니다.

2. 신명기 토라 포션 니짜빔(너희가 서있다)은 항상 로쉬 하냐사(나팔절)가 시작되는 전 주간에 읽히게 됩니다. 나팔절을 한 주간 앞에 두고 하나님 앞에 서서 언약을 지키지 않을 경우 오게 되는 저주에 대한 맹세와 언약의 재갱신을 통한 구원의 약속에 대한 토라 포션(니짜빔)을 읽는 것은 우리에게 하나님 앞에 서서 심판의 경고와 구원에 대한 메시지를 들음으로써 다시 한번 각성할 수 있게 해줍니다.

3. 모압 평지에서 약속의 땅으로 들어가려고 준비 중인 이스라엘 백성이 하나님 앞에 서서(니짜빔) 새롭게 결단한 것처럼, 하나님이 나팔 소리로 메시아의 오심과 심판을 알리시기 직전 즉, 메시아닉 킹덤이 오기 직전의 시대에 우리도 하나님 앞에 서서 우리 스스로를 겸비해야 할 것입니다.

4. 하나님의 언약을 불순종하고 우상숭배할 때 우리 마음에 독초와 쑥이 생기며 이런 쓴 뿌리들은 공동체를 더럽힌다는 말씀을 통해 우리는 하나님의 언약이 개인적인 것만이 아닌 공동체적이며 민족적이라는 것을 알 수 있습니다.

5. 한 개인의 믿음과 순종이 한 민족의 구원과 축복을 이룰 수 있기도 하지만 또한 한 개인의 거역과 불순종이 민족을 파괴하고 저주를 받게 할 수 있습니다(수 7장, 아간의 범죄와 같은 경우).

6. 모세는 만약 이스라엘 백성이 토라로부터 멀어져 그 말씀을 지키지 못하고 있었다면, 그들은 반드시 회개하고 말씀 앞으로 돌아와야 한다고 말했습니다. 이것이 토라에서 말하는 회개입니다. 토라는 말씀으로 즉, 토라로 돌아오는 것이 회개라고 말합니다.

7. 그들의 마음이 돌이켜 질 때 그들을 다시 모으셔서 조상들이 얻은 땅으로 돌아오겠다는 약속은 일차적인 의미로는 열방으로 흩어졌던 이스라엘 백성, 오늘날 유대인들을 다시 이스라엘 땅으로 모으시겠다는 것(유대인의 알리야)이고, 이것의 확장된 의미는 하늘이 끝에서 저 끝까지 택하신 자들을 모으시겠다는 말씀입니다(마 24:31).

8. 영적인 축복은 반드시 물질적인 축복을 가져옵니다. 그러므로 우리 삶의 우선 순위는 물질적 축복이 아니라 우리가 먼저 영적으로 거룩한 삶을 사는 것이 되어야 합니다.

9. 이제 예루살렘 성문으로 나아가 길을 닦고, 큰 길을 수축하고, 돌을 제하고, 만민을 위한 기치를 들어야 합니다(사62:10). 만왕의 왕의 귀환을 준비해야 하기 때문입니다. 왕의 귀환을 위해 하나님은 먼저 흩어진 유대인들을 약속의 땅에 모으실 것이고(신 30:5) 그리고 하늘 이 끝에서 저 끝까지 택하신 자들을 공중으로 모으실 것입니다(마 24:31).

니짜빔 주간의 선포

1. 태초부터 우리 모두를 향한 구원을 계획하시고 하나님의 시간에 하나씩 차근차근히 그 계획을 실행해 오신 하나님의 신실함을 찬양합니다. 아브라함과 언약을 맺으시고, 이스라엘과 언약을 맺으시며, 우리에게까지 그 언약에 초대하셨을 뿐 아니라 앞으로 올 세대들에게까지 언약을 확장하시는 하나님의 은혜를 찬양합니다.

2. 우리는 하나님과 언약을 맺은 백성인데 언약을 위해 하나님이 주신 토라와 말씀을 붙들지 않고, 세상에 붙어있길 원하는 마음을 내려놓지 못하는 죄를 용서하소서. 말씀을 듣고 지킨다고 하면서 사실 종교적인 교회 생활에 매여 있는 부분을 용서하소서. 신학에 매여 토라를 통해 하나님이 정말 우리에게 주시는 보물을 발견하지 못하는 영역을 벗겨주시고 우리가 토라로 돌아가 복음을 온전하게 회복할 수 있게 하소서.

3. 메시아닉 킹덤이 곧 이 땅에 성취됩니다. 하나님이 이스라엘을 사방에서 불러 모으시는 일이 더 가속화될 때 교회가 깨어나 하나님이 하시는 일, 이스라엘이 땅 끝에서부터 돌아오는 일에 함께 서게 하여 주시옵소서. 또한 열방에서 돌아오는 유대인들이 이 땅에 돌아왔을 때 메시아를 전할 수 있는 복음전도자들을 일으켜 주시고, 그들을 맞이할 수 있는 메시아닉 공동체들이 든든하게 서 갈 수 있도록 붙들어 주소서.

4. 메시아닉 공동체와 함께 서는 열방의 교회들에게 지혜와 사랑을 더하여 주소서. 돈과 사역으로 이스라엘을 교회의 야망을 이루는데 이용하는 것이 아니라 진심으로 이스라엘을 사랑하게 하소서. 메시아닉 유대인들이 유대인으로서의 정체성과 사명을 지켜내면서 복음으로 무장될 수 있도록 옆에 서서 지지해주고 세워주는 이방 교회 되게 하소서.

5. 물질의 축복을 구하기 전에 우리가 영적으로 주님 앞에 더 정결해지게 하소서. 또한 이 악한 시대에 뱀처럼 지혜로움을 갖게 하소서. 말씀과 혼의 정결, 영의 거룩을 가진 자들에게 거룩한 재정을 부으셔서 예루살렘을 위해 길을 닦고, 큰 길을 수축하고, 돌을 제하고, 만민을 위한 기치를 들고 하나님의 나라를 준비하게 하소서.

52주간

נַיֵּלֶךְ

VAYELECH

봐옐레크
그리고 그가 갔다

파라샤 **신 31:1-30**
하프타라 **호 14:2-10, 욜 2:15-27, 미 7:18-20**
브리트 하다샤 **롬 10:1-17 / 마 18:21-35**

DAY 1 신 31:1-3 / **DAY 2** 신 31:4-6

죽음에 대하여

모세는 곧 자신이 죽을 것을 이스라엘 백성들에게 발표합니다. 자신이 약속의 땅에 들어갈 수 없음을 말하며 이스라엘 앞에서 원수를 멸하신 것을 기억하며 약속의 땅에 들어가 강하고 담대하게 그 땅을 차지하라고 이스라엘 백성을 격려합니다. 유대인의 전승에 따르면 하나님은 모세에게 곧 죽을 것을 알려주셨는데 그 날이 아달 월 7일이라고 합니다. 이 날은 모세의 출생일이었다고도 합니다.[24] 그래서 유대인들은 아달 월 7일에 모세의 출생과 죽음을 기념합니다.

죽음을 앞두고 모세는 느보 산으로 올라갔습니다. 그는 억지로가 아니라 자발적으로 죽음을 맞이하러 올라갔습니다. 그러나 한편으로 그는 생명에 대한 강렬한 열망을 가지고 죽음과 맞섰다고 유대 전승은 증거하고 있습니다. 하나님의 말씀에 순종하여 자신의 생명을 내려놓는 순간이었지만, 또한 죽음이라고 하는 어둠과 싸우는 순간이기도 했습니다. 죽음은 하나님이 주관하시는 것이지만 하나님이 인간을 위해 계획해 놓으신 것은 아니었습니다. 하나님은 영원한 생명을 약속하셨고 보장하셨지만 죄로써 생명을 저버리고 죽음을 선택한 것은 인간이었습니다. 죽음은 우리의 원수이자, 가장 나중에 멸망 받을 원수입니다 (고전 15:26). 물론 우리는 죽음을 지나 부활하고 영생으로 들어간다는 것을 알고 있습니다. 또한 죽음이 우리에게 필수불가결한 영역이긴 하나 결코 죽음 자체가 우리에게 소망이 될

---

24. **바벨론 탈무드** Rosh Hashana 11a.

수는 없습니다. 죽음은 두려운 것이고, 저주입니다. 하나님은 인간에게 영원을 사모하는 마음을 심어놓으셨기 때문에(전 3:11) 죽음은 인간에게 공격적인 것으로 느껴질 수 밖에 없습니다. 하나님은 인간을 불멸하는 존재이자 신성한 존재로 창조하셨지만, 죽음은 인간의 신성한 영역을 모독했습니다. 이것이 모세가 인간을 향한 큰 저주이자 원수인 죽음에 대항했던 이유입니다.

마찬가지로 예수님도 겟세마네 동산에서 다가오는 죽음과 격렬한 싸움을 싸우셨습니다. 예수님도 죽음이 두려웠기에 이 잔이 내게서 지나가게 하옵소서라고 아버지께 간구했습니다(마 26:39). 그러나 결국 자신의 뜻이 아닌 아버지의 뜻대로 하시기를 기도하며 하나님의 뜻에 순종했습니다. 예수님은 죽음과 맞서 싸우면서 동시에 생명을 위해, 인류가 새 생명을 얻게 하기 위해 싸우셨습니다. 궁극적으로 모세도, 예수님도 모두 아버지의 뜻에 순종함으로 생명을 얻었습니다. 눈에 보이기에는 죽음이었으나 그들은 생명을 선택한 것입니다.

모세는 자발적으로 그의 생명을 내려놓음으로써 이스라엘 백성을 약속의 땅으로 들어갈 수 있게 하였습니다. 그의 죽음이 새로운 시대의 문을 열었습니다. 모세의 죽음으로 이스라엘 백성이 구속되어 약속의 땅으로 들어갔습니다. 예수님의 죽음과 부활로 우리는 구속되어 영원한 하나님 나라로 들어가게 되었습니다. 모세의 첫 번째 구속은 예슈아를 통한 마지막 구속으로 완전히 성취될 것입니다.

DAY 3 신 31:7-8

새로운 지도자와 기록된 토라

모압 평지에서 이스라엘 자손과 언약을 갱신함으로 이스라엘 백성이 약속의 땅으로 들어갈 준비를 마치게 한 모세는 이제 자신의 사명과 삶을 마무리할 준비에 들어갑니다. 하나님은 모세에게 두 가지를 명령하십니다. 첫째는 약속의 땅에 들어가 정복 전쟁의 과업을 완수할 새로운 지도자의 임명과 둘째는 그 땅에 들어가서 태어나는 새로운 세대에게도 하나님이 주신 율법의 말씀이 잘 이어질 수 있도록 모든 가르침(토라)의 말씀들을 다 기록하여 책으로 전해주는 일입니다.

모세는 자신의 지도력을 모든 백성이 보는 앞에서 여호수아에게 이양합니다(신 31:7). 출이집트에서 광야생활까지 모세의 지도력을 따랐던 백성들이 모세의 부재로 인해 내부적인 혼란을 겪지 않기 위해, 또 잠시의 빈틈이 외부의 공격의 빌미가 되지 않게 하기 위해 모세는 자신의 모든 권위를 여호수아에게 넘겨줍니다. 그리고 여호수아와 이스라엘 백성에게 강하고 담대하라고 당부합니다(신 31:6-8, 23). 하나님은 그들이 강하고 담대해야 할 것을 반복적으로 말씀하심으로써 요단을 건넌 이후 그들이 치러야 할 전쟁들이 만만치 않을 것이라는 것을 예상케 합니다. 그러나 그 전쟁들이 만만치 않겠지만 하나님이 먼저 앞서 가셔서 이스라엘 백성 앞에서 가나안 민족들을 멸하실 것과 요단 동편의 강한 두 나라 아모리왕 시혼과 바산 왕 옥에게 행하신 일을 떠올리게 하시며 그와 같이 가나안의 민족들이 파멸될 것임을 말씀하십니다(신 31:3-4). 이 전쟁을 앞두고 이스라엘이 해야 할 일은 오직 마음을 강하게 하고 담대히 가지는 것이었습니다. 빼앗겼던 것을 다시 되찾기 위해 하나님이 차지하게 하겠다 하신 약속을 믿고 그들은 담대함으로 그 땅에 들어가야 합니다.

그리고 그들이 약속의 땅에 들어가서 시나이 산의 언약과 모압 평지의 언약을 잊지 않고 실행하기 위해, 또 그들의 자녀들이 하나님의 놀라운 구원의 역사를 잊지 않고 하나님 경외하기를 배우게 하기 위해 하나님은 율법의 말씀을 다 기록하여 제사장들과 모든 장로에게 주고 매 칠 년 초막절에 택하신 그곳에 모여 낭독하여 온 이스라엘이 듣게 하라고 명령하십니다(신 31:9-11). 온 이스라엘에는 백성의 남녀와 어린이, 그리고 그들의 땅에 거류하는 타국인이 포함됩니다(신 31:12). 이로써 하나님의 율법의 말씀은 먼저 약속의 땅에 들어가 하나님의 킹덤을 시작하는 이스라엘과 그들과 함께 하는 타국인들 즉, 다른 민족들에게도 주어졌음을 다시 한번 말씀하십니다.

이 가르침의 말씀, 토라는 모든 열방을 향한 말씀입니다. 믿음으로 아브라함의 언약 안에 들어온 모두가 하늘의 가르침인 토라를 통해 하나님의 백성으로, 그리고 신부로 세워져 갑니다. 그리고 그 가르침(토라)을 받은 우리는 말씀을 우리의 삶에서 떠나지 않게 묵상하고 반복하여 읽고 듣고 낭독하여 세대에서 세대로 이어져 가게 함으로써 하늘의 유업이 끊어지지 않고 이 땅에 계속 흐르게 해야 합니다. 이 가르침(토라)의 말씀이 세대 간의 전수에서 실패하면 다음 세대는 하나님을 잊어버리게 됩니다. 그러면 하나님이 앞 세대에 주신 것들을 다음 세대는 빼앗기게 될 것입니다. 자녀들이 하나님의 킹덤의 유업을 이어받을 수 있는 길, 원수들에게 하나님이 주신 것들을 빼앗기지 않는 길은 이 가르침(토라)의 말씀들을 가르치고 전수하는 것입니다. 토라에는 구원의 역사가 담겨 있고 구원을 이루어 가는 성화되는 삶의 지침들이 담겨 있으며 마지막 구원의 완성이 담겨 있습니다.

모세에서 여호수아로 넘어가는 세대 교체 가운데 하나님이 당부하신 두 가지 '강하고 담대하라, 말씀을 기록하여 가르치고 낭독하라'는 마지막 세대를 거룩한 세대로 일으켜야 할 오늘의 우리에게 동일하게 허락하시는 말씀입니다. 그리고 그 어느 때보다도 치열한 영적 전쟁에 들어가야 할 우리 모두에게 마지막 때 부어지는 늦은 비의 강력한 성령과 새로운 영적 권위(기름부음)가 부어질 것입니다. 그리고 이 기름부음은 우리로 하여금 하나님의 땅을 야라쉬יָרַשׁ 하게 할 것입니다. 하나님이 창조하신 모든 세상의 풍부함과 아름다움, 건강과 축복 대신 사탄이 우리에게 남겨놓은 가난과 질병, 무질서와 폭력을 끊어 버리고 우리는 다시 야라쉬יָרַשׁ 할 것입니다.

DAY 4 신 31:9-13

안식년의 초막절

매 칠 년 끝해 곧 안식년의 초막절에 하나님은 특별한 모임(개더링gathering)을 명하십니다. 안식년의 초막절에는 온 백성이 하나님이 택하신 곳, 시온에 모여야 합니다. 그리고 초막절 기간 동안 모든 백성들이 들을 수 있도록 토라를 크게 낭독해야 합니다. 이 명령은 하크헬הַקְהֵל이라고 불리는데 그 뜻은 '회중을 행동하게 하라'는 뜻입니다. 7년마다 토라와 언약의 말씀을 갱신하여 혹여나 그동안 말씀에서 멀어지고, 하나님의 명령을 잃어버린 것이 있다면 듣고 다시 새기고 토라를 지켜 행하게 하고, 또 그 사이 새롭게 태어나고 자란 세대에게 토라를 듣게 하여 하나님 경외하기를 가르치고 배우게 하는 것입니다(신 31:12-13).

새로운 세대는 늘 새롭게 태어나고 자랍니다. 그들은 과거를 모릅니다. 하나님은 이집트에서 이스라엘 백성을 구속하여 홍해를 건너고, 요단을 건너 약속의 땅으로 들어와 하나님이 약속하신 땅을 차지하기까지의 모든 과정을 새로운 세대가 듣고 그것이 세대에서 세대로 전수되어 이스라엘을 위해 하나님이 행하신 일, 그리고 앞으로 열방을 향해 하나님이 행하실 일을 기억하고 기대하게 하셨습니다.

하크헬 הקהל의 명령은 메시아의 다시 오심과, 땅에 이뤄진 메시아닉 킹덤, 그리고 그 나라에서 하나님의 백성들의 부르심에 대한 것들을 예표합니다. 안식년과 초막절은 모두 메시아닉 킹덤을 예표합니다. 하나님이 정하신 특별한 시간에 메시아가 오셔서 하늘과 땅이 하나되는 하나님의 나라를 시작하실 것입니다. 그 날에는 이스라엘뿐 아니라 열방에서 초막절에 올라와 기쁘게 토라의 말씀을 듣고 배울 것입니다. 모세가 이스라엘 백성에게 명령한 안식년의 초막절에 모든 백성 앞에서 낭독하게 한 토라는 메시아닉 킹덤에 시온에서 더 크게 확장되어 이뤄질 것입니다.

> 오라 우리가 여호와의 산에 오르며 야곱의 하나님의 전에 이르자 그가 그의 길을
> 우리에게 가르치실 것이라 우리가 그 길로 행하리라 하리니 이는 율법이
> 시온에서부터 나올 것이요 여호와의 말씀이 예루살렘에서부터 나올 것임이니라
>
> (사 2:3)

DAY 5 신 31:14-19 / DAY 6 신 31:20-23

새로운 지도자 여호수아가 직면하게 될 어려움

모세가 죽을 날이 가까웠기 때문에 하나님은 모세와 여호수아를 함께 회막으로 불렀고 성육신 이전의 그리스도께서는 그 구름 기둥 가운데 모습을 감추신 채 내려와서 대화하십니다. 모세가 회막에 들어가면 늘 회막 밖에서 모세를 기다리던 여호수아는 이제 모세와

함께 회막에²⁵ 들어감으로써 공식적이며 본격적으로 하나님으로부터 직접 명령과 말씀을 듣는 지도자의 자리에 서게 됩니다. 그리고 하나님은 이제 떠나야 할 지도자와 새롭게 시작해야 할 지도자에게 앞으로 일어날 안타까운 일을 예고하십니다.

> 또 여호와께서 모세에게 이르시되 너는 네 조상과 함께 누우려니와 이 백성은 그
> 땅으로 들어가 음란히 그 땅의 이방 신들을 따르며 일어날 것이요 나를 버리고
> 내가 그들과 맺은 언약을 어길 것이라 내가 그들에게 진노하여 그들을 버리며 내
> 얼굴을 숨겨 그들에게 보이지 않게 할 것인즉 그들이 삼킴을 당하여 허다한 재앙과
> 환난이 그들에게 임할 그 때에 그들이 말하기를 이 재앙이 우리에게 내림은 우리
> 하나님이 우리 가운데에 계시지 않은 까닭이 아니냐 할 것이라 또 그들이 돌이켜
> 다른 신들을 따르는 모든 악행으로 말미암아 내가 그 때에 반드시 내 얼굴을
> 숨기리라(신 31:16-18)

젖과 꿀이 흐르는 그 땅에서 이스라엘 백성의 육신이 풍족함과 배부름으로 채워지면 그들은 육적인 정욕에 이끌려 음란히 우상을 따를 것이고 그로 인해 언약이 깨어지면 맹세한 대로 하나님의 진노가 임할 것입니다. 신명기 31:17,18에서 두 번이나 하나님이 '내 얼굴을 숨겨 그들에게 보이지 않게 할 것인즉 … 내가 그 때에 반드시 내 얼굴을 숨기리라'고 말씀하셨습니다. 하나님은 자신의 얼굴 즉, 하나님의 임재를 숨기실 것이고 하나님의 임재가 떠난 이스라엘 백성은 허다한 재앙과 환난으로 인해 하나님의 부재를 느끼게 될 것입니다(신 31:16-17). 하나님은 손이 짧아 구원하지 못하시는 것도 아니고 귀가 둔하여 듣지 못하신 것이 아닙니다. 백성의 죄가 그분의 얼굴을 숨기게 하고 그분의 임재를 거두어 가게 한 것입니다. 이것은 가장 무서운 하나님의 선언입니다. 주님이 얼굴을 숨기시고 보이지 않게 하실 때는 그 이후 그들이 다른 민족들의 밥이 되어 삼킴을 당하게 되는 결과로 이어집니다. 주인 없는 먹잇감을 맹수들이 가만히 놔두겠습니까? 온갖 재앙과 고통을 당하게 될 것입니다.

---

25. 모세의 회막 (오헬 모에드אֹהֶל מוֹעֵד)은 모세의 성막(미쉬칸)과는 또 다른 장막이다. 이스라엘 백성이 캠핑하는 진 중앙에 모세의 성막이 있고 성막 주변에는 게르손과 고핫과 므라리 가족들이 텐트를 치고 있다. 모세의 성막 앞에는 모세의 회막이 있었는데 모세가 70 장로들을 그 앞으로 모이게 하던 장소였으며 모세는 이 회막에서 여호와와 대면하며 교제하였다. 모세가 회막으로 들어갈 때에 구름 기둥이 회막 문 앞에 내려와 서 있게 되고 여호와께서는 그 구름 기둥 안에 자신의 모습을 감춘 채 모세와 친구와 얘기하는 것처럼 대면하시어 대화를 나누었다. 모세의 성막이 지어지기 전에는 모세의 회막은 진 밖에 멀리 떨어져 있었다 【출 33:7-11】 성막 앞 회막 곁에는 요셉의 유골을 보관해 두었던 작은 텐트가 있었다. 광야 40년 동안 요셉의 유골이 항상 성막 가까이 동반되었다.

그러한 재앙과 환난이 일어났을 때 이스라엘 백성은 그 원인을 자신들의 불순종한 죄에서 찾아야 하는데 '우리 하나님이 우리 가운데 계시지 않기 때문에, 이러한 재앙들이 우리에게 닥치는 것이 아니냐?'라며 하나님께 원망을 품고 오히려 더 돌이켜 다른 신들을 섬기며 모든 악행을 행하게 됩니다. 그리고 하나님의 얼굴이 그들로부터 가려지게 됩니다.

하나님은 이 모든 일을 노래로 지어서 그들의 자녀의 입에서 입으로 불려짐으로 '그들의 자손이 부르기를 잊지 아니한 이 노래'가 그들이 재앙과 환난을 당할 때에 그들의 귀에 증거가 되게 하라고 말씀하십니다(신 31:19). 일어나지 않아야 할 일이지만 연약하고 교만한 죄악의 본성을 가진 인간에게 반드시 일어날 수밖에 없는 일이라는 것을 아시고 후일에 그들이 저지를 죄악에 대해 미리 노래를 통해 증거를 남기실 수밖에 없는 하나님의 예고를 여호수아는 비장하게 들었을 것입니다.

하나님께서 두 번이나 '내 얼굴을 숨겨 그들에게 보이지 않게 할 것인즉 … 내가 그 때에 반드시 내 얼굴을 숨기리라'고 말씀하실 수 밖에 없었던 원인을 그 다음 절에서 설명해 주십니다.

> 내가 그들의 조상들에게 맹세한 바 젖과 꿀이 흐르는 땅으로 그들을 인도하여
> 들인 후에 그들이 먹어 배부르고 살찌면 돌이켜 다른 신들을 섬기며
> 나를 멸시하여 내 언약을 어기리니(신 31:20)

신명기 32장의 모세의 노래 중에서도 같은 이야기가 반복 언급됩니다.

> 그러한데 여수룬이 살찌매 발로 찼도다 네가 살찌고 비대(富大)하고 윤택하매
> 자기를 지으신 하나님을 버리며 자기를 구원하신 반석을 경홀히 여겼도다
> (신 32:15)

그리고 세 번째로 '내가 내 얼굴을 숨겨 그들에게 보이지 않게 하고(신 32:20)'라고 강조하십니다. 하나님이 하나님의 얼굴을 숨기시겠다고 말씀하시게 된 원인이 잘 먹고 배부르게 되고 살찌게 되며 부하게 되고 크게 되며 윤택하게 된 것이라는 것입니다. 하나님이 주신 복 때문에 누리게 된 물질 세계의 풍요와 윤택이 결국 하나님께서 얼굴을 숨기시겠다고 하시고 그들에게 보이지 않게 하겠다고 말씀하시는 결과로 이어지게 되고 또 그 이후 그들이 다른 민족들의 밥이 되어 삼킴을 당하게 되는 결과로 이어집니다. 이는 후에 이스라엘

백성이 바알 신(물질 풍요)과 아세라 신(음란 만족)을 섬기는 것으로 이어지며 결국은 바벨론 시스템 안에 갇혀 포로가 되는 신세로 전락해 버리고 맙니다.

> 이러한 패턴 안에 지금 대한민국 교회의 모습이 보입니다. 죽이기도 하시며 살리기도 하시며 상하게도 하시며 낫게도 하시는 하나님! 원수가 말하기를 "우리 수단이 높음이요 여호와의 행함이 아니라" 할까 염려가 됩니다. 살찌고 비대하고 윤택하게 되어 비뚤어진 '여수룬יְשֻׁרוּן'[26] 이 하나님의 다루심으로 참 '여수룬'되게 하소서. 비뚤어진 하나님의 백성을 바로 교정하여 주시고 대적 원수를 향하여 복수하여 주시며 보응하여 주시고 당신의 백성을 구속하셔서 되찾으시고 희년의 나팔을 불어 각각 원래 땅과 원계획(original design)을 되찾게 하소서!

이미 가나안 땅 정탐에서 돌아왔을 때 이 백성의 패역함을 경험한 여호수아였습니다. 그러나 이제 하나님의 이적과 기사를 펼친 영도자 모세 없이 자신이 혼자 직면해야 하는 상황입니다. 외부적으로는 만만치 않은 가나안 정복 전쟁이, 내부적으로는 언제나 도사리고 있는 이스라엘 백성의 거역과 불순종이 여호수아의 앞에 놓여 있었습니다. 그러나 하나님은 여호수아에게 명령하십니다.

> 너는 이스라엘 자손들을 인도하여 내가 그들에게 맹세한 땅으로 들어가게
> 하리니 강하고 담대하라 내가 너와 함께 하리라(신 31:23)

하나님이 모세와 함께 하실 때 어떤 일이 일어났는지 여호수아는 평생 모세 곁에서 보고 경험하였습니다. 모세와 함께 하신 그 하나님이 이제는 여호수아와 함께 하실 것이라는 약속은 이미 39년 전 가데스 바네아에서 믿음으로 그 땅에 올라가 야라쉬(차지)하자고 외쳤던 여호수아에게는 그의 마음을 가장 강하고 굳건하게 할 말씀이었을 것입니다.

비록 이스라엘의 거역과 불순종으로 인한 재앙과 환난을 노래한 증거의 노래였지만 이스라엘 백성은 이 노래를 부를 때 하나님을 떠나지 말자고, 언약을 지키자고 굳게 다짐하기도 했을 것입니다. 먹고 배불러 살찌면 언약을 어기고 하나님을 멸시하다가도 이 증거의

---

26. 여수룬은 하나님이 이스라엘을 부르는 애칭이다. '곧고 바르다'를 의미하는 야샤르יָשָׁר에서 파생되어 '곧은 자'라는 뜻이 된다. 하나님 앞에서 바르게 곧게 하려는 그 모습을 하나님이 좋아하시고 맘에 들어 하셔서 이스라엘에 대한 사랑의 표현과 이스라엘의 애칭으로 '여수룬'이라 부르셨다.

노래를 통해 그들의 죄를 깨닫게 되었을 것입니다. 그렇게 남은 자들은 하나님을 향한 믿음을 유지하고 바로잡으려고 했을 것입니다.

사도 바울은 믿음은 들음에서 들음은 그리스도의 말씀으로부터 나온다고 하였습니다(롬 10:17). 모세에서 여호수아로 이어진 유업(遺業 나흘라חלה)은 말씀이 흘러가는 것입니다. 자녀들이 하나님을 잊지 않고 기억할 수 있도록 반복적으로 말씀을 듣게 하고 노래하는 것이 유업을 이어가는 것입니다. 너무나 쉽게 망각하는 우리들에게 하나님이 가르쳐 주신 최고의 교육 방법은 반복입니다. 그래서 우리는 우리 스스로 말씀을 반복적으로 읽고 듣고 선포해야 하며 우리의 자녀들이 말씀을 듣고, 듣고, 또 들을 수 있도록 해야 합니다. 이것이 쉐마입니다. 쉐마는 하나님의 유업을 이어가게 하며 믿음을 자라게 하는 하나님의 교육 방법입니다.

DAY 7 신 31:24-30

증거의 책

모든 토라의 말씀을 책에 써서 마친 모세는 언약궤를 메는 레위 사람에게 율법책(토라책)을 가져다가 언약궤 곁에 두어 증거가 되게 하라고 명합니다(신 31:24-26). 증거는 어떤 사실이 확실한지를 증명할 수 있는 근거입니다. 모세가 율법책을 하나님의 영광(쉐키나)이 머무시는 언약궤 옆에 두게 한 것은 율법책의 모든 말씀이 하나님으로부터 온 것이라는 것을 증거하여 율법책의 권위를 확실하게 한 것이고, 율법책에 적혀 있는 모든 말씀이 하나님의 뜻대로 이뤄질 것이라는 것을 예언한 것이며, 이스라엘이 미래에 겪을 모든 사건이 율법책에 기록된 역사 속에서 일어났음을 증명하기 위한 것이었습니다. 아직은 일어나지 않았지만 이스라엘이 약속의 땅에 들어간 후 머지 않아 토라를 떠나 하나님을 반역하게 될 것을 바라본 모세는 그들의 반역으로 인해 겪게 될 하나님의 징벌과 혹독한 훈육의 과정이 그대로 이뤄질 것을 장로들과 관리들이 듣게 하고 하늘과 땅을 증인으로 세웠습니다(신 31:28-29).

고고학자들이 돌에 새겨진 증거물이 나오지 않았다하여 모세 시대에 히브리어 문자가 없었다고 주장함으로써 토라의 권위와 하나님 말씀의 사실성을 축소, 왜곡하고 있지만 하나님은 분명하게 모세를 통해 율법책(토라책)을 남기셨고, 쉐키나 곁에 있었던 율법책의 모든 말씀은 오늘까지 적용되고 있습니다. 성경이 기록한 이스라엘을 중심으로 펼쳐지는 하나님의 구속사는 모두 사실이며, 이 모든 사실은 앞으로 일어날 역사적 사건을 우리에게 미리 보여주고 있습니다. 선지자들은 많은 경우 미래에 일어날 확실한 예언을 과거(완료) 동사로 기록해서 그 사건이 이미 하나님 앞에서는 성취된 것으로 보았습니다. 성경 히브리어에만 있는 이 독특한 문법을 'Prophetic perfect 예언적 완료'라합니다. 그래서 하나님의 증거책(토라)은 과거와 현재와 미래 모두를 증거하고 증명하는 책입니다.

모압 평지에서의 언약 갱신 중에 하나님이 가장 많이 외치신 '쉐마'는 과거의 교육 방법이 아닌 오늘의 교육 방법이며, 또한 메시아닉 킹덤에서의 교육 방법입니다. 메시아닉 킹덤에서는 이 율법책, 증거책, 토라가 온 열방의 법령이 될 것이며, 태어나고 자라는 세대를 향한 교육법이 될 것입니다. 하나님은 우리에게 이 토라를 미리 주셔서 연습하고 훈련함으로써 하나님 킹덤의 백성으로서의 삶을 살게 하셨습니다. 하나님의 백성인 우리는 토라를 회복하고 토라로 돌아가야 합니다. 토라로 돌아감으로(슈브) 회개하는 자들에게 하나님의 나라가 임할 것입니다. 예슈아가 태초부터 계시는 바로 그 토라이십니다.

하프타라 호 14:2-10, 욜 2:15-27, 미 7:18-20

말씀을 가지고 돌아오라, 메슈바מְשׁוּבָה에서 테슈바תְּשׁוּבָה로

엘룰 월 1일부터 대속죄일까지 40일의 시간은 테슈바תְּשׁוּבָה의 기간으로 보내는데 그 뜻은 돌이키는 기간 즉, 회개의 기간이라는 뜻입니다. 그 가운데 새해가 시작되는 로쉬 하샤나(나팔절)부터 욤 키푸르(대속죄일)까지 10일의 시간은 경외의 날들(야밈 노라임יָמִים נוֹרָאִים)이라 불립니다. 회개의 40일의 기간 중에서도 더 깊은 회개의 시간을 보내는 가장 거룩한 기간으로 하나님께 우리의 죄악을 고백할 뿐 아니라 경외의 날들 10일 동안에는 형제와 이웃을 찾아가 실제적으로 용서를 구하고 또 용서를 하는 적극적인 회개의 시간으로 보냅니다. 죄악을 고백하는 시간은 어찌 보면 우리의 부끄러움과 수치가 드러나는 시간이지만 한편으로는 우리를 수치스럽게 하는 죄로부터 분리되고 자유케 함으로 우리의 거룩을 회복하게 하는 거룩한 시간이 되기도 합니다. 특별히 거룩한 회개의 시간을 지내는 경외의 시간을 지나는 주간에 있는 샤밭은 샤밭 슈바שׁוּבָה שַׁבַּת라고 하며, 그 뜻은 회개의 샤밭이라는 뜻입니다. 신명기 52주간 봐엘레크는 나팔절과 대속죄일 사이의 주간이며 샤밭 슈바의 토라 포션이기도 합니다.

하나님과의 언약을 깨뜨리고 음란히 우상을 섬긴 이스라엘의 불의와 죄악으로 인해 엎드러진 이스라엘을 향해 하나님은 돌아오라(슈바שׁוּבָה)고 외치십니다(호 14:1). 그런데 그냥 돌아오는 것이 아니라 말씀을(드바림) 가지고 돌아와서 수송아지를 대신하여 입술의 열매를 받아 주시길 기도하라고 말씀하십니다(호 14:2). 그리고 앗수르나 말(군사력)을 의지하지 않고 자신들의 손으로 만든 우상을 신이라 말하지 않으며 고아가 하나님으로 인해 긍휼을 얻었다고 고백하라고 말씀하십니다(호 14:3).

하나님의 언약과 명령과 규례와 법도가 있는 말씀을 가지고 오라는 것은 하나님보다 높아져 있는 생각과 기준과 행동을 버리고 오라는 뜻입니다. 하나님의 말씀 없이는 기준이 비뚤어져 있기 때문에 바른 판단과 결정을 할 수 없고 바른 회개도 할 수 없습니다. 그래서 하나님은 스스로가 기준이 되었던 것을 버리고 말씀의 기준을 가지고 돌아오라고 하십니다. 수송아지를 대신하여 입술의 열매를 가지고 오라는 것은 형식적이며 종교적인 예배가 아닌 마음의 진실과 사랑을 담은 입술의 고백과 언행일치의 삶을 가지고 오라는 것입니다. 앗수르와 말을 의지하지 않겠다는 것은 더 이상 세상의 힘과 정치력과 군사력을 의지하지 않겠다는 뜻이며 말씀이 없음으로 버려져 고아 같았던 이들이 하나님의 변하지 않는 자비와 긍휼 가운데 다시 태어났음을 고백하라는 뜻입니다.

이렇게 고백하는 이스라엘을 향해 하나님은 그들의 반역을 고치고 기쁘게 그들을 사랑하겠다고 결단하십니다(호 14:4). 반역이라는 히브리어 메슈바מְשׁוּבָה는 '돌아오다'는 히브리어 슈브שׁוּב에서 파생된 단어로 슈바와 같이 '돌아옴'이라는 뜻의 명사이지만 혼돈을 의미하는 멤מ이 앞에 붙어서 '잘못된 방향으로 돌이킴, 혼돈을 향해 돌이킴'을 의미하며 '배교, 배신, 나쁜 상태로 되돌아가는 것'이라는 뜻으로도 쓰입니다. 그들이 하나님의 말씀에서 우상에게로 돌이켜 배교하고 배신하고 나쁜 상태로 돌아가는 것이 곧 패역함입니다. 하나님께 돌이키는 테슈바תְּשׁוּבָה는 슈바שׁוּבָה 앞에 언약을 의미하는 타브ת가 앞에 붙어서 '언약을 붙들고 기억하여 언약을 향해 돌이킴'을 의미합니다. 돌이킨 방향이 잘못되어 언약을 저버리고 우상에게로 갈 때 그것은 반역이지만 그 반역에서 돌이켜 언약을 향하여 방향을 잡고 슈브שׁוּב할 때 여호와 라파, 치료의 하나님이 그들을 고치시고 그들과 기쁘게 사랑을 나누시게 됩니다. 그리고 그들을 향하던 하나님의 진노도 방향을 돌이키게(슈브) 됩니다. 패역 즉, 반역하는 병이 고쳐질 때 우리는 비로소 하나님과 사랑을 나눌 수 있게 되며 이 반역하는 질병은 진리의 말씀을 통해 고쳐지게 됩니다. 하나님과 다시 사랑의 언약 관계 안으로 들어간 이스라엘 백성은 하나님의 진노를 떠나게 할 뿐 아니라 그들이 백합화처럼 피고 레바논의 백향목처럼 굳건히 뿌리가 박혀 다시 풍성과 번영을 누리게 될 것입니다(호 14:5-7).

하나님은 우리들에게 반역을 고쳐서 하나님의 진노를 돌이키고 하나님과 기쁘게 사랑을 누리기 위해 말씀을 가지고 돌아오라고 하십니다. 선악과의 열매로 인한 자기 기준의 교만한 잣대를 버리고 진실한 예배로 나아오라고 하십니다. "메슈바מְשׁוּבָה에서 테슈바תְּשׁוּבָה로" 이것이 슈바שׁוּבָה, 진정한 회개입니다.

요엘서에서는 마지막 날에 열국의 군대들이 모여 이스라엘 산지를 치고 예루살렘에 올라오려 할 때 유다와 예루살렘 거민들은 나팔을 불어 거룩한 금식 성회를 선고하고 모여서 회개하게 되고(욜 2:17) 그 위기의 때 이른 비가 내리면서 성령을 부어 주실 것이며 (욜 2:23, 28-29) 누구든지 주의 이름을 부르는 자는 구원을 얻을 것이라 말씀하십니다. 미가서에서는 죄악과 허물을 사하시고 진노를 오래 품지 않으시는 하나님이 그들의 죄악을 발로 밟으시고 모든 죄를 깊은 바다에 던지심으로 인애와 성실을 더하실 것이라 약속하십니다(미7:18-20). 하나님이 회개하는 자에게 약속하시는 것은 회복과 사랑, 그리고 거룩한 영입니다. 호세아와 요엘은 모두 마지막 때 예슈아의 재림의 사건을 말하고 있습니다. 호세아는 북이스라엘을 대표하는 에브라임의 관점으로 요엘은 남유다의 관점으로 말하고 있습니다.

북이스라엘을 대표하는 에브라임의 뜻은 '하나님께서 나로 나의 고난의 땅에서 열매 맺게 하셨다'(창 41:52)는 뜻입니다. 에브라임אֶפְרַיִם은 파라פָרָה(열매 맺다)라는 뜻에서 파생되었는데 이 단어가 히필동사 히프라הִפְרָה라고 쓰이면 이것은 '열매를 맺게 하다', '식물을 수정시키다'는 뜻을 가지면서 동시에 '접붙이다'는 뜻도 담고 있습니다. 창세기 48:19에서 야곱이 요셉의 두 아들 므낫세와 에브라임을 축복할 때 아우가 형보다 크게 되며 여러 민족을 이루겠다고 축복하였습니다. 여기서 여러 민족이라는 히브리어 단어는 '멜로 하고임מְלֹא הַגּוֹיִם' 입니다. 이 말은 로마서 11:25의 '이방인의 충만한 수'와 같은 단어입니다. 열방으로 흩어져 흡수된 에브라임은 이방 세계로 접붙여져서 하나가 되었고, 이방인들 중에서 구원 받을 이방인들이 그리스도께 접붙임 받아 이방인의 충만한 수(멜로 하고임מְלֹא הַגּוֹיִם)가 차게 되는 목표를 에브라임을 통해서 예비하셨습니다. 에브라임을 통해 온 땅에 이방인의 충만한 수가 이루어지게 하겠다는 하나님의 큰 계획이 있었음을 알 수 있습니다.[27] 마지막 때에는 그 동안 열방으로 흩어진 북이스라엘, 에브라임 나무와 유다 나무가 서로 접붙여져서 결국 유다와 에브라임, 곧 유대인과 이방인이 하나가 될 것입니다.

유대인들은 40일의 테슈바תְּשׁוּבָה(회개)의 기간 중 앞의 30일에 드리는 기도의 기도문에는 이방인들(고임גּוֹיִם)의 구원을 위한 기도가 포함된 기도문으로 기도를 드리고 있습니다. 그리고 경외의 날들(야밈 노라임) 10일 동안은 자신들과 함께 여호와의 크고 두려운 날의 심판과 구원을 위해 기도합니다. 그들은 수천 년간 이방인과 유대인의 구원을 위해 기도해 온 백성입니다. 창세기 48:19에서 계시된 야곱의 에브라임에 대한 예언을 통해 멜로 하고임 מְלֹא הַגּוֹיִם 이방인의 충만한 수에 대한 하나님의 계획을 이들이 전혀 모르고 있는 것이 아니었습니다. 그런데 열방이 함께 왕국의 유업을 받게되는 이 계획의 성취가 메시아를 통해 이루어진다고 믿어 온 유대인들이 그 메시아가 예슈아이심을 알게 되도록 끊임없이 기도하며 그들을 축복해주어야 합니다. 이방인의 구원의 때가 차기까지 하나님의 섭리에 의해서 예슈아를 거절하고 있는 이들의 가려진 눈과 귀가 이제 열려지도록 축복해주고 기도해 주어야 합니다. 이방인의 충만한 수와 유대인의 충만한 수가 함께 온전하게 차게 될 그 날, 둘이 그리스도 안에서 한 성령으로 한 새 사람을 이루게 될 그 날이 이제 곧 오게 됩니다.

כָּל יִשְׂרָאֵל יִוָּשַׁע
콜 이스라엘 이봐샤
온 이스라엘이 구원을 얻으리라(롬 11:26)

---

27. 예루살렘에서 히브리적 관점으로 읽는 창세기 12주간 봐예히 참고

브리트 하다샤 롬 10:1-17 / 마 18:21-35

율법(토라)의 마침 예슈아

사도 바울이 이방인의 사도가 되는 사명과 부르심에 충성되이 살았고 복음이 땅 끝까지 이르러야 모든 이스라엘이 하나님께로 돌아오게 될 것이라는 하나님의 계획도 분명히 알았지만, 그의 마음에는 항상 자기 민족을 향한 간절함과 안타까움이 있었습니다. 무엇보다 그는 이스라엘이 하나님을 향한 열심이 있지만 바른 지식을 따른 것이 아니고 자기들의 의가 너무 강하여 하나님의 뜻에 온전히 순종하지 못함을 지적하였습니다(롬 10:2-3).

유대인들은 말씀을 맡은 자, 하나님의 특별한 은혜와 축복을 받은 자로서의 특권 의식을 가지고 그들 특유의 뒤쫓아 가서 꽉 붙들고 놓지 않는 야곱의 DNA로 토라를 붙들어 왔지만, 토라를 붙들고 행함에 있어 자기들의 의가 너무 강하여 하나님의 뜻과 계획을 제대로 읽지 못했고 지금도 그것을 깨닫지 못하고 있습니다. 유대인들의 자기 의의 치명적 결함은 그들이 토라에 기록된 메시아를 알려주고 있는 수많은 말씀들과 뜻을 알면서도 그 메시아가 예슈아라는 것은 결코 보지 못한다는 것입니다. 물론 이것은 하나님이 정하신 때까지 감춰둔 것이기도 하지만, 이미 그 때가 열렸음에도 오랫동안 고착되어 왔던 그들의 전통과 방법은 그들의 마음을 여전히 완악하게 하고 있습니다.

사도 바울은 예슈아가 모든 믿는 자에게 의를 이루는 율법의 마침이라고 말합니다(롬 10:4). 우리의 입으로 예슈아가 주이신 것과 그가 죽은 자 가운데서 살아나셨음을 마음에 믿고 입으로 시인하여 구원에 이르러야 한다고 말합니다(롬 10:9-10). 하나님의 구원은 유대인이나 헬라인(이방인)에게 차별이 없습니다. 누구든지 예슈아의 이름을 부르면 구원을 받습니다(욜 2:32, 롬 10:13).

믿음은 들음에서 나고 들음은 그리스도의 말씀, 토라에서 나옵니다(롬 10:17). 유대인들은 이제 예슈아의 이름을 듣고 시인해야 할 때입니다. 유대인들이 예슈아의 이름을 들을 수 있도록 선포하고 전하는 자들이 필요합니다. 하나님이 추수 들판에 추수의 일군을 보내주시도록 요청해야 합니다. 예슈아의 이름으로 유대인과 이방인, 이스라엘과 교회가 하나 되는 이 일을 위해 하나님께 나를 보내주소서라고 헌신하는 자들이 일어나길 소망합니다.

형제 사랑과 용서

예수님은 하나님의 나라에서는 작은 자 중의 하나도 잃지 않는 것이 아버지의 뜻이라 말씀하시며 형제를 실족하지 않게하라고 말씀하셨습니다. 형제를 어떤 태도로 대해야 할지를 가르쳐 주신 예수님의 말씀은 토라에서 형제를 사랑하라고 하신 말씀의 본질을 제자들에게 가르쳐 주신 것이었습니다. 형제에 대한 이야기를 할 때 베드로는 용서에 대한 질문을 합니다. 베드로는 토라의 본질인 하나님 사랑과 형제 사랑을 지킴에 있어서 형제를 사랑한다고 말하지만 형제가 잘못한 것을 비판하지 않고, 또 나에게 피해를 준 것에 대해 용서하는 것이 쉽지 않은 일임을 알고 있었기에 이런 질문을 했을 것입니다. 베드로는 몇 번까지 용서해야 하냐고 물었습니다. 예수님은 이에 대해 일흔 번씩 일곱 번까지도 용서하라고 말씀하셨습니다(마 18:22). 이 말은 숫자적으로 490번까지 하라는 말이 아니라 항상 용서해주라는 뜻입니다. 그런데 우리에게는 이유를 따지지 않고 형제를 항상 용서할 수 있는 힘이 없습니다. 그래서 예수님은 비유로 가르쳐 주셨습니다.

예수님은 왕으로부터 큰 빚을 탕감 받은 종이 자신에게 적은 빚을 진 친구의 빚은 탕감해주지 않고 함부로 한 비유를 말씀하시며 아버지가 너희를 용서해 준 것처럼 너희도 용서하라고 가르치셨습니다. 사실 물질적, 정신적 피해가 크면 용서하는 것이 결코 쉬운 일이 아닙니다. 그런데 하나님은 제한없이 당신의 백성들을 용서하십니다. 용서는 우리의 힘으로 하는 것이 아니고, 하나님이 나를 용서하신 그 마음으로 용서하는 것입니다. 형제를 볼 때 우리는 항상 하나님이 나를 향해 베푸신 은혜를 기억해야 합니다. 토라가 명하는 형제 사랑의 방법에는 용서가 중요한 부분임을 예수님이 우리에게 가르쳐 주심으로 토라의 가르침을 확장하셨습니다. 형제를 미워하는 사람은 하나님을 사랑한다고 말하는 것이 거짓말이 됩니다(요일 4:20). 토라를 지켜 행하기를 원한다면 지금 나를 묶고 있는 형제를 미워하는 마음을 회개하고 아버지께서 하신 것처럼 용서를 행해야 합니다. 용서의 마음이 일어나지 않을 때 긍휼을 구하며 용서의 마음을 주시길 간구할 때, 자비하신 하나님이 우리를 가르쳐 주실 것입니다.

봐옐레크 주간의 말씀

1. 하나님은 영원한 생명을 약속하셨고 보장하셨지만 죄로써 생명을 저버리고 죽음을 선택한 것은 인간이었습니다. 죽음은 우리의 원수이자, 가장 나중에 멸망 받을 원수입니다 (고전 15:26).

2. 하나님은 인간을 불멸하는 존재이자 신성한 존재로 창조하셨지만, 죽음은 인간의 신성한 영역을 모독했습니다. 이것이 모세가 인간을 향한 큰 저주이자 원수인 죽음에 대항했던 이유입니다.

3. 예수님은 죽음과 맞서 싸우면서 동시에 생명을 위해, 인류가 새 생명을 얻게 하기 위해 싸우셨습니다. 궁극적으로 모세도, 예수님도 모두 아버지의 뜻에 순종함으로 생명을 얻었습니다. 눈에 보이기에는 죽음이었으나 그들은 생명을 선택한 것입니다.

4. 자녀들이 하나님의 킹덤의 유업을 이어받을 수 있는 길, 원수들에게 하나님이 주신 것들을 빼앗기지 않는 길은 이 가르침(토라)의 말씀들을 가르치고 전수하는 것입니다. 토라에는 구원의 역사가 담겨 있고 구원을 이루어 가는 성화되는 삶의 지침들이 담겨 있으며 마지막 구원의 완성이 담겨 있습니다.

5. 하나님이 주신 복 때문에 누리게 된 물질 세계의 풍요와 윤택이 결국 하나님께서 얼굴을 숨기시겠다고 하시고 그들에게 보이지 않게 하겠다고 하시는 결과로 이어지게 되고 또 그 이후 그들이 다른 민족들의 밥이 되어 삼킴을 당하게 되는 결과로 이어집니다.

6. 너무나 쉽게 망각하는 우리들에게 하나님이 가르쳐 주신 최고의 교육 방법은 반복입니다. 그래서 우리는 우리 스스로 말씀을 반복적으로 읽고 듣고 선포해야 하며 우리의 자녀들이 말씀을 듣고, 듣고, 또 들을 수 있도록 해야 합니다. 이것이 쉐마입니다. 쉐마는 하나님의 유업을 이어가게 하며 믿음을 자라게 하는 하나님의 교육 방법입니다.

7. 하나님은 우리들에게 반역을 고쳐서 하나님의 진노를 돌이키고 하나님과 기쁘게 사랑을 누리기 위해 말씀을 가지고 돌아오라고 하십니다. 선악과의 열매로 인한 자기 기준의 교만한 잣대를 버리고 진실한 예배로 나아오라고 하십니다. "메슈바מְשׁוּבָה에서 테슈바תְּשׁוּבָה로" 이것이 슈바שׁוּב, 진정한 회개입니다.

봐옐레크 주간의 선포

1. 죽음은 우리를 위협하고 두려워하게 합니다. 세상 정부는 우리를 죽음으로써 위협하고 두려워하게 할 것입니다. 죽음 때문에 우리가 타협하지 않도록, 죽음을 이기신 예수님의 승리와 부활이 우리에게 더욱 소망이 되는 삶을 살게 하소서.

2. 자녀들에게 끊임없이 반복해서 읽고, 듣게 하고, 가르쳐야 하는데 이것을 게을리한 것을 회개합니다. 나조차 말씀을 반복하지 않았던 것을 회개합니다. 반복할 수 있는 것은 겸손한 마음으로부터 오는 것이기에 말씀앞에 겸손히 설 수 있는 마음을 허락하여 주소서. 나로부터 말씀 훈련을 시작하여 자녀에게 가르칠 수 있는 자 되게 하소서.

3. 하나님이 주신 축복을 나의 능력을 이룬 것처럼 생각한 어리석은 교만을 회개합니다. 하나님이 주신 축복을 배반하고 토라의 길에서 벗어나 보기에 좋은 것, 듣기에 좋은 것을 쉽게 따라가려고 했던 것을 회개합니다. 믿음으로 좁은 길을 선택하고 좁은 문으로 들어가기 애쓰는 자 되게 하소서. 비진리를 따르는 다수가 아닌 진리를 따르는 용감한 소수가 되게 하소서.

4. 예배의 진정성과 깨끗함, 깊이가 회복되는 한국 교회 되게 하소서. 진실한 예배가 우리 가정에서부터 시작되게 하소서. 예배의 자리를 사수하는 내가 되게 하소서. 아무리 피곤해도 주님과 만나는 예배의 시간만큼은 포기하지 않게 하소서. 그 자리를 지켜낼 수 있는 새 힘을 날마다 더하여 주소서.

5. 교회의 지도자들이 메슈바에서 테슈바로 돌아오게 하소서. 교회가 깨어나야 세상을 이길 수 있습니다. 교회의 지도자들이 진리를 선포해야 양들이 테슈바 할 수 있습니다. 진실한 목자들의 소리에 권위를 더하여서 양들이 들을 수 있는 귀를 열어주소서. 메시아닉 킹덤을 사모하며 시온을 향해 나아갑니다.

53주간

הַאֲזִינוּ

HA'AZINU

하아지누
귀를 기울이라

파라샤 **신 32:1-52**
하프타라 **삼하 22:1-51**
브리트 하다샤 **롬 10:17-11:12, 12:19, 15:9-10 / 요 6:26-35**

DAY 1 신 32:1-6

하늘에서 내려오는 가르침 토라

모세는 언약의 말씀을 모두 기록한 뒤 언약궤를 메는 레위 사람에게 율법책을 언약궤 곁에 두어 증거로 삼으라고 명령합니다(신 31:25-26). 모세는 자기가 살아 있을 때도 거침 없이 하나님을 반역한 목이 곧은 이스라엘 백성이 자기가 죽은 후에는 더할 것이라 말하며 이스라엘의 장로와 관리들이 모인 총회에서 그들의 부패함을 증거의 노래로 만들어 듣도록 합니다(신 31:28-30). 모세는 증거의 노래를 시작하면서 '하늘이여, 귀를 기울이라...땅은 내 입의 말을 들을지어다(신 32:1)'라고 하늘과 땅을 증인으로 세우며 하아지누의 노래שִׁירַת הַאֲזִינוּ(쉬랕 하아지누)를 시작합니다.

이사야도 이스라엘 백성을 향해 선포하기 전에 '하늘이여 들으라 땅이여 귀를 기울이라(사 1:2)'고 하늘과 땅을 증인으로 세우며 선포합니다. 모세도, 이사야도 백성들을 향해 선포하기 전에 만물을 증인으로 세우고 함께 귀 기울여 들으라고 선포합니다. 이들이 백성들을 향해 들으라고 하기 전에 하늘과 땅을 향해 먼저 들으라고 선포한 이유는 목이 곧고 반역의 질병이 있는 이 백성보다 하나님의 질서 아래 온전히 순종하고 있는 존재가 하늘과 땅, 그 가운데 있는 만물이기 때문입니다.

모세는 하늘과 땅을 향해 들으라고 선포한 뒤 이 백성이 얼마나 흠이 있고 비뚤어져 있는지에 대해 책망합니다(신 32:5). 이사야도 하늘과 땅을 향해 선포하며 이 백성이 하나님을 거역하여 떠난 것에 대해 책망합니다(사 1:2). 이사야는 소도 제 임자를 알고 나귀도 주인의 구유를 아는데 이스라엘 백성은 하나님을 모르고 깨닫지도 못하고 행위가 부패하여 하나님을 버리고 떠났다고 말합니다(사 1:3-4). 만물은 하나님을 알고 하나님이 만들어 놓으신 질서 아래 순종하는데 인간만은 불순종하며 교만하고 부패하여 하나님을 떠납니다. 모든 만물들은 하나님의 음성을 듣고 있는데 인간만은 듣지 않음에 대해 모세도, 이사야도 탄식합니다.

그럼에도 모세는 듣지 못하는 백성을 향해 하나님의 말씀을 듣게 하고자 자신이 받은 교훈과 말이 어디로부터 온 것인지를 말하며 하아지누의 노래שִׁירַת הַאֲזֵינוּ를 이어갑니다.

> 내 교훈은 비처럼 내리고 내 말은 이슬처럼 맺히나니
> 연한 풀 위의 가는 비 같고 채소 위의 단비 같도다(신 32:2)

'내 교훈은 비처럼 내리고'에서 '교훈'이라는 히브리어는 레카아흐לֶקַח인데 이 단어는 '취하다, 가져오다'는 의미의 라카아흐לָקַח 동사에서 파생된 명사입니다. 하늘에서 폭우(마타르מָטָר)처럼 떨어져 내리는 가르침(토라)을 받아서 가르치는 것이 레카아흐לֶקַח입니다. '내리다'는 히브리어는 아라프עָרַף로 물방울이 떨어져 내리는 모습을 표현합니다. 모세는 자신이 받아서 전하는 교훈이 하늘로부터 내려오고 있음을 묘사하기 위해서 나의 레카아흐לֶקַח(교훈)는 폭우(마타르מָטָר)처럼 떨어져 내리고 있다고 표현합니다. 이는 하늘에서 내려오는 계시가 폭포처럼 모세에게 쏟아부어지고 있는 이미지를 떠오르게 합니다. '내 말은 이슬처럼 맺히나니'에서 '맺히다'는 히브리어 나잘נָזַל은 줄줄 흘러내리는 것을 뜻하여 맑고 깨끗한 이슬이 맺히다가 흘러내리는 것처럼 맑고 깨끗한 계시가 맺히고 흘러내리는 모습을 묘사해주고 있습니다. '연한 풀 위의 가는 비 같고'의 '가는 비' 쎄이림שְׂעִירִם은 비가 머리카락처럼 가늘게 내리는 모습을, '채소 위의 단비같이'의 '단비' 레비빔רְבִיבִים은 두껍게 내리는 무거운 소낙비를 의미합니다.

이러한 표현들은 모세가 말씀의 계시를 받을 때 영적으로 민감하게 감지되는 감각들을 다 하늘에서 땅으로 내리는 여러가지 비의 이미지로 감각적으로 표현한 것입니다. 때로는 지표면의 흙을 쓸어버릴 만큼 내리는 폭우처럼(마타르), 때로는 언제 맺혔는지도 모르게 맺힌 영롱한 이슬 방울이 줄줄이 흘러내리는 것처럼(나잘), 때로는 부드럽고 가벼운 보슬비처럼(쎄이림), 때로는 두툼하고 묵직하게 떨어지는 소나기처럼(레비빔) 모세는 하늘에서 자신의 영으로 내려오는 계시의 말씀들을 받습니다. 비는 하늘에서 땅으로 내리고, 물은 높은 곳에서 낮은 곳으로 흐르는 것처럼 하늘의 생명의 물이 땅으로 흘러내린 것이 말씀이고, 또 하나님이 하늘로부터 땅으로 내려주신 가르침, 이것이 바로 토라입니다. '하늘에서 땅으로 비처럼 내리다'는 의미인 야라יָרָה 동사를 어근으로 가지고 있는 토라תּוֹרָה는 '하늘에서 땅으

로 쏘아 내린 하나님의 가르침'입니다.

비가 내릴 때 땅은 비를 흡수합니다. 영감 있게 가르치는 사역자가 비처럼 하늘로부터 내려온 교훈인 토라를 취하고 받아서 가르칠 때 듣는 이는 이것을 흡수합니다. 가르치는 자가 성령 충만한 만큼 듣는 이도 성령 충만해져서 더 적셔지고 흐르게 됩니다. 전하는 자와 듣는 자 모두가 영감으로 반응하기 때문입니다. 성령 충만하게 말하는 것도 중요하지만 성령 충만하게 듣는 것도 중요하게 여겨야 할 부분입니다.

예수아는 우리의 마음을 밭으로 비유하셨는데 땅에 돌이나 가시덤불처럼 불필요한 것들이 제거되고 땅이 잘 경작되어 있는 만큼 그 땅은 비를 잘 흡수하여 씨앗이 잘 자라게 할 것입니다. 하늘로부터 내려오는 교훈인 토라를 하아지누הַאֲזִינוּ, 귀 기울이고 또 기울여 들은 뒤 땅에서 티쉬마תִּשְׁמַע, 듣고 순종하면 하나님의 축복이 흐르고 하나님의 선하신 뜻이 이뤄지게 될 것입니다. 그래서 모세는 끊임없이 쉽게 망각하는 자신의 백성을 향해 들으라, 순종하라를 반복적으로 외칩니다. 결국 귀 기울여 듣고 들음으로부터 우리의 믿음이 완성될 것입니다(롬 10:17).

DAY 2 신 32:7-12

약속의 땅을 바라보며 부르는 슬픈 노래
그러나 종국에 완전히 이루시는 구속의 역사

약속의 땅에 들어간 후 역사가 흘러가면서 하나님의 언약을 어기고 하나님을 멸시함으로 재앙과 환난을 당하게 될 이스라엘 백성은 증거의 노래를 기억하고 부르는 자녀들의 노래를 듣다가 그 노래말에서 자신들의 죄악을 마주하게 될 것입니다. 모세는 이스라엘 백성을 아버지 앞에 '흠이 있고 비뚤어지고 뒤틀린 세대(신 32:5)'라고 말합니다. 모세는 그들이 스스로 부패하여 여호와의 목전에 악을 행할 것이라고 말하는데(신 31:29) 여기서 '부패하다'는 단어 샤하트שָׁחַת는 창세기 6:11-12에서 처음 사용된 것으로 하나님이 세상을 물로 심판하시기로 결정하셨을 때 '사람들의 행위가 부패하였다'는 것과 같은 단어입니다.

'흠이 있다'는 히브리어 뭄מום은 '감염된, 흠이 있는'이라는 뜻이고 '비뚤어지다'는 뜻으로는 히브리어 이케쉬עִקֵּשׁ와 파탈פְּתַלְתֹּל 두 단어를 썼는데 이것은 '왜곡되고 꼬여 있다'는 뜻입니다. 즉, 그들은 하나님을 향하여 심히 부패하게 행하고 악에 감염된 흠이 있는 자들로서 왜곡되고 꼬이고 비뚤어지고 뒤틀린 세대였습니다. 생각과 감정에 뭔가 꼬여 있는 사람은 하나님을 바로 볼 수 없으므로 하나님의 성품을 이해하지 못하고 그러니 하나님의 뜻을 더더욱 알 수가 없어 왜곡하게 됩니다. 판단과 결정(미쉬파트מִשְׁפָּט)도 바르게 내릴 수 없습니다. 그래서 지혜 없고 어리석은 사람이 됩니다(신 32:6). 그분의 뜻을 모르니 모략도 분별력도 없게 됩니다(신 32:28). 하나님은 하나님을 아는 지식이 없으므로 이 백성이 망한다고 하셨습니다. 그러므로 하나님을 깊이 알고, 그분의 뜻을 아는데 가장 방해가 되는 것은 우리들의 꼬여 있는 생각과 비뚤어진 마음입니다. 이것을 해결할 때 하나님이 온전히 보이고 그 뜻을 온전히 알게 됩니다.

그들의 꼬여 있는 상태는 결국 그들을 구원하신 반석(쭈르 예슈아토צוּר יְשֻׁעָתוֹ)을 업신여기게 만들었고(신 32:15), 하나님께 예배하지 않고 귀신들에게 예배하게 했으며(신 32:17), 패역하고 신실함이 없는 세대가 되게 하였으며(신 32:20), 모략이 없고 분별력이 없는 민족으로 만들었습니다(신 32:28-29). '귀신들'로 번역된 히브리어 쉐딤שֵׁדִים은 동사 슈드שׁוּד에서 파생된 단어로 '망치다, 파괴하다'는 뜻이고, 그 어근은 '부풀어 오르게 하다'는 뜻입니다. 마귀들이 사람에게 하는 일은 사람이 스스로를 부풀려서 과장되게 하고 자기를 자랑하고 높이게 하여서 결국 망가지게 하고 파멸되게 하는 것입니다.

어리석고 지혜가 없는 백성들을 향해 모세는 다음과 같은 답을 줍니다.

> ...그는 네 아버지요 너를 지으신 이가 아니시냐 그가 너를 만드시고 너를
> 세우셨도다 옛날을 기억하라 역대의 연대를 생각하라 네 아버지에게 물으라
> 그가 네게 설명할 것이요 네 어른들에게 물으라 그들이 네게 말하리로다
> (신 32:6-7)

여호와 하나님께서 어떻게 이 백성을 인도하셨는지, 그 하나님이 어떤 하나님이신지를 묻고 듣고 기억하고 생각하라고 합니다. 신명기 32:6은 성경에서 전능하신 하나님을 아버지로 부르는 첫 구절입니다. 아람어 성경 탈굼(Targum Pseudo-Yonathan)은 이 본문의 아버지를 '하늘에 계신 너희 아버지'라고 기록하였습니다. 아버지와 아들은 세대와 세대를

이어주는 관계로 유대인들은 아버지와 아들의 관계를 특별하고 중요하게 생각합니다. 아버지와 아들의 관계가 하나님과 이스라엘 백성의 친밀한 관계를 상징하기도 하기 때문입니다. 유대인들은 자신들의 기도문에 하나님을 부를 때 '자비의 아버지, 우리 아버지'라고 부르고, 예수님도 제자들에게 기도를 가르쳐 주실 때 하나님을 '하늘에 계신 우리 아버지'라고 부르라고 하셨습니다. 또한 예수님 스스로도 하나님을 '나의 아버지'라고 부르며 하나님과의 특별하고 친밀한 관계를 표현하셨습니다.

아버지와 아들의 친밀하고 특별한 관계 속에서 세대와 세대가 이어져 하나님을 잊어버리지 않게 하는 말씀 교육이 이뤄집니다. 세대를 이어주는 교육법은 계속해서 듣게 하는 것입니다. 세대에서 세대로 역사의 이야기들이 바르게 전해지게 하는 것입니다. 듣게 하기 위해 말해야 합니다. 아비세대는 역사를 가르쳐 주어야 하고, 자녀세대는 묻고 들어야 합니다. 그래야 바른 역사관과 세계관을 가지고 시대를 분별할 수 있게 됩니다. 역사 교육을 통한 다음 세대의 바른 역사관과 건강한 세계관의 형성은 학교나 다른 기관들에게만 맡겨 놓아야 할 일이 아닙니다. 가정에서 부모들과 가정의 어른들이 직접 나서서 가르치고 전해주어야 할 책임이 있습니다.

신명기 32:7의 역대의 연대란 세대에서 세대로 이어지는 날들(the years of all generations)이라는 뜻으로 과거의 세대만을 이야기하는 것이 앞으로 올 세대들을 포함하고 있습니다. 라쉬는 이 말씀이 과거를 통해서 배울뿐 아니라 메시아닉 킹덤, 앞으로 올 세상에서 믿음을 지켜낸 의로운 자들을 위한 상급을 기대하라는 말씀이라고 해석했습니다.[28] 옛날 일에서 배우고, 역대의 연대 즉, 앞으로 올 날들에 대해서 생각하며, 아버지에게 묻고 어른들에게 배울 때 믿음의 유업은 흘러가고 하나님의 킹덤은 굳건히 설 것입니다.

【주제 #13】 이스라엘 자손의 수효대로 인종을 나누신 하나님

지극히 높으신 자가 민족들에게 기업을 주실 때에, 인종을 나누실 때에
이스라엘 자손의 수효대로 백성들의 경계를 정하셨도다(신 32:8)

---

28. 【Rashi on Deutronomy 32:7】 Rashi는 11세기에 살았던 프랑스 랍비로 본명은 쉴로모 이츠학키이며, 랍비 쉴로모를 줄여서 라쉬라고 불린다. 그는 탈무드와 히브리 성경의 뛰어난 주석가로 그의 해석과 주해는 오늘날 유대교에도 많은 영향을 주고 있다.

히브리적인 관점에서 70은 모든 민족을 대표하는 수이다. 대홍수 이후에 노아의 자손들이 흩어져서 살 땅을 제비 뽑아 결정한 후 그들이 흩어져서 민족들이 분산되어질 때 창세기 10:1-32에서 70명의 명단이 나온다.[29] 이 70명이 전지구로 흩어져 모든 민족을 이루는 대표들이 되었다.

야곱의 열두 아들이 이집트로 들어가서 이스라엘 백성을 이루게 되었는데 창세기 46:8-27에서는 이집트로 내려간 자들의 명단을 70명으로 맞추고 있다.

민수기 29:12-34에서 천년왕국을 상징하는 초막절 7일 동안 드리는 수송아지가 첫날 14마리에서 시작하여 마지막 날 7마리로 수송아지 번제의 총수는 70마리가 된다. 모든 민족을 대표하는 70이라는 숫자에 맞춰서 천년왕국 기간 동안 이스라엘이 제사장 나라로써 모든 민족을 섬기게 될 것을 상징하는 것이다.

예루살렘을 치러 왔던 이방 나라들 중에 남은 자가 해마다 올라와서 그 왕 만군의 여호와께 경배하며 초막절을 지킬 것이라 땅에 있는 족속들 중에 그 왕 만군의 여호와께 경배하러 예루살렘에 올라오지 아니하는 자들에게는 비를 내리지 아니하실 것인즉 만일 애굽 족속이 올라오지 아니할 때에는 비 내림이 있지 아니하리니 여호와께서 초막절을 지키러 올라오지 아니하는 이방 나라들의 사람을 치시는 재앙을 그에게 내리실 것이라 애굽 사람이나 이방 나라 사람이나 초막절을 지키러 올라오지 아니하는 자가 받을 벌이 그러하니라(슥 14:16-19)

광야에서 모세가 세운 70인 장로가 있었고 유대 민족의 최고 회의 기관이었던 산헤드린의 회원 구성원 숫자도 70이었다. 예수님은 12 사도 외에 70인 제자를 따로 세워 친히 가시려는 각 동네와 각 지역으로 둘씩 앞서 보내셨다. 70인 제자는 모든 민족을 향하여 나아가기 위한 제자들의 숫자인 것이다. 동방교회 전통에서는 72인 제자로 기억하고 있다.

우리가 구약 본문으로 삼고 있는 맛소라 사본에는 "이스라엘 자손의 수효대로 백성들의 경계를 정하셨도다(신 32:8)"라고 '이스라엘 자손의 수효'라고 기록되어 있지만 70인역이나 Textus Receptus와 사해사본에서는 '하나님의 아들들의 수'[30] 즉, '천사들의 수효대로'라고 기록되어 있다. 이 천사들은 일반 천사가 아니라 70 또는 72 민족들을 담당하는 군주 천사들을 의미한다.

하늘의 구조들을 설명하는 에녹3서 17-18장에는 일곱 하늘의 7번째 하늘에 도착하면 72개의 킹덤을 대표하며 담당하는 72 군주 천사들이 있는데 그들의 수 72는 세상 민족의 언어의 수와 일치하는 수라고 하여 '하나님의 아들들'과 '땅의 언어들'과 '땅의 민족들'과 '이스라엘 자손

29. 야벳의 자손 14명(창 10:2-5), 함의 자손 30명(6-20), 셈의 자손 26명(21-31)
30. 앙겔론 떼우 ἀγγέλων θεοῦ, 브네이 엘로힘 בְּנֵי אֱלֹהִים

의 수들'이 서로 연결되어 있다는 개념의 연결고리를 제시하고 있다.

> 그리고 일곱째 하늘(궁창רקיע)의 군주는 왕국들의 72 군주들을 볼 때 그의 머리에서 영광의
> 관을 벗고 엎드려 얼굴을 땅에 대고 절한다. 그리고 왕국들의 72 군주들은 지극히 높은
> 하늘(궁창)의 아래쪽에 있는 첫 번째 하늘-궁전היכל의 문지기들을 볼 때 그들은 머리에서
> 면류관을 벗고 엎드려 얼굴을 땅에 대고 절한다(에녹3서 18:2-3)

> 그리고 그들 위에는 세상 언어의 수와 일치하는 72개 왕국의 군주들이 하늘 위에 존재한다.
> 그들 모두는 왕관을 쓰고 있으며, 왕복을 입었고, 왕실의 망토에 싸여져 있다(에녹3서 17:8a)

'이스라엘 백성의 수에 따라서 모든 민족의 경계를 정하였다'는 말은 이스라엘을 모든 민족의 중심으로 삼으셨다는 의미이고 이스라엘은 모든 민족의 대표성을 가진다는 의미이다. 그리고 이스라엘의 땅은 모든 땅의 중심에 있다. 유럽, 아시아, 아프리카 세 대륙의 중심에 놓인 땅의 중심 무대에서 예수님께서 태어나시고 죽으시고 부활하시고 승천하셨고 성령의 강림으로 교회가 시작되어 2000년 동안 원심력으로 돌던 복음이 이제 다시 중심의 땅 이스라엘과 예루살렘으로 돌아오고 있다. 예수님은 땅의 중앙으로 다시 돌아오셔서 예루살렘의 보좌에 앉으시고 예루살렘을 중심으로 온 열방을 다스리는 천년의 왕국시대를 여실 것이며 이스라엘은 드디어 땅의 제사장 나라로써의 직무를 온전히 회복하여 땅의 열방의 대표로서 열방을 섬기게 될 것이다.

DAY 3 신 32:13-18

패역한 세대

여수룬이라는 이름은 정직하고, 의롭고, 올바른 자라는 뜻으로 하나님이 이스라엘을 이런 존재로 삼으시고 부르셨지만, 모세는 결국 그들이 하나님의 축복으로 풍요와 번영을

경험하면 하나님을 버리고 자기를 구원하신 분을 업신여기게 될 것이라고 예언합니다(신 32:15). 유대 주석서 시프레(Sifre)는[31] 이스라엘 역사 중 모세가 예언했던 대로 하나님을 버리고 업신여겼던 4개의 패역한 세대가 있었다고 말합니다. 첫째는 북이스라엘 여호보암 왕의 금송아지, 둘째는 북이스라엘 아합 왕과 그의 사악한 아내 이세벨, 셋째는 북이스라엘 예후 왕이 흘린 많은 피들, 넷째는 메시아닉 왕국이 오기 직전에 있을 세대들 입니다. 유대 전승에서는 메시아가 오기 직전의 세대들이 가장 악한 세대라 될 것이라고 말해왔습니다.

예수님이 처음 이 땅에 오셨을 때도 이스라엘을 향해 악하고 음란한 세대라고 하셨고 (마 16:4), 사도 베드로는 성령 강림 이후 담대한 설교를 하면서 이스라엘을 향해 패역한 세대라고 하였습니다(행 2:40). 그리고 약 40년 후에 예루살렘은 완전히 멸망했습니다. 예수님이 다시 오시기 직전에도 세상은 이보다 더 할 수 없을 정도로 악해질 것입니다. 2차 세계 대전 이후 수많은 새로운 국가들의 탄생과 재배치를 통해 인류는 그 어느 역사 속에서도 누리기 힘든 풍요와 번영, 자유를 누려왔지만 불과 70여 년 밖에 지나지 않은 지금 겉잡을 수 없는 속도로 교만하여 하나님을 대적하고 타락해 가고 있습니다. 이것은 주님이 오시기 직전에 극대화될 것입니다.

한국은 세계의 근대 역사 가운데서 그 어느 나라보다도 처참하게 망했고, 가난했지만 또한 그 어느 나라에서도 보지 못한 눈부신 성장과 발전을 경험했고 엄청난 부와 풍요를 누려왔습니다. 하지만 빠른 성장만큼 빠르게 타락하고 있는 것도 사실입니다. 하나님은 당신의 백성을 여수룬(정직하고 의롭고 올바른 자)으로 부르셨지만, 여수룬이 되어야 할 우리는 축복을 발로 차고, 하나님을 버리고 무시하고 있습니다. 그런데 예수님이 오시기 직전에도 세례 요한이 패역한 세대를 깨우고 회개하게 하였던 것처럼 열방 곳곳에 엘리야와 세례 요한의 영을 가진 새로운 거룩한 세대가 일어나 메시아의 오심을 적극적으로 준비할 것입니다. 그리고 이미 그렇게 준비되어 가고 있습니다.

---

31. 시프레(Sifre)는 미드라쉬 할라카 중 토라의 민수기와 신명기를 바탕으로 한 고전 유대교의 주석을 말한다. 미드라쉬 할라카는 유대교 안에서 받아들이고 있는 613개의 계명을 토라의 어느 구절에서 온 것인지 그 출처를 확인하고, 해석하는 토라에 대한 고대 유대교 랍비들의 연구 방법이다.

DAY 4 신 32:19-28

감추임

하나님은 패역하고 진실이 없는 자녀인 이스라엘로 인해 노하시며 자신의 얼굴을 가리시겠다고 말씀하십니다(신 32:20). 하나님이 얼굴을 가리시겠다고 한 것은 이스라엘이 메시아를 알아보지 못하도록 그들의 눈을 가리겠다고 하신 것과 같습니다. 하나님은 최종 구속의 날까지 메시아를 감추셨습니다. 메시아가 감춰진 시간 동안 하나님은 그들이 하나님이 아닌 것으로 하나님의 질투와 진노를 일으킨 것처럼 백성이 아닌 자로 이스라엘을 시기나게 하고 어리석은 민족으로 그들을 분노하게 하겠다고 말씀하십니다(신 32:21). 사도 바울은 이 말씀을 인용하여 하나님이 이방의 믿는 자들을 통해 이스라엘을 시기나게 하실 것이라고 하였습니다.

> 그러나 내가 말하노니 이스라엘이 알지 못하였느냐
> 먼저 모세가 이르되 내가 백성 아닌 자로써 너희를 시기하게 하며 미련한
> 백성으로써 너희를 노엽게 하리라 하였고(롬 10:19)

모세와 사도 바울이 말한 백성이 아닌 자와 미련한 백성은 이방인을 뜻합니다. 유대인에 비해 이방인들은 하나님의 말씀을 늦게 받았고, 하나님 나라의 높은 문화를 늦게 경험했습니다. 그러나 유대인의 교만과 고집스러운 완고함, 하나님과의 언약을 배신한 어리석음으로 말미암아 하나님의 말씀은 이방인에게로 넘어갔고, 복음의 비밀은 이방인들에게 급속도로 열렸습니다. 바울은 이것이 신비라고 하였습니다. 이 신비는 이방인의 충만한 수가 들어오기까지 이스라엘이 우둔하게 된 것입니다(롬 11:25). 하지만 결국 구원자가 시온에서 오셔서 야곱에게서 경건하지 않은 것을 돌이시키고 온 이스라엘을 구원하실 것입니다(롬 11:26). 하나님은 그것이 축복이든 저주이든 결국은 모든 것을 합력하여 가장 선하고 아름답게 이루실 것입니다.

DAY 5 신 32:29-39

보복의 날

지금까지도 하나님의 쉐키나, 임재는 세상으로부터 숨겨져 있지만, 보복의 날에 하나님은 직접적으로 개입하셔서 하나님의 백성을 핍박하고 학대했던 악한 나라들과 전쟁하실 것입니다. 순교자들은 영광의 보좌 주변에서 인내하면 그 날을 기다리며 땅에 흘려진 자신들의 의로운 피에 대해 하나님께 호소합니다.

> 거룩하고 참되신 대주재여 땅에 거하는 자들을 심판하여 우리 피를 갚아 주지
> 아니하시기를 어느 때까지 하시려 하나이까(계 6:10)

이스라엘의 패역과 배신에 대한 예언으로 시작했던 모세의 노래는 주님이 이스라엘의 원수들에게 보복하실 것과 그들에게 확실한 응징을 하실 것을 예언합니다(신 32:35). 이스라엘을 핍박하고 학대한 원수들이 실족하여 넘어질 때가 있을 것인데 그 때는 메시아가 오는 때이고, 이스라엘은 무력하여 아무것도 할 수 없는 때가 될 것입니다(신 32:36). 이스라엘은 이 때 하나님의 긍휼을 입고 구원을 경험할 것이며 하나님은 이스라엘과 원수 모두를 향해 하나님 외에는 신이 없음과 하나님은 죽이기도 하며 살리기도 하며 상하게도 하며 낫게도 하는 하나님이심을 알게 하실 것입니다(신 32:39). 죽이기도 하고 살리기도 하시는 하나님이 원수에게는 보복하실 것이고 하나님의 백성들은 죽음 가운데서 살리실 것입니다. 원수들에게는 보복의 날에 상함 받았던 하나님의 백성들은 치유를 경험할 것입니다. 죽음을 이기시고 부활하신 예슈아가 최종 구속의 날에 자신을 밝히 보이시며 열방 중에 만왕의 왕으로 예루살렘, 시온에 오르실 것입니다.

DAY 6 신 32:40-43

신명기 32:43에 나타난 구속사적, 종말론적 의미

신명기 32:36-43절을 통해 하나님은 이스라엘을 다시 긍휼히 여기심과 그분의 대적에게 원수 갚으심, 하나님의 땅과 하나님의 백성을 위하여 속죄하심을 말씀하십니다. 신명기 32:43에서 '속죄하다'는 히브리어 키페르רֶבּכַ의 기본 의미는 '덮는다'는 뜻입니다. 이 백성이 흠이 있고 비뚤어져 있고 패역하고 부패했지만 이들의 넘어짐이 오히려 이방인에게 구원에 이르게 하는 계기가 되었으며, 하나님으로 하여금 열방을 하나님의 백성으로 삼는 기회가 되었습니다. 그리고 결국에 가서는 하나님의 백성이 된 열방과 회복된 이스라엘이 함께 즐거워하는 아름다운 시대를 열게 되도록 쓰임 받게 될 것이라고 모세의 노래는 결론 짓게 됩니다. 이로써 이스라엘과 열방이 모두 하나님의 한 백성, 한 새 사람이 되어 하나님이 태초부터 정하신 구속의 역사의 클라이막스를 인류가 맛보게 될 것입니다(롬 15:10-12).

모세는 하나님이 하나님의 백성을 끊임없이 괴롭히고 넘어뜨리게 한 대적들에게 원수를 갚아 주시고 복수하실 것이지만 그분의 땅과 그분의 백성은 덮어주실 것이라고 선포하며 노래를 마무리합니다.

43절에서 '복수하다, 원수갚다'의 나캄םקָנ 동사가 두 번이나 사용됩니다. 이 단어는 예슈아가 재림하셔서 원수, 마귀, 사탄, 하나님을 대적한 악한 자들을 완전히 심판하시는 종말 심판의 모습을 잘 드러내 주는 단어이며 이사야 61:1-3에서 기름부음 받은 메시아의 재림 사역 예언에서 '보복의 날'(욤 나캄םקָנ םוֹי)로도 잘 나타나 있습니다.

> 우리 하나님의 보복의 날을 선포하여 모든 슬픈 자를 위로하되 무릇 시온에서
> 슬퍼하는 자에게 화관을 주어 그 재를 대신하며 기쁨의 기름으로 그 슬픔을
> 대신하며 찬송의 옷으로 그 근심을 대신하시고 그들이 의의 나무 곧 여호와께서
> 심으신 그 영광을 나타낼 자라 일컬음을 받게 하려 하심이라(사 61:2b-3)

> 그의 심판은 참되고 의로운지라...자기 종들의 피를
> 그 음녀의 손에 갚으셨도다(계 19:2)

예슈아는 곧 다시 오셔서 하나님의 땅을 음행으로 더럽게 하고 하나님의 백성을 타락시킨 음녀와 사탄의 행정기관 역할을 했던 악한 이들, 그리고 하나님의 백성을 끊임없이 괴롭히고 핍박한 세상 정부를 향해 참되고 의로운 심판을 집행하실 것입니다.

약속의 땅을 바라보며 백성에게 가르쳐 외워 들리게 한 모세의 이 노래가 비록 그들의 배신과 환난에 대한 슬픈 내용으로 시작하지만 결국은 하나님이 계획하신 구속의 계획이 종말의 때에 이스라엘과 열방에서 완전히 성취될 것임을 선포함으로 그 결말이 해피 엔딩이 될 것임을 미리 보여줍니다. 하나님은 선하십니다. 가는 길이 비록 험할지라도 하나님은 모든 것을 합력하여 아름답게 하시는 신실한 하나님입니다(롬 8:28).

DAY 7 신 32:44-52

열방의 기쁨

신명기 전체에 흐르는 하나님의 메시지는 '쉐마, 들으라' 입니다. 귀를 기울여 계속 듣고, 듣게 할 때 꼬인 생각과 뒤틀린 마음과 왜곡된 역사관, 잘못된 입장에 서 있는 세계관과 가치관, 부패하고 패역한 행동으로부터 우리와 우리 자녀들을 지킬 수 있습니다. 그래서 모세도 그 조상에게로 돌아가기 전 마지막에 한 일이 백성을 향하여 말씀(드바림רים בָּדְ)을 전하고 또 반복하여 듣게 한 일이었습니다. 우리는 얼마만큼 자주 자녀들에게 말씀을 듣게 합니까? 일주일에 한 번 교회에서 30분 동안 말씀을 듣는 것으로 우리가 자녀에게 말씀을 잘 전하고 듣게 하고 있다고는 결코 말할 수 없습니다. 세상으로부터 더 많은 것들에 노출되어 듣고 있는 자녀들을 향해 그들이 말씀으로 바른 기준을 확고하게 가지기 전까지 날마다 말씀을 듣게 하는 아비 세대가 되어야 합니다. 유대인들은 매일 밤 잠자리에 들기 전 자녀에게 들려주는 쉐마와 가정 중심으로 보내는 샤밭(안식일)에 말씀으로 하브루타하는 쉐마교육을 통해서 자녀들에게 말씀을 듣게 하였고 가르쳤습니다. 그래서 그들은 2천 년 동안 나라 없이 이 나라 저 나라 떠돌아다니면서도 믿음의 유산을 지켜올 수 있었고 이어올 수 있었습니다. 우리에게 주어진 사명은 말하고 듣게 하는 것입니다.

약속의 땅 앞에서 모세가 가르쳐서 부르게 한 이 노래는 이스라엘의 배신과 패역에 대한 예언으로 가득 차 있습니다(신 32:5-26). 그러나 이방인 중에 구원받을 충만한 수가 차기까지 이스라엘 중에 얼마는 완악한 채로 있게 될 것이지만 이스라엘을 다시 긍휼히 여기시는 때가 이르면(시 102:13) 하나님께서는 마음을 돌이키시고 이스라엘 백성의 권리를 옹호하시고 그 종들을 불쌍히 여기실 것이며 이방 나라들과 이스라엘 백성이 함께 즐거워하도록 대적에게는 원수 갚아주시며, 이스라엘 백성은 덮어주실 것입니다. 모세는 신명기 32:27-43에서 이러한 구원 계획 즉, 이방 나라들도 이스라엘 백성도 결국 둘 다 함께 구원받고 즐거워할 것임을 '귀를 기울이라'는 쉬랄 하아지누שִׁירַת הַאֲזִינוּ로 노래하였습니다.

> 내가 그들을 흩어서 사람들 사이에서 그들에 대한 기억이 끊어지게 하리라
> 하였으나 혹시 내가 원수를 자극하여 그들의 원수가 잘못 생각할까 걱정하였으니
> 원수들이 말하기를 우리의 수단이 높으며 여호와가 이 모든 것을 행함이 아니라
> 할까 염려함이라(신 32:26-27)

> 참으로 여호와께서 자기 백성의 권리를 옹호하시고 그 종들을 불쌍히 여기시리니
> 곧 그들의 무력함과 갇힌 자나 놓인 자가 없음을 보시는 때에로다(신 32:36)

> 너희 민족들아(고임גּוֹיִם, 이방 나라들) 주의 백성과(아모עַמּוֹ) 즐거워하라
> 주께서 그 종들의 피를 갚으사 그 대적들에게 복수하시고 자기 땅과
> 자기 백성을 위하여 속죄하시리로다 (신 32:43)

모세의 노래는 이스라엘 백성의 패역과 심판을 담고 있지만(신 32:5-26) 그 결론은 열방과 이스라엘이 함께 하나님을 즐거워할 것이며 하나님이 친히 모든 원수를 갚으시고 백성을 덮어주실 것으로 마무리합니다(신 32:27-43). 이것이 하나님의 마음입니다. 열방과 이스라엘이 함께 한 하나님을 섬기며 즐거워하게 될 구속의 역사를 위해 하나님은 이스라엘 백성이 오랫동안 패역한 것조차 섭리하셨습니다. 세상이 아무리 악한 자들에 의해 통제되고 움직여 가고 있는 것처럼 보인다 할지라도 모든 것은 하나님의 손에, 주권에 있습니다. 이 세상은 하나님이 계획하신대로 경영되고 있습니다. 세상 군왕들의 모략은 하나님께는 웃기는 일입니다. 우리가 다 헤아릴 수 없는 하나님의 깊고 높은 생각에 대한 바울의 감탄과 탄성은 우리의 고백이기도 합니다.

깊도다 하나님의 지혜와 지식의 풍성함이여(롬 11:33)

하프타라 삼하 22:1-51

말씀을 지키는 자가 보게 되는 예언적 성취

신명기 32장에서는 모세가 노래했다면 사무엘하 22장에서 다윗은 "내가 여호와의 도를 지키고 악을 행함으로 내 하나님을 떠나지 아니하였으며 그의 모든 법도를 내 앞에 두고 그의 규례를 버리지 아니하였음이로다(삼하 22:22-23)"라고 노래를 시작합니다. 이것이 다윗이 모든 원수들과 사울의 손에서 구원받은 비결이었습니다. 하나님의 말씀을 앞에 두고 규례를 버리지 않으며 악을 행하지 않는 것이 그를 흠이 없이 온전하게 하였습니다(삼하 22:24). 하나님의 도는 완전하고 여호와의 말씀은 진실하여 다윗이 하나님께 피했을 때 하나님은 그에게 방패가 되어 주셨습니다(삼하 22:31). 다윗은 하나님의 말씀이 자기의 생명을 지켜주었다고 고백했습니다.

하나님이 이스라엘 백성을 향하여 끊임없이 말씀하신 것도 바로 이것이었습니다. 말씀을 떠나지 말고 순종하는 것, 이것 하나만 지켰을 때 하나님이 어떻게 그들을 보호하고 인도하시고 축복하실 것인지를 수없이 말씀하셨습니다. 그리고 다윗은 이 말씀을 철저하게 지킨 하나님의 마음에 합한 바로 그 한 사람이었습니다. 그래서 그는 원수들과 사울로부터 쫓기면서도 그 말씀이 어떻게 자기를 지켜주었는지를 경험하고 승리의 노래를 부릅니다. 그런데 그의 승리의 노래는 잠시 원수로부터 구원받은 것에 머물지 않고 앞으로 그가 어떤 사람이 될 것인지까지 예언적으로 바라보고 선포하게 합니다. 그는 자신이 현재 상태에 머물러 있지 않았고 자신을 향한 하나님의 계획을 보았습니다.

주께서...나를 보전하사 모든 민족의 으뜸으로 삼으셨으니 내가 알지 못하는 백성이 나를 섬기리이다 이방인들이 내게 굴복함이여...내게 순복하리로다(삼하 22:44-45)

다윗이 자신을 향한 하나님의 계획이 이스라엘의 왕뿐 아니라 모든 민족의 으뜸이 되게 하실 것까지라는 것을 볼 수 있었던 이유는 그가 말씀을 지켰기 때문입니다. 현재의 고난은 장차 우리가 갖게 될 영광에 비하면 잠시 잠깐에 지나지 않습니다(고후 4:17, 히 12:2). 말씀은 우리로 하여금 현재의 고난만 바라보지 않게 하고 그것을 넘은 영광을 바라보게 합니다. 그래서 말씀을 지키는 것은 말씀을 듣고 순종하는 것을 넘어 미래에 성취될 예언을 믿고 붙드는 것까지를 포함합니다. 다윗은 자신을 향한 하나님의 부르심, 이스라엘 백성을 향한 하나님의 부르심을 말씀을 지킴으로 깨닫게 되었습니다. 그래서 도망자 신세였음에도 그의 찬양은 깊고 높았으며 먼 미래까지 바라보며 위대한 하나님을 노래할 수 있었습니다. 말씀을 통해 먼 미래의 일을 소망 가운데 바라보았기 때문입니다.

하나님의 말씀을 우리 귀에 듣기 좋은 것만 들으려 하지 않고 때로는 말씀이 칼이 되어 자르고 찌를지라도 온전하게 듣는다면 우리는 하나님의 말씀 가운데 숨겨진 미래에 대한 예언과 계시를 깨달을 수 있게 될 것입니다. 그 비밀을 깨닫는 것이 너무 신비롭고 흥분되어 지금 겪고 있는 어려움을 뛰어넘을 수 있게 될 것입니다. 나의 연약함 때문에 좌절과 낙심 가운데 머물러 있지 않을 것입니다. 왜냐하면 말씀하신 것을 반드시 이루시는 하나님의 계획을 소망 가운데 바라보기 때문입니다.

브리트 하다샤 롬 10:17-11:12, 12:19, 15:9-10 / 요 6:26-35

열방의 구원을 위해 넘어진 자가 된 이스라엘

하나님은 이 백성이 하나님을 사랑하고 그 뜻을 따르는 것을 실패할 뿐 아니라 하나님과의 언약 관계에서도 실패할 것을 아셨지만(신 32:15-34) 그들이 이 노래를 통해 하나님을 기억하고 다시 돌이킬 때 반드시 구원하시겠다는 약속도 하십니다. 그러므로 모세의 증거의 노래는 이 백성이 실패할 것이라는 부정적 예언이 아니라 하나님의 사랑과 구원이 이 백성과 늘 함께 하겠다는 약속의 노래입니다. 이 약속은 한 번도 잊혀진 적이 없어서 사도 바울은 로마서 10-11장에서 유대인을 향한 구원이 반드시 이루어질 것임을 선포합니다. 사도 바울이 이러한 하나님의 계획을 잘 알고 있었던 이유는 하나님이 이스라엘 백성에게 주신 언약의 말씀과 모세의 증거의 노래(쉬랕 하아지누)를 들었고 그 내용을 잘 알고 있었기 때문입니다.

바울은 그리스도의 말씀, 토라를 들음이 우리의 믿음의 근원이라는 것을 그의 삶을 통해 경험하였기에 잘 알고 있었습니다(롬 10:17). 그러나 또한 바울은 그 말씀을 자기 백성 이스라엘이 얼마만큼 듣지 않고 순종하지 않았는지도 잘 알고 있었습니다. 그래서 그는 그가 듣고 외운 그 말씀대로 신명기 32:21의 모세의 노래를 통해 그들의 패역함이 결국 하나님의 백성이 아니었던 자들을 일으키는 기회가 되었음을 상기시킵니다(롬 10:19).

그러나 바울은 자기 백성 이스라엘의 불순종을 말하면서도 그들이 하나님으로부터 다 버림받지는 않았음을 강력하게 말합니다(롬 11:2). 하나님이 남겨두신 칠천 명을 말하면서 은혜로 택하심을 따라 남은 자들을 이야기합니다(롬 11:4-5). 그리고 바울은 확신 있게 선포합니다.

> 그들의 넘어짐이 세상의 풍성함이 되며 그들의 실패가 이방인의 풍성함이
> 되거든 하물며 그들의 충만함이리요(롬 11:12)

맞습니다. 이스라엘의 넘어짐과 실패가 이방인에게 복음의 비밀이 전해지는 기회가 됨으로써 이방인들은 하나님의 백성이 되는 풍성한 축복을 누리게 되었습니다. 하물며 이스라엘이 충만하게 되면 얼마나 더 놀라운 축복이 이방인에게 흘러가게 되겠습니까! 이방인의 충만한 수를 위해 이스라엘의 더러는 우둔해졌습니다(롬 11:25). 그러나 결국 온 이스라엘이 구원을 받게 될 날이 올 것입니다(롬 11:26). 왜냐하면 이스라엘을 향한 하나님의 부르심은 제사장 나라이기 때문입니다. 제사장 나라 되어 열방이 하나님 앞으로 나아와 예배할 수 있도록 하는 것이 이들의 부르심이기 때문에 이 부르심이 온전히 이루어지게 될 천년왕국의 시대가 시작되기 전에 하나님은 이스라엘을 위해서 점진적인 회복의 과정을 이미 시작하고 계십니다.

> 하나님의 은사와 부르심에는 후회하심이 없습니다(롬 11:29, 쉬운 성경)

그래서 우리는 이스라엘(유대인)을 향하여 교만해서는 안 됩니다. 교만하게 말하거나 교만하게 행동해서는 안됩니다. 사도 바울은 꺾여져 나간 원가지들을 얕보며 자만해서는 안 된다고 권면합니다. 오히려 교회는 이렇게 말해야 한다고 당부하고 있습니다.

> 원 가지들이 꺾여 나간 이유는 나로 접붙임을 받게 하려 함입니다
> (롬 11:19, 쉬운 성경)

우리는 접붙임 받은 가지이고 이스라엘(유대인)은 꺾여져 나간 원가지입니다(롬 11:17-18). 우리는 그들이 꺾여져 나간 자리로 접붙임 받았습니다. 그리고 하나님은 죄악을 향해 달려가는 이스라엘 백성이 원가지였음에도 아끼지 않고 잘라 내셨습니다. 그러므로 우리도 교만하고 말씀으로부터 돌아서면 언제든지 동일한 준엄한 심판 가운데 설 수 있습니다.

하나님은 긍휼을 베푸시며 원가지들이 돌아올 수 있는 기회를 주시고 그들이 돌아서면 언제든지 다시 받아 주십니다. 그러므로 우리는 원가지인 이들이 예슈아를 통해 참감람나무에게로 돌아와 다시 접붙임 되도록 중보해야 하며 축복하는 마음으로 이들과 함께 서야 합니다. 비록 바울은 자신의 부르심에 따라 이방인의 사도가 되었지만 자기 백성 이스라엘을 향한 뜨거운 마음을 절대 놓치지 않고 교회를 향해 이스라엘을 축복하라고 강력하게 말하고 있습니다.

하나님의 놀라운 계획과 생각, 그것을 우리가 어떻게 다 알 수 있겠습니까! 이스라엘과 열방을 향한 이 놀라운 구원 계획을 알고 있던 바울은 그래서

> 깊도다 하나님의 지혜와 지식의 풍성함이여, 그의 판단은 헤아리지 못할 것이며
> 그의 길은 찾지 못할 것이로다(롬 11:33)

라고 고백합니다. 만물이 그분에게서 나왔으며 그분을 통해서 존재하고 있으며 다시 그분에게로 돌아갈 것입니다. 우리는 그 마지막 자락에 가까이 서 있습니다. 영광이 세세토록 주님께 있을 것입니다(롬 11:36). 아멘.

하아지누 주간의 말씀

1. 만물은 하나님을 알고 하나님이 만들어 놓으신 질서 아래 순종하는데 인간만은 불순종하며 교만하고 부패하여 하나님을 떠납니다. 모든 만물들은 하나님의 음성을 듣고 있는데 인간만은 듣지 않음에 대해 모세도, 이사야도 탄식합니다.

2. 때로는 지표면의 흙을 쓸어버릴 만큼 내리는 폭우처럼(마타르), 때로는 언제 맺혔는지도 모르게 맺힌 영롱한 이슬 방울이 줄줄이 흘러내리는 것처럼(나잘), 때로는 부드럽고 가벼운 보슬비처럼(쎄이림), 때로는 두툼하고 묵직하게 떨어지는 소나기처럼(레비빔) 모세는 하늘에서 자신의 영으로 내려오는 계시의 말씀들을 받습니다. 하늘로부터 내려오는 가르침, 이것이 바로 토라입니다.

3. 하나님은 하나님을 아는 지식이 없으므로 이 백성이 망한다고 하셨습니다. 그러므로 하나님을 깊이 알고, 그분의 뜻을 아는데 가장 방해가 되는 것은 우리들의 꼬여 있는 생각과 비뚤어진 마음입니다. 이것을 해결할 때 하나님이 온전히 보이고 그 뜻을 온전히 알게 됩니다.

4. 세대와 세대가 이어져 갈 때 하나님을 잊어버리지 않게 하는 방법은 계속해서 듣게 하는 것입니다. 세대에서 세대로 역사의 이야기들이 바르게 전해지게 하는 것입니다. 듣게 하기 위해 말해야 합니다. 아비세대는 역사를 가르쳐주어야 하고, 자녀세대는 묻고 들어야 합니다. 그래야 바른 역사관과 세계관을 가지고 시대를 분별할 수 있게 됩니다.

5. 모세의 노래는 이스라엘 백성의 패역과 심판을 담고 있지만(신 32:5-26) 그 결론은 열방과 이스라엘이 함께 하나님을 즐거워할 것이며 하나님이 친히 모든 원수를 갚으시고 백성을 덮어주실 것으로 마무리합니다(신 32:27-43). 이것이 하나님의 마음입니다.

6. 약속의 땅을 바라보며 백성에게 가르쳐 외워 들리게 한 모세의 이 노래가 비록 그들의 배신과 환난에 대한 슬픈 내용으로 시작하지만 결국은 하나님이 계획하신 구속의 계획이 종말의 때에 이스라엘과 열방에서 완전히 성취될 것임을 선포함으로 그 결말이 해피 엔딩이 될 것임을 미리 보여줍니다.

7. 말씀은 우리로 하여금 현재의 고난만 바라보지 않게 하고 그것을 넘은 영광을 바라보

게 합니다. 그래서 말씀을 지키는 것은 말씀을 듣고 순종하는 것을 넘어 미래에 성취될 예언을 믿고 붙드는 것까지를 포함합니다.

8. 모세의 증거의 노래는 이 백성이 실패할 것이라는 부정적 예언이 아니라 하나님의 사랑과 구원이 이 백성과 늘 함께 하겠다는 약속의 노래입니다. 이 약속은 한 번도 잊힌 적이 없어서 사도 바울은 로마서 10-11장에서 유대인을 향한 구원이 반드시 이루어질 것임을 선포합니다. 사도 바울이 이러한 하나님의 계획을 잘 알고 있었던 이유는 하나님이 이스라엘 백성에게 주신 언약의 말씀과 모세의 증거의 노래(쉬랕 하아지누)를 들었고 그 내용을 잘 알고 있었기 때문입니다.

하아지누 주간의 선포

1. 만물도 창조주 하나님을 알고 하나님의 질서에 순종하여 하나님을 기다리는데 인간인 우리의 불순종과 교만을 탄식하시는 하나님 아버지의 마음앞에 겸손하게 엎드립니다. 하늘로부터 말씀을 듣고 땅에 그 말씀을 전하는 자가 될 수 있도록 하늘에서 내려주시는 생명의 물로 우리를 씻어주시고 새롭게 하여 주시옵소서.

2. 하나님이 하늘에서 내려주신 토라를 우리의 지식과 생각으로 제한하는 어리석음을 용서하여 주소서. 하늘에서 비를 내려주실 때 그 비를 맞으면 젖어들듯이 토라의 말씀을 받고 젖어드는 우리가 되게 하소서. 다윗 왕이 그러했던 것처럼 우리도 토라를 사랑하게 하소서. 토라를 통해 우리가 보호받고 축복을 누리게 하소서.

3. 아담부터 에녹까지, 에녹부터 노아까지, 노아부터 아브라함까지, 아브라함부터 모세까지, 모세부터 다윗까지, 다윗부터 예수님까지, 예수님부터 오늘날 우리에게까지 말씀이 끊어지지 않고 내려올 수 있도록 보호해 주신 하나님께 감사합니다. 이 말씀을 끝까지 붙들었던 유대인들을 기억하여 주시고, 유대인을 통해 우리에게 말씀을 주신 은혜를 기억하며 우리는 유대인을 축복하는 자로 서게 하소서.

4. 마지막 날에 하나님 앞에서 이스라엘과 열방이 함께 즐거워하고 기뻐할 날을 기다리고 소망합니다. 그 날에 대한 소망이 두려움을 이기고 앞으로 나아가는 삶을 살게 하소서.

54주간

וְזֹאת הַבְּרָכָה
VEZOT HA'BRACHA

뷔조트 하브라카
그리고 그 축복은 이러하다

파라샤 **신 33:1-34:12**

하프타라 **수 1:1-18**

브리트 하다샤 **계 21:9-22:5 / 행 1:1-14**

DAY 1 신 33:1-6

이스라엘이여 너는 행복한 사람이로다

신명기 32장이 흠이 있고 비뚤어져 지혜와 지식(분별)이 없는 이스라엘 백성의 죄악을 고발하며 시작한 증거의 노래라면 33장은 이스라엘 지파들을 향한 하나님의 계획을 예언적으로 선포한 축복의 노래입니다. 모세가 각 지파를 향해 하나님의 축복을 예언적으로 선포한 것은 창세기 49장에서 야곱이 열두 아들들을 축복한 것을 떠올리게 합니다. 모세는 자신의 삶을 마치고 조상들에게로 돌아가기 전에 이스라엘 지파들에게 주어진 사명을 완수할 수 있도록 아버지의 충만한 사랑을 담아 축복하였습니다. 신명기 32장에서는 자녀를 엄하게 훈육하는 아버지의 마음이 담겨 있다면 33장에서는 자녀를 한없이 사랑하시는 아버지의 마음이 느껴집니다.

신명기 33:1-5절의 이스라엘을 향한 축복의 서문에서 모세는 하나님이 이스라엘 백성과 함께 하셨던 영광의 순간들을 떠올리며 축복을 시작합니다.

> 여호와께서 시내 산에서 오시고 세일 산에서 일어나시고 바란 산에서
> 비추시고 일만 성도 가운데에 강림하셨고 그의 오른손으로부터
> 그들을 위한 불 같은 법령이 나왔도다(신 33:2)

이 말씀은 모세가 어디서 어떻게 하나님을 만나고 하나님이 행하신 일들을 보았는지를 설명해 주는 장면입니다. 하늘에서 땅으로 영광스럽게 천사들과 함께 내려오신 여호와께서 머무시던 시나이 산 정상에서 모세는 오순절부터 대속죄일까지 120일 동안 3번의 40

일 금식 시간을 보내면서 두 번의 십계명과 율례와 법도, 성막의 식양과 제사법과 절기들에 대한 세부사항들을 전해 받습니다.[32] 이스라엘 백성은 에돔 지역인 세일 산을 지나 이스라엘 백성을 위해 싸우시는 여호와 하나님의 인도하심 가운데 전쟁에서 승리하면서 가나안 땅을 향해 올라왔습니다. 광야 생활 42개의 정류지점 중 18번의 지점들이 속해 있었던 바란(파란רֶאוֹפ, 영광스럽게 하는 장소, 아름답게 꾸며주는 장소) 광야는 혹독한 훈련의 장이기도 했지만 그곳에서 하나님은 영광으로 그들을 호위하시며 비추시고 자신의 신부 이스라엘을 단장시켜 주시고, 꾸며주시고, 거룩하게 하셨던 광야였습니다.

바로 이 모든 과정 가운데 여수룬(이스라엘의 애칭)과 함께 왕이 계셨는데 그 왕이 바로 여호와 하나님이십니다(신 33:5). 이스라엘의 왕 여호와 하나님은 그 백성을 사랑하셨고 모든 거룩한 자들은 그의 발 아래 앉아 말씀들을 받았습니다(신 33:3). 하나님은 모세가 전해준 토라를 이스라엘의 소유로 주셨고 이스라엘의 유업이 되게 하셨습니다(신 33:4; 롬 3:2). 하나님이 모세를 통해서 이스라엘에게 맡겨 주신 토라를 잃어버리는 것은 곧 하나님이 그들에게 소유로 주신 기업(基業) 또는 유업(遺業)과 하나님이 그들에게 주시는 모든 축복의 기초를 잃어버리는 것과 같은 것입니다. 그래서 하나님은 하나님의 임재가 현존하는 지성소의 언약궤 곁에 기록된 토라의 책을 두게 하셨습니다(신 31:26). 그리하여 이스라엘 백성으로 하나님의 임재가 말씀과 함께 한다는 것을 알게 하셨고 그 임재와 말씀이 자신들의 유업이며 축복이며 보호와 안전이라는 것을 인식하게 하셨습니다. 말씀은 언약 안에 들어온 모든 자들의 유업입니다. 하나님이 주시는 영적인 축복, 물질적인 축복은 말씀을 통해 우리에게 흘러 들어옵니다. 그래서 말씀과 축복은 언제나 함께 합니다(시 1:1-2; 119:1-2). 토라의 말씀을 유업으로 받은 이스라엘의 각 지파를 향해 모세는 다음과 같이 축복하였습니다.

르우벤을 향해서 지파의 인구 감소로 인해 지파가 사라지지 않기를 바라는 마음으로 르우벤 지파가 약해지겠지만 죽지는 않고 살아 존재하기를 축복합니다(신 33:6). 르우벤은 장자였지만 아버지의 침상에 오름으로 스스로 더럽혀서 장자권을 잃어버렸습니다. 장자권은 머리가 되는 왕의 직분과, 하나님을 섬기는 제사장의 직분과, 두 배의 몫의 땅과 유산을 분배받는 더블 포션으로 구성되어 있습니다. 르우벤은 넘지 말아야 할 선을 넘어버린 근친

---

32. 희년서에 의하면 모세가 시나이 산으로 올라가 있는 동안 모세는 천사들의 안내를 받는다. 아담부터 모세가 시나이 산에 올라온 그때까지 50번의 희년이 지났으며 49년 주기인 매 희년을 기준으로 일어났던 중요한 인물과 사건들에 대한 그 동안의 지난 과거 역사를 '임재의 왕자'(싸르 하파님הפּנִים שַׂר)로부터 특별 과외 받는다. 이 내용이 희년서에 기록되어 있다. 진리의 집에서는 에녹1서, 에녹2서, 에녹3서에 이어서 희년서도 주해와 함께 출판할 예정이다.

상간으로 인하여 머리가 되는 왕의 직분은 유다에게로(창 49:8-10), 장자로서 아버지를 섬기는 제사장의 직분은 레위에게로(신 33:8-10), 두 배의 몫(더블포션)은 요셉에게로 넘겨졌으며 삼중 장자권을 다 넘겨주게 된 르우벤 지파는 세력도 약해져서 간신히 존재하게만 됩니다. 모든 장자는 아버지의 기력의 시작입니다. 그래서 탁월함을 가지지만, 르우벤은 물의 끓음과 같은 단기적인 열정으로 영원한 축복을 놓치게 됩니다. 비록 장자권을 잃어버렸지만 모세는 르우벤 지파가 영원히 존재하기를 축복합니다. 하나님의 노는 잠깐이지만 은총은 영원합니다(시 30:5). 하나님은 선하시며 그 인자하심이 영원합니다.

DAY 2 신 33:7-11

유다와 레위를 향한 예언

이스라엘의 진영이 움직일 때 언제나 모든 진영의 가장 앞에서 행하고, 전쟁 때에도 찬송함으로 가장 앞서 행할 유다를 향해서는 탁월한 지도력과 전쟁에서의 승리를 위한 축복이 선포됩니다. 모세는 유다(찬송)의 소리를 들어주시고, 유다가 이스라엘 백성을 앞장서게 하시며, 그의 두 손이 크고 강하여져서 그의 대적들을 칠 권세를 더하시고 원수들로부터 유다 지파를 도우시는 주의 도움이 있기를 축복합니다(신 33:7).

모세는 레위에 대해서는 다른 지파에 비해 더 긴 축복을 해줍니다. 야곱은 시므온과 레위가 쓴 칼이 폭력의 도구였다고 말하며(창 34장 세겜의 강간 사건 후 시므온과 레위의 도륙 사건) 그들이 야곱 중에서 나뉘고 흩어질 것이라 예언하였습니다(창 49:5,7). 과연 레위 지파는 이스라엘 땅 가운데서는 기업을 받지 못하고 모든 지파 안으로 나뉘어지고 흩어졌지만 그의 단호하게 잘라 내버리는 성품이 하나님의 편에서 쓰일 때 그는 사람의 인정을 고려하지 않고 하나님을 진노케 하는 것들을 하나님을 위해 가차없이 잘라버렸습니다. 레위인들은 금송아지 사건 때 모세가 여호와의 편에 설 자들은 나오라고 할 때도 모세 옆에 섰던 자들이었고(출 32:26) 또 레위의 자손 중 비느하스는 미디안 우상숭배 사건 때 족장과 음란한 미디안 여인을 창으로 한 번에 찔러 죽임으로 거룩한 이스라엘 진영 가운데 음란으로 인해 일어난 전염병의 심판을 멈추게 하였습니다(민 25:7-8). 그래서 모세는 부모와 형제들까지도 보지 않고 사람이 아닌 하나님에게만 연합(레위)하였던 레위 지파를 하나님의 말씀을 준행하고 언약을 지키는 자라고 높이 평가합니다(신 33:9).

하나님은 사람의 타고난 본성을 잘 다듬어 변화시켜서 하나님의 편에서 하나님을 위해 사용되어 축복이 되게 하시길 원하십니다. 그것이 사람을 향한 하나님이 선한 뜻입니다. 모세는 레위의 불같은 성정이 다른 사람들을 죽일 수도 있는 성질이었지만 그것이 다듬어졌을 때 단호하고 결단력 있는 성품으로 사람이 아닌 하나님께 유용하고 충성되게 쓰임 받게 되는 것을 보았고 그러한 레위 지파에게 하나님의 완전함(툼밈תֻּמִּים)과 하나님의 빛(우림אוּרִים)이 항상 있기를 축복했습니다(신 33:8). 그리고 하나님의 완전함과 빛으로 이스라엘 지파들 안으로 흩어져 살면서 율례와 법도, 토라를 가르치고 예배를 드리는 일로 섬기도록 축복하였습니다(신 33:10). 또한 레위를 대적하여 일어나는 자와 미워하는 자의 허리를 꺾으셔서 다시 일어나지 못하게 해주시기를, 레위 지파의 재산을 풍족케 하시기를 구하였습니다(신 33:11).

야곱의 예언에서 시므온과 레위를 향한 나누임과 흩어짐의 예언은 모세의 축복을 통해 레위에게는 하나님의 선하신 뜻으로 아름답게 변하였습니다. 하나님은 레위를 온 지파로 흩으셔서 각 지파 안에서 이스라엘의 장자로서 하나님을 섬기고 말씀을 가르치는 자로 서게 하셨고 이를 통해 하나님 중심으로 살아가도록 명령받은 이스라엘 백성들이 예배와 말씀 중심의 삶을 살 수 있는 통로가 되게 하셨습니다. 사람을 보지 않고 하나님의 입장에 선 자들에게 하나님은 동일한 축복을 허락하실 것입니다. 말씀에 붙어 있는(레위, 연합) 자들에게 말씀을 통해 흐르는 유업과 축복을 모두 누리게 하실 것입니다.

반면 시므온과 레위가 똑같이 분노와 혈기로 칼을 잔해하는 기계로써 사용하며 휘두르는 잔인한 성질이[33] 있었어도 금송아지 숭배자들의 도륙 사건으로 하나님의 입장에서 섰던 레위가 나아간 방향과 그렇지 않았던 시므온이 나아간 방향은 시간이 흐르면서 완전히

---

33. 시므온은 도단에서 형제들에게 요셉을 죽이자고 살해 계획을 제안했던 것으로 보인다.
'자, 우리가 그를 죽여 한 구덩이에 던지고 우리가 말하기를 악한 짐승이 그를 잡아먹었다 하자 그의 꿈이 어떻게 되는지를 우리가 볼 것이니라【창 37:20】'이 구절에서 누가 먼저 주도하여 이러한 살해 계획을 세우고 요셉의 꿈이 어떻게 되는지 보자라고 말했는지 명시되어 있지 않지만 요셉의 형제들이 이집트에 양식을 구하러 내려갔다가 돌아오려 할 때 요셉이 시므온을 감옥에 가두게 한 것은 시므온이 살해 계획을 주도했기 때문에 그를 담보로 잡아 가둔 것이라고 본다. 야곱은 '그들의 은밀한 회담에 끼지 않을 것이며 그들이 나쁜 일을 꾸미는 회의에 참여하지 않을 것'이라고 시므온을 염려하며 그의 과거에 비추어서 그의 미래를 예언했다【창 49:6】

다른 결과로서 나타나게 됩니다.

시므온 지파는 모압 평지에서 모세의 축복으로부터 빠졌고 그 이름도 언급이 되지 않는 당황스럽고 난감한 상황을 마주하게 되었습니다. 이는 모세의 신명기 설교 직전에 싯딤에서 있었던 바알브올 사건 때문입니다. 민수기 25장의 바알브올 음행 사건에서 시므온 지파는 음행과 바알브올 우상숭배에 주도적으로 참여했으며, 가문의 지도자였던 시므이는 온 회중과 모세의 눈 앞에서 미디안 지도자의 딸(공주)과 음란에 빠져 큰 천막으로 들어갔으나 반면, 비느하스는 여호와의 질투심으로 질투하여 손에 창을 들고 따라 들어가 그들의 배를 꿰뚫었습니다. 이 사건은 두 지파의 극단적인 대조를 보여주는 사건이었고, 이 사건은 얼마 후 모세가 이스라엘 지파들을 축복하면서 시므온 지파를 언급도 하지 않게 된 원인을 제공한 사건이었을 것입니다.

이후 시므온 지파는 축복을 선포하였던 그리심 산에 선 6지파에 속하기도 했지만 시므온 지파는 유다 지파가 분배 받은 땅에 둘러싸인 네게브 지역의 몇 도시에 거하게 되었고, 결국은 유다 지파로 흡수 병합되면서 야곱의 예언대로 나뉘어지고 흩어지게 됩니다. 이스라엘의 역사 가운데서 시므온 지파에 대한 이야기는 많이 등장하지 않습니다. 그러나 종말에 12지파로서 다시 회복되어 나타납니다(겔 48:24, 25, 33과 계 7:7).

DAY 3 신 33:12-17

베냐민과 요셉을 향한 예언

하나님의 거처인 예루살렘은 원수와 대적자들을 향하여서 물어 뜯는 늑대인 베냐민 지파에게 맡겨졌습니다. 그러한 베냐민에 대해서는 그가 여호와의 사랑을 입은 자로서 하나님 곁에서 안전함을 누리며 주님의 어깨 사이에 거하면서 여호와께서 온종일 덮어주시고 막아주실 것이라고 축복합니다(신 33:12).

요셉에게는 하늘과 땅의 탁월하고 충만한 보물과 복이 불타는 떨기나무 속에 계셨던 분의 선하고 기쁘신 뜻으로 인하여 요셉의 머리에게 즉, 그 형제들의 나실인(구별되고 성별된)인 요셉의 정수리에 임하게 해달라고 축복합니다. 그리고 에브라임과 므낫세를 통해 그 자손들이 열방으로 확장되어 땅 끝까지 이를 것을 축복합니다(신 33:17). 샘 곁의 무성한 가지인 요셉은 야곱으로부터 그의 가지가 담을 넘어 뻗어 나가는 복을 받았습니다. 받은 사명과 예언이 큰 만큼 형제들로부터 날아오는 화살도 많고 학대와 적개심과 시기 질투도 심했지만 요셉의 활이 더 강했고 요셉의 팔이 더 힘이 센 것은 요셉이 이스라엘의 전능자의 손을 힘입었기 때문입니다. 야곱은 자신이 받은 복들이 영원한 산들의 정상이 한이 없이 크고 높은 만큼 뛰어난 복들이며 그러한 영원하고 무한한 복들이 이제는 요셉의 머리의 정수리에 임할 것이라는 예언적 축복을 하였습니다. 아버지 야곱이 자신이 받은 최고의 복이 요셉의 정수리에 임할 것이라고 축복했듯이 모세도 이에 더하여서 불타는 떨기나무에서 자신을 찾아와 만나 주셨던 하나님의 선하고 기쁘신 뜻으로 요셉의 정수리에 최고의 하늘과 땅의 최고의 것과 충만한 것이 임하도록 축복합니다.

DAY 4 신 33:18-21

스불론, 잇사갈, 갓을 향한 예언

모세는 해변가의 땅을 분배 받고 바다를 접하고 살게 될 스불론과 잇사갈이 바다의 풍부한 것과 모래에 감추어진 보물을 빨아들이게 될 것이라고 축복합니다(신 33:19). 스불론과 잇사갈은 지중해 해변과 갈릴리 바다 사이에 거주하면서 항구를 통한 상업이나 무역업과 관련되게 되는데 스불론은 들어오고 나가는 출구의 역할을 기뻐하고, 잇사갈은 장막을 치고 머무는 역할을 기뻐하라고 축복합니다. 예슈아의 제자들은 갈릴리 땅의 스불론 지역에 살던 자들이었고 그들은 기쁜 소식을 전하러 나가는 복음의 사도로서 보냄을 받았습니다. 잇사갈은 밖으로 나가는 스불론과는 달리 야곱으로부터 장막에 거하기를 기뻐하며 쉼을 좋게 여기고 땅이 아름답다고 여기는 양의 우리 사이에 엎드린 힘센 나귀와 같다는 예언을 받았습니다(창 49:14-15). 힘센 나귀와 같은 잇사갈의 모든 종족은 다 큰 용사였으며 (대상 7:5) 다윗 시대에는 잇사갈 지파 중에 시세를 잘 아는 것으로 인해 인정을 받아 형제들을 통솔하는 우두머리들이 200명이나 나왔습니다(대상 12:32).

성경에서 장막은 하나님과 교제하고 그 약속의 말씀과 유업을 자손들에게 전하는 장소입니다. 장막에 거하기를 기뻐했던 잇사갈 지파는 장막에서 하나님의 말씀을 듣고 나누며 그것을 통해 받은 영적인 통찰력으로 시세를 꿰뚫어보는 영감을 받았습니다. 그래서 다른 지파에 비해 시세를 아는 통찰력이 뛰어난 지파가 되었습니다. 장막에 머물기를 기뻐했던 야곱은 하나님의 킹덤의 장자권을 얻고 이스라엘 민족을 낳았습니다. 모든 축복의 비밀은 장막에 있습니다. 세상을 상징하는 들로 나가 세상의 기술과 힘인 사냥에 익숙한 것이 사람의 눈에 보기에는 더 탁월한 지도력을 가지고 세상에 대한 권세를 얻는 것처럼 보일지 모르겠지만 하나님의 킹덤에서는 장막에 앉아 하나님 앞에 머물 때 하늘의 유업인 영적인 축복을 받게 되고 영적인 축복은 영적 권위와 함께 물질적 축복을 가져옵니다. 하나님은 우리가 영적인 축복을 받고 이 땅을 다스리는 자들이 되길 원하십니다. 영적 기류가 급하게 바뀌면서 전쟁이 치열한 지금은 시세를 아는 통찰력이 그 어느 때 보다도 더 필요한 때입니다. 이런 때 잇사갈 지파처럼 영적인 시세를 아는 축복을 가진 자들은 장막에 머물기를 기뻐하는 자들일 것입니다. 그런 자들에게 하늘에서 지혜와 통찰력이 흘러올 것이며 이로 인해 시세를 알게 될 때 지혜롭고 전략적으로 행동함으로써 물질적인 축복과 번영도 함께 받게 될 것입니다.

갓은 암사자가 먹이를 취하듯 요단 동편에 먼저 기업을 정했고 모세는 갓이 이스라엘 백성에게 공의와 법도를 행하는 지도력을 갖출 것을 축복합니다(신 33:21). 야곱은 '갓은 군대의 추격을 받으나 도리어 그 뒤를 추격하리로다'고 축복했고 모세는 '갓을 광대하게 하시는 분에게 찬송을 부를지어다 갓이 암사자 같이 엎드리고 팔과 정수리를 찢는도다'라고 축복합니다. 모세는 자기 지파를 위해 먼저 기업을 택하는 갓을 보며 그들이 그 후 다른 지파들을 위해 약속의 땅의 나머지를 얻어 주기 위해서 함께 싸워 이겨낼 용맹을 가졌음을 알았습니다. 모세는 용맹함을 갖춘 갓이 이스라엘 백성에게 의와 법도를 행하는 지도력도 갖추게 되기를 축복합니다.

실제로 다윗이 사울을 피해 시글락에 있을 때는 갓 자손이 군대 지휘관이 되어 그 작은 자는 백부장이 되었고, 큰 자는 천부장의 역할을 감당했으며(대상 12:14), 다윗이 왕국을 세우고 군대 체계를 정비하여 각 지파에서 군대를 소집했을 때 다른 지파가 적게는 몇 천에서 많게는 몇 만 명의 용사들이 소집된 반면 갓 지파에서는 자그마치 12만명의 용사가 소집되었습니다.

DAY 5 신 33:22-25

단, 납달리, 아셀을 향한 예언

단 지파는 약속의 땅을 분배 받았으나(수 19:40-48) 그것을 아모리 족속에게 빼앗기고 나서(삿 1:34) 거할 기업의 땅을 찾아 가는 중에 에브라임 미가의 집 제사장과 신상들을 미가의 집안으로부터 위협하여 강탈하였습니다. 그리고 북쪽 지역(레센=라이스=단)에 가서 싸워 땅을 얻고 그곳에 자기들을 위하여 그 신상들을 세우고 단 지파의 땅을 우상숭배의 중심지로 삼았습니다(삿 18장).

"하나님의 집이 실로에 있을 동안"(삿 18:31) 단 지파는 에브라임 산지에서 만들어진 신상들을 단에 세워 경배의 중심지로 삼고 이스라엘 지파 안에 우상숭배의 문을 활짝 여는 큰 죄악을 주도하였습니다. 이후 북이스라엘 여로보암은 단과 벧엘에 금송아지 우상을 세웠고 금송아지 우상이 '이스라엘을 이집트에서 인도하여 올린 신'이라며 이스라엘이 경배하도록 하는 장소로 만들었습니다.

단은 바산에서 뛰어나오는 사자 새끼라는 축복을 받습니다(신 33:22). 유다도 단도 '사자 새끼'라는 축복의 예언을 받았지만 유다는 새끼 사자에서 원수의 목을 잡으며 대적을 치는 용맹함을 발휘하며 이스라엘을 지키는 왕으로서 수사자 같고 암사자 같이 되었고 반면 단은 새끼 사자로 시작하였지만 그 용맹을 사용해야할 때는 사용하지 못하고 철없는 새끼 사자처럼 날뛰기만 하고 남을 해치며 일을 망치는데 그 용맹을 사용하게 됩니다. 사자 새끼로 시작하였지만 뱀과 독사가 된 단 지파는 역대상 2장부터 9장까지의 이스라엘 왕국의 족보에서 제외되었고, 요한계시록 7장의 인 맞은 열두 지파의 명단에도 빠집니다. 뱀과 독사가 되어 말 탄 자를 뒤로 떨어지게 할 단을 예언적으로 바라보면서 야곱은 여호와께 외치지 않을 수 없었습니다.

여호와여! 나는 주의 구원을 기다리니이다(창 49:18)

야곱의 중보로 단 지파는 그나마 천년왕국 안에서 북쪽 끝의 땅을 분배 받아 한 지파로 존속하게 됩니다(겔 48:2).

은총을 풍성히 받고 주님께서 주시는 복을 가득 받은 납달리는 후에 예수님의 주 사역 무대가 될 갈릴리 바다의 서쪽과 남쪽을 차지할 것이라고 축복받습니다(신 33:23). 아셀은 그 이름처럼 형제들 가운데서 더 복을 받고 기쁨이 될 뿐 아니라 그의 발을 기름에 담그게 될 만큼 또한 왕의 진수를 공궤할 만큼 기름진 식물의 복을 받습니다. 철이나 놋으로 만든 빗장으로 성문을 잠그고 그러한 견고함이 그 삶에 평생 있을 것을 축복받습니다(신 33:25).

DAY 6 신 33:26-29

여수룬

그리고 마지막으로 모세는 이스라엘을 '여수룬יְשֻׁרוּן'이라고 부르며 온 이스라엘 지파를 향해 축복합니다(신 33:26). 여수룬יְשֻׁרוּן은 '바른 자, 올곧은 자'라는 뜻으로 히브리어 야샤르יָשַׁר에서 파생한 단어입니다. 야샤르יָשַׁר는 '정직하다, 곧다, 바르다'라는 뜻을 가지고 있습니다.

모세는 이스라엘 백성이 기름지고 살찌고 비대하고 윤택하면 하나님을 버리게 될 것이라는 것을 보았습니다(신 32:15). 또 이들이 흠이 있고, 비뚤어진 세대, 꼬여있는 세대임도 알아보았습니다(신 32:5). 그리고 이들이 패역하고 진실이 없고, 모략도 분별력도 없는 자녀들임을 알았습니다(신 32:20,28). 그러나 여전히 연약함투성이 이스라엘 백성을 향해 모세는 '여수룬יְשֻׁרוּן'이라고 부릅니다. 그들의 현재 상태를 바라본 것이 아니라 그들을 향한 원래의 의도(original design)와 최종 목적(destiny)을 바라본 것입니다.

하나님의 이스라엘을 향한 원래의 의도(original design)와 최종 목적(destiny)은 '하나님 앞에서 바른 자들'이었습니다. 그들이 바른 자들이 될 뿐 아니라 바른 길로 사람들을 이끌게 하기 위해 하나님의 말씀을 주시고 맡기셨습니다. 그래서 하나님이 주시는 땅을 차지하게 하기 위해 명령한 것은 오직 한가지 '말씀'이었습니다(수 1:7-8). 말씀을 떠나지 말게 하고(무쉬מוש, 제거하다), 묵상하고(하가הָגָה, 읊조리다, 묵상하다), 지켜(샤마르שָׁמַר, 지키다), 행하는 것(아싸עָשָׂה, 행하다, 달성하다, 만들다)이 하나님의 자신들을 향한 원래 의도(original design)대로 살게 하고 최종 목적(destiny)에 이를 수 있게 하는 방법입니다(수 1:8).

여수룬은 신부의 정체성입니다. 신부는 말씀을 통해 '바른 자'가 됩니다. 신부의 정체성을 지킬 수 있는 방법은 오직 말씀입니다. 말씀에 붙들리고, 말씀을 붙드는 자가 최후 승리를 얻고 주님이 주신 것을 차지할 수 있습니다.

여수룬에게는 왕이 있었고, 또 앞으로 있을 것입니다(신 33:5). 주님은 이스라엘을 이끄실 때 그들의 왕이 되셨고 장차 세상 모든 민족이 함께 모일 때 또한 왕이 되실 것입니다. 여수룬의 왕이신 하나님은 그들을 돕기 위해 하늘을 타고 궁창에서 위엄을 나타내셨습니다(신 33:26). 하나님이 친히 그들을 안전하게 보호하시는 처소가 되어 주셨고 또한 영원한 처소가 될 것입니다. 그 강한 팔로 모든 대적을 멸하셨고 또 멸하실 것입니다(신 33:27). 모세는 모든 지파를 향해 하나님의 풍성한 축복, 강한 힘, 영토와 세력의 증가와 확장을 예언하며 감격하게 됩니다. 그래서 그는 이스라엘이 받은 축복을 바라보며 탄성을 지릅니다.

> 이스라엘이여 너는 행복한 사람이로다 여호와의 구원을 너 같이 얻은 백성이
> 누구냐 그는 너를 돕는 방패시요 네 영광의 칼이시로다 네 대적이 네게
> 복종하리니 네가 그들의 높은 곳을 밟으리로다(신 33:29)

이스라엘이 가장 행복한 이유는 그들이 여호와의 구원을 얻었기 때문입니다. 그 구원(예슈아יְשׁוּעָה)이 예슈아이고 예슈아는 방패와 칼이 되셔서 모든 대적을 무릎 꿇게 하시고 원수들의 높은 곳을 밟게 하실 것입니다. 이스라엘의 하나님, 이스라엘의 구원자가 예슈아이십니다.

DAY 7 신 34:1-12

하나님과 대면하여 알던 선지자 모세의 중보와 사랑

열두 지파를 향한 예언적 축복을 감격 가운데 마친 모세를 하나님은 여리고 맞은편 느보 산에 오르게 하십니다. 그리고 그곳에서 모세는 약속의 땅의 모든 영역 길르앗 온 땅과 단, 납달리, 에브라임과 므낫세의 땅과 서해, 유다 온 땅과 네게브까지 보게 됩니다. 비록 모세는 그 땅에 들어가지 못했지만 하나님은 모세의 눈 앞에 젖과 꿀이 흐르는 아름다운 땅 전체를 모세의 눈 앞에 보여주심으로 위로하셨습니다. 물리적으로는 그 땅을 밟지 못했지만 모세는 천리안으로 모든 영역을 바라보았습니다. 그가 죽을 때 비록 그의 나이가 120세나 되었지만 그는 눈이 흐리지 않았고 기력이 쇠하지도 않았습니다(신 34:7). 그러나 한 세대를 마무리하고 새로운 세대로 넘어가기 위해 하나님은 그를 부르셨습니다.

모세는 하나님과 대면하여 알던 자, 하나님의 큰 권능과 위엄을 바로와 이집트, 이스라엘 백성 앞에서 행한 자, 이후에 다시는 없을 선지자라는 평가를 받습니다(신 34:10-12). 그런데 모세의 위대함은 이런 능력들보다도 거역과 불순종으로 수없이 자기에게 상처를 준 백성을 끝까지 하나님의 마음으로 중보하고 사랑했던 것에 있습니다. 모세의 사랑과 중보는 자기 사람들을 사랑하시되 끝까지 사랑한 예슈아의 사랑과 같습니다(요 13:1). 모세의 사랑과 중보로 이스라엘 백성들이 중도에 멸망치 않고 약속의 땅으로 들어 갈 수 있게 되었습니다.

하나님의 마음을 아는 사람은 눈에 보이는 대로 판단하지 않고 감춰져 있는 하나님의 뜻을 바라보는 사람입니다. 그렇기에 모세는 이스라엘이 또 다시 하나님을 배신하고 돌아설 것을 알았음에도 끝까지 자신의 생각과 감정이 아닌 하나님의 뜻으로 그들을 바라보는 것을 견지할 수 있었습니다. 모세가 회막 가운데서 하나님과 대면하여 교제하는 시간이 없었다면 고단하고 치열한 그 땅에서의 싸움이 그를 지치게만 했겠지만 하나님과의 대면 가운데 경험하는 하늘의 아름다움과 영광과 기쁨이 모세를 하나님의 입장과 마음에 서게 하였습니다. 그래서 모세는 이스라엘 백성이 행하는 실수와 거역에 자신의 시선을 두지 않고 이들의 이름에 담겨있는 하나님의 뜻이 이뤄지고 그들에게 주어진 사명을 완수할 수 있도록 축복하였습니다. 이것이 아버지의 마음입니다. 아버지의 마음은 언제나 자녀의 삶에 대한 목적과 가능성을 신뢰함으로 바라보는 마음입니다.

하나님은 우리가 모세처럼 끝까지 하나님의 자녀들을 향한 원래의 의도와 최종 목적을 바라보는 마음을 가지고 중보하는 자들이 되길 원하십니다. 모세와 같은 중보자가 되기 위해 장막, 회막에서 하나님을 만나고 그 영광을 구하는 자들이 되길 원하십니다. 하늘의 영광을 바라본 자, 하나님의 얼굴을 구한 자, 하나님의 임재 안에 살아간 자였던 모세의 삶이 영원한 나라를 향하여 가고 있는 모든 이들이 사모하고 소망하는 것이 되길 바랍니다.

하프타라 수 1:1-18

약속의 땅으로

모세가 여호수아에게 안수하니 여호수아는 지혜의 영으로 충만하게 됩니다(신 34:9). 안수는 머리에 손을 얹고 나의 것을 전가하는 행위입니다. 모세의 영적 권위와 지도력은 여호수아에게 이양되었고 여호수아는 지혜의 영, 성령으로 충만하게 됩니다. 세대 교체와 지도력의 이양이 있을 때 하나님은 반드시 새로운 기름부음을 더하십니다. 기름부음은 하나님이 부어 주시는 영적 권위를 상징합니다. 그리하여 성령으로 충만한 여호수아의 명령을 이스라엘 백성은 모세의 명령에 순종하듯 따르게 됩니다.

모세가 죽고 약속의 땅으로 들어가기 위해 여호수아를 준비시키는 하나님은 그에게 약속하십니다.

> 네 평생에 너를 능히 대적할 자가 없으리니 내가 모세와 함께 있었던 것 같이
> 너와 함께 있을 것임이니라 내가 너를 떠나지 아니하며 버리지 아니하리니
> 강하고 담대하라(수 1:5-6)

약속하신 그 땅에 들어가는 것이지만 한 번에 이뤄지는 것이 아니라 수많은 전쟁이 여

호수아 앞에 놓여 있기에 하나님은 하나님의 임재를 약속하시고 여호수아의 마음을 강하고 담대하게 세우십니다. 그리고 약속이 완전히 성취될 때까지 직면해야 할 과업 앞에서 여호수아를 강하고 담대하게 할 수 있는 것은 오직 모세가 써서 남긴 율법책이었습니다. 그래서 하나님은 그의 마음을 강하고 담대하게 하기 위해 율법책을 떠나지 않게 하고 묵상하고 지켜 행하라고 명령하십니다(수 1:8). 그 율법책이 여호수아를 평탄하게 하고 형통하게 할 것이라 약속하십니다. '평탄하다'로 번역된 히브리어 짤라흐ַצָלַח는 '번영하다, 성공하다'는 뜻이고 '형통하다'로 번역된 히브리어 싸칼שָׂכַל은 '신중하다, 지혜롭게 이해하다, 통찰력이 있다'와 함께 '번영하다, 성공하다'는 뜻을 가지고 있습니다. 율법책을 항상 옆에 둘 때 여호수아가 가는 길은 성공적일 것이며, 성공 뒤에 번영이 따라올 뿐 아니라 그의 판단과 결정은 신중하며 지혜롭고 남들이 보지 못하는 통찰력을 가지고 결정함에 따라 모든 일을 성공적으로 이룰 것입니다.

말씀을 옆에 두고 묵상하고 지켜 행하는 자의 축복은 성공과 번영입니다. 성공은 주어진 임무를 끝까지 완성해서 뜻을 이루는 것입니다. 잘 먹고 잘 살면서 사람들에게 칭찬받고 인정받는 삶이 우선 순위가 아니라 먼저 하나님의 나라와 의를 구하며 하나님의 뜻을 이루는 자들에게 먹고 마시는 문제 이상의 성공과 번영이라는 축복을 더하실 것입니다(마 6:33).

하나님의 영광과 임재의 호위를 약속받은 여호수아는 백성들을 준비시킵니다. 그리고 먼저 땅을 차지함으로 안식에 들어간 르우벤, 갓, 므낫세의 지파의 절반에게 다른 형제들이 그들과 같이 안식에 들어가기까지 함께 싸우라고 명령합니다(수 1:14-15). 여호수아는 땅을 정복하고 차지하는 것을 안식에 들어가는 것이라 말합니다. 그리고 여호수아가 가나안 땅으로 들어간 것을 히브리서 기자도 안식으로 묘사하며 그 안식에 들어가기를 힘쓰라고 말합니다(히 4:11).

이스라엘 백성이 약속의 땅으로 들어가 정복 전쟁을 하는 것은 삶의 모든 구석 구석까지 악한 영의 영향력을 몰아내고 하나님의 나라의 통치가 모든 삶과 영과 혼과 몸에 적용되게 하는 것을 예표합니다. 그 땅에서 그들이 누리는 안식은 새 피조물의 삶을 살며 영원을 미리 맛보는 삶을 보여줍니다. 마찬가지로 히브리서 기자가 말한 '안식에 들어가길 힘쓰라'는 말씀은 인류 역사의 마지막 날 이스라엘 땅을 중심으로 온 세상에 임할 천년 왕국과 또한 새 예루살렘으로 들어가기를 힘쓰라는 의미입니다. 그리고 히브리서 기자는 안식으로 들어가길 힘쓰라고 하면서 안식으로 들어 갈 수 있도록 돕는 하나님의 말씀의 능력에 대해 설명합니다.

하나님의 말씀은 살아 있고 활력이 있어 좌우에 날선 어떤 검보다도 예리하여 혼과
영과 및 관절과 골수를 찔러 쪼개기까지 하며 또 마음의 생각과 뜻을 판단하나니
(히 4:12)

약속의 땅에 들어가기 위해 준비하는 여호수아와 이스라엘을 향해 율법책을 주시며 말씀으로 무장하라고 하심같이 천년왕국에서 부활의 자녀로서 하나님의 자녀가 되어 영원으로 들어가길 준비하는 모든 자들은 말씀으로 분리하고 분별하여 자신을 거룩하게 해야 합니다. 말씀의 검의 능력은 어두운 것을 분리하고 잘라내는 힘이 있으며 또 우리의 마음과 생각과 뜻을 분별케 하고 드러나게 하고 다듬고 깎아 줍니다. 천년왕국에서 부활의 자녀로서 하나님의 자녀가 되어 완전한 새 피조물로 살아가게 되고 연속선상 안에서 새 예루살렘에 들어갈 자들은 말씀으로 분리되어 거룩하게 구별된 자들, 말씀으로 자신을 쪼개고 깎고 다듬은 자들이 될 것입니다.

여호수아에게 가나안 땅으로, 에덴-동산의 영역으로 들어가게 하시면서 율법책, 말씀을 강조하신 이유가 여기에 있습니다. 우리의 혼 안에 있는 잘못된 계획과 의지, 맹세와 다짐을 다듬고 잘라내야 영원한 안식으로 들어갈 수 있습니다. 우리가 안식에 들어갈 수 있도록 도우시는 분, 대제사장이신 예슈아를 힘입어 하나님 앞으로 나아가야 합니다.

그러므로 우리가 그 안식에 들어가기를 힘써야 하리니 이는 아무도 그와 같은
불순종의 본을 따르다가 떨어져 나가는 일이 없도록 하려 함이라(히 4:11)

그리고 이 안식에 들어가기를 힘쓰는 것을 이 땅에서 훈련하기 위해 하나님은 샤밭(안식일)을 주셨습니다. 6일 동안 열심히 살아온 우리에게 제 7일, 샤밭에는 모든 것을 온전히 하나님께 맡기고 하던 모든 일과 생각과 감정까지도 멈추도록 하심으로 안식에 들어가는 것을 연습하는 날로, 영원을 미리 맛보는 날로 삼게 하셨습니다.

요단을 건너 그 땅에서 안식을 누리기 위해 우리에게 남겨진 과업은 하나님을 대적하며 가증한 일을 행하여 그 땅을 더럽혀 온 가나안 일곱 족속과 그들의 문화를 멸하고 하나님의 통치와 문화를 세우는 것입니다. 가나안 일곱 족속의 퇴치는 우리 삶과 내면과 혼 안에서 일어나야 하고 또 우리가 살아가는 이 세상, 우리에게 맡겨진 모든 영역에서도 일어나

야 합니다.[34] 우리 안에 섞여 있는 가나안적인 것들을 쫓아내고 하늘의 것들로 채우는 것, 우리가 일하고 있는 영역에 왕좌를 차지하고 있는 악한 영들을 쫓아내고 하나님의 통치가 시작되게 하는 것, 이것이 안식을 누리기 위해 우리가 싸워야 할 전쟁입니다. 하나님은 이 전쟁에서 반드시 승리하도록 앞장서시겠다고 약속하셨습니다. 그리고 이 승리는 우리가 하나님의 말씀을 붙들고 좌우로 치우치지 않으며 강하고 담대함으로 나아갈 때 취해지게 될 것입니다. 사탄을 말씀으로 이기신 예슈아의 말씀의 권세가 모든 성도와 신부들의 삶에 부어지길 소망합니다.

브리트 하다샤 계 21:9-22:5 / 행 1:1-14

약속의 땅으로 들어간 이스라엘, 열방으로 나아간 교회

모세는 여호수아에게 영적 권위를 위임하고 죽음을 맞이하였습니다. 예수님은 제자들에게 영적 권위를 위임하고 하늘로 올라가셨습니다. 여호수아는 하나님이 모세에게 부어주셨던 영으로 충만하여 토라의 말씀을 붙들고 약속의 땅으로 전진했습니다. 예수님의 제자들은 성령의 권능을 받고 사도가 되어 예루살렘으로부터 시작된 복음을 들고 열방으로 나아갔습니다. 여호수아와 이스라엘 백성들은 약속의 땅을 차지하고 있던 악한 족속들로부터 하나님의 땅을 다시 되찾았고, 사도들과 복음을 믿고 예수님의 제자가 된 많은 성도들은 열방으로 나아가 교회를 세우며 하나님의 나라를 확장하기 시작했습니다. 약속의 땅으로 들어간 여호수아와 이스라엘 백성은 약속의 땅에 하나님의 나라를 이루어가기 시작했으며, 사도들과 복음을 따르는 수많은 성도들은 열방에 하나님의 나라를 이루기 시작했습니다.

약속의 땅으로 들어왔던 하나님의 말씀(토라)은 복음과 함께 열방으로 나아갔고, 이제 열방에서 다시 예루살렘으로 돌아와 만왕의 왕 메시아 예수님 안에서 완성될 것입니다. 여

---

34. 신명기 토라 포션 45주간 봐에트하난 참고

호수아도, 사도들도 성령의 충만을 받고 하나님의 나라를 향해 전진했습니다. 메시아닉 킹덤 직전에도 하나님은 대대적인 성령을 온 세계에 부으실 것입니다. 대추수와 대부흥의 때가 멀지 않았습니다. 믿음의 조상들과 예수님의 사도들, 예수님을 믿고 증거한 허다한 증인들도 하늘에서 메시아 왕국을 기다리고 있습니다. 우리가 꿈꾸는 나라와 그 날은 속히 올 것입니다.

축복의 완성 "땅에 이뤄진 에덴의 회복과 새 예루살렘"

사도 요한은 천사가 보여주는 신부 곧 어린 양의 아내를 봅니다(계 21:9). 그것은 하늘에서 내려오는 거룩한 성 새 예루살렘이었습니다(계 21:10). 새 예루살렘은 온갖 종류의 보석과 가지각색의 색깔들을 가진 12보석들로 이뤄져 있습니다. 보석은 원석을 어떻게 깎고 다듬는가에 따라 가치가 달라집니다. 새 예루살렘을 이루는 이 보석들은 바로 우리 한 사람 한 사람을 의미합니다. 지금 우리의 모습은 원석과 같아서 아직 보석으로서의 가치가 없는 것처럼 보이지만 하나님은 우리를 깎고 각을 잡아 다듬으셔서 우리의 가치를 뛰어나게 해주십니다. 예루살렘 성의 성문이 된 열두 지파와 열두 기초석이 된 열두 사도 역시 하나님이 깎고 각잡아 다듬으심으로 거룩한 성을 이루는 보석이 되게 하셨습니다.

새 예루살렘의 열두 문은 열두 진주로 되어 있는데 문마다 한 진주로 되어 있습니다. 진주는 바다에 사는 조개 속에 이물질이 들어가서 상처를 계속 주면 조개의 몸 속에서 액체가 분비되어 그것을 감싸는 긴 과정을 통해 결국 진주가 형성됩니다. 새 예루살렘에 들어가는 모든 자들은 반드시 진주문을 통해서 들어가게 됩니다. 성도들이 세상에서 상처를 받지만 그 아픔을 아름답게 승화시켜서 진주를 만들어 낸 자들은 새 예루살렘의 문에 들어갈 자격을 얻는 자들이 될 것입니다.

새 예루살렘의 길은 정금으로 깔려 있는데 정금은 투명한 금을 의미합니다. 그래서 사도 요한은 예루살렘 성의 길을 맑은 유리 같은 정금이라고 묘사하였습니다(계 21:21). 금은 모든 다른 금속과 달리 녹슬지 않아 영원히 변하지 않는 특성을 가지고 있습니다. 그래서 예루살렘 성의 길은 영원성을 상징하는 금으로 이루어져 있습니다.

또한 수정같이 맑은 강이 보좌로부터 길 가운데로 흐르는데 이것은 생명을 공급하는 성령을 의미합니다(계 22:1-2). 그 강 좌우에 생명나무가 있고 열두 가지 열매를 달마다 맺는데 그 열매의 잎사귀는 만국을 치료하기 위한 것입니다. 이 생명의 강 주위에 있는 만국을 치료하는 생명나무는 생명의 공급이신 예슈아를 상징합니다. 만국을 치료하시며 생명을 주시는 예슈아로 인해 새 예루살렘의 생명의 확장은 끝이 없고 영원히 증가합니다.

생명의 강이 흐르고 생명나무가 있던 에덴-동산의 비손 강이 흐르던 하윌라 땅의 금은 정금이었고 그곳에는 베델리엄(진주)과 호마노(보석)도 있었습니다. 새 예루살렘의 길과 성은 정금이고 문은 진주이고 성곽의 기초는 열두 보석이며 성곽은 여러가지 색의 보석입니다. 새 예루살렘은 바로 우리 한 사람 한 사람으로 이루어져 있으며 새 예루살렘은 성령과 성자와 성부와 연합하여 하나(에하드אֶחָד)된 하나님의 신부 곧 한 새 사람이 영원히 거하시는 지성소입니다.

천지와 만물이 다 이루니라(창 2:1)

창세기 2:1의 '하늘과 땅과 그 가운데 있는 만물이 다 이루니라'의 선포를 통해 우리는 마지막 날 새 하늘과 새 땅이 다 이루어져 새 피조물이 온전히 하나된 상태를 볼 수 있습니다. 하나님은 창세기에서 천지와 만물을 다 이루시고 일곱째 날에 안식하셨습니다. 하나님은 아담과 함께 하나됨을 누렸고 아담과 하와가 하나됨을 누리고 있는 그 하나됨(에하드) 안에서 하나님도 함께 안식하셨습니다. 새 예루살렘은 인류 역사 7천 년의 모든 세대를 지나면서 하나님께서 구속하신 모든 성도들로 이루어지는 살아 있는 구성체입니다. 하나님의 킹덤의 최종적이며 마지막 단계인 새 예루살렘은 하나님의 영원한 거처가 될 것이고 새 예루살렘에 들어가는 우리는 하나님과 함께 하나됨을 누리며 영원히 안식할 것입니다.

에덴-동산에서 시작한 하나님의 킹덤의 역사는 사탄의 끊임없는 방해와 공격 속에서도 한 사람, 한 민족을 택하시고 이끄심을 통해 열방으로 확장되어 흘러갔고 다시 에덴-동산의 자리로 돌아와 완성될 것입니다. 이 장엄한 역사의 과정을 하나님의 섭리 아래 감출 것은 감추시고 드러낼 것은 나타내셔서 당신의 신부들이 말씀을 순종하고 행함으로 그 역사에 참여하고 함께 완성할 수 있도록 계획하신 하나님을 찬양합니다.

감추어진 일은 우리 하나님 여호와께 속하였거니와 나타난 일은
영원히 우리와 우리 자손에게 속하였나니 이는 우리에게 이 율법의 모든
말씀을 행하게 하심이니라(신 29:29)

【주제 #14】 태초부터 완성된 최후의 모습, 찾아오는 미래, 미리 맛보는 새 예루살렘

그가 내게 말했다. "그분은 오는 세상의 이름으로 너에게 샬롬을 선포하신다.
세상의 창조에서부터 샬롬은 거기로부터 나왔기 때문이다. 그래서 너는 샬롬을
영원히 영원 영원히 가지게 될 것이다."(에녹1서 71:15)

세상 만물이 창조되면서부터 7천 년의 인류 역사의 매 순간마다 성도가 누리게 되는 모든 샬롬의 원천은 제8천 년부터 시작하는 새 하늘 새 땅의 영원한 새 예루살렘에 있으며 그 새 예루살렘으로부터 샬롬이 지금 나에게 찾아오고 지금 나에게 공급되고 부어진다. 앞으로 오게 될 세상인 오는 세상(내세, 來世, World to come, 올람 하바עוֹלָם הַבָּא) 그곳에 온전한 샬롬이 완전하게 있다. 그리고 그곳에 있는 샬롬을 매순간 받아 누리는 자는 영원 영원히 새 예루살렘 안에서 샬롬을 누리게 될 것이다.

하나님의 선한 말씀과 내세(오는 세상)의 능력을 맛보고(히 6:5)

새 예루살렘은 시공간의 제한을 받으며 현재를 살아가는 우리의 입장에서는 미래에 있을 것이지만 시공을 초월하여 영원에 계신 하나님의 입장에서는 하늘과 땅과 만물이 이루어지던 때(창 2:1)부터 이미 온전한 샬롬의 모습과 상태로 존재하고 있다. 모든 샬롬의 근원이 되는 그 곳은 바로 새 예루살렘이다.

토라תּוֹרָה의 어근이 '하늘에서 땅으로 쏟아 내리다'라는 뜻의 야라יָרָה인 것과 마찬가지로 예루살렘יְרוּשָׁלַיִם의 예루יְרוּ는 야라יָרָה에서 왔다. 예루살렘은 '샬롬이 하늘에서 땅으로 폭포처럼 쏟아 부어지는 곳'이란 의미이다.

'에덴-동산(간-에덴גַּן-עֵדֶן)이라는 단어는 셋째 하늘에 있는 에덴이 땅의 동산으로 내려와서 심겨져 고정된 상태를 보여주는 단어이다. 둘이 연결될 때 하늘 에덴에서 강이 그 땅으로 흐르기 시작했다.

וְנָהָר יֹצֵא מֵעֵדֶן לְהַשְׁקוֹת אֶת־הַגָּן
וּמִשָּׁם יִפָּרֵד וְהָיָה לְאַרְבָּעָה רָאשִׁים

강이 에덴에서 발원하여 동산을 적시고 거기서부터 갈라져 네 근원이 되었으니(창 2:10)

한 강이(셋째 하늘에 있는) 에덴으로부터 (흘러)내려간다. 그리고 땅의 그 동산에 물을 준다. 그 생수의 강물은 그 곳에서부터 나뉘어졌고 네 근원이 되었다. 에덴-동산에 5개의 강이 있었다. 4강은 땅에서 땅으로 흐르는 강이라면, 하나의 강은 셋째 하늘에 있는 에덴에서부터 땅으로 흐르는 강이다. 에덴-동산에는 하늘에서 그 땅(하아레쯔יָאָרֶץ=약속의 땅=이스라엘)으로 흐르는 강이 있었다. 예루살렘은 샬롬이 하늘에서 땅으로 쏟아 부어지는 곳이라는 의미이다. 이름은 다르지만 에덴-동산과 예루살렘은 같은 의미와 이미지를 가지고 있다.

예루살렘은 히브리어로 예루샬라임יְרוּשָׁלַיִם이라고 발음하며 그 의미는 '두 개의 예루살렘'이라는 뜻이다. 하늘에 있는 예루살렘이 있고 땅에 있는 예루살렘이 있다. 하늘에 있는 예루살렘은 하늘에 있는 에덴을, 땅에 있는 예루살렘은 땅에 있는 그 동산을 나타내주고 있다. 하늘 시온이 있고 땅 시온이 있다. 하늘 성전이 있고 땅 성전이 있다. 그리고 사람 성전이 있다. 지금 땅에 있는 사람 성전이 있고 이미 하늘에 가 있는 사람 성전이 있다. 시편에서는 성도들을 시온이라고 부르기도 한다.

사람 성전은 '사람 예루살렘'과 '사람 에덴-동산'으로 다 같은 패턴을 가지고 있다. 즉, '하늘 에덴'이 '땅 사람'에게 연결되어 하나되고 하늘에서 흐르는 생명의 강이 그 '사람 성전'에 흘러 채우고 그 생명의 강이 '사람 성전'을 통해서 주변으로 흐른다. 에덴-동산의 상태가 사람에게 이루어진 모습을 생각해보면 이해가 될 것이다. '사람 예루살렘'은 하늘에서 샬롬이 그 사람에게 흐르고 쏟아 부어지는 이미지를 그려보면 이해가 된다. 내가 '사람 예루살렘'이고 내가 '사람 에덴-동산'이며 내가 '성령이 거하시는 성전'이며 하늘에서 지성소로 서 있는 구름 기둥이 세워진 '사람 성막'이며 하나님이 거하시는 집이라는 것을 인식할 수록 내 영 깊은 곳에서 흘러나오는 생수의 강이 나를 채우고 샬롬으로 충만해지는 것을 체험하게 될 것이다.

앞에 있는 완성된 최종 모습을 미리 앞당겨서 맛보고 누리며 사는 것이 바로 믿음의 삶이다. 이러한 믿음으로 살면 우리는 이 땅에서 영원을 미리 맛보며 살게 되고 그렇게 미리 맛보며 살다가 결국 우리는 그곳에 가 있게 될 것이다. 아니 우리는 그곳에 이미 존재하고 있다!

예루살렘에서 히브리적 관점으로 읽는 토라 포션(창세기, 출애굽기, 레위기, 민수기, 신명기)에서는 예루살렘의 중심성Centrality of Jerusalem이라는 히브리적 관점을 통해서 성경을 바라볼 때 주는 많은 영적인 유익들에 관심을 두고 집필되었다. 그리고 히브리적 관점은 곧 종말론적인 관점이다. 하나님께서는 일곱 하늘을 창조하셨고 7천 년의 시간을 창조하셨다. 전자는 공간적인 개념이라면 후자는 시간적인 개념이다. 공간적인 개념은 수직적인 개념이라면 시간적인 개념은 수평적인 개념이다. 우리는 시간과 공간 안에서 한번의 인생을 살도록 기회를 받았지만 하나님은 시공을 초월해서 우리를 찾아오시고 만나 주신다. 예배드릴 때 우리도 잠시 시간의 제한을 초월해서 영원을 맛본다. 나의 영이 영원을 접촉한 것인지 영원이 나를 접촉한 것인지 둘 다인지 정확한 구분이 되지 않을 때가 많지만 예배는 시간 안에 살아가는 우리가 영원을 체험하게 하는 예술이다. 예배드릴 때 우리도 잠시 공간의 제약을 벗어나서 하늘을 맛본다. 하늘이 나에게 찾아온 것인지 내 영이 하늘을 방문한 것인지 아니면 둘 다인지 때에 따라 다르게 인식되지만 예배는 땅에서 하늘을 체험하게 하는 공간의 예술이다.

하나님의 말씀을 대할 때 진리는 우리의 이러한 인식들을 확장시켜주고 하나님의 말씀은 시간과 공간의 제한 아래 살아가는 우리를 영원으로, 그리고 높은 하늘로 이끌어준다. 지금 이 글을 읽고 있는 당신에게 하늘이 내려오고 있으며 영원이 다가오고 있다. 믿음으로 반응하며 이러한 인식이 증가되도록 눈을 감고 잠잠하게 바라보라. 당신의 영이 하늘에 있으며 당신의 영이 영원에 있음으로 인해 당신 안에 생명과 샬롬이 흘러 넘치는 것을 지금 경험하라.

> 그분은 오는 세상의 이름으로 너에게 샬롬을 선포하신다.
> 세상의 창조에서부터 샬롬은 거기로부터 나왔기 때문이다.
> 그래서 너는 샬롬을 영원히 영원 영원히 가지게 될 것이다.(에녹1서 71:15)

붸조트 하브라카 주간의 말씀

1. 하나님은 모세가 전해준 토라를 이스라엘의 소유로 주셨고 이스라엘의 유업이 되게 하셨습니다(신 33:4; 롬 3:2). 하나님이 모세를 통해서 이스라엘에게 맡겨 주신 토라를 잃어버리는 것은 곧 하나님이 그들에게 소유로 주신 기업(基業) 또는 유업(遺業)과 하나님이 그들에게 주시는 모든 축복의 기초를 잃어버리는 것과 같은 것입니다.

2. 말씀은 언약 안에 들어온 모든 자들의 유업입니다. 하나님이 주시는 영적인 축복, 물질적인 축복은 말씀을 통해 우리에게 흘러 들어옵니다. 그래서 말씀과 축복은 언제나 함께 합니다(시 1:1-2; 119:1-2).

3. 하나님은 사람의 타고난 본성을 잘 다듬어 변화시켜서 하나님의 편에서 하나님을 위해 사용되어 축복이 되게 하시길 원하십니다. 그것이 사람을 향한 하나님이 선한 뜻입니다. 모세는 레위의 불같은 성정이 다른 사람들을 죽일 수도 있는 성질이었지만 그것이 다듬어졌을 때 단호하고 결단력 있는 성품으로 사람이 아닌 하나님께 유용하고 충성되게 쓰임 받게 되는 것을 보았고 그러한 레위 지파에게 하나님의 완전함(툼밈תֻּמִּים)과 하나님의 빛(우림אוּרִים)이 항상 있기를 축복했습니다(신 33:8).

4. 성경에서 장막은 하나님과 교제하고 그 약속의 말씀과 유업을 자손들에게 전하는 장소입니다. 장막에 거하기를 기뻐했던 잇사갈 지파는 장막에서 하나님의 말씀을 듣고 나누며 그것을 통해 받은 영적인 통찰력으로 시세를 꿰뚫어보는 영감을 받았습니다. 그래서 다른 지파에 비해 시세를 아는 통찰력이 뛰어난 지파가 되었습니다.

5. 영적 기류가 급하게 바뀌면서 전쟁이 치열한 지금은 시세를 아는 통찰력이 그 어느 때보다도 더 필요한 때입니다. 이런 때 잇사갈 지파처럼 영적인 시세를 아는 축복을 가진 자들은 장막에 머물기를 기뻐하는 자들일 것입니다. 그런 자들에게 하늘에서 지혜와 통찰력이 흘러올 것이며 이로 인해 시세를 알게 될 때 지혜롭고 전략적으로 행동함으로써 물질적인 축복과 번영도 함께 받게 될 것입니다.

6. 모세가 회막 가운데서 하나님과 대면하여 교제하는 시간이 없었다면 고단하고 치열한 그 땅에서의 싸움이 그를 지치게만 했겠지만 하나님과의 대면 가운데 경험하는 하늘의 아름다움과 영광과 기쁨이 모세를 하나님의 입장과 마음에 서게 하였습니다.

7. 이스라엘 백성이 약속의 땅으로 들어가 정복 전쟁을 하는 것은 삶의 모든 구석 구석까지 악한 영의 영향력을 몰아내고 하나님 나라의 통치가 모든 삶과 영과 혼과 몸에 적용되게 하는 것을 예표합니다.

8. 히브리서 기자가 말한 '안식에 들어가길 힘쓰라'는 말씀은 인류 역사의 마지막 날 이스라엘 땅을 중심으로 온 세상에 임할 천년왕국과 또한 새 예루살렘으로 들어가기를 힘쓰라는 의미입니다. 그리고 새 예루살렘, 안식으로 들어가기 위해 우리에게 필요한 것은 우리의 혼과 영과 및 관절과 골수를 찔러 쪼개어 정결하게 하는 하나님의 말씀입니다(히 4:12).

9. 안식에 들어가기를 힘쓰는 것을 이 땅에서 훈련하기 위해 하나님은 샤밭(안식일)을 주셨습니다. 6일 동안 열심히 살아온 우리에게 제 7일, 샤밭에는 모든 것을 온전히 하나님께 맡기고 하던 모든 일과 생각과 감정까지도 멈추도록 하심으로 안식에 들어가는 것을 연습하는 날로, 영원을 미리 맛보는 날로 삼게 하셨습니다.

10. 우리 안에 섞여 있는 가나안적인 것들을 쫓아내고 하늘의 것들로 채우는 것, 우리가 일하고 있는 영역에 왕좌를 차지하고 있는 악한 영들을 쫓아내고 하나님의 통치가 시작되게 하는 것, 이것이 안식을 누리기 위해 우리가 싸워야 할 전쟁입니다

붸조트 하브라카 주간의 선포

1. 하나님이 이스라엘 백성에게 주신 불 같은 법령, 그리고 우리에게 허락해 주신 복음이 예수님 안에서 하나되어 토라의 말씀을 완성하는 과정을 우리에게 알려주시고 동참하게 해주심에 감사를 올려드립니다. 말씀으로 살아낸 모세처럼, 말씀이 육신이 되어 오셔서 말씀을 보여주신 예수님처럼 말씀을 전달하는 메신저 되게 하시고, 말씀을 붙들고 영원한 안식에 들어가길 힘쓰는 자들이 되게 하소서.

2. 영원한 안식에 들어갈 수 있도록 말씀으로 잘라내고, 도려내고, 깨뜨리실 때 순종함으로 나를 부수고 날마다 새로운 자가 되는 은혜를 더하여 주소서. 이 과정에서 싸워야 할 것들과 싸울 수 있는 용기와 힘을 더하여 주소서. 포기하지 않고 끝까지 나아갈 수 있게 도와주소서.

3. 이스라엘 각 지파의 기질과 특성을 잘 아신 하나님은 그들의 연약함도 선하게 사용하셨습니다. 나를 만드시고 나를 가장 잘 아시는 하나님께 나의 삶을 드립니다. 내 삶을 당신의 뜻대로 사용하여 주소서.

4. 영적 기류가 심하게 바뀌는 이 때 하나님의 장막에서 하늘의 지혜와 전략을 받고 시세를 미리보고 준비할 줄 아는 잇사갈의 기름부음을 더하여 주소서. 다윗이 왕국을 세울 때, 다른 지파들은 수천명, 수만명의 용사들이 집결했지만 잇사갈 지파만은 오직 200명의 시세를 아는 자가 모였습니다. 비록 잇사갈 지파의 수는 적었으나 시세를 보는 통찰력과 지혜와 모략으로 다윗의 왕국을 세웠듯이 우리가 영적 시세를 알아 메시아닉 킹덤을 준비하고 세워가는 자들이 되게 하소서.

5. 새 예루살렘을 이루고 있는 12 보석들과 진주 문, 황금 길처럼 나를 아름다운 보석으로 깎아주시고, 진주처럼 인내하게 하시며, 정금과 같이 정결하게 하소서. 보석같이, 진주같이, 정금같이 다듬어진 주의 백성들이 새 예루살렘에 설 때 그 자리에 내가 있게 하소서.

토라 포션을 마치며

토라 포션을 마치며

약속의 땅을 눈 앞에 두고 하나님이 지도자인 여호수아를 향해, 그리고 이스라엘 백성을 향해 당부하신 것은 두 가지입니다.

강하고 담대하라(수 1:6)

이 율법책을 네 입에서 떠나지 말게 하며 주야로 그것을 묵상하여
그 안에 기록된 대로 다 지켜 행하라(수 1:8)

하나님이 약속하신 땅을 차지하기 위해 그들 앞에 놓인 정복이라는 과업 앞에서 하나님은 그들의 마음이 '강하고 담대해야 함'을 말씀하십니다. '강하고 담대하라'는 하나님의 말씀은 그들의 마음을 위로하거나 격려하시기 위한 말씀이 아닌 그들이 지켜야 할 명령이었습니다. 그들이 들어가서 차지해야 할 땅에 살고 있는 민족들은 신장이 장대한 거인이고 (민13:32-33) 많은 문물과 무기를 가진 자들이었기에 하나님은 그들이 보이는 것에 압도됨으로 출이집트 1세대와 같은 실수를 하지 않길 바라셨습니다.

보이는 것에 압도되지 않고 항상 그들과 함께 하셨던 하나님의 영광의 임재를 바라보며 말씀하신 땅에서 살아가기 위해 하나님은 그들에게 율법책에 기록된 모든 것을 다 지켜 행하라고 명령하십니다. 율법책에 기록된 것을 지켜 행하기 위해 하나님은 그들의 입에서 율법책이 떠나지 않게 하라고 말씀하십니다. 입에서 율법책이 떠나지 않게 하기 위해서 묵상을 하라고 명령하십니다. 히브리어 하가הָגָה는 '묵상하다, 읊조리다, 말하다'는 뜻을 가지고 있습니다. 이 말은 생각과 마음으로만 말씀을 보는 것이 아니라 입술로 소리를 내어 그

말씀을 반복적으로 말하고 읊조려야 한다는 것을 뜻합니다. 그러므로 율법책이 입에서 떠나지 않는다는 것은 이들이 말씀을 입으로 소리내어 계속 말하고 선포해야 하는 것입니다. 소리를 내면 우리 귀가 듣게 되고 듣는 것은 우리에게 믿음을 더해줍니다(롬 10:17).

약속의 땅을 차지하기 위해 하나님이 당부하신 두 가지 '강하고 담대한 마음'과 '율법책, 토라'는 이제 곧 이 땅에 임할 메시아닉 킹덤을 앞두고 있는 오늘의 모든 남은 자들에게 하나님이 동일하게 주시는 말씀입니다. 하나님의 왕국이 임할 것을 강력하게 저항하는 사탄의 세력과 그를 따르는 이 세상의 악한 자들은 자신들의 힘과 권세를 사용하여 하나님의 백성들을 압박하고 핍박하겠지만 하나님은 눈에 보이는 그런 힘에 압도당하지 말고 마음을 강하게 하고 담대하라고 말씀하십니다. 그리고 율법책, 토라를 입에서 떠나지 않게 하고 그 안에 있는 것을 다 지켜 행하라고 말씀하십니다. 이것이 우리가 하나님의 킹덤을 이 땅에서 차지하게 되는 길이라고 말씀하십니다. 말씀의 권세로 우리를 채우시고 마지막 때를 준비하게 하시는 하나님의 뜻 안에서 토라의 하가(율법책을 묵상하라)는 하나님의 킹덤을 맞이하게 하는 가장 큰 전략이 될 것입니다.

다윗 왕은 토라를 너무 사랑하여 그 규례들로 인해 하루 일곱 번씩 하나님을 찬양했습니다(시 119:164). 그는 토라의 규례들로 인해 밤중에 자다가도 일어나 하나님께 감사를 돌렸습니다(시 119:62). 그는 토라의 계명들을 너무 사모하여 목이 말라 갈급한 사람처럼 입을 열고 헐떡였습니다(시 119:131). 다윗 왕은 하나님이 계시해 주시지 않으면 토라를 알 수 없다는 것을 알고 있었기에 자신의 눈을 열고 토라에서 기이하고 놀라운 기적을 보게 해 주시기를 간구하였습니다(시 119:18). 하나님의 마음에 합한 자로 평생을 하나님께 예배하는 삶을 살았던 다윗 왕이 가장 깊이 사모하고 사랑한 것은 토라였습니다. 토라가 다윗 왕을 하나님과 하나되게 하였습니다. 토라를 통해 하나님이 계획하신 먼 미래의 일을 미리 본 그는 토라의 완성을 이루신 예슈아를 보았고 예슈아를 통해 이뤄질 하나님의 킹덤과 통치를 찬양했습니다.

　유대인들은 수천 년간 토라를 붙듦으로 자신들의 정체성을 지켜왔습니다. 그리고 그들이 토라를 통해 믿음으로 붙든 것은 하나님의 킹덤이 예루살렘을 중심으로 이 땅에 이루어질 것이라는 것입니다. 유대인들은 이 땅에 이루실 하나님의 킹덤, 메시아가 의와 공평으로 다스리실 완전한 나라, 그 나라에 대한 소망을 토라를 통해 들었고 배웠기 때문에 그 하나를 믿음으로 붙들고 수천 년간 살아왔습니다. 유대인들이 자신들의 정체성을 지키고 살아올 수 있게 해 준 메시아닉 킹덤을 향한 소망은 오늘날 교회와 성도들이 가져야 할 소망입니다.

　지금도 유대인들은 토라를 통해 세상의 시작과 끝이라는 그림을 보고 메시아를 통해 마지막에 이 땅에 완성될 하나님의 킹덤을 바라보고 있습니다. 그러나 하나님의 킹덤을 완성하실 메시아가 2,000년 전에 오신 예슈아라는 사실은 여전히 보지 못하고, 듣지 못하고, 깨닫지 못하고 있습니다. 교회와 성도들은 우리를 구원하시고 완전한 하나님의 킹덤으로 데리고 들어가실 메시아가 예슈아라는 것은 알고 있지만 그 나라가 이 땅에 실현될 나라라는 것에 대해서는 많은 부분이 가려져 있습니다. 유대인들은 하늘과 땅에 대한 이해는 있지만 그들의 왕이신 예슈아를 알지 못하고, 교회와 성도들은 예슈아를 사랑하지만 하늘과 땅에 대한 이해가 부족합니다. 그리고 이것은 이제 하나로 완성되어야 할 때입니다. 하나로 완성되기 위해 이스라엘은 예슈아를 알아야 하고, 교회와 성도들은 토라를 알아야 합니다. 그리고 토라와 예슈아는 하나입니다.

엠마오로 가는 제자들의 눈을 밝혀 토라와 선지자의 예언들과 시편의 말씀을 깨닫게 하신 그 빛이 유대인과 교회와 성도들에게 동일하게 비춰지길 소망합니다. 다윗 왕이 가졌던 토라를 향한 갈망과 사모함이 부어져 토라의 말씀을 입으로 읊조리고 찬양하여 자손의 자손들에게 계속 이어져 가게 하길 소망합니다. 그렇게 하나님의 킹덤을 향한 믿음의 여정이 멈춰지지 않길 소망합니다.

처음 하늘과 땅이 만나서 완전한 하나됨을 이루었던 에덴에서 시작된 하나님의 킹덤은 다시 에덴에서 완성될 것입니다. 에덴을 향하여 믿음의 여정을 가고 있는 유대인과 이방인을 포함한 모든 하나님의 백성들이 토라를 통해 하나님의 킹덤에 대한 계시를 새롭게 조명받고 예슈아와 함께 에덴으로 들어가는 그 날을 믿음으로 바라봅니다.

내 눈을 열어서 주의 율법(토라)에서 놀라운 것을 보게 하소서(시119:18)

Thanks to

보통 감사의 인사는 모든 책의 서문에 들어가는데 저희는 토라 포션의 책을 마무리하며 감사의 마음을 전합니다.

코로나가 시작되고 모든 것이 봉쇄되기 시작했을 때, 세상이 교회를 통제하고 온갖 거짓과 속임, 조종과 수술가 난무하는 가운데서도 신실한 남겨진 자들은 진리를 더욱 갈망하였습니다. 지난 시간 예루살렘에서 말씀 앞에 머물며 말씀을 연구하고, 말씀으로 기도하고, 예배하는 것을 훈련하게 하신 하나님은 이 때가 저희에게 주신 계시의 빛과 생명의 말씀을 나눌 때라는 마음을 주셨고, 저희는 그 말씀에 믿음으로 순종하여 예루살렘에서 히브리적 관점으로 읽는 토라포션의 초판을 2020년에 출판하게 되었습니다.

그리고 3년이 지나 2023년이 되었을 때, 교회와 성도들이 토라에 더 깊이, 그리고 넓게 뿌리내릴 수 있도록 초판의 내용을 더 보강하여 증보개정판을 내라는 마음을 받고, 새롭게 집필을 시작했습니다. 그리고 예루살렘에서 히브리적 관점으로 읽는 창세기가 증보개정판으로 출간되던 날, 유대력 5784년(2023년) 10월7일 심할 토라에 이스라엘에 전쟁이 터졌습니다. 그렇게 토라포션의 증보개정판은 전쟁 중에 태어났습니다. 초판은 코로나로 인해 봉쇄 가운데 집필했고, 증보개정판은 전쟁을 치르면서 집필했습니다. 전염병이든, 전쟁이든 토라의 말씀으로 이길 수 있음을 예언적으로 보여주신 시간이었습니다. 인간적인 시선으로 볼 때는 이런 상황이 어렵게 느껴지는 시간들이었겠지만, 오히려 위기의 시간에 말씀안에서 살고, 말씀과 씨름하고, 말씀으로 이길 수 있도록 계획하신 하나님의 놀라우신 섭리를 찬양합니다.

어떻게 책을 써야할 지 모르는 우리에게 용기를 내어 책을 쓰게 하신 **하나님 아버지** 지혜로 조명해주신 **성령님** 끝까지 쓸 수 있도록 매순간 보혈로 승리하게 하신 **예슈아께** 감사와 영광을 올려드립니다. 우리의 삶의 이유되신 하나님, 사랑합니다.

어떻게 출판해야 할지 모르는 우리에게 출판사와 스토어 몰을 열 수 있도록 모든 과정을 진행했을 뿐 아니라 책의 모든 디자인과 유통과 배송까지 하나님을 향한 사랑과 헌신으로 섬겨준 **디자인 아난 대표 백진영님께** 감사를 드립니다.

작은 공간에 책이 들어가기 어려운데도 기꺼이 우리의 모든 책을 보관하고 택배 배송의 작업을 섬겨주신 **한마당 교회 백승돈, 이선덕 목사님께** 감사를 드립니다.

이스라엘에서 가장 작은 공동체인 진리의 집을 함께 섬겨주고, 기뻐해주며, 지지해주고 책의 교정을 최선을 다해 꼼꼼하게 보아주신 **송요한, 박아인 선생님께** 감사합니다. 이런 특별한 시즌에 시온을 함께 섬길 수 있음이 영광입니다.

부족한 책이지만 매번 책이 나올 것을 기대하며 기다려 주시고 생명의 양식을 얻고 있노라 격려해 주신 모든 독자분들께 감사를 드립니다.

자녀들을 먼 타국 땅에 오랜 시간 보내 놓고 걱정보다는 위로와 격려를 보내주시며 한결같이 중보해주신 **부모님들과 가족들에게** 사랑의 마음을 전합니다.

책이 쓰여지는 동안 부모들을 기다려 주고, 기도해주며, 응원해 준 사랑하는 아들들 **한주, 하임, 하영이에게** 감사를 전합니다. 이 책은 너희들의 신앙의 유업이 될 것입니다.

진리의 집을 방문하여 함께 말씀 앞에 머물고 예배하고, 매주 목요일 빠지지 않고 이스라엘과 열방을 위해 중보의 자리를 지켜주시고, 토라의 말씀 듣기를 갈망하고 즐거워하며, 언제나 이스라엘을 응원하고 지지하며 재정으로 후원해 주심으로 우리와 함께 이스라엘을 섬기고 있는 열방에 흩어져 있는 겸손한 **진리의 집 가족 여러분께** 감사를 드립니다. 여러분들은 드러나지 않게 하나님이 숨겨두신 하나님 나라의 특공대입니다.

여전히 부족함이 많지만 단어와 문장을 이끌어 가시는 성령님의 지혜와 계시를 함께 느끼고 그것을 통해 하나님의 킹덤을 향한 소망이 앞으로도 이 책을 읽게 되는 모든 분들에게 더욱 깊어지길, 그래서 말씀으로 믿음의 경주를 끝까지 달려갈 수 있길 축복합니다.

유대력 5784년, 서기 2024년 예루살렘에서 진리의 집 드림

Torah Portion

부록

누구나 쉽게 히브리어 읽기

【부록 #2】 누구나 쉽게 히브리어 읽기

히브리어는 자음과 모음을 익히면 어렵지 않게 읽을 수 있는 문자입니다. 문자학적으로 구체적이고 자세한 설명보다는 누구나 쉽게 히브리어를 읽을 수 있도록 간단한 안내를 드립니다.

1. 히브리어는 한국어와 다르게 오른쪽에서 왼쪽 방향으로(←)읽습니다.
2. 성경 히브리어는 모음이 없이 자음만 표기하여 읽었습니다. 자음만 표기된 단어에 모음을 어떻게 붙여서 읽을지는 랍비와 부모를 통해서 구전전통으로만 전해 내려왔지만 후대에 와서 자음 주변에 모음을 표시하여 함께 읽을 수 있도록 하였습니다. 자음과 모음을 조합해서 읽는 방법은 다음 예시와 같습니다.
בְּרֵאשִׁית 베레쉬트 →בּ = 베 / רֵ = 레 / א (음가없음) / שׁ = 쉬 / ת 트
3. 한글 자음으로 표현되지 않는 자음들을 아래와 같이 보충 설명합니다.

> 1. כ가 'ㅋ' 소리를 가질 때도 있지만 목구멍을 긁으며 'ㅋ' 와 'ㅎ' 를 함께 발음하여 내는 소리(kh)도 있습니다. 한국인들이 "크~~~게"를 강조하면서 발음할 때 'ㅋ' 와 'ㅎ' 를 함께 발음하여 긁는 소리를 내는 경우와 비슷합니다.
> 2. ח는 위에 설명한 כ의 'kh' 발음처럼 목구멍을 긁으면서 내는 'ㅎ'발음입니다. 그래서 표기를 'ㅋㅎ'으로 했습니다. 이렇게 발음하는 것이 좋으나, 어려울 경우 'ㅎ' 발음으로 합니다.
> 3. ר는 'ㄹ' 발음으로 해도 상관없지만 때로는 'ㄱ' 발음이 섞여 있어서 'ㄱ' 소리로 들릴 경우가 있는데 이는 'ㄹ' 보다 더 목 안쪽에서 나는 'ㄹ' 소리이기 때문입니다.

히브리어 성경 관련 APP
안드로이드: MySword Bible, BLB, הברית החדשה
IOS: BLB

	자음				모음	
문자	**이름**	**발음**	**숫자값**	**문자**	**발음**	
א	알렢	음가가 없지만 초성 'ㅇ'와 비슷	1	◻ָ		
ב	베트	ㅂ (b, v)	2	◻ַ	아	
ג	김멜	ㄱ	3	◻ֲ		
ד	달렡	ㄷ	4	◻ֵ		
ה	헤이	ㅎ	5	◻ֶ	에	
ו	봐브	ㅂ (v,w)	6	◻ֱ		
ז	자인	ㅈ (z)	7	◻ֵ		
ח	ㅋ헤트	ㅋㅎ (kh)	8	◻ֵי	에이	
ט	테트	ㅌ	9	◻ֶי		
י	유드	이 (y)	10	◻ִ	이	
כ	카프	ㅋ, ㅋㅎ (k, kh)	20	◻ִי		
ל	라메드	ㄹ	30	◻ׁ		
מ	멤	ㅁ	40	וֹ	오	
נ	눈	ㄴ	50	◻ׂ		
ס	싸멕	ㅆ	60	◻ָ		
ע	아인	ㅇ	70	◻ֳ		
פ	페	ㅍ (p, f)	80	◻ֻ	우	
צ	짜디	ㅉ와 ㅊ의 중간음	90	וּ		
ק	쿠프	ㅋ	100	◻ְ	'으'와 '어' 사이발음	
ר	레쉬	ㄹ	200			
שׁ שׂ	씬 쉰	우측점은 쉬 좌측점은 ㅆ	300			
ת	타브	ㅌ	400